NomosKommentar

Dr. Martin Marx,
Richter am Oberlandesgericht, Dresden

Dr. Werner Roderfeld,
Rechtsanwalt und Fachanwalt für
Handels- und Gesellschaftsrecht, Dresden

Rechtsschutz bei überlangen Gerichts- und Ermittlungsverfahren

Handkommentar

Nomos

Die Deutsche Nationalbibliothek verzeichnet diese Publikation in der Deutschen Nationalbibliografie; detaillierte bibliografische Daten sind im Internet über http://dnb.d-nb.de abrufbar.

ISBN 978-3-8329-7805-1

1. Auflage 2013

Vorwort

Jeder hat Anspruch auf gerichtlichen Rechtsschutz in angemessener Zeit. Deshalb gilt für die Verfahren aller Gerichtsbarkeiten und Staatsanwaltschaften seit 3.12.2011 das Gesetz über den Rechtsschutz bei überlangen Gerichtsverfahren und strafrechtlichen Ermittlungsverfahren. Es schafft einen neuen Entschädigungsanspruch gegen den Staat. Der vorliegende Handkommentar will in diesem Neuland eine verlässliche und schnelle Orientierung ermöglichen. Er erläutert die Voraussetzungen und Rechtsfolgen dieses neuartigen Anspruchs und behandelt die prozessuale Durchsetzung für alle Gerichtszweige. Die Kommentierung ist aus anwaltlicher und richterlicher Sicht für Rechtsanwälte, Richter und Verfahrensbeteiligte geschrieben. Besonderer Wert wurde dabei auf Praxisnähe gelegt, vor allem durch Hinweise, Beispiele und Anwaltsmuster.

Rechtsprechung und Literatur sind bis September 2012 berücksichtigt.

Unser besonderer Dank gilt Herrn Rechtsanwalt Frank Michel, der als Lektor mit Fachkompetenz und Wohlwollen die Entstehung des Kommentars begleitet hat.

Dresden, im Oktober 2012

Martin Marx — Werner Roderfeld

Inhaltsverzeichnis

Gesetz über den Rechtsschutz bei überlangen Gerichtsverfahren und strafrechtlichen Ermittlungsverfahren (ÜVerfBesG)

Abkürzungsverzeichnis

aA	anderer Ansicht
aaO	am angegebenen Ort
abl.	ablehnend
Abs.	Absatz
Abschn.	Abschnitt
abw.	abweichend
aE	am Ende
aF	alte Fassung
AG	Amtsgericht
allg.	allgemein
allgA	allgemeine Ansicht
allgM	allgemeine Meinung
aM	anderer Meinung
Anh.	Anhang
Anm.	Anmerkung
AS	Aktenseite
Aufl.	Auflage
ausdr.	ausdrücklich
ausf.	ausführlich
Az	Aktenzeichen
Bd.	Band
BA	Beschlussausfertigung
Begr.	Begründung
Bek.	Bekanntmachung
ber.	berichtigt
bes.	besonders
Beschl.	Beschluss
bespr.	besprochen
bestr.	bestritten
bez.	bezüglich
Bl.	Blatt
bspw	beispielsweise
b.u.v.	beschlossen und verkündet
bzgl	bezüglich
bzw	beziehungsweise
ders.	derselbe
dh	das heißt
dies.	dieselbe
DIS-SchO	DIS-Schiedsgerichtsordnung
Dok.	Dokument
E.	Entwurf
EB	Empfangsbekenntnis
e.V.	eingetragener Verein
ebd	ebenda
Einf.	Einführung
eingetr.	eingetragen
Einl.	Einleitung
einschl.	einschließlich
einschr.	einschränkend
Entsch.	Entscheidung
entspr.	entsprechend
Entw.	Entwurf
Erkl.	Erklärung
Erl.	Erlass; Erläuterung
etc.	et cetera
evtl	eventuell
f, ff	folgende, fortfolgende
Fn	Fußnote
GA	Gerichtsakte
geänd.	geändert
gem.	gemäß
ggf	gegebenenfalls
grds.	grundsätzlich
hA	herrschende Auffassung
Hdb	Handbuch
hL	herrschende Lehre
hM	herrschende Meinung
Hrsg.	Herausgeber
hrsg.	herausgegeben
Hs	Halbsatz
iA	im Auftrag
ICC-SchO	Internationale Handelskammer Schiedsordnung
idF	in der Fassung
idR	in der Regel
idS	in diesem Sinne
iE	im Ergebnis
ieS	im engeren Sinne
iHv	in Höhe von
inkl.	inklusive
insb.	insbesondere
insg.	insgesamt
iS	im Sinne

iÜ	im Übrigen
iVm	in Verbindung mit
iwS	im weiteren Sinne
Kap.	Kapitel
KfH	Kammer für Handelssachen
krit.	kritisch
lit.	littera
Lit.	Literatur
LS	Leitsatz
m.Anm.	mit Anmerkung
mE	meines Erachtens
mind.	mindestens
Mitt.	Mitteilung(en)
mN	mit Nachweisen
mwN	mit weiteren Nachweisen
mWv	mit Wirkung von
n.r.	nicht rechtskräftig
n.v.	nicht veröffentlicht
Nachw.	Nachweise
nF	neue Fassung
Nov.	Novelle
Nr.	Nummer
oa	oben angegeben, angeführt
oä	oder ähnliches
og	oben genannt
PKH	Prozesskostenhilfe
pp.	fahre fort [lat. *perge, perge*; Anweisung zum Abschreiben sich wiederholender Aktenteile]
resp.	respektive
Rn	Randnummer
Rspr	Rechtsprechung
S.	Satz/Seite
s.	siehe
s.a.	siehe auch
s.o.	siehe oben
s.u.	siehe unten
Slg	Sammlung
sog.	so genannt
str.	streitig/strittig
UA	Urteilsausführungen
u.a.	unter anderem
u.a.m.	und anderes mehr
uÄ	und Ähnliches
uE	unseres Erachtens
umstr.	umstritten
unstr.	unstreitig
URNr	Urkundenrolle Nummer
Urt.	Urteil
usw	und so weiter
uU	unter Umständen
uVm	und Vieles mehr
v.	von
vAw	von Amts wegen
vgl	vergleiche
VO	Verordnung
vorl.	vorläufig
VU	Versäumnisurteil
wN	weitere Nachweise
WpHG	Wertpapierhandelsgesetz
zB	zum Beispiel
zit.	zitiert
zT	zum Teil
ZU	Zustellungsurkunde
zust.	zustimmend
zutr.	zutreffend
zzgl	zuzüglich

Literaturverzeichnis

Althammer, Christoph, Schmerzensgeld wegen überlanger Dauer von Zivilverfahren? JZ 2011, 446

Althammer, Christoph/Schäuble, Daniel, Effektiver Rechtsschutz bei überlanger Verfahrensdauer, NJW 2012, 1

Bäcker, Matthias, Rechtsschutz gegen gerichtliche Verfahrensfehler als grundrechtliches Gebot, EuGRZ 2011, 222

Baumbach/Lauterbach/Albers/Hartmann, Zivilprozessordnung, 70. Aufl. 2012

Benda, Ernst/Klein, Eckart/Klein, Oliver, Verfassungsprozessrecht, 3. Aufl. 2012

Bien, Florian/Guillaumont, Olivier, Innerstaatlicher Rechtsschutz gegen überlange Verfahrensdauer, EuGRZ 2004, 451

Böcker, Thomas, Gesetz über den Rechtsschutz bei überlangen Gerichtsverfahren, Stbg 2010, 385

Böcker, Thomas, Neuer Rechtsschutz gegen die überlange Dauer finanzgerichtlicher Verfahren, DStR 2011, 2173

Breitkreuz, Tilman, Effektiver Rechtsschutz zur Erlangung effektiven Rechtsschutzes, ASR 2012, 2

Brett, Angela, Verfahrensdauer bei Verfassungsbeschwerden im Horizont der Rechtsprechung des Europäischen Gerichtshofs für Menschenrechte zu Art. 6 Abs. 1 S. 1 EMRK. 2009

Brockmöller, Annette/Weichbrodt, Alexander, Rechtsschutz bei überlanger Dauer gerichtlicher Verfahren, NdsVBl 2010, 225

Brüning, Christoph, Staatshaftung bei überlanger Dauer von Gerichtsverfahren, NJW 2007, 1094

Brummund, Fabian, Das Gesetz über den Rechtsschutz bei überlangen Gerichtsverfahren und strafrechtlichen Ermittlungsverfahren, JA 2012, 213

Bull, Hans Peter, Rechtsstaat und Verfahrensverschleppung, NJW 1957, 1100

Burhoff, Detlef, Entschädigung für überlange Straf- und Bußgeldverfahren – Die Neuregelungen im GVG, ZAP Fach 22, 591

Düwell, Franz Josef, Gesetzentwurf zum Rechtsschutz bei überlangen Gerichtsverfahren, FA 2010, 202

Feuerbach, Anselm, Die hohe Würde des Richteramtes, 1817

Frowein, Jochen/Peukert, Wolfgang, Europäische Menschenrechtskonvention, EMRK-Kommentar, 3. Aufl. 2009

Gercke, Christian/Heinisch, Julius, Auswirkungen der Verzögerungsrüge auf das Strafverfahren, NStZ 2012, 300

Germelmann, Claas-Hinrich, Überlange Verfahren – Rechtsschutz im Arbeitsgerichtsprozess, JbArbR 49, 41

Grabenwarter, Christoph/Pabel, Katharina, Europäische Menschenrechtskonvention, 5. Aufl. 2012

Graf, Jürgen Peter, Strafprozessordnung mit GVG und Nebengesetzen, 2. Aufl. 2012

Graf, Jürgen Peter, Das neue Gesetz über den Rechtsschutz bei überlangen Gerichtsverfahren und strafrechtlichen Ermittlungsverfahren – Beschleunigungsimpuls für die Praxis oder neuer Anreiz für Verständigungen im Strafverfahren, NZWiSt 2012, 121

Guckelberger, Annette, Der neue staatshaftungsrechtliche Entschädigungsanspruch bei überlangen Verfahren, DÖV 2012, 289

Heine, Manfred, Überlange Gerichtsverfahren - Die Entschädigungsklage nach § 198 GVG, MDR 2012, 327

Internationaler Kommentar zur Europäischen Menschenrechtskonvention, Karl, Wolfram (Hrsg.), Stand: April 2009

Kämpfer, Ulf, Der neue Rechtsschutz bei überlangen Verfahren, SchlHA 2011, 389

Karl, Wolfram (Hrsg.), Internationaler Kommentar zur Europäischen Menschenrechtkonvention, Loseblatt, 11. Lieferung April 2009

Kirchberg, Christian, Die Neuregelungen der (überlangen) Verfahrensdauer in der BRAO, BRAK-Mitt. 2012, 2

Kirchhof, Paul, Verfassungsrechtliche Maßstäbe für die Verfahrensdauer und für die Rechtsmittel, in: Festschrift für Karl Doehring, 1989, S. 439

Kohlmann, Günter, „Überlange Strafverfahren“ – bekannt, bedenklich, aber nicht zu vermeiden? In: Festschrift für Gerd Pfeiffer, 1988, S. 203

Kopp, Ferdinand/Schenke, Wolf-Rüdiger, Verwaltungsgerichtsordnung, 18. Aufl. 2012

Lansnicker, Frank/Schwirtzek, Thomas, Rechtsverhinderung durch überlange Verfahrensdauer, NJW 2001, 1969

Lau, Marcus, Überlange Dauer eines verwaltungsgerichtlichen Verfahrens, NVwZ 2010, 358

Link, Peter/van Dorp, Tomas, Rechtsschutz bei überlangen Gerichtsverfahren, 2012

Link, Peter/van Dorp, Tomas, Überlange Gerichtsverfahren, AuA 2011, 20

Luczak, Anna, Wirksame Beschwerdemöglichkeiten im Sinne von Art. 6 Abs. 1, 13 EMRK, Rechtsvergleichendes Gutachten zu den Regelungen in den Unterzeichnerstaaten der EMRK, Anhang zu BT-Drucks. 16/7655.

Lummel, Friederike, Das Gesetz über den Rechtsschutz bei überlangen Gerichtsverfahren und strafrechtlichen Ermittlungsverfahren, AL 2012, 223

Mack, Alexandra/Wollweber, Markus, Neues Gesetz zur Entschädigung bei überlangen Gerichts- und Steuerstrafverfahren, Stgb 2012, 7

Magnus, Robert, Das neue Gesetz über den Rechtsschutz bei überlangen Gerichtsverfahren und strafrechtlichen Ermittlungsverfahren, ZZP 2012, 75

Matusche-Beckmann, Annemarie/Kumpf, Patrizia, Rechtsschutz bei überlangen Gerichtsverfahren – nach langem Weg ins Ziel?, ZZP 2011, 173

Maunz/Schmidt-Bleibtreu/Klein/Bethge, Bundesverfassungsgerichtsgesetz, 37. Ergänzungslieferung 2012

Meyer-Ladewig, Jens, Europäische Menschenrechtskonvention, 3. Aufl. 2011

Meyer-Ladewig, Jens, 50 Jahre Europäischer Gerichtshof für Menschenrechte, NJW 2009, 3749

Meyer-Ladewig, Jens, Dauer von Gerichtsverfahren in Deutschland als strukturelles Problem, NJW 2010, 3358

Möhrenschläger, Manfred, Rechtsschutz bei überlangen Gerichtsverfahren und strafrechtlichen Ermittlungsverfahren, wistra 2012 Nr. 1 IX

Münchener Kommentar, Strafgesetzbuch, 2. Aufl. 2012

Ossenbühl, Fritz, Staatshaftung bei überlangen Gerichtsverfahren, DVBl 2012, 857

Palandt, BGB, 71. Auflage 2012

Peukert, Wolfgang, Die überlange Verfahrensdauer (Art. 6 Abs. 1 EMRK) in der Rechtsprechung der Straßburger Instanzen, EuGRZ 1979, 261

Priebe, Reinhard, Die Dauer von Gerichtsverfahren im Lichte der Europäischen Menschenrechtskonvention und des Grundgesetzes. In: Festschrift für Werner von Simson, 1983, S. 287

Redeker, Konrad, Justizgewährungspflicht des Staates versus richterliche Unabhängigkeit? NJW 2000, 2796

Redeker, Konrad, Kann eine Untätigkeitsbeschwerde helfen? NJW 2003, 488

Remus, Dieter, Amtshaftung bei verzögerter Amtstätigkeit des Richters, NJW 2012, 1403

Rixe, Georg, Effektiver Rechtsschutz gegen überlange Gerichtsverfahren, FamRZ 2010, 1965

Roller, Steffen, Möglichkeiten des Gesetzgebers zu einer Beschleunigung gerichtlicher Verfahren, ZRP 2008, 122

Roller, Steffen, Richterliche Möglichkeiten zur Beschleunigung des sozialgerichtlichen Verfahrens, SGb 2010, 636

Roller, Steffen, Unangemessene Dauer von Gerichtsverfahren und richterliche Unabhängigkeit, DRiZ 2012, Beilage 1

Scheffer, Markus, Der Anspruch auf ein zügiges Verfahren, NJ 2010, 265

Scheffler, Uwe, Die überlange Dauer von Strafverfahren: materiellrechtliche und prozessuale Rechtsfolgen, 1991

Scheidler, Alfred, Der neue Entschädigungsanspruch nach Verzögerungsrüge bei Ausbleiben einer Terminierung im Verwaltungsprozess, KommunalPraxis BY 2012, 262

Schenke, Wolf-Rüdiger, Rechtsschutz bei überlanger Dauer verwaltungsgerichtlicher Verfahren, NVwZ 2012, 257

Schneider, Hagen, Kosten in Rechtsschutzverfahren bei überlangen Gerichtsverfahren, AGS 2012, 53

Schneider, Norbert, Abrechnung in Verfahren nach dem Gesetz über den Rechtsschutz bei überlangen Gerichtsverfahren, RVG-Report 2012, 82

Scholz, Bernhard, Rechtsschutz gegen überlange Verfahrensdauer, SGb 2012, 19

Söhngen, Uwe, Rechtsschutz bei überlanger Verfahrensdauer in der Sozialgerichtsbarkeit, NZS 2012, 493

Sommer, Ulrich, Die Verzögerungsrüge: „Auf der Suche nach der verlorenen Zeit", StV 2012, 107

Steinbeiß-Winkelmann, Christine, Überlange Gerichtsverfahren – der Ruf nach dem Gesetzgeber, ZRP 2007, 177

Steinbeiß-Winkelmann, Christine, Die Verfassungsbeschwerde als Untätigkeitsbeschwerde, NJW 2008, 1783

Steinbeiß-Winkelmann, Christine, Rechtsschutz bei überlangen Gerichtsverfahren, ZRP 2010, 205

Tiedemann, Jens, Das neue Gesetz zum Rechtsschutz bei überlangen Gerichtsverfahren, ArbRB 2011, 382

Tiwisina, Constanze, Rechtsfragen überlanger Verfahrensdauer nach nationalem Recht und der EMRK, 2010

Ulsamer, Gerhard, Art. 6 Menschenrechtskonvention und die Dauer von Strafverfahren. In: Festschrift für Hans Joachim Faller, 1984, S. 373

Villiger, Mark E., Handbuch der Europäischen Menschenrechtskonvention (EMRK) unter besonderer Berücksichtigung der schweizerischen Rechtslage, 2. Aufl. 1999

Vollkommer, Max, Die lange Dauer der Zivilprozesse und ihre Ursachen, ZZP 81 (1968), S. 102

Voßkuhle, Andreas, Bruch mit einem Dogma: Die Verfassung garantiert Rechtsschutz gegen den Richter, NJW 2003, 2193

Wagner, Volker, Rechtsschutz bei überlangen Gerichtsverfahren, FA 2012, 70

Wenner, Ulrich, Anspruch auf Entschädigung bei überlangen Gerichtsverfahren, SozSich 2012, 32

Wolff, Heinrich, Der Verzögerungsentschädigungsanspruch im öffentlichen Recht, VR 2012, 289

Zimmer, Frank, Gesetz über den Rechtsschutz bei überlangen Gerichtsverfahren und strafrechtlichen Ermittlungsverfahren – Auswirkungen auf die Insolvenzpraxis, ZInsO 2011, 2302

Zimmermann, Walter, Der neue Rechtsschutz bei überlangen Gerichtsverfahren, FamRZ 2011, 1905-1910

Zöller, Zivilprozessordnung, 29. Aufl. 2012

Zuck, Rüdiger, Rechtsschutz bei überlangen Gerichtsverfahren vor dem BVerfG, NVwZ 2012, 265

Einleitung

Der Europäische Gerichtshof für Menschenrechte hat jüngst zu dem am 3. Dezember 2011 in Kraft getretenen Gesetz über den Rechtschutz bei überlangen Gerichtsverfahren und strafrechtlichen Ermittlungsverfahren festgestellt:

„Der Gerichtshof sieht zu diesem Zeitpunkt keinen Grund für die Annahme, der neue Rechtsbehelf werde dem Beschwerdeführer nicht die Möglichkeit bieten, angemessene und hinreichende Entschädigung für seine berechtigten Klagen zu erhalten, oder ihm keine hinreichende Erfolgsaussichten bieten."[1]

Mit der Schaffung des neuen Entschädigungsanspruchs aus § 198 GVG scheint also ein zumindest vorläufiger Schlusspunkt in einer langwierigen Entwicklung erreicht, die maßgeblich vom Europäischen Gerichtshof für Menschenrechte und dem Bundesverfassungsgericht vorangetrieben wurde. Effektiver Rechtsschutz, richterliche Unabhängigkeit und die (knappen) Ressourcen der Justiz waren dabei zusammenzuführen, um eine Rechtsschutzlücke zu schließen.[2]

Diese Lücke tat sich über alle Rechtsgebiete und Gerichtsbarkeiten hinweg auf: Nur ein zeitgerechter Rechtsschutz ist wirksam; im Interesse der Rechtssicherheit sind strittige Rechtsverhältnisse in angemessener Zeit zu klären.[3] Das Recht aus Art. 19 Abs. 4 GG und Art. 6 Abs. 1 EMRK auf wirksamen Rechtsschutz in angemessener Zeit ist seinerseits nur wirksam, wenn es auch durchgesetzt werden kann. An einem innerstaatlichen Rechtsbehelf hierfür fehlte es jedoch bislang. Insbesondere genügte hierfür der Amtshaftungsanspruch nach § 839 BGB iVm Art. 34 GG – im Unterschied etwa zum französischen Recht –[4] nicht, weil er auf schuldhafte Verzögerungen und den Ersatz von Vermögensschäden beschränkt ist. Seit dem Sürmeli/Deutschland-Urteil des EGMR vom 8. Juni 2006 stand diese Rechtsschutzlücke außer Frage.[5] Der EGMR sah sich in dem Musterverfahren Rumpf/Deutschland mit Urteil vom 2. September 2010 sogar dazu veranlasst, sie als strukturelles Defizit zu bewerten und zur Schließung der Lücke durch einen wirksamen innerstaatlichen Rechtsbehelf eine Frist von einem Jahr zu setzen.[6]

Geschlossen wird diese Lücke nach der Rechtsprechung des EGMR nur, wenn der von Art. 13 EMRK verbürgte Rechtsbehelf die Entscheidung des zuständigen Gerichts beschleunigt (präventive Wirkung) oder eine angemessene Wiedergutmachung für bereits eingetretene Verzögerungen (kompensatorische Wirkung) ermöglicht.[7] So hat der EGMR insbesondere Regelungen, die – wie

1 EGMR v. 29.5.2012 – 53126/07, ArbuR 2012, 363 Tz 40.
2 Steinbeiß-Winkelmann, ZRP 2010, 205.
3 BVerfG Beschluss v. 27.9.2011 – 1 BvR 232/11 Tz 16 mwN.
4 Art. L. 141-1 Code de l'organisation judiciare. Vgl Bien/Guillaumont, Innerstaatlicher Rechtsschutz gegen überlange Verfahrensdauer, EuGRZ 2004, 451, 462; Magnus, ZZP 2012, 75, 79.
5 EGMR v. 8.6.2006 – 75529/01 Sürmeli/Deutschland, NJW 2006, 2389 Tz 115.
6 EGMR v. 2.9.2010 – 46344/06 Rumpf/Deutschland, NJW 2010, 3355 Tz 73.
7 EGMR v. 8.6.2006 – 75529/01 Sürmeli/Deutschland, NJW 2006, 2389 Tz 99 mwN.

etwa in Spanien –[8] die präventive und die kompensatorische Wirkung kombinieren, als effektiv anerkannt.[9]

Eine Kombination aus Prävention und Kompensation nimmt auch das Gesetz über den Rechtsschutz bei überlangen Gerichtsverfahren und strafrechtlichen Ermittlungsverfahren vor.[10] Es soll das Rechtsschutzproblem bei überlanger Verfahrensdauer abschließend lösen.[11] Dazu gewährt es mit § 198 GVG einen neuartigen Entschädigungsanspruch gegen den Staat. Bei einer Verletzung des Rechts auf angemessene Verfahrensdauer sind dem Betroffenen die daraus entstandenen Vermögensnachteile zu ersetzen. Zudem sind immaterielle Nachteile, deren Eintritt das Gesetz vermutet, wiedergutzumachen. Der Anspruch ist verschuldensunabhängig, so dass er zB nicht durch den Hinweis auf eine chronische Überlastung des Gerichts zu Fall gebracht werden kann.[12] Zentrale Voraussetzung für eine Entschädigung in Geld ist, dass zur Beschleunigung des Ausgangsverfahrens eine Verzögerungsrüge erhoben worden ist. Die Neuregelung sieht allerdings einen – ursprünglich erwogenen, jedoch als kontraproduktiv und überflüssig empfundenen – „Tu-Was-Rechtsbehelf" nicht vor.[13]

Damit ist der Gesetzgeber dem Handlungsbedarf nachgekommen, der sich auch daraus ergab, dass 51 % der Verurteilungen Deutschlands durch den EGMR die überlange Dauer gerichtlicher Verfahren betrafen;[14] bis Ende 2011 waren es insgesamt 102 Verurteilungen.[15] Zwei Gesichtspunkte sollten dabei indes nicht aus dem Blick geraten:

Zum einen kann sich die Verfahrensdauer der deutschen Justiz – auch als Standortfaktor im internationalen Vergleich – durchaus sehen lassen.[16] Überlange Gerichtsverfahren sind Ausnahmen. So dauerten beispielsweise im Jahr 2011 die 1.209.201 vor den Amtsgerichten erledigten Zivilsachen im Bundesdurchschnitt 4,7 Monate; bis zu einem streitigen Urteil vergingen durchschnitt-

---

8 So kann in Spanien zur Beschleunigung des Verfahrens nach Sect. 44.1 c Verfassungsgerichtsgesetz eine Eingabe beim Verfassungsgericht gemacht und nach Sect. 292 Verfassungsgerichtsgesetz im Anschluss an das Verfahren Schadensersatz gegenüber dem Justizministerium gefordert werden. Vgl Luczak, Wirksame Beschwerdemöglichkeiten im Sinne von Art. 6 Abs. 1, 13 EMRK, Anhang zu BT-Drucks. 16/7655, S. 38.

9 EGMR v. 8.6.2006 - 75529/01, NJW 2006, 2389 Tz 100 Sürmeli/Deutschland.

10 Vom 24. November 2011, in Kraft seit 3. Dezember 2011, BGBl. 2011, 2302.

11 BT-Drucks. 17/3802, S. 16. Weitergehende Ansprüche aus Amtshaftung werden aber nicht ausgeschlossen.

12 BT-Drucks. 17/3802, S. 19.

13 Steinbeiß-Winkelmann, ZRP 2007, 177, 180; kritisch Stellungnahme Nr. 18/2011 der Bundesrechtsanwaltskammer zum Regierungsentwurf BT-Drucks. 17/3802, S. 4.

14 Stand: Ende 2011, vgl „Statistics on judgements by State" (www.echr.coe.int.).

15 Stand: Ende 2011, vgl „Table of violations 1959-2011" (www.echr.coe.int.). Von den in den Jahren 1959 bis 2011 ausgesprochenen 4.810 Verurteilungen wegen überlanger Verfahrensdauer entfielen zB 1.155 auf Italien, 412 auf Polen, 281 auf Frankreich, 154 auf Russland, 86 auf Österreich, 26 auf United Kingdom und 6 auf die Schweiz.

16 Vgl etwa BT-Drucks. 16/7655, S. 1; Leutheusser-Schnarrenberger, BT-Plenarprotokoll 17/84 v. 20.1.2011, S. 9538 D; Stellungnahmen des Deutschen Richterbundes vom September 2010 und März 2011 zum Regierungsentwurf BT-Drucks. 17/3802; Magnus, ZZP 2012, 75 mwN; Matusche-Beckmann/ Kumpf, ZZP 2011, 173, 174.

lich 7 Monate.[17] Bei den Landgerichten waren 13,5 % der erstinstanzlichen Zivilprozesse mehr als zwölf Monate und weitere 6,3 % länger als 24 Monate anhängig. 4,1 % der Strafverfahren überstiegen bei den Amtsgerichten, 12,1 % bei den Landgerichten die erstinstanzliche Verfahrensdauer von einem Jahr.

Zum anderen prägt die Qualität der Entscheidungen das Gesamtbild. So stellte Anselm von Feuerbach bereits vor fast 200 Jahren fest:

„Als die erste Pflicht, welche die Gerechtigkeit ihren Pflegern auferlegt, achte ich die gründliche reife Überlegung, welche dem Gewissen für die Wahrheit und Rechtlichkeit der Entscheidung bürgt. Als zweite Pflicht achte ich, dass der Rechtsuchende sein Recht, so viel wie möglich, in der kürzesten Zeit erlange. Ein verspäteter Rechtsgewinn ist öfters so schlimm, oft verderblicher als ein zeitiger Rechtsverlust. Aber alle Ordnung des Rechts wird verkehrt, wenn nicht die zweite Pflicht durch die erste sich beschränkt.“[18]

17 Die Daten sind den Fachserien 10 Reihe 2.1 und 2.3 des Statistischen Bundesamtes entnommen (https://www.destatis.de/DE/Publikationen/Thematisch/Rechtspflege/Gerichte-Personal). Sie beziehen sich auf das Jahr 2011. Näheres s. Art. 1 § 201 GVG Rn 1, § 199 GVG Rn 1; problematischer allerdings die Fachgerichtsbarkeiten s. Art. 7 bis 9.
18 Anselm von Feuerbach, Die hohe Würde des Richteramtes, 1817, S. 9.

Gesetz über den Rechtsschutz bei überlangen Gerichtsverfahren und strafrechtlichen Ermittlungsverfahren (ÜVerfBesG)

In der Fassung der Bekanntmachung vom 24. November 2011
(BGBl. I 2011, 2302)

Artikel 1 Änderung des Gerichtsverfassungsgesetzes

§ 198 GVG

(1) Wer infolge unangemessener Dauer eines Gerichtsverfahrens als Verfahrensbeteiligter einen Nachteil erleidet, wird angemessen entschädigt. Die Angemessenheit der Verfahrensdauer richtet sich nach den Umständen des Einzelfalles, insbesondere nach der Schwierigkeit und Bedeutung des Verfahrens und nach dem Verhalten der Verfahrensbeteiligten und Dritter.

(2) Ein Nachteil, der nicht Vermögensnachteil ist, wird vermutet, wenn ein Gerichtsverfahren unangemessen lange gedauert hat. Hierfür kann Entschädigung nur beansprucht werden, soweit nicht nach den Umständen des Einzelfalles Wiedergutmachung auf andere Weise gemäß Absatz 4 ausreichend ist. Die Entschädigung gemäß Satz 2 beträgt 1200 Euro für jedes Jahr der Verzögerung. Ist der Betrag gemäß Satz 3 nach den Umständen des Einzelfalles unbillig, kann das Gericht einen höheren oder niedrigeren Betrag festsetzen.

(3) Entschädigung erhält ein Verfahrensbeteiligter nur, wenn er bei dem mit der Sache befassten Gericht die Dauer des Verfahrens gerügt hat (Verzögerungsrüge). Die Verzögerungsrüge kann erst erhoben werden, wenn Anlass zur Besorgnis besteht, dass das Verfahren nicht in einer angemessenen Zeit abgeschlossen wird; eine Wiederholung der Verzögerungsrüge ist frühestens nach sechs Monaten möglich, außer wenn ausnahmsweise eine kürzere Frist geboten ist. Kommt es für die Verfahrensförderung auf Umstände an, die noch nicht in das Verfahren eingeführt worden sind, muss die Rüge hierauf hinweisen. Anderenfalls werden sie von dem Gericht, das über die Entschädigung zu entscheiden hat (Entschädigungsgericht), bei der Bestimmung der angemessenen Verfahrensdauer nicht berücksichtigt. Verzögert sich das Verfahren bei einem anderen Gericht weiter, bedarf es einer erneuten Verzögerungsrüge.

(4) Wiedergutmachung auf andere Weise ist insbesondere möglich durch die Feststellung des Entschädigungsgerichts, dass die Verfahrensdauer unangemessen war. Die Feststellung setzt keinen Antrag voraus. Sie kann in schwerwiegenden Fällen neben der Entschädigung ausgesprochen werden; ebenso kann sie ausgesprochen werden, wenn eine oder mehrere Voraussetzungen des Absatzes 3 nicht erfüllt sind.

(5) Eine Klage zur Durchsetzung eines Anspruchs nach Absatz 1 kann frühestens sechs Monate nach Erhebung der Verzögerungsrüge erhoben werden. Die Klage muss spätestens sechs Monate nach Eintritt der Rechtskraft der Entscheidung, die das Verfahren beendet, oder einer anderen Erledigung des Ver-

fahrens erhoben werden. Bis zur rechtskräftigen Entscheidung über die Klage ist der Anspruch nicht übertragbar.

(6) Im Sinne dieser Vorschrift ist

1. **ein Gerichtsverfahren jedes Verfahren von der Einleitung bis zum rechtskräftigen Abschluss einschließlich eines Verfahrens auf Gewährung vorläufigen Rechtsschutzes und zur Bewilligung von Prozesskosten- oder Verfahrenskostenhilfe; ausgenommen ist das Insolvenzverfahren nach dessen Eröffnung; im eröffneten Insolvenzverfahren gilt die Herbeiführung einer Entscheidung als Gerichtsverfahren;**
2. **ein Verfahrensbeteiligter jede Partei und jeder Beteiligte eines Gerichtsverfahrens mit Ausnahme der Verfassungsorgane, der Träger öffentlicher Verwaltung und sonstiger öffentlicher Stellen, soweit diese nicht in Wahrnehmung eines Selbstverwaltungsrechts an einem Verfahren beteiligt sind.**

A. Entstehungsgeschichte und Struktur des § 198 GVG

§ 198 Abs. 1 GVG gewährt demjenigen, der infolge unangemessen langer Verfahrensdauer einen Nachteil erleidet, unter bestimmten Voraussetzungen einen 1

Anspruch auf angemessene Entschädigung. Diese umfasst sowohl die materiellen als auch die immateriellen Folgen der Verfahrensverzögerung.

2 Die Vorschrift stellt, wie das ÜVerfBesG allgemein, eine – notwendige – Reaktion des deutschen Gesetzgebers auf Art. 6 Abs. 1 EMRK und dessen Ausprägung in der Rechtsprechung des EGMR dar. Gemäß Art. 6 Abs. 1 EMRK steht jedermann ein **Recht auf ein faires Verfahren innerhalb angemessener Zeit** zu. Der EGMR hat dieses Recht des Öfteren auch durch überlange Verfahren vor deutschen Gerichten als verletzt angesehen und den deutschen Staat zu Entschädigungszahlungen verurteilt.[1] In der Entscheidung Sürmeli/Deutschland stellte er darüber hinaus fest, dass Art. 13 EMRK einen wirksamen Rechtsbehelf gegen die Verletzung des Art. 6 Abs. 1 EMRK erfordere; ein solcher wirksamer Rechtsbehelf existiere in Deutschland aber nicht; insbesondere könne in diesen Fällen eine Verfassungsbeschwerde keinen hinreichenden Schutz bieten, da das BVerfG nur die Überlänge feststellen, aber keine Abhilfe schaffen könne.[2] Auch der vereinzelt anerkannte Schadensersatzanspruch nach § 839 BGB iVm Art. 34 GG sei nicht ausreichend, insbesondere deshalb nicht, weil er keinen Ersatz für Nichtvermögensschäden gewähre[3]. Ein nach staatlichem Recht gegebener Rechtsbehelf sei nur wirksam, wenn mit ihm die Verletzung oder ihre Dauer verhindert oder angemessene Abhilfe für schon eingetretene Verletzungen erlangt werden könne.[4] Da die Bemühungen in Deutschland, gesetzgeberisch Abhilfe zu schaffen, nach Auffassung des EGMR zu zögerlich verliefen und es seit Erlass der Entscheidung Sürmeli/Deutschland zu weiteren zahlreichen Verurteilungen kam, setzte der EGMR in der Entscheidung Rumpf/Deutschland in einem sog. Piloturteilsverfahren zur Einführung eines Rechtsbehelfs eine einjährige Frist.[5] Daraufhin trat Ende 2011 das ÜVerfBesG in Kraft.

Die Bundesregierung hatte schon im Jahr 2005 versucht, eine gegen die Verfahrenslänge gerichtete präventiv wirkende **Verfahrensbeschwerde** einzuführen („Entwurf eines Gesetzes über die Rechtsbehelfe bei Verletzung des Rechts auf ein zügiges gerichtliches Verfahren („Untätigkeitsbeschwerdegesetz"). Vorgesehen war eine Beschwerde beim **Ausgangsgericht;** dieses sollte innerhalb eines Monats der Beschwerde abhelfen oder sie dem im Instanzenzug übergeordneten Gericht vorlegen. Das Beschwerdegericht sollte dem Ausgangsgericht unanfechtbar verfahrensfördernde Maßnahmen vorschreiben dürfen. Dieser Gesetzentwurf scheiterte jedoch daran, dass die Richterschaft massive Bedenken erhob und in den Eingriffsbefugnissen des Beschwerdegerichts einen Eingriff in die richterliche Unabhängigkeit des Ausgangsgerichts sah.[6] Die Bundesregierung verfolgte den Entwurf schließlich nicht weiter.[7]

1 Vgl Althammer/Schäuble, NJW 2012, 1 mwN.
2 EGMR NJW 2006, 2389, 2391 (Tz 105 f).
3 EGMR NJW 2006, 2389, 2392 (Tz 113).
4 AaO S. 2390 (Tz. 99 f).
5 EGMR, Entscheidung vom 2.9.2010, Az 46344/06, Tz 59 ff.
6 Roller ZRP 2008, 122; Steinbeiß-Winkelmann NJW 2008, 1783.
7 BT-Drucks. 16/1755.

Der Gesetzgeber hat sich in der Folgezeit für die jetzige Entschädigungslösung entschieden.[8] Der EGMR hat eine solche auf nachträgliche Wiedergutmachung gerichtete Lösung gebilligt,[9] obwohl er ein Rechtsmittel, das **präventiv** auf eine Verhinderung überlanger Verfahren gerichtet ist, bevorzugt.[10] Um dem Rechnung zu tragen, hat der deutsche Gesetzgeber neben der Entschädigung als präventives Element die nunmehr in § 198 Abs. 3 GVG geregelte, von dem Betroffenen zu erhebende Verfahrensrüge eingeführt; sie soll dem betroffenen Gericht die Gefahr vor Augen führen, dass eine Entschädigungshaftung wegen Verfahrensüberlänge droht.[11] Das wird den Spruchkörper möglicherweise veranlassen, das Verfahren beschleunigt abzuwickeln. Einen durchsetzbaren Anspruch hierauf gewährt die Verzögerungsrüge jedoch nicht, so dass es sich nicht um einen „echten", die Entschädigungslösung entbehrlich machenden Rechtsbehelf handelt. Der deutsche Gesetzgeber musste daher nach der Rechtsprechung des EGMR die Möglichkeit der Verzögerungsrüge um eine **Wiedergutmachungsregelung** ergänzen.[12] 3

Neben einem Entschädigungsanspruch aus § 198 GVG kommen im Falle einer unangemessen langen Verfahrensdauer weiterhin Amtshaftungsansprüche nach § 839 BGB iVm Art. 34 GG in Betracht.[13] 4

B. Der Entschädigungsanspruch – § 198 Abs. 1, 2, 4 GVG

I. Unangemessene Dauer eines Gerichtsverfahrens (Abs. 1)

Gemäß § 198 Abs. 1 GVG wird derjenige angemessen entschädigt, der infolge **unangemessener Dauer** eines Gerichtsverfahrens als Verfahrensbeteiligter einen Nachteil erleidet. Mit dem Entschädigungsanspruch soll eine Verletzung des in Art. 6 Abs. 1 EMRK ausdrücklich statuierten und aus Art. 2 Abs. 1 iVm Art. 20 Abs. 3 GG abgeleiteten[14] Rechts auf Justizgewähr innerhalb angemessener Zeit ausgeglichen werden.[15] Für die Prüfung des Tatbestandsmerkmals Unangemessenheit kann daher an die Maßstäbe angeknüpft werden, die sowohl das BVerfG als auch der EMRK bei der Prüfung von Rechtsverletzungen 5

8 Vgl. Regierungsentwurf (BT-Drucks. 17/3802 vom 17.11.2010); Anhörung vom 23.3.2011 (Wortprotokoll Nr. 43); Beschlussempfehlung und Bericht des Rechtsausschusses vom 28.9.2011 (BT-Drucks. 17/7217); BT 2./3. Lesung, 29.9.2011 BTPlProt. 17/130 S. 15348, Zustimmung des Bundesrates, 14.10.2011, BRPlProt. 888 S. 485, 497 f. Vgl zum Gesetzgebungsprozess im Einzelnen Matusche-Beckmann/Kumpf, ZZP 2011, 173, 183 f.

9 Vgl EGMR aaO, Tz 187.

10 EGMR NJW 2007, 1259, 1263: „Absolut betrachtet ... beste Lösung", EGMR NJW 2006, 2389, 2390, Tz 100.

11 Vgl Stellungnahme des Rechtsausschusses, BT-Drucksache 17/7217, 27.

12 Vgl EGMR, Urt. v. 29.3.2006, NJW 2007, 1259, 1263, Tz 185.

13 Althammer/Schäuble, NJW 2012, 1, 5 f. Eine wichtige Grundsatzentscheidung für die Amtshaftung bei Verfahrensverzögerungen hat der BGH am 4.11.2010 getroffen (NJW 2011,1072) Zu dem Verhältnis von Amtshaftungshaftungsanspruch und den §§ 198 ff GVG vgl auch Remus, NJW 2012, 1403 ff.

14 Das Bundesverfassungsgericht leitet aus dem in Art. 20 Abs. 3 GG verankerten Rechtsstaatsprinzip u.a. das Postulat ab, dass strittige Rechtsverhältnisse innerhalb angemessener Zeit geklärt werden, vgl BVerfG NJW 1997, 2811, 2812 mwN.

15 BT-Drucks. 17/3802, 18.

nach Art. 2 Abs. 1 iVm Art. 20 Abs. 3 GG bzw Art. 6 Abs. 1 EMRK entwickelt haben.[16]

6 § 198 Abs. 1 GVG setzt voraus, dass ein Gerichtsverfahren unangemessen lange gedauert hat. Es kommt also auf die Dauer des **gesamten Verfahrens** im Sinne von § 198 Abs. 6 Nr. 1 GVG an, und nicht nur auf eine unangemessene Dauer einzelner Verfahrensabschnitte.[17] Selbst wenn also das Gericht einzelne Verfahrensabschnitte nicht hinreichend zügig bearbeitet hat, kann dies nur dann zu einem Anspruch auf Entschädigung führen, wenn hierdurch das Verfahren insgesamt eine unangemessene Dauer aufweist.

7 **1. „Umstände des Einzelfalls".** Die Angemessenheit der Verfahrensdauer richtet sich gemäß § 198 Abs. 1 Satz 2 GVG „nach den **Umständen des Einzelfalls**, insbesondere nach der Schwierigkeit und der Bedeutung des Verfahrens und dem Verhalten der Verfahrensbeteiligten und Dritter." Die genannten Kriterien wurden aus der Rechtsprechung des EGMR zu Art. 6 Abs. 1 EMRK übernommen.[18] Mit dem Verweis auf die Umstände des Einzelfalls wird vor allem zum Ausdruck gebracht, dass der Gesetzgeber – auch dies in Anlehnung an die Rechtsprechung des BVerfG und des EGMR[19] – keine schematischen zeitlichen Vorgaben festlegen wollte.[20] Begründet wird dies damit, dass **Fristenlösungen** der Vielgestaltigkeit prozessualer Situationen nicht gerecht werden; zudem entstehe ein ungewünschter Einladungseffekt, der dazu führen könne, dass nach Überschreitung der Regelzeit automatisch Entschädigungsklagen erhoben werden.[21] Diese Erwägungen haben einiges für sich, jedoch wird der Rechtsanwender ganz ohne grobe Richtwerte bei der Prüfung der Verfahrensüberlänge nicht auskommen.[22] Hierauf wird noch zurückzukommen sein (vgl Rn 22 ff); zunächst sollen jedoch die vom Gesetzgeber für maßgeblich erachteten Umstände des Einzelfalls näher betrachtet werden.

8 **a) Rechtliche oder tatsächliche Schwierigkeit des Falls.** Dass die **tatsächliche und rechtliche Schwierigkeit** des Falls die Verfahrenslänge beeinflussen kann, versteht sich von selbst, und wird sowohl vom EGMR als auch vom BVerfG immer wieder hervorgehoben.[23] **Rechtliche Schwierigkeiten** bestehen etwa dann, wenn grundsätzliche Rechtsfragen zu beantworten sind, für die noch keine höchstrichterliche Judikatur existiert, und die das Gericht daher nicht ohne intensive Auswertung der Fachliteratur beantworten kann. Allerdings darf dieser Gesichtspunkt kein Freibrief für ein monatelanges Aufschieben der Urteilsniederschrift sein. Die Beantwortung auch schwieriger Rechtsfragen gehört zu den originären Aufgaben des Gerichts, und die Urteilsgründe der In-

16 BT.-Drucks. aaO.; Böcker DStR, 2011, 2173, 2174.
17 Graf, NZWiSt 2010, 121, 124.
18 Steinbeiß-Winkelmann, ZRP 2010, 205, 206.
19 Vgl etwa BVerfG NJW-RR 2010, 207, 208; EGMR NVwZ 2008, 289, 291.
20 Die Fraktion „Die Linke" hatte im Gesetzgebungsprozess einen Entwurf vorgelegt, der die Vermutung einer unangemessenen Verfahrensdauer für den Fall vorsah, dass ein gerichtliches Verfahren in einer Instanz länger als ein Jahr gedauert hat, vgl BT-Drucks. 17/7217, 25.
21 Steinbeiß-Winkelmann aaO, S. 207.
22 So auch Böcker, DStR 2011, 2173, 2175.
23 Vgl EGMR, Entsch. v. 25.9.2007 – 71475/02 – Rn 171, 172; BVerfG NJW 2001, 214.

stanzgerichte müssen gemäß § 313 Abs. 3 ZPO nur eine „kurze Zusammenfassung" der Erwägungen enthalten, auf denen die Entscheidung in tatsächlicher und rechtlicher Hinsicht beruht. Der Tatrichter muss sich also – nach Lektüre der einschlägigen Literatur – zu einer Auffassung durchringen und diese in seiner Entscheidung knapp, aber nachvollziehbar begründen. Das kann nur in seltenen Ausnahmefällen eine mehrmonatige Verzögerung rechtfertigen, wenn etwa über mehrere komplexe Rechtsfragen gleichzeitig entschieden werden muss.

Tatsächlich schwierig kann ein Verfahren sein, wenn die zu klärenden Sachfra- 9
gen eine komplizierte und lang andauernde **Beweisaufnahme** erforderlich machen.

Beispiel: Das Gericht muss viele Zeugen im Wege der Amtshilfe vor unterschiedlichen Gerichten vernehmen lassen oder es müssen mehrere Sachverständige tätig werden.

Die Verfahrensverlängerung, die **allein** auf die **objektive Schwierigkeit** des Falls 10
– und nicht etwa eine mangelhafte Justizausstattung – zurückzuführen ist, kann nicht „unangemessen" iSv § 198 GVG sein. Selbst wenn aber das Gericht in einem solchen Fall für die Verzögerung keine Verantwortung trägt, muss es sich bei längerer Verfahrensdauer um eine nachhaltige Beschleunigung bemühen; verletzt es diese Beschleunigungspflicht, kann das Verfahren aus diesem Grund als unangemessen lang qualifiziert werden.[24]

b) Bedeutung des Rechtsstreits. Als zweites wichtiges Kriterium wird in § 198 11
Abs. 1 GVG die **Bedeutung des Rechtsstreits** genannt. Welche Verfahrenslänge tolerierbar ist, hängt also auch davon ab, welche Bedeutung dem Verfahren für die Verfahrensbeteiligten oder die Allgemeinheit zukommt. Für die Praxis der Verfahrensbearbeitung bedeutet dies, dass das Gericht nicht jedes eingehende Verfahren schematisch gleich behandeln kann, sondern Verfahren mit besonderer Bedeutung – möglicherweise auch zulasten anderer, früher eingegangener Verfahren – bevorzugt und beschleunigt bearbeiten muss. Die Tatsache, dass eine Partei die Sache für wichtig oder bedeutend **hält**, kann freilich für sich allein betrachtet noch kein besonderes Beschleunigungsbedürfnis auslösen. Vielmehr muss es darauf ankommen, ob vom Standpunkt eines objektiven Beobachters, der die Lebenssituation der Klagepartei kennt, eine besondere, die Verfahrensbeschleunigung erfordernde Bedeutung vorliegt.

Beispiele:

- Der Kläger, ein Bauunternehmer, klagt eine großvolumige Werklohnforderung ein, ohne deren Bezahlung er zahlungsunfähig wird. Von der Dauer des Verfahrens hängt die wirtschaftliche Existenz des Klägers ab, so dass das Verfahren besonderer Beschleunigung bedarf.[25]

---

24 Vgl BVerfG, NJW-RR 2010, 207, 208.
25 Vgl EGMR, Entscheidung v. 5.10.2006, Az 66491/01, Tz 55, BVerfG NJW 2001, 214, 215; Heine, MDR 2012, 327, 329.

- Bei **Sorge- bzw Umgangsrechtssachen** kann jede Verfahrensverzögerung zu einer Entfremdung zwischen der das Umgangs- oder Sorgerecht begehrenden Prozesspartei und dem Kind führen. Faktisch wird damit die Entscheidung des Gerichts präjudiziert, bevor ein richterlicher Spruch vorliegt.[26] Das Gericht muss deshalb diese Verfahren nach Kräften beschleunigen und ggf vorläufige Umgangsregelungen treffen.[27]
- Bedeutsam und beschleunigungsbedürftig sind Entscheidungen, die über den künftigen beruflichen Weg der Klagepartei entscheiden. Hierzu gehören etwa Entscheidungen über das **Bestehen von Abschlussprüfungen**.[28]
- Der EGMR hat auch ein Verfahren, bei dem die Klagepartei nach einer fehlgeschlagenen Operation Entschädigung wegen erlittener Schmerzen begehrte, für beschleunigungsbedürftig gehalten.[29]
- Das Gleiche für **Arbeitsrechtsstreitigkeiten**, da sie über die berufliche Existenz des Klägers entscheiden.[30]
- Ebenso sind Verfahren über den **Personenstand** und die **Geschäftsfähigkeit** als bedeutsam einzustufen.[31]
- In **strafrechtlichen Ermittlungsverfahren** können die Ermittlungen in hohem Maße belastend sein und im beruflichen oder persönlichen Umfeld zu unangenehmen Begleiterscheinungen führen.[32] Auch hieraus wird man eine Pflicht zur beschleunigten Bearbeitung herleiten müssen.

Schließlich kann auch die Bedeutung des Verfahrens für die Allgemeinheit eine Rolle spielen, etwa wenn es sich um einen **Musterprozess** handelt.[33] Dies gilt insbesondere für einen Musterprozess nach dem KapMuG, da von dem Ausgang des Musterverfahrens uU die Schadensersatzansprüche Tausender Anleger abhängen.

12 c) **Verhalten der Verfahrensbeteiligten und Dritter.** Als weiteren für die Verfahrenslänge bedeutsamen Umstand des Einzelfalls nennt das Gesetz das „**Verhalten der Verfahrensbeteiligten und Dritter**". Es liegt auf der Hand, dass dem Gericht ein von ihm nicht beeinflussbares Verhalten der Streitparteien, das zu einer Verfahrensverzögerung führt, nicht angelastet werden kann. Der EGMR betont in seinen Entscheidungen zwar regelmäßig, dass die Parteien von ihren Verfahrensrechten uneingeschränkt Gebrauch machen können und ihnen dies

26 Vgl BVerfG NJW 2001, 961; NJW 1997, 2811, 2812, EGMR Entscheidung v. 25.9.2007 – Az 71475/01, Tz 172; EGMR, Entscheidung v. 10.2.2011 – Az 1521/06, Tz 67; EGMR, Entscheidung v. 4.12.2008, Az 44036/02, Tz 77; EGMR, Entscheidung v. 10.5.2007, Az 76680/01, Tz 93; Entscheidung v. 12.7.2007, Az 39741/01, Tz 43 f.
27 Vgl BVerfG NJW 1997, 2811, 2812; EGMR, Entsch. v. 10.2.2011 – Az 1521/06, Tz 80.
28 Vgl EGMR, Urteil vom 11.1.2007, Az 20027/02, NVwZ 2009, 289.
29 Vgl EGMR, Entscheidung v. 5.3.2009, Az 7634/05, Tz. 24.
30 Vgl EGMR NJW 2006, 2389, 2393; EGMR, Entscheidung v. 11.6.2009, Az 71972/09, Tz 43.
31 Althammer/Schäuble, NJW 2012, 1, 2.
32 Graf, NZWiSt 4/2012, 124.
33 Althammer/Schäuble aaO.

nicht zum Nachteil gereichen darf.[34] Derartige Verzögerungen sind dann aber auch nicht dem Gericht bzw dem Staat zurechenbar, so dass eine allein daraus resultierende Verfahrensverzögerung jedenfalls nicht als „unangemessen" im Sinne von § 198 Abs. 1 GVG qualifiziert werden kann.[35] Auch der EGMR hat jedenfalls dann, wenn dem Gericht keine Untätigkeit zur Last fällt, die durch die Rechtsbehelfe des Beschwerdeführers ausgelöste Verfahrensverlängerung nicht dem Staat zugerechnet.[36]

Das „verzögerungsträchtige" Verhalten der Parteien wird jedoch häufig nicht 13
die alleinige Ursache für eine Verfahrensverzögerung sein.

Dazu folgende Beispiele:

- Die Parteien stellen **Terminsverlegungsanträge**, denen das Gericht stattgibt, obwohl hierfür keine erheblichen Gründe im Sinne von § 227 Abs. 1 ZPO vorliegen.
- Die Parteien verzögern das Verfahren durch **Befangenheitsanträge**, die dann ihrerseits vom Gericht nicht zügig bearbeitet werden oder zu denen das Gericht in zurechenbarer Weise Anlass gegeben hat.
- Die Parteien bzw deren Vertreter produzieren ständig neue, überlange Schriftsätze, ohne ihren Vortrag sachangemessen zu konzentrieren. Das Gericht lässt dies so laufen und gibt insbesondere keine Hinweise nach § 273 Abs. 2 Nr. 1 ZPO.

Das zur Verzögerung führende Verhalten der Parteien lässt die zum Teil expli- 14
zit geregelte, zum Teil rechtsfortbildend entwickelte allgemeine **Prozessförderpflicht** des Gerichts nicht entfallen.[37] In einer Gemengelage, bei der sowohl die Parteien als auch das Gericht ihre allgemeine Prozessförderpflicht vernachlässigen oder verletzen, wird man eine wertende Betrachtung vornehmen müssen, in welchem Maße einerseits das Gericht und andererseits die Parteien die Verantwortung für den verzögerten Verfahrensabschnitt trifft. Nur der dem Gericht zuzurechnende Anteil an der Verzögerung lässt sich als unangemessen iSv § 198 GVG qualifizieren und kann zu einer Entschädigungspflicht führen. Bemisst man in dem ersten Beispielsfall somit die Mitverantwortung des Gerichts mit etwa einem Viertel, so ginge bei einer Verfahrensverzögerung von vier Monaten nur ein Monat auf das Konto des Gerichts und wäre unangemessen iSv § 198 GVG.

Bei dem in § 198 Abs. 1 GVG ebenfalls angesprochenen **Verhalten Dritter** 15
kommt es darauf an, ob dieses dem Gericht zugerechnet werden kann.[38] Nach der Vorstellung des Gesetzgebers soll das Verhalten von Trägern der öffentlichen Verwaltung und sonstiger öffentlicher Stellen berücksichtigt werden, wenn sie in den Prozess einbezogen sind.[39] Das erscheint konsequent, denn

34 Vgl EGMR, Entscheidung vom 8.6.2006, Nr. 75529/01, Tz 131.
35 So auch Heine, MDR 2012, 327, 329.
36 Vgl EGMR, Entscheidg. v. 25.9.2007 zu Az 71475, Tz 173 u. 174.
37 EGMR, Entscheidung vom 24.6.2010, Az 39444/08, Tz 60; Entscheidung vom 1.4.2010, Az 12852/08, Tz 48.
38 BT-Drucks. 17/3802, 18.
39 AaO.

diese Beteiligten sind als Träger hoheitlicher Gewalt zur Beachtung der Grund- und Menschenrechte verpflichtet; sie tragen deshalb Mitverantwortung dafür, dass das Recht auf ein faires Verfahren innerhalb einer angemessener Zeit verwirklicht wird, auch wenn sie selbst nicht über den Fall zu befinden haben.

Nicht ohne Weiteres zurechenbar wäre dem Gericht die zögerliche Erstattung eines **Sachverständigengutachtens.** Das Gericht kann jedoch unter dem Gesichtspunkt der Verfahrensbeschleunigung bzw der Prozessförderungspflicht gehalten sein, dem Sachverständigen zur Abgabe des Gutachtens Fristen zu setzen oder, falls dies nicht ausreicht, Ordnungsgelder zu verhängen. Wenn es von diesem Instrumentarium – insbesondere bei bereits eingetretener Verfahrensverzögerung – keinen Gebrauch macht, muss man die dadurch hervorgerufene Verzögerung bei der Gutachtenerstellung wiederum als unangemessen bewerten.[40]

16 **d) Überlastung oder ungenügende Ausstattung der Justiz.** Eine Verfahrensverzögerung wird vielfach auf die **Überlastung des Spruchkörpers** oder eine **mangelhafte Ausstattung der Justiz** zurückzuführen sein.[41] Nach der Rechtsprechung des Bundesverfassungsgerichts und des EGMR, auf die sich die Bundesregierung in ihrer Gesetzesbegründung ausdrücklich bezieht, kann sich der Staat zur Rechtfertigung der überlangen Dauer eines Verfahrens nicht auf Umstände innerhalb des staatlichen Verantwortungsbereichs berufen; vielmehr muss er alle notwendigen Maßnahmen treffen, damit Gerichtsverfahren innerhalb angemessener Frist erledigt werden können.[42] Deshalb kann es auf eine chronische Überlastung des Gerichts, länger bestehende Rückstände oder eine allgemein **angespannte Personalsituation** nicht ankommen.[43] Etwas anderes kann in Sondersituationen gelten, in denen es durch einen plötzlichen Anstieg der Fallzahlen zu einer außergewöhnlichen Belastung des Gerichts kommt, auf die die Justizverwaltung kurzfristig nicht reagieren kann.[44] Reagiert sie auf eine solche Situation umgehend und ergreift Gegenmaßnahmen, liegt in der durch den kurzfristigen Fallzahlenanstieg bedingten Verzögerung keine unangemessene Verfahrensdauer.[45]

40 EGMR, Entscheidung vom 16.7.2009, Az 1126/05, Tz 69.

41 In einigen Gerichtsbarkeiten gibt es offenbar eine chronische Unterausstattung. So beträgt lt. Mitteilung des Bundesministeriums der Justiz die durchschnittliche erstinstanzliche Verfahrensdauer in der Verwaltungsgerichtsbarkeit eines Bundeslandes 25,0 Monate, also mehr als zwei Jahre, während sie sich in dem Land mit kürzesten Verfahrensdauer nur auf 4,6 Monate beläuft (vgl Webseite des BMJ, siehe auch unten § 173 VwGO Rn 1).

42 BT-Drucks. 17/3802,19.

43 BVerfG NJW 2005, 3488, 3489; NJW 2000, 797, 798; EGMR, Entscheidung v. 29.6.2006, Az 27250/02, Tz 105.

44 Der EGMR hatte wiederholt auch über Fälle zu entscheiden, in denen sich der verklagte Konventionsstaat Deutschland auf eine Sonderbelastung des Bundesverfassungsgerichts infolge der deutschen Wiedervereinigung berief (vgl etwa EGMR Entscheidung vom 15.2.2007, Az 19124/02, Tz 45 f). Er hat in diesen Fällen betont, dass Art. 6 Abs. 1 EMRK die Mitgliedstaaten verpflichte, ihre Justizsysteme so zu organisieren, „dass ihre Gerichte in der Lage sind, jede seine Anforderungen zu erfüllen und auch der Verpflichtung nachzukommen, innerhalb einer angemessenen Frist in einer Sache zu verhandeln (aaO).“

45 Vgl Magnus, ZZP 2012, 75, 82.

Ebenso wenig dürfte eine Verzögerung wegen einer kurzfristigen **Erkrankung**[46] oder des **Todes** eines Richters dem Staat als Verfahrensverzögerung anzulasten sein. Allerdings muss der Staat grundsätzlich angemessene Vorsorge treffen, um einer vorhersehbaren Sondersituation wie der Erkrankung des Gerichtspersonals zu begegnen.[47] Insbesondere kann die Erkrankung des Richters nicht zur Rechtfertigung für eine mehrmonatige Verzögerung herhalten. Im Fall einer kurzfristigen Überlastung des Spruchkörpers muss das Gericht dafür Sorge tragen, dass besonders eilige Streitigkeiten vorgezogen werden[48]. Schenke weist zu Recht darauf hin, dass § 198 GVG einen Ausgleich dafür bietet, dass es den Verfahrensbeteiligten nicht möglich ist, auf eine Aufstockung des richterlichen Personals durch den Haushaltsgesetzgeber hinzuwirken.[49] Wollte man dem Gericht bzw dem Staat den Einwand zubilligen, es hätten zur schnelleren Verfahrenserledigung keine hinreichenden Ressourcen zur Verfügung gestanden, so liefe der aus Art. 2 Abs. 1 iVm Art. 20 Abs. 3 GG und Art. 6 Abs. 1 EMRK abgeleitete Justizgewähranspruch (innerhalb angemessener Zeit) leer. Dieser verpflichtet jedoch den Staat, die zur Justizgewähr erforderlichen sächlichen und personellen Mittel bereitzustellen.[50]

2. Konkrete Beschleunigungsgebote. Die Pflicht, das Verfahren zu beschleunigen, folgt nicht allein aus dem verfassungs- und konventionsrechtlich garantierten Recht auf Justizgewähr, sondern auch aus einer Vielzahl **konkreter Beschleunigungsregeln.** Um die Prüfung einer unangemessenen Verfahrensverzögerung zu erleichtern, seien im Folgenden einige typische gesetzlich verankerte oder auch von der Rechtsprechung entwickelte Beschleunigungsregeln genannt. Das darf freilich nicht zu dem Missverständnis verleiten, bei unterlassener Beschleunigung liege in diesen Fällen stets eine unangemessene Verzögerung iSv § 198 Abs. 1 GVG vor. Das Gericht darf sich grundsätzlich auch für die vermeintlich langsamere Verfahrensgestaltung entscheiden, also zB Zeugen noch nicht zum ersten Termin laden, wenn sich dies im Interesse einer richtigen Entscheidungsfindung zumindest als vertretbar erweist (siehe Rn 18 ff). Gleichwohl werden Verstöße gegen gesetzliche oder außergesetzliche Beschleunigungspflichten häufig erste Hinweise auf ein pflichtwidrig verzögertes Verfahren geben. 17

Beispiele: Das Gericht muss gemäß § 271 Abs. 1 ZPO die bei ihm eingegangene Klageschrift „unverzüglich" zustellen.

- Die Güteverhandlung und die mündliche Verhandlung sollen gemäß § 272 Abs. 3 ZPO „so früh wie möglich" stattfinden.

  In der Praxis erfolgen die Terminierungen gerade in einigen Verwaltungsgerichtsbarkeiten viel zu spät, es kommt vor, dass eine Akte auf der Ge-

46 Vgl Magnus, ZZP 2012, 75 82.
47 Vgl BVerfG NJW 1974, 307, 308; BVerfG NJW 2005, 3488, 3489; BdbVerfG NVwZ 2010, 378, 379.
48 Vgl BVerfG NJW 2005, 3488.
49 Schenke, NVwZ 2012, 257, 259.
50 BVerfG NJW 1974, 307, 309, BGH NJW 2007, 830, 832.

schäftsstelle einen jahrelangen „Dornröschenschlaf“ antritt, bevor die Kammer terminiert.[51]

- Gemäß 272 Abs. 1 ZPO soll der Rechtsstreit in der Regel „in einem umfassend vorbereiteten“ Termin erledigt werden. Gemäß § 273 Abs. 1 ZPO hat das Gericht erforderliche vorbereitende Maßnahmen „rechtzeitig“ zu veranlassen, also etwa gemäß § 273 Abs. 2 Nr. 4 ZPO Zeugen und Sachverständige vorsorglich zu laden. Nach der Güteverhandlung soll gemäß § 279 Abs. 2 ZPO die Beweisaufnahme „unmittelbar“ im Haupttermin erfolgen.

  Tatsächlich ist die durch § 272 Abs. 1 ZPO als „Regel“ angeordnete Erledigung des Rechtsstreits in einem umfassend vorbereiteten Termin in der Praxis nicht die Regel, sondern eher die Ausnahme; das Gericht führt meistens eine Güteverhandlung mit anschließender Hauptverhandlung durch, ohne sofort in die Beweisaufnahme einzutreten. Oft hofft die Kammer, dass sich die Parteien vergleichen und sieht mit Blick darauf von vorbereitenden beschleunigenden Maßnahmen ab. Die Beweisaufnahme durch Zeugen und Sachverständige wird in der Regel – potenziell verfahrensverzögernd – erst in einem weiteren Termin durchgeführt.

- Nach § 273 Abs. 2 Nr. 1 ZPO soll das Gericht den Parteien Fristen zur Ergänzung und Erläuterung über bestimmte klärungsbedürftige Punkte setzen.

  Auch die Neigung, durch **zielgerichtete Hinweise** an die Parteien den Prozessstoff zu beschränken und zu konzentrieren ist sehr unterschiedlich ausgeprägt; häufig kommt es vor, dass das Gericht die Schriftsätze „laufen lässt“ oder nach Erhalt eines Schriftsatzes der jeweils anderen Seite immer wieder neue Schriftsatzfristen setzt und hierdurch überflüssiges Schreibwerk produzieren lässt.

- Das Gericht darf ferner nach § 296 Abs. 1 ZPO Angriffs- und Verteidigungsmittel, die erst nach einer hierfür gesetzten Frist vorgebracht werden, nur zulassen, wenn ihre Zulassung die Erledigung des Rechtsstreits nicht verzögert oder die Partei die Verspätung nicht genügend entschuldigen kann; auch im Fall eines allgemeinen Verstoßes gegen die Prozessförderpflicht können neue Angriffs- und Verteidigungsmittel gemäß § 296 Abs. 2 ZPO zurückgewiesen werden.

  Zumindest von der letztgenannten Möglichkeit machen die Gerichte nur sparsam Gebrauch. Tatsächlich bietet sich hier ein erhebliches Beschleunigungspotential, da der BGH den sog. **realen** oder **absoluten Verzögerungsbegriff** vertritt.[52] Danach kommt es nicht darauf an, wie sich der Rechtsstreit entwickelt hätte, wenn die zögerliche Partei rechtzeitig vorgetragen hätte, sondern darauf, ob das Verfahren ohne den verspäteten Vortrag schneller hätte beendet werden können.[53]

51 So Scheffer, NJ 2010, 265, 268.
52 Zöller/Greger, ZPO, § 296, Rn 20 mwN.
53 AaO.

- Das Gericht soll gemäß § 310 Abs. 1 ZPO das Urteil in dem Termin, in dem die mündliche Verhandlung geschlossen wird, oder in einem gesonderten Termin verkünden, der nur dann über drei Wochen hinaus angesetzt wird, wenn wichtige Gründe dies erfordern; dementsprechend soll die Entscheidung nach § 313 Abs. 3 ZPO (nur) eine „kurze Zusammenfassung der Erwägungen" enthalten, auf denen die Entscheidung in tatsächlicher und rechtlicher Hinsicht beruht.
- Gemäß § 227 Abs. 1 ZPO darf das Gericht nur dann einen Termin verlegen, wenn hierfür erhebliche Gründe bestehen.
- **Verfahrensaussetzungen**

  Häufig entstehen Überlängen dadurch, dass die Gerichte ein Verfahren wegen vermeintlich vorgreiflicher anderweitiger Verfahren aussetzen. In den Entscheidungen des EGMR findet sich hierzu die immer wiederkehrende Feststellung, „dass es unter bestimmten Umständen angemessen sein kann", wenn die Gerichte „aus verfahrensökonomischen Gründen den Ausgang parallel laufender Verfahren abwarten." Diese Entscheidung müsse jedoch verhältnismäßig im Hinblick auf die besonderen Umstände der Rechtssache sein.[54] In der zitierten Entscheidung vom 15.2.2007 hielt der EGMR eine zweijährige Aussetzung zur Entscheidung darüber, ob in einer vereinigungsbedingten Sache die Sozial- oder die Arbeitsgerichte zuständig waren, für sachlich gerechtfertigt.[55] Für unangemessen erachtete er hingegen eine siebeneinhalbjähriges Zuwarten bei der Entscheidung über einen Widerspruch, bei dem die Widerspruchsbehörde und das Verwaltungsgericht während drei Jahre andauernder staatsanwaltschaftlicher Ermittlungen untätig geblieben waren.[56] Insbesondere wenn das Verfahren bereits mehrere Jahre andauert, sieht der Gerichtshof eine weitere mehrjährige Verfahrensaussetzung nicht als gerechtfertigt an.

  Zu einer verfahrensverzögernden und unangemessenen Aussetzung dürfte es nicht kommen, wenn sich das Gericht im Anwendungsbereich der ZPO an die dortigen Regeln und Grundsätze hält. Eine Verfahrensaussetzung, zu der das Gericht verpflichtet ist, etwa die Vorlagepflicht nach Art. 100 GG, kann nicht zu einer unangemessenen Verfahrensverzögerung führen, da die dadurch hervorgerufene Verlängerung im Interesse höherwertiger Rechtsgüter – der Erlangung einer verfassungskonformen Entscheidung – hingenommen werden muss. Soweit das Gericht gemäß § 148 ZPO wegen eines vorgreiflichen Rechtsverhältnisses, das Gegenstand eines anderen Rechtsstreites ist, aussetzen kann (also nicht muss), muss es sorgfältig prüfen, ob überhaupt Aussicht besteht, die vorgreifliche Rechtsfrage in dem anderen Verfahren in absehbarer Zeit zu klären. Ebenso muss es der Frage nachgehen, ob die gebotene Prozessförderung nicht auf andere Weise besser zu erreichen ist.[57] Wenn es gleichwohl eine Aussetzung anordnet, wird

54 Vgl etwa Entscheidung v. 15.2.2007, Az 19124/02, Tz 43, Entscheidung v. 13.7.2006, Az 38033/02, Tz 44.
55 AaO.
56 Entscheidung v. 13.7.2006 aaO, Tz 44.
57 BGH MDR 2007, 542.

man wegen der Prozessförderpflicht und des Beschleunigungsgebots eine Pflicht annehmen müssen, in bestimmten Abständen zu prüfen, ob der mit der Aussetzung verfolgte Zweck noch erreicht werden kann oder diese nur noch prozessverzögernd wirkt.

- **Sonstige Beschleunigungspflichten**

  Darüber hinaus hat die Rechtsprechung zahlreiche weitere Pflichten aus dem allgemeinen Beschleunigungsgebot abgeleitet. Sollte ein Sachverständiger mit der Erstattung eines Gutachtens zu lange warten, muss das Gericht zur Vermeidung einer Verfahrensverzögerung ihm Fristen setzen und ihm unter Umständen auch ein Ordnungsgeld androhen.[58] Es muss zudem bereits bei der Auswahl des Sachverständigen darauf achten, dass dieser in der Lage ist, in angemessener Zeit das Gutachten vorzulegen. Überhaupt muss das Gericht – gerade bei bereits langer Verfahrensdauer – eine Beweisaufnahme effektiv gestalten und diese konzentriert durchzuführen. Erforderlichenfalls muss es parallel Sachverständigengutachten einholen und Zeugen einvernehmen.[59] Mit zunehmender Verfahrensdauer trifft das Gericht nach der Rechtsprechung des Bundesverfassungsgerichts eine besondere Beschleunigungspflicht. Es darf sich dann nicht mehr darauf beschränken, das Verfahren wie einen gewöhnlichen, wenn auch komplizierten Rechtsstreit zu behandeln, sondern muss sämtliche zur Verfügung stehenden Möglichkeiten zur Verfahrensbeschleunigung nutzen und sich gegebenenfalls um gerichtsinterne Entlastungsmaßnahmen bemühen.[60] Dies gilt erst recht in Kindschaftssachen, bei denen das Gericht wegen der ansonsten drohenden Vereitelung des Umgangsrechts gehalten sein kann, Zwangsmaßnahmen gegen eine die Kooperation mit dem Gericht verweigernde Partei zu verhängen.[61]

18 **3. Kollision mit dem Grundsatz umfassender Justizgewähr.** Die oben dargestellten Beschleunigungsregeln dürfen allerdings nicht zu der Annahme verleiten, im Falle ihrer Nichteinhaltung liege stets eine unangemessene Verfahrensdauer iSv § 198 Abs. 1 GVG vor. Das Gericht kann gehalten sein, sich für eine langsamere Verfahrensmaßnahme zu entscheiden, wenn dies im Interesse einer **richtigen Rechtsfindung** sachgerecht erscheint.[62]

19 Dies hat BGH in einer neueren, vor Inkrafttreten des ÜVerfBesG getroffenen Entscheidung zum Amtshaftungsanspruch wegen einer Verfahrensüberlänge bestätigt (siehe auch Rn 43 ff). Aus dem Rechtsstaatsprinzip iVm Art. 2 Abs. 1 GG sei zwar die Gewährleistung wirkungsvollen Rechtsschutzes abzuleiten und hierzu gehöre auch, dass streitige Rechtsverhältnisse innerhalb angemessener Zeit geklärt werden müssen.[63] Die zügige Erledigung des Rechtsstreits sei jedoch kein Selbstzweck. Gerade das Rechtsstaatsprinzip verlange die grund-

58 EGMR, Entscheidung vom 5.3.2009, Az 7634/05, Tz 23; Entscheidung vom 16.07.09, Az 1126/05, Tz 69.
59 BVerfG, Entsch. v. 2.9.2009 – 1 BvR 3171/08, BeckRS 2009, 38687.
60 BVerfG, Beschl. vom 23.6.2010, BeckRS 2010, 51311; NJW 2001, 214, 215.
61 EGMR, Entsch. v. 10.2.2011, Az 1521/06, Tz 80; BVerfG NJW 1997, 2811, 2812.
62 Schenke, NVwZ 2012, 257, 259.
63 BGH NJW 2011,1072, 1073, Tz 13 u.14.

sätzlich umfassende tatsächliche und rechtliche Prüfung des Streitgegenstands durch das dazu berufene Gericht. Das Gericht müsse vor diesem Hintergrund die Prozessführung nicht in der Weise nach dem Zeitfaktor ausrichten, dass es sich bei verschiedenen Möglichkeiten der Verfahrensgestaltung stets zugunsten der das Verfahren schneller abschließenden Alternative entscheiden müsse.[64] Der **Grundsatz der richterlichen Unabhängigkeit** gemäß Art. 97 Abs. 1 GG führe dazu, dass die Prozessführung des Gerichts auch außerhalb der eigentlichen Entscheidungsfindung nur auf Vertretbarkeit überprüft werden könne. Bei allen Tätigkeiten, die der Urteilsfindung oder der Vorbereitung der Urteilsfindung dienen (wie zB der Erlass eines Hinweisbeschlusses), sei zudem § 839 Abs. 2 Satz 1 BGB einschlägig, mit der Folge, dass der Staat nur im Falle einer Straftat haftbar gemacht werden könne.[65]

Diese Erwägungen lassen sich zwar nicht uneingeschränkt auf § 198 GVG übertragen, da die Vorschrift kein § 839 Abs. 2 Satz 1 BGB entsprechendes Spruchrichterprivileg kennt. Der Grundsatz der richterlichen Unabhängigkeit gilt jedoch selbstverständlich auch im Anwendungsbereich des § 198 Abs. 1 GVG. Wenn der BGH in der vorzitierten Entscheidung hieraus das Postulat ableitet, der Richter müsse jeweils nach Ermessen entscheiden, ob er der schnelleren oder vermeintlich schnelleren Maßnahme oder aber im Interesse einer besseren Richtigkeitsgewähr einer (vermeintlich) verzögernden Maßnahme den Vorzug gibt, kann für den Anwendungsbereich des § 198 Abs. 1 GVG kein abweichender Maßstab gelten. Das Gericht muss daher bei verfahrensleitenden Maßnahmen abwägen, ob es der schnelleren oder vermeintlich schnelleren Verfahrensvariante – also zB der frühen Zeugenladung nach § 273 Abs. 2 Nr. 4 ZPO – oder im Interesse einer gründlicheren Entscheidungsvorbereitung einer späteren Beweisaufnahme den Vorzug gibt.[66] Nur wenn sich die Entscheidung für die langsamere Variante als unvertretbar erweist, liegt eine unzulässige Verfahrensverzögerung vor. Dabei ist allerdings zu beachten, dass bei bereits **vorhandener Verfahrensüberlänge** das Gericht eine besondere Beschleunigungspflicht trifft und sich in dieser Situation ein „prae" für die schnellere Verfahrensvariante ergeben kann.[67] 20

Der Grundsatz der richterlichen Unabhängigkeit gewinnt umso mehr an Gewicht, je stärker die jeweilige Maßnahme den **Kernbereich der Rechts- bzw Urteilsfindung** betrifft. Das Gericht muss sich – zB bei einer Entscheidung, ob Beweis erhoben werden muss – nicht deshalb einer bestimmten Rechtsauffassung anschließen, weil sie in der konkreten Prozesssituation zu einer schnelleren Verfahrensbeendigung führt. Dies hat auch das BVerfG klargestellt: 21

64 AaO.

65 AaO Tz 13; Der BGH dehnt allerdings das Spruchrichterprivileg in dieser Entscheidung weit aus, indem er zB die Entscheidung, vor Erhebung der Beweisaufnahme die Parteien nochmals zu hören, hiervon umfasst sieht, aaO S. 1075, Tz 25, vgl auch Althammer/Schäuble NJW 2012, 1, 5.

66 So auch Hartmann in Baumbach/Lauterbach, § 198 GVG Rn 1: „Fixigkeit hat keinen höheren Rang als Gerechtigkeit und Sorgfalt."

67 Auch der BGH erkennt in der zitierten Entscheidung an, dass sich mit zunehmender Verfahrensdauer die Pflicht des Gerichts, sich nachhaltig um eine Förderung und Beendigung des Verfahrens zu bemühen, „verdichtet", aaO Tz 14.

„Dass neben Maßnahmen der Verfahrensleitung und gegebenenfalls des Bemühens um gerichtsinterne Entlastungen auch eine andere ***rechtliche Bewertung*** *der zu entscheidenden Rechtsfragen zu einer Verfahrensverkürzung hätte führen können, kann den Vorwurf einer überlangen Verfahrensdauer entgegen der Ansicht des Bf. jedoch nicht rechtfertigen. Wie der Fall rechtlich zu bewerten ist und mit welchen Beweismitteln der Sachverhalt festgestellt werden soll, obliegt der Beurteilung der Fachgerichte (Hervorhebung durch Autor).*[68]*“*

Von daher wird man unter dem Gesichtspunkt der Verfahrensbeschleunigung auch keine allgemeine Pflicht konstruieren können, über **unsubstantiiertes Vorbringen** keinen Beweis zu erheben.[69] Die Bewertung des Parteivorbringens gehört zur judiziellen und nicht bloß zur verfahrensleitenden Tätigkeit des Richters.[70] Nur in extremen Ausnahmefällen, die im Anwendungsbereich des § 839 BGB aus dem Spruchrichterprivileg herausfielen oder zumindest grob willkürlich erscheinen, wird man die richterliche Entscheidung für die verzögernde Rechtsauffassung als „unangemessen“ iSv § 198 GVG qualifizieren können.[71]

22 **4. Prüfung der Verfahrensüberlänge.** Die Prüfung, ob eine Verfahrensüberlänge vorliegt, kann sich vor dem Hintergrund des zuvor Gesagten schwierig gestalten. Zu berücksichtigen sind zum einen die das Gericht – je nach Verfahrensdauer mit unterschiedlicher Intensität – treffenden Beschleunigungspflichten und zum anderen das diesen zumindest potenziell zuwiderlaufende Gebot, ein Urteil im Interesse **richtiger Rechtsfindung** sorgfältig und gründlich zu erarbeiten. Zudem sind die jeweiligen Umstände des Einzelfalls in Betracht zu ziehen und hieraus ggf eine Verlängerung oder eine Verkürzung des noch als angemessen anzusehenden Zeitraums abzuleiten.

Gleichwohl soll nachfolgend der Versuch unternommen werden, für einen fiktiven **Durchschnittsfall** ohne besondere Beschleunigungsbedürftigkeit eine mögliche Prüfungsabfolge aufzuzeigen. Als „Durchschnittsfall“ mag daher eine normale, tatsächlich und rechtlich durchschnittlich schwierige Zahlungsklage vor dem Zivilgericht dienen, die für die Verfahrensbeteiligten keine übergroße, existentielle, aber auch keine geringe Bedeutung hat.

23 **a) Überprüfung der Gesamtverfahrensdauer.** In einem ersten Schritt empfiehlt es sich, die **gesamte Verfahrensdauer** zu betrachten. Wie bereits ausgeführt, stellt das Gesetz auf die unangemessene Dauer des Gesamtverfahrens ab, nicht jedoch auf die bloße Überlänge einzelner Verfahrensabschnitte. Auch der EGMR rekurriert in den Urteilsgründen zum einen auf die Verzögerung führenden Sachverhalte, zum anderen aber auf die Gesamtlänge des Verfahrens (siehe Rn 41 ff).

---

68 BVerfG NJW 2001, 214, 215.

69 Vgl hierzu Magnus, S. 81.

70 So auch EGMR, Entscheidung vom 9.10.2008, Az 10732/05, Tz 36 mwN.

71 Auch der EGMR überprüft Beweisbeschlüsse nur darauf, ob sie willkürlich „oder ansonsten dem Verfahren nicht angemessen waren,“ vgl Entscheidung v. 9.10.2008, Az 10732/05, Tz 36.

24 Eine **unangemessene Verfahrensverzögerung** lässt sich auch nicht – oder jedenfalls nicht allein – dadurch sinnvoll feststellen, dass jeder Verfahrensabschnitt untersucht und die Verlängerungen zu einer Gesamtverzögerung „aufaddiert" werden, mit der Folge, dass eine Verzögerung von zB 2,4 Monaten wegen einer nicht gerechtfertigten Terminverschiebung und eines zu spät ergangenen Beweisbeschlusses festgestellt und hierdurch eine Entschädigung von € 240,00 für immaterielle Nachteile ausgesprochen wird. Dass dies vom Gesetzgeber nicht gewollt wurde, lässt sich insbesondere daran erkennen, dass der ursprüngliche Referentenentwurf für die Entschädigungspauschale eine monatliche Bemessungsgrundlage vorgesehen hatte.[72] Hieran wurde jedoch Kritik geübt und eingewandt, man könne Verzögerungskonstellationen nicht „in kleiner Münze" messen.[73] Gesetz geworden ist sodann eine an Verzögerungsjahren orientierte Entschädigung (siehe auch Rn 80). Der Gesetzgeber wollte daher verhindern, dass jeder Verfahrensabschnitt wie „mit dem Lineal" ausgemessen und sodann auch für nur geringfügige, aber messbare Verzögerungen Entschädigung beansprucht werden kann.

25 Der EGMR hat zur angemessenen Gesamtverfahrensdauer keine festen zeitlichen Vorgaben entwickelt. Immerhin kann man einigen seiner Entscheidungen entnehmen, dass er eine Verfahrensdauer von **einem Jahr pro Instanz** in der Regel für unbedenklich hält.[74] Teilweise wird auch eine längere Dauer noch für angemessen erachtet bzw aus der Rechtsprechung des EGMR als angemessen herausgelesen.[75] Tatsächlich erscheint die **Jahresgrenze** sachgerecht.[76] Geht man von einem Zeitraum von drei Monaten für das schriftliche Vorverfahren ab Klagezustellung aus und setzt für die gerade noch tolerierbare Zeit bis zur Terminierung drei Monate und von da an bis zur Termindurchführung erneut drei Monate mit einem weiteren Folgetermin für eine normal schwere Beweisaufnahme an (siehe dazu im Folgenden Rn 27 ff), wäre ein Jahr ausreichend, zumal diese Dauer noch über der Zeitdauer liegt, in der die zivilen Tatsacheninstanzen in Deutschland im Durchschnitt entscheiden.[77] Bei einer Verfahrensdauer von bis zu einem Jahr erübrigt sich daher in der Regel eine weitere Prüfung, während bei einer Überschreitung eine unangemessene Verfahrensdauer vorliegen kann.[78]

72 Vgl Referentenentwurf vom 15.3.2010, abrufbar über die Webseite des BGH.
73 Vgl Steinbeiß-Winkelmann, ZRP 2010, 205, 207.
74 EGMR v. 8.2.2005, Az 45100/98, Tz 117; Meyer-Ladewig NJW 2009, 3749, 3754.
75 Meyer-Ladewig, Art. 6 Rn 199: „... vielleicht kommen zwei Jahre der Lösung näher." Peukert geht davon aus, dass 1,5 bis zwei Jahre angemessen sind, vgl Frowein/Peukert, Art. 6 Rn 249.
76 So auch Böcker DStR, 2011, 2173, 2175.
77 Nach den Erhebungen des Statistischen Bundesamtes für 2011 erledigten sich beinahe 80 % der amtsgerichtlichen, rund 60 % der landgerichtlichen Verfahren und rund 50 % der OLG-Verfahren innerhalb von sechs Monaten; nur 6 % der amtsgerichtlichen, ca. 20 % der landgerichtlichen und OLG-Verfahren dauerten länger als ein Jahr. Die Verfahren sind der Fachserie 10 Reihe 2.1 der Publikationen des Statistischen Bundesamtes entnommen, abrufbar unter www. Destatis.de/DE/Publikationen/Thematisch/Rechtspflege/GerichtePersonal/Zivilgerichte; vgl auch Matusche-Beckmann/Kempf, S. 174.
78 So auch Meyer-Ladewig, NJW 2009, 3749, 3754; Böcker DStR 2011, 2173, 2175.

26 b) **Schlichtes „Liegenlassen" bzw Inaktivität.** Liegt eine Verfahrensdauer von mehr als einem Jahr vor, so kann man als nächstes diejenigen Zeiträume in den Blick zu nehmen, in denen das Gericht das Verfahren faktisch hat ruhen lassen. Hierbei handelt es sich etwa um die Zeiten, in denen weder Fristen gesetzt noch terminiert wurde und die Parteien zB über lange Zeit ohne jede Aktivität des Gerichts Schriftsätze gewechselt haben.[79] Derartige Zeiten der **gänzlichen Nichtaktivität** sind grundsätzlich als verfahrensverzögernd zu qualifizieren, da das Gericht das Verfahren schlicht nicht betreibt. Sie kommen in bestimmten Gerichtszweigen durchaus häufig vor.[80]

27 Als nicht verfahrensverzögernd wird man hier nur diejenigen Zeiten ansetzen können, die das Gericht benötigt, um den nächsten Verfahrensschritt vorzubereiten. Hierzu gehören etwa die Auswertung und Prüfung der eingegangenen Schriftsätze, um auf dieser Grundlage eine Entscheidung über das weitere Vorgehen zu treffen. Das Gericht muss zB darüber entscheiden, ob es zunächst einen **Hinweisbeschluss** erlässt und eine oder beide Parteien zur Ergänzung ihres Vorbringens auffordert oder unmittelbar terminiert. Im letzteren Fall wird es ggf auch eine Entscheidung darüber treffen müssen, ob vorbereitend gemäß § 273 Abs. 2 Nr. 4 ZPO Zeugen und/oder Sachverständige geladen werden sollen. Den Zeitraum, dem man dem Gericht für dieses Procedere zubilligen kann, lässt sich nicht allgemeingültig festlegen, da er maßgeblich durch die tatsächliche und rechtliche Schwierigkeit des Falls bestimmt wird. In einer Standardsache wird man erwarten können, dass das Gericht binnen drei Monaten nach Vorliegen der Schriftsätze eine Entscheidung über das weitere Vorgehen trifft; das Gleiche dürfte für die Entscheidung über das weitere Vorgehen nach dem Vorliegen eines Sachverständigengutachtens gelten. Die darüber hinaus gehenden Zeiten sind dann ohne Weiteres als verfahrensverzögernd zu qualifizieren.

28 Dem **Berufungsgericht** mag man nach Eingang der Berufungsbegründung und -erwiderung eine etwas längere Zeit zubilligen als dem Erstgericht, da es sich mit dem gesamten erstinstanzlichen Verfahren und nicht nur mit den Berufungsschriftsätzen auseinandersetzen muss; zudem muss es sich vorab im Rahmen des Verfahrens nach § 522 ZPO darüber klar werden, ob die Berufung Erfolg verspricht oder nicht. Hier könnte man in einem Standardfall eine verzögerungsunschädliche Zeit von vier bis fünf Monaten zubilligen; bei dem **Revisionsgericht** könnte sie wegen der hohen rechtlichen Anforderungen, die an eine Revisionsentscheidung im Interesse der Einheitlichkeit der Rechtsprechung gestellt werden müssen, noch etwas länger, etwa sieben bis acht Monate ausfallen.

---

79 In einem vom Autor zweitinstanzlich bearbeiteten Verfahren hatten die Parteien sich erstinstanzlich beinahe ein Jahr über die Eignung bzw Befangenheit eines Sachverständigen ausgetauscht. Am Ende stellte das Gericht fest, dass es keiner Beweisaufnahme bedurfte.

80 Scheffer (NJ 2010, 265, 268) berichtet von einer in der sächsischen Verwaltungsgerichtsbarkeit seit vielen Jahren geübten Praxis, wonach entscheidungsreife Rechtsfälle nicht terminiert, sondern auf die Geschäftsstelle wandern und einen vielmonatigen, nicht selten mehrjährigen „Dornröschenschlaf" antreten.

Die Toleranzen für spätere, also nach der Eröffnung des jeweiligen Verfahrenszuges zu verzeichnende Nichtaktivitäten sind tendenziell geringer zu bemessen, weil der Spruchkörper hier in der Regel bereits in die Sache eingearbeitet ist; vorstellbar sind hier längere „Liegezeiten" zB dann, wenn das Gericht ein umfangreiches Sachverständigengutachten auswerten muss und hierüber die Entscheidung über das weitere Vorgehen abhängt (zB Einholung eines Obergutachtens oder die Befragung von Zeugen etc.). 29

Eine Mitverantwortung der Parteien kommt für die vorgenannten „Ruhephasen" kaum in Betracht, ebenso wenig unterliegen sie im Hinblick auf die Verzögerung einem eingeschränkten Prüfungsmaßstab. Auch der BGH geht in seiner bereits zitierten Entscheidung zur Amtshaftung nach § 839 Abs. 1 BGB iVm Art. 34 GG davon aus, dass der Zeitraum, der zwischen dem Eingang der Schriftsätze und der Entscheidung über das weitere Verfahren vergeht, ohne die Beschränkung des § 839 Abs. 2 Satz 1 BGB auf Vertretbarkeit hin überprüft werden kann.[81] 30

c) **Übermäßig weiträumige Terminierung.** Neben den Zeiten des „Liegenlassens" oder der gerichtlichen Nichtaktivität sind **Terminierungen** darauf zu überprüfen, ob sie inakzeptabel weiträumig erfolgen und damit verfahrensverzögernd wirken.[82] Hier wird sich allerdings verstärkt die Frage stellen, ob sich die späte Terminierung mit dem Erfordernis einer gründlichen Terminsvorbereitung rechtfertigen lässt; ist dies der Fall, kann man dem Gericht nicht vorhalten, den Termin nicht zu einem früheren Zeitpunkt durchgeführt zu haben. 31

Auch hier mag man sich für Standardverfahren ohne besondere Schwierigkeit und ohne besondere Beschleunigungsbedürftigkeit an den o. Richtwerten orientieren; sie sollten für die Obergerichte hier allerdings nicht länger bemessen werden als für die Eingangsinstanz, da für die Zeit zwischen Terminierung und Termin jedenfalls keine obergerichtlichen „Erschwerniszuschläge" anerkannt werden können.

Außerhalb des schlichten „Liegenlassens", das allein vom Gericht zu vertreten ist, sind in dieser Konstellation Fallgruppen denkbar, in denen die Verfahrensverzögerung nicht oder nicht überwiegend dem Gericht, sondern den Parteien oder Parteivertretern zuzurechnen sind; beispielsweise können diese durch immer neue **Terminsaufhebungsanträge** selbst dafür sorgen, dass der Termin zur mündlichen Verhandlung immer weiter nach hinten verschoben wird. Ebenso wäre es denkbar, dass beide Parteien übereinstimmend einen als „langsam" bekannten Sachverständigen vorschlagen oder beide Seiten einwilligungsbedürftigen Fristverlängerungen für die jeweils andere Seite zustimmen. In diesen Fällen kann die überwiegende Verantwortung des Gerichts für die durch die jeweilige Prozesshandlung bewirkte Verzögerung entfallen, muss es aber nicht. 32

81 BGH NJW 2011, 1072, 1075, Tz 27; in dem vom BGH entschiedenen Fall hatte das OLG nach Eingang der Berufungsbegründung im Oktober 1996 erst im Juni 1997 einen sog. Vorschalt-Termin zur mündlichen Verhandlung bestimmt.

82 BGH aaO Tz 29; der OLG-Senat hatte unter dem 23.3.2000 für den 9.11.2000 terminiert, was die Vorinstanz beanstandet hatte. Der BGH vermisste hingegen eine nähere Auseinandersetzung mit dem Umstand, dass die Parteien und der Sachverständige Terminsverlegungen angeregt hatten.

Denn auch wenn die Parteien selbst Ursachen für eine Verzögerung setzen, muss das Gericht auf einen zügigen Verfahrensabschluss hinwirken.[83] In den beschriebenen Fällen bedarf es einer wertenden Betrachtung, ob die Verfahrensverzögerung überwiegend dem Gericht oder den anderen Beteiligten angelastet werden muss. Die auf das „Konto" des Gerichts gehende Verzögerung muss – abzüglich von Toleranzen – als unangemessen berücksichtigt werden.

33 d) **Ermessensentscheidungen über prozessuales Vorgehen.** Wie bereits unter Rn 19 ausgeführt, kann das Gericht häufig nach **Ermessen** darüber entscheiden, wie es in bestimmten prozessualen Situationen vorgeht. So kann es entweder einen frühen ersten Termin oder aber das schriftliche Vorverfahren anordnen; ebenso kann es darüber entscheiden, ob ein Verfahren mit Blick auf vorgreifliche andere Verfahren ausgesetzt wird oder nicht; schließlich entscheidet es auch gemäß § 156 ZPO nach Ermessen darüber, ob eine mündliche Verhandlung wieder eröffnet wird. Wenn sich das Gericht hier für die vermeintlich weniger beschleunigende bzw stärker verfahrensverzögernde Möglichkeit entscheidet, muss damit noch keine als unangemessen iSv § 198 Abs. 1 GVG zu qualifizierende Verfahrensverzögerung vorliegen. Wie auch der BGH in der o. zitierten Entscheidung zum Amtshaftungsanspruch wegen der Verfahrensüberlänge entschieden hat, ist die sachgerechte Führung eines Prozesses in das Ermessen der verantwortlichen Richter gestellt, bei dem die Dauer der jeweiligen prozessualen Maßnahme nur ein Entscheidungskriterium sein kann. Es ist in diesen Fällen auch nicht immer so, dass die vermeintlich zeitsparendere Maßnahme tatsächlich zu einer schnelleren Erledigung des Rechtsstreits führt; so mag ein früher erster Termin ergebnislos verlaufen, weil sich dort herausstellt, dass sich die Parteien zu vielen dort auftauchenden Fragen noch nicht geäußert haben und deshalb weitere Gelegenheit zum schriftsätzlichen Vorbringen gewährt werden muss.

Nur dann, wenn sich die richterliche Maßnahme auch unter Berücksichtigung der anderen in die Ermessensausübung einzustellenden Belange und der erforderlichen umfassenden tatsächlichen und rechtlichen Prüfung als unvertretbar erweist, muss sie als unangemessen verfahrensverzögernd iSv § 198 Abs. 1 GVG bewertet werden.[84]

34 e) **Abweichender Prüfungsmaßstab bei bereits eingetretener Überlänge.** Eine Vorgehensweise, die zu Beginn des Verfahrens noch als vertretbar angesehen werden kann, kann bei **längerer Verfahrensdauer** zu einer nicht hinnehmbaren Verfahrensverzögerung führen.

Beispiel: Das Gericht gewährt den Parteien regelmäßig Schriftsatzfristen von mehr als vier Wochen.

35 Eine solche Fristsetzung mag als Klageerwiderungsfrist auch in einem durchschnittlichen Verfahren als angemessen anzusehen sein, sie kann jedoch bei einer längeren Verfahrensdauer, wenn der Rechtsstreit bereits „ausgeschrieben" ist, inakzeptabel verfahrensverzögernd wirken.

83 EGMR, Entscheidung vom 1.4.2010, Az 12852/08, Tz. 48.
84 BGH NJW 2011, 1072, 1073 f.

Zudem gehen der EGMR, das Bundesverfassungsgericht und auch der BGH in ständiger Rechtsprechung davon aus, dass sich das Gericht bei einer bereits bestehenden Überlänge – auch wenn diese nicht vom Gericht zu verantworten ist – sich nachhaltig um eine Beschleunigung des Verfahrens bemühen muss.[85] Soweit die oben unter Rn 17 zitierten Verfahrensvorschriften dem Gericht ein Ermessen bei der Wahl des nächsten Verfahrensschritts einräumen, wird man daher bei bereits bestehender Überlänge häufiger zu dem Ergebnis kommen, dass bei der Ermessensausübung ein „prae" in Richtung der beschleunigungsfreundlichen Variante besteht oder sich gar das Ermessen auf Null reduziert.

Beispiel: Nach bereits langjähriger Verfahrensdauer kann eine Verfahrensaussetzung nach § 148 ZPO wegen eines anderen vorgreiflichen Verfahrens nur ausnahmsweise vertretbar und geboten sein. Sofern nicht sicher ist, dass es durch die Aussetzung nicht zu einer Verfahrensverzögerung kommt, kann die richtige Ermessensentscheidung bei Verfahrensüberlänge nur in deren Ablehnung bestehen.

Das Gericht muss in dieser Situation von den **Beschleunigungsmöglichkeiten**, die ihm die Prozessordnung bietet und die unter Rn 17 beispielhaft aufgeführt sind, Gebrauch machen; es darf also beispielsweise nicht „tröpfchenweise" Beweis erheben,[86] sondern muss die Beweiserhebung konzentrieren; ebenso wenig darf es ohne triftige Gründe Termine verschieben[87] oder unbeschränkt und unter Missachtung von § 227 Abs. 2 ZPO Fristverlängerungen bewilligen.[88]

Versäumt das Gericht in einem bereits überlangen Verfahren derartige Maßnahmen, geht die dadurch eingetretene weitere Verzögerung zu seinen Lasten und löst bei Vorliegen der weiteren Voraussetzungen die Entschädigungszahlungen nach § 198 Abs. 2 GVG aus.

Zudem müssen sich in dieser Situation die oben dargestellten Richtwerte für 36
den Verfahrensablauf deutlich verkürzen; das Gericht darf nach entsprechender Verfahrensüberlänge ein Sachverständigengutachten nicht mehr drei Monate unverrichteter Dinge liegen lassen und nicht mehr einen Vorlauf von drei Monaten bis zur weiteren Verhandlung in Anspruch nehmen; allenfalls mag dann eine Frist von bis zu **einem Monat** hinnehmbar sein.

Die **besondere Beschleunigungsbedürftigkeit** tritt sicher ein, wenn das Verfah- 37
ren bereits eine vom Gericht zu vertretende unangemessene Länge von mehr als einem Jahr aufweist. Ist die Überlänge nicht vom Gericht zu vertreten, wird man einen großzügigeren Maßstab anlegen können und ein durchschnittliches Verfahren jeweils nach einer Dauer von mehr als **zwei Jahren** für besonders beschleunigungsbedürftig erachten können.

85 Vgl BVerfG NJW 2001, 214, 215; NJW 2004, 3320; NJW 2005, 739; NJW 2008, 503, 504; vgl BGH NJW 2011, 1073, 1074 Rn 14; in der vorzitierten Entscheidung formuliert der BGH, dass sich mit zunehmender Verfahrensdauer die Pflicht des Gerichts, „sich nachhaltig um eine Förderung und Beendigung des Verfahrens zu bemühen verdichtet".

86 Vgl Hartmann, in Baumbach/Lauterbach, § 198 Rn 13 – „Beweis".

87 Vgl Hartmann, in Baumbach/Lauterbach, § 198 Rn 13 – „Vertagung".

88 Vgl Hartmann in Baumbach/Lauterbach, § 198 Rn 13 – „Fristverlängerung".

38 **f) Prüfungsabfolge zur Ermittlung unangemessener Verfahrensverzögerungen.** Bei der Prüfung, ob ein durchschnittliches Zivilverfahren unangemessen lang erscheint, mag folgendes Schema hilfreich sein:

1. Prüfung der Gesamtverfahrensdauer	Liegt eine Verfahrensdauer von mehr als einem Jahr vor? Falls ja, folgen die weiteren Prüfungsschritte.
2. Prüfung der Nichtaktivität des Gerichts	Hat das Gericht die Sache nach Eingang der Schriftsätze oder nach Vorliegen eines Gutachtens liegen lassen? Die über die Toleranzgrenze von drei Monaten hinausgehende Zeit ist unangemessen und daher zu entschädigen.
3. Prüfung der Terminierungen	Hat das Gericht eine zu weitläufige Terminsbestimmung getroffen, die über einen Richtwert von bis zu drei Monaten hinausgeht? Tragen die Parteien für die späte Terminierung Mitverantwortung, indem sie Terminsverlegungsanträge gestellt haben? Unangemessen und zu entschädigen ist der vom Gericht zu verantwortende Teil der zu weiträumigen Terminierung.
4. Beachtung von zivilprozessualen Beschleunigungsgeboten	Hat das Gericht die Beschleunigungsgebote beachtet und zB schon für den ersten Termin Zeugen und Sachverständige geladen? In diesem Bereich indiziert eine Entscheidung für die (scheinbar) zögerlichere Verfahrensvariante allerdings noch keine unangemessene Verfahrensverzögerung. Das Gericht kann grundsätzlich nach seinem Ermessen über die Verfahrensgestaltung entscheiden. Nur wenn die Entscheidung für die langsamere Verfahrensvariante schlechthin unvertretbar erscheint, ist die Verfahrensverlängerung unangemessen iSv § 198 Abs. 1 GVG und damit zu berücksichtigen.

5. **Prüfung von Maßnahmen, die unmittelbar mit der Entscheidungsfindung zusammenhängen**	Maßnahmen, die den Kern der richterlichen Tätigkeit berühren, können in der Regel nicht als verfahrensverzögernd qualifiziert werden, auch wenn sie aus Sicht der Obergerichte sachlich falsch waren

Die sich aus der Prüfung in dem jeweiligen Prüfungsabschnitt ergebenden unangemessenen Verzögerungen sind zusammenzurechnen, so dass sich hieraus die unangemessene Gesamtverfahrensdauer ergibt. Übersteigt die Verfahrensdauer wegen einer vom Gericht zu vertretenden Verfahrensverzögerung bereits ein Jahr oder ohne Verantwortlichkeit des Gerichts bereits zwei Jahre, sind die Toleranzwerte für Nichtaktivitäten und Terminierungslängen zu verkürzen; darüber hinaus trifft das Gericht jetzt eine verstärkte Beschleunigungspflicht, so dass bei den verfahrensgestaltenden Maßnahmen nunmehr ein „Prae" zugunsten der schnelleren Verfahrensvariante besteht.

g) **Richtwerte für andere Gerichtszweige.** Die oben wiedergegebenen Richtwerte für ein noch angemessenes „durchschnittliches" erstinstanzliches Zivilverfahren dürften entsprechend für andere Gerichtszweige, also etwa auch für die **Verwaltungsgerichtsbarkeit** (siehe auch § 173 VwGO Rn 7), Verfahren nach dem **FamFG** oder die **Finanzgerichtsbarkeit**[89] heranzuziehen sein (siehe Artikel 6 - 9). Dabei ist allerdings nicht zu verkennen, dass zumindest im Hinblick auf Verwaltungsgerichtsbarkeit teilweise ein anderer, zugunsten der Gerichte weitaus großzügigerer Maßstab angelegt wurde, und zwar gerade in den Ländern Brandenburg und Sachsen, in deren Landesverfassungen ein ausdrückliches Recht auf ein zügiges Verfahren verankert ist.[90] **Chronische Überlängen** in bestimmten Gerichtsbarkeiten rechtfertigen daher keine „Zuschläge" bei der Prüfung der noch hinnehmbaren Verfahrensdauer; es handelt sich vielmehr um dem Staat zurechenbare Mängel, deren verfahrensverzögernde Auswirkungen als unangemessen iSv § 198 GVG bewertet werden müssen.[91] 39

In **Insolvenzeröffnungsverfahren** – das Insolvenzverfahren selbst ist gemäß § 198 Abs. 6 Nr. 1 GVG grundsätzlich von der Anwendung des ÜVerfBesG ausgenommen – wird man eine Verfahrensdauer dann als unangemessen qualifizieren können, wenn der Gutachter das Verfahren hinauszögert und das Gericht ihn nicht – notfalls mittels eines Ordnungsgeldes gemäß § 411 Abs. 2 ZPO – zu einer zügigen Abgabe des Gutachtens anhält. Als Richtwert für eine noch unbedenkliche Verfahrensdauer wird man hier drei Monate bei noch nicht stillgelegten Betrieben, bei natürlichen Personen ohne Geschäftsbetrieb hingegen nur einige Wochen ansetzen können.[92] 40

89 So auch für die Finanzgerichtsbarkeit Böcker DStR 2011, 2173, 2175.
90 Zu den Einzelheiten siehe Scheffer, NJ 2010, 265, 266.
91 Vgl auch EGMR, Entscheidung v. 22.12.2009, Az 21061/06, Tz 26, bei der der Gerichtshof monierte, dass das Verwaltungsgericht 3 Jahre und 9 Monate bis zur Durchführung der mündlichen Verhandlung benötigte.
92 So Zimmer, ZInsO 2011, 2302, 2306.

41 **5. Rechtsprechung des EGMR, des BVerfG und des BGH. a) Zur Rechtsprechung des EGMR.** Die Rechtsprechung des EGMR zur Verfahrensüberlänge im Allgemeinen und die Verurteilungen Deutschlands zu Entschädigungszahlungen im Besonderen haben den deutschen Gesetzgeber zur Einführung des ÜVerfBesG veranlasst; wie sich den Gesetzesmaterialien entnehmen lässt, hat der Gesetzgeber sich auch inhaltlich häufig, etwa bei der Bemessung der Entschädigungshöhe, an der Rechtsprechung des EGMR orientiert.[93] Der EGMR behält sich auch eine Kontrolle darüber vor, ob die innerstaatlichen Gerichte eine seiner Auffassung nach vorliegende Konventionsverletzung anerkannt haben und andererseits die hierfür gewährte Wiedergutmachung ausreichend bemessen ist.[94] Zudem handelt es sich bei der EMRK und damit auch bei Art. 6 Abs. 1 EMRK aufgrund des deutschen Zustimmungsgesetzes um unmittelbar geltendes nationales Recht im Range einfachen Bundesrechts[95]

Auch der künftigen Rechtsprechung zum ÜVerfBesG dürften die Judikate des EGMR – sofern nicht zu den Regelungen des ÜVerfBesG im Widerspruch stehend – als Orientierungshilfe dienen. Es erscheint daher sinnvoll, diese Rechtsprechung in den Blick zu nehmen:

- Der EGMR stellt vor Beginn seiner Zulässigkeits- und Begründetheitsprüfung regelmäßig den Beginn und das Ende des vom Beschwerdeführer als überlang gerügten Verfahrens fest.[96]
- Zu Beginn seiner Begründetheitsprüfung betont der EGMR beständig, dass es – wie jetzt in § 198 Abs. 1 GVG positiv geregelt – auf die Umstände des Einzelfalls ankomme.[97]
- In den Verfahren mit festgestellter „Überlänge“ folgen sodann Ausführungen zu den das Gericht tendenziell entlastenden Umständen. Oft heißt es hierin, dass der Gerichtshof die Komplexität des Falls und die Notwendigkeit, mehrere Gutachten einzuholen, „anerkenne“. Ebenso finden sich Feststellungen, dass der Beschwerdeführer häufig Fristverlängerungen beantragt oder mehrere mit der Sache befasste Richter abgelehnt habe.[98]
- Sodann prüft der EGMR, ob die Zeitdauer bestimmter Verfahrensabschnitte auf eine Verzögerung zurückzuführen ist, die dem Staat zugerechnet werden kann. Das ist insbesondere dann der Fall, wenn das Gericht die Sache „liegen lässt.“ So teilte der EGMR in einer Entscheidung vom 24.6.2010 mit, dass es nach „Anordnung des LG vom 28.2.1990 bis zur Bestellung des Sachverständigen am 19.1.1995 etwa 5 Jahre dauerte, ehe ein Sachverständigengutachten über den Wert von Teilen des Nachlasses der E eingeholt wurde, sowie noch weitere 3 Jahre bis zur Erstattung des

93 BT-Drucks. 17/3802, 20.
94 EGMR NJW 2007, 1259, 1264,Tz 193.
95 Remus, NJW 2012, 1403, 1404 mwN.
96 Vgl etwa EGMR NVwZ 2008, 289, 290,Tz 56.
97 Vgl etwa EGMR, Entscheidung vom 24.6.2010, Az 25756/09, Tz 23.
98 Vgl etwa EGMR NJW 2006, 2389, 2393, Tz 131.

Gutachtens vergingen und insgesamt ein Zeitraum von über 8 Jahren verstrich.[99]"

- Bei extrem langer Verfahrensdauer, so etwa bei einem beinahe dreißig Jahre dauernden Verfahren über einen Amtshaftungsanspruch,[100] verzichtet der EGMR bisweilen ganz darauf, die Verfahrensabschnitte zu benennen, in denen eine Verfahrensverzögerung vorgelegen hat. Stattdessen findet sich dann in den Entscheidungsgründen nur die Feststellung, dass allein die Verfahrensdauer von ... Jahren erkennen lasse, dass die Zivilgerichte die Rechtssache nicht mit der gebotenen Sorgfalt behandelt haben.[101] In diesen Fällen hilft dem verklagten Konventionsstaat regelmäßig auch der Hinweis nicht weiter, die einzelnen Verfahrensschritte seien für sich betrachtet nicht zu lang gewesen und erst infolge Teilurteilen und Zurückverweisungen habe sich die Verfahrensüberlänge ergeben.[102]
- In einigen neueren Urteilen geht der EGMR weder auf Verzögerungen bei den einzelnen Verfahrensabschnitten noch auf eine unvertretbare Länge des Gesamtverfahrens ein. Er beschränkt sich etwa auf die Feststellung, wonach er „mit Blick auf seine einschlägige Rechtsprechung" der Auffassung ist, „dass die Dauer des Verfahrens überlang war und dem Erfordernis der „angemessenen Frist" nicht entsprach.[103]

Eine tabellarische Übersicht über die vom EGMR in den letzten Jahren beschiedenen Beschwerden deutscher Beschwerdeführer[104] und die dort jeweils zuerkannten Entschädigungssummen findet sich im Folgenden unter III.

b) Zur Rechtsprechung des Bundesverfassungsgerichts. Auch in den Entscheidungen des **Bundesverfassungsgerichts** findet sich eingangs regelmäßig die Feststellung, dass sich die Frage, ob das Verfahren unangemessen lang sei, nach den Umständen des Einzelfalls richte.[105] Sodann folgt die Feststellung des Verfassungsverstoßes und dessen Begründung. Dabei äußert sich das BVerfG oft detaillierter als der EGMR zu der Frage, was der jeweilige Spruchkörper 42

99 EGMR, Entscheidung vom 24.6.2010, Az 17384/06, Tz 52; auch in dem Verfahren Herbst/Deutschland (NVwZ 2008, 289) hat der EGMR zunächst die das Gericht entlastenden Umstände aufgeführt und auf die vom Geschädigten selbst beantragte Verfahrensaussetzung hingewiesen (aaO S. 291). Selbst wenn man eine fünfjährige Verfahrensdauer als noch vertretbar ansehe, müsse jedoch berücksichtigt werden, dass die Kammer auch nach der Ablehnung der weiteren Verfahrensaussetzung im Jahr 1988 das weitere Verfahren erst 1990 fortgesetzt habe; ferner sei erst sieben Jahre später ein Sachverständigengutachten eingeholt worden (aaO Tz 80).

100 Vgl EGMR, Entscheidung vom 05.10.06, Az 66491/01; vgl auch Entscheidung vom 30.3.2010, Az 54188/07. Die Auffassung von Böcker, wonach der EGMR bereits bei einer Verfahrensverzögerung von 8 bis 10 Jahren von einer Verfahrensüberlänge ohne Prüfung der einzelnen Verfahrensschritte ausgehe (Böcker, DStR 2011, 2173, 2175), trifft hingegen nicht zu.

101 Vgl EGMR, Entscheidung vom 05.10.06, Az 66491, Tz 57; Entscheidung v. 7.1.2010, Az 40009/04, Tz 136; Entscheidung vom 30.3.2010, Az 54188/07 Tz 42 u. 43.

102 Vgl Entscheidung v. 05.10.06, Az 66491, Tz 54.

103 Entscheidung v. 24.6.2010, Az 25756/09, Tz 27; Entscheidung vom 30.3.2010, Az 32338/07, Tz 40 u. 41; Entscheidung vom 30.3.2010, Az 54188/07, Tz 42 u. 43.

104 Vgl auch die Aufstellung bei Meyer/Ladewig, Art. 6 Rn 207, die auch außerdeutsche Fälle einbezieht.

105 BVerfG NJW-RR 2010, 207, 208; NJW 2001, 214, 215; NJW 1997, 2811, 2812.

zur Verfahrensförderung hätte unternehmen[106] können. Zeitangaben zu der dadurch bewirkten Verzögerung finden sich allerdings nicht; sie sind jedoch anders als beim EGMR auch entbehrlich, da das BVerfG keine Entschädigung für überlange Verfahren zuspricht und daher auch nicht die Bemessungsgrundlage hierfür – in erster Linie also die Zeitdauer – mitteilen muss.

43 c) **Die Entscheidung des Bundesgerichtshofs vom 4.11.2010.** Der Bundesgerichtshof hat sich in der bereits zitierten (siehe oben Rn 19 ff) Entscheidung vom 4.11.2010[107] innerhalb eines Amtshaftungsverfahren mit der Frage befasst, wann eine unvertretbare Verfahrensverzögerung vorliegt. In dem entscheidungsrelevanten Sachverhalt hatte der Kläger mehr als zehn Jahre auf ein seiner Klage stattgebendes Urteil warten müssen; der Beklagte war später insolvent geworden, so dass die Klageforderung bei ihm nicht mehr beitreibbar war. Der Kläger begehrte daraufhin Schadensersatz vom Land Nordrhein-Westfalen, den ihm das OLG Hamm auch in sechsstelliger Höhe zusprach.

Die Revision des beklagten Landes führte zur Aufhebung und Zurückverweisung.[108] In seiner Urteilsbegründung stellt der Bundesgerichtshof klar, dass zur Begründung einer Amtshaftung nicht bereits die – in einigen Urteilen des EGMR anzutreffende – Feststellung genüge, der Vorprozess habe insgesamt zu lange gedauert. Entscheidend sei vielmehr, ob durch konkrete pflichtwidrige Verhaltensweisen der Richter oder bei deren **Überlastung** durch ein **Organisationsverschulden** des betroffenen Landes eine schadensverursachende Verzögerung aufgetreten sei.[109] Dabei prüft der BGH jeden einzelnen Verfahrensabschnitt und geht der Frage nach, ob die jeweils getroffenen Feststellungen die Annahme einer Verfahrensverzögerung tragen. Vielfach hält er die Feststellungen des Berufungsgerichts für unzulänglich. Dieses hatte etwa beanstandet, dass der Senat am 23.3.2000 erst für den 9.11.2000 terminiert habe. Hierzu hält der BGH etwa fest:

„Die Entscheidung eines Gerichts, wann nach Eintritt der Terminsreife die mündliche Verhandlung stattfindet, kann im Amtshaftungsprozess auf ihre ***Vertretbarkeit*** *überprüft werden. Jedoch ist bei der pauschalen Bewertung des Berufungsgerichts nicht erkennbar, dass alle für die diesbezüglichen Beurteilung wesentlichen Umstände Berücksichtigung gefunden haben, zumal sich der Urteilsbegründung nicht entnehmen lässt, von welcher zeitlichen Verzögerung das Berufungsgericht in diesem Zusammenhang ausgeht[110] (Hervorhebung durch Autor).“*

106 In der Entscheidung vom 30.7.2009 (NJW-RR 2010, 207, 208) ist beispielsweise davon die Rede, dass bereits bei der Einholung des ersten Gutachtens das Landgericht erkannt habe, dass ein weiteres Gutachten zur Bewertung des Kiesvorkommens erforderlich sein würde; dieses hätte parallel oder jedenfalls unverzüglich nach Eingang des Erstgutachtens eingeholt werden müssen. Der organisatorische Aufwand für die Anfertigung eines weiteren Aktendoppels habe keinen Hinderungsgrund darstellen können.

107 BGH NJW 2011, 1072.

108 AaO.

109 AaO, Tz 17.

110 AaO, Tz 29.

Die Feststellung des Berufungsgerichts, das Landgericht sei mit dem Sachverständigen unangemessen nachsichtig umgegangen und habe dadurch eine Verfahrensverzögerung von 14 Monaten hervorgerufen, sei hingegen nicht zu beanstanden.[111] Der BGH prüft des Weiteren die Terminierungspraxis des OLG und kommt zu dem Ergebnis, dass ein Zeitraum von acht Monaten zwischen Eingang der Berufungsbegründung und der Terminierung zu lang sei.[112] Im Weiteren bemängelt der BGH, es sei nicht ersichtlich, „dass alle für die Beurteilung wesentlichen Umstände Berücksichtigung gefunden haben[113]"; ferner habe vom OLG geprüft werden müssen, in welchem Umfang aus der beanstandeten Verfahrensweise Konsequenzen für den weiteren Verfahrensablauf entstanden seien.[114]

d) **Auswirkungen auf die künftige Rechtsprechung.** Da die Rechtsprechung des EGMR bei der Schaffung des ÜVerfBesG Pate stand und der Gesetzgeber ihr den Gesetzesmaterialien zufolge Rechnung tragen wollte, wird die künftige Entscheidungspraxis aller Voraussicht aus dem Entscheidungsarsenal des EGMR schöpfen und hieraus Maßstäbe für die Auslegung des ÜVerfBesG gewinnen. 44

Die vorzitierte Rechtsprechung des BGH steht hierzu nicht im grundsätzlichen Widerstreit, sie lässt jedoch erkennen, dass dort andere – teilweise weitaus höhere – **Begründungsanforderungen** für die Feststellung einer unangemessenen Verfahrensdauer – zumindest in der Zivilgerichtsbarkeit – bestehen. Es ist davon auszugehen, dass insoweit die BGH-Rechtsprechung die Rechtsprechung zum ÜVerfBesG prägen wird, auch wenn die vorzitierte Entscheidung zum Amtshaftungsrecht erging. Das Amtshaftungsrecht nach § 839 BGB iVm Art. 34 GG knüpft zwar anders als das ÜVerfBesG an individuelles Fehlverhalten an, so dass entweder ein pflichtwidriges Verhalten des mit der Sache befassten Richters oder ein Organisationsverschulden des Gerichtspräsidenten oder des Justizministers wegen mangelhafter Ausstattung des Spruchkörpers vorliegen muss.[115] Jedoch muss sowohl im Amtshaftungsprozess als auch in einem Entschädigungsverfahren nach dem ÜVerfBesG der Frage nachgegangen werden, ob und ggf in welchem Maße ein Gerichtsverfahren verzögert wurde; in dem einen wie dem anderen Fall sind hierzu die Umstände des Einzelfalls zu prüfen und der Frage nachzugehen, ob der Richter auch in Abwägung der Beschleunigungspflichten mit anderen, gleichgewichtigen Rechtsgütern das Verfahren zu zögerlich betrieben hat. 45

Wegen dieser Parallelität ist kein Grund dafür ersichtlich, an die Feststellung einer Verzögerung nach dem ÜVerfBesG einen anderen Maßstab anzulegen als im Falle einer Haftung nach § 839 BGB iVm Art. 34 GG. Im Hinblick auf die Verfahrensdauer müssen hier wie dort Tatsachen festgestellt werden, die die Anspruchsvoraussetzung „unangemessene Verfahrensdauer" ausfüllen. Es wird deshalb nicht reichen, wenn – wie in einigen Entscheidungen des EGMR 46

111 AaO, Tz 22.
112 AaO, Tz 27.
113 AaO, Tz 30.
114 AaO.Tz 31.
115 AaO, Tz 17; BGH NJW 2007, 830, 832, Tz. 22.

– allein aus der Länge des Verfahrens die Unangemessenheit abgeleitet wird. Ebenso wird es konkreter Feststellungen bedürfen, in welchem Umfang eine dem Staat bzw dem Ausgangsgericht zurechenbare Verzögerung vorgelegen hat, zumal hieran die Entschädigung nach § 198 Abs. 2 Satz 2 GVG anknüpft.

Soweit der EGMR zum Teil einen weitaus geringeren Begründungsaufwand betreibt und sich manchmal nicht klar erkennen lässt, von welcher unangemessenen Verfahrensüberlänge der Gerichtshof ausgeht, hängt dies sicherlich damit zusammen, dass die EMRK keine Entschädigungsregelung enthält, die sich wie § 198 Abs. 2 GVG an der Verfahrensüberlänge orientiert. Der EGMR muss „nur" eine unangemessene Verzögerung bzw eine Verletzung des Art. 6 Abs. 1 EMRK feststellen und kann aufgrund dieser eine gerechte Entschädigung gemäß Art. 41 EMRK zusprechen. Hierzu bedarf es keiner exakten Feststellung der Verfahrensüberlänge.

47 **6. Darlegungs- und Beweislast.** Die **Darlegungs- und Beweislast** für die Tatsachen, aus denen sich eine unangemessene Verfahrensdauer ergibt, trägt nach allgemeinen Grundsätzen diejenige Partei, die hieraus Rechte für sich herleiten will, im Entschädigungsprozess somit der Anspruchssteller.[116] Der erforderliche Tatsachenvortrag dürfte grundsätzlich keine größeren Schwierigkeiten bereiten, da sich der Sachverhalt in der Regel aus der Gerichtsakte ergeben wird; diese dürfte bei Entschädigungsverfahren praktisch immer vom Entschädigungsgericht beigezogen werden. Der Gerichtsakte lassen sich nicht nur die Zeiten des schlichten „Liegenlassens", also der gerichtlichen Inaktivität, sondern auch etwaige Überlängen bis zum ersten Termin entnehmen; in den Fällen, in denen das Gericht bei bereits eingetretener Überlänge besondere Beschleunigungspflichten treffen, lässt sich auch eine Verletzung der Beschleunigungspflicht anhand der Verfahrensakte dartun.

Beispiel: Aus der Gerichtsakte ergibt sich, dass der Sachverständige trotz bereits dreijähriger Verfahrensdauer noch einmal – in der Sache nicht erforderliche – drei Jahre gebraucht hat, um ein Gutachten zu erstellen. Wenn sich anhand der Gerichtsakte nicht feststellen lässt, dass das Gericht den Sachverständigen nachhaltig zur beschleunigten Fertigstellung des Gutachtens angehalten hat, liegt eine Verletzung der Beschleunigungspflicht und damit eine dem Gericht zurechenbare Verfahrensverzögerung vor.

48 Soweit sich das Gericht im Entschädigungsprozess auf entlastende Umstände beruft, die nicht aus der Gerichtsakte ersichtlich sind – etwa ein durch geeignete organisatorische Maßnahmen nicht steuerbarer plötzlicher Fallanstieg –, wird man dem Gericht zumindest eine sekundäre Darlegungslast für solche Umstände auferlegen müssen (siehe § 201 Rn 16). Der Anspruchssteller kann im Normalfall nur die aus der Gerichtsakte ersichtlichen und eine unangemessene Verzögerung naheliegenden Umstände kennen, nicht aber sonstige Umstände, die sich allein aus der Gerichtsorganisation ergeben, und die in der Gerichtsakte nicht erfasst sind.

116 So für den Bereich der Amtshaftung auch BGH NJW 2011, 1072, 1074, Tz 15 ff.

II. Die Entschädigungsregelung (Abs. 1 u. 2)

Als Rechtsfolge eines unangemessen langen Gerichtsverfahrens spricht § 198 Abs. 1 GVG dem von der Verzögerung Betroffenen eine **angemessene Entschädigung** zu, wenn dieser infolge der Verzögerung einen Nachteil erleidet. Der Nachteil kann materieller oder, wie sich aus § 198 Abs. 2 GVG ergibt, immaterieller Natur sein, wobei ein immaterieller Nachteil bei Verfahrensüberlänge vermutet wird. In diesem Fall beträgt die Entschädigungspauschale € 1.200 für jedes Jahr der Verzögerung; das Gericht kann im Falle einer Unbilligkeit „nach den Umständen des Einzelfalls" das Gericht einen höheren oder einen niedrigeren Betrag festsetzen. Eine Entschädigung für immaterielle Schäden wird jedoch nur zugesprochen, „soweit nach den Umständen des Einzelfalls Wiedergutmachung auf andere Weise ausreichend ist." 49

1. Nachteil. Nur wenn der Betroffene einen Nachteil erleidet, kann dies nach § 198 Abs. 1 GVG einen Entschädigungsanspruch auslösen. Mit der Verwendung des Wortes „Nachteil" soll wohl auch sprachlich eine Abgrenzung zu Schadensersatzansprüchen deutlich gemacht werden, die anders als § 198 Abs. 1 GVG in der Regel Verschulden voraussetzen.[117] Da neben materiellen auch immaterielle Nachteile in Betracht kommen, wird man als Nachteil jede nicht ganz unerhebliche negative Betroffenheit (infolge der Verfahrensüberlänge) bezeichnen können.[118] 50

a) **Materieller Nachteil. Materielle Nachteile** sind in vielerlei Hinsicht vorstellbar: 51

- Der Kläger hat nach einem überlangen Verfahren einen Anspruch zugesprochen bekommen. Er kann diesen aber nicht mehr durchsetzen, weil der Beklagte zwischenzeitlich insolvent geworden ist.[119]
- Das klagende Bauunternehmen macht eine großvolumige Werklohnforderung geltend und benötigt den Betrag dringend, um notwendige Betriebsausgaben zu bezahlen. Da das Gericht nicht innerhalb angemessener Frist entscheidet, wird das Bauunternehmen insolvent und kann nicht fortgeführt werden. Der Firmenwert wird vernichtet, und das Anlagevermögen wird unter großen Verlusten einzeln veräußert.
- Das Verwaltungsgericht entscheidet nicht in angemessener Zeit darüber, ob die Prüfung des Klägers zu Recht für „nicht bestanden" erklärt wurde. Der Kläger macht geltend, hierdurch sei ihm eine hochdotierte Stelle entgangen.
- Dem Beschuldigten in einem Wirtschaftsstrafverfahren gehen wegen der langen Ermittlungsdauer Kundenbeziehungen verloren.[120]

---

117 Hartmann in Baumbach/Lauterbach, § 198 GVG, Rn 15.
118 Hartmann spricht von einem qualitativen oder quantitativen Weniger als sonst, also ohne die Verfahrensverzögerung, aaO Rn 16.
119 Eine solche Konstellation lag der Entscheidung BGH NJW 2011, 1072 zugrunde.
120 Graf, NZWiSt, 2012, 121, 124.

Weitere Beispiele finden sich in der Kommentierung zu § 198 Abs. 3 Rn 17. Einen materiellen Nachteil als Voraussetzung für die Entschädigung muss der Anspruchssteller nach allgemeinen Grundsätzen darlegen und beweisen.[121]

52 b) **Immaterieller Nachteil.** Als immaterielle Nachteile iSv § 198 Abs. 1 Satz 2 GVG kommen zB in Betracht:

- Entfremdung des Kindes von dem Umgang begehrenden Elternteil
- psychische Belastungen, weil von dem Ausgang des Prozesses die wirtschaftliche Existenz der Prozesspartei abhängt
- nachhaltige Rufschädigung trotz gewonnenen Prozesses
- körperliche Beeinträchtigungen (Schmerzen)

Die genannten Beispiele dürfen allerdings nicht zu der Annahme verleiten, der immaterielle Nachteil müsse so stark sein, dass er bei Vorliegen der entsprechenden Voraussetzungen nach deutschem Recht (§ 253 BGB) einen Schmerzensgeldanspruch auslösen würde. Es reicht auch eine negative Betroffenheit und Frustration über die übermäßige Verfahrenslänge. Ist diese Betroffenheit eher gering und nicht „entschädigungsbedürftig", kann das Entschädigungsgericht von einer Entschädigungszahlung absehen und nur die Unangemessenheit der Verfahrensdauer nach § 198 Abs. 4 GVG feststellen.

53 **2. Kausalität.** Der Nachteil muss „infolge" der unangemessenen Verfahrensdauer entstanden sein, es muss also ein Kausalzusammenhang zwischen der überlangen Verfahrensdauer und dem Nachteil bestehen. Kausalität ist wie sonst auch zunächst im Sinne der Bedingungstheorie zu verstehen, dh, es muss feststehen, dass der Nachteil ohne die Verfahrensüberlänge nicht entstanden wäre. Darüber hinaus muss der Nachteil als **adäquate Folge** der Verfahrensüberlänge anzusehen sein, so dass bei wertender Betrachtung die zu beanstandende Verfahrensdauer im allgemeinen und nicht nur unter besonders eigenartigen, unwahrscheinlichen Umständen geeignet ist, einen Nachteil der geeigneten Art herbeizuführen.[122] Zudem muss der entstandene Nachteil vom **Schutzzweck der Norm** umfasst sein, dh, der Nachteil muss aus dem Bereich der Gefahren stammen, zu deren Abwehr die verletzte Norm geschaffen wurde.[123]

54 Vor diesem Hintergrund stellt sich zum Beispiel die Frage, ob ein Geschädigter, dessen Klage abgewiesen wurde, sich darauf berufen kann, das Gericht hätte ohne die Verfahrensverzögerung der Klage zugesprochen – etwa verbunden mit dem Hinweis, dass infolge der Überlänge die Kammerbesetzung gewechselt habe. Das Entschädigungsgericht wäre dann genötigt, durch die Einvernahme der früheren Kammermitglieder zu klären, ob sie den Fall im Sinne des Klägers entschieden hätten. Abgesehen davon, dass eine solche Beweisführung mit erheblichen Unsicherheiten befrachtet wäre (und das Beratungsgeheimnis unbeachtet bliebe), wäre ein solcher, durch einen Personalwechsel hervorgerufener Nachteil nicht vom **Schutzzweck der Entschädigungsregelung** umfasst. Das ÜVerfBesG soll den Geschädigten vor den spezifischen Gefahren

121 Vgl BT-Drucks. 17/3802, 19.
122 Vgl Heine, MDR 2012, 327, 330.
123 Palandt/Grüneberg, Vorb. v. § 249, Rn 29 mwN.

einer Verfahrensüberlänge schützen, aber nicht vor der **allgemeinen Gefahr**, dass sich die Kammerbesetzung oder etwa auch die Rechtsauffassung des Gerichts ändert. Das Gleiche gilt für eine während der Überlänge eintretende Änderung der höchstrichterlichen Rechtsprechung, die zu einer Klageabweisung führt. In dem einen wie dem anderen Fall besteht zwischen dem überlangen Verfahren einerseits und der für den Betroffenen nachteiligen Rechtsprechungsentwicklung nur ein äußerlicher, aber kein schutzzweckbezogener Zusammenhang. Zudem bestünde die Gefahr, dass das Entschädigungsgericht – wie im Bereich der Anwaltshaftung[124] – bei Beweisschwierigkeiten mit Vermutungen arbeitet und bei fehlender Aufklärungsmöglichkeit unterstellt, bei zügigem Verfahrensabschluss hätte das Ausgangsgericht „richtig", dh richtig nach dem Verständnis des Entschädigungsgerichts, entschieden. Der Gesetzgeber wollte aber keine weitere Instanz einführen, mit der die Entscheidung des Ausgangsgerichts einer inhaltlichen Kontrolle unterzogen werden sollte.

Dieses Ergebnis wird durch die Rechtsprechung des EGMR bestätigt. Der Gerichthof lehnt es regelmäßig ab, die Frage zu beantworten, wie das Ausgangsgericht bei unterstellt zügiger Verfahrensabwicklung entschieden hätte. In den Urteilsgründen findet sich hierzu die wiederkehrende Formel, der Gerichtshof könne nicht darüber „spekulieren" oder „Mutmaßungen" darüber anstellen, wie das Verfahren ohne Verfahrensüberlänge ausgegangen wäre.[125] Das gilt selbst dann, wenn der Beschwerdeführer argumentiert, ohne die Verfahrensüberlänge wäre er von einer für ihn nachteiligen **Rechtsprechungsänderung eines Obergerichts** nicht mehr betroffen gewesen.[126] Einen Ausgleich kann der Geschädigte in diesen Fällen nur durch die Zuerkennung einer Entschädigung für immaterielle Nachteile erlangen.[127] 55

Aus den o. genannten Gründen dürften die Entschädigungsgerichte dieser Linie im Wesentlichen folgen; das ÜVerfBesG bietet grundsätzlich keinen Hebel, um in der Sache fehlerhafte Gerichtsentscheidungen einer nochmaligen Kontrolle zu unterziehen.

3. Angemessene Entschädigung. Entsteht dem Betroffenen wegen unangemessener Verfahrensdauer ein Nachteil, so wird er gemäß § 198 Abs. 1 Satz 1 GVG „**angemessen entschädigt**". Entschädigt werden können und müssen dabei, wie sich aus dem Zusammenspiel von § 198 Abs. 1 und Abs. 2 GVG ergibt, sowohl materielle als auch immaterielle Nachteile. Die Entschädigungspflicht greift dabei nur ein, wenn der Verfahrensbeteiligte die Dauer des Verfahrens nach Maßgabe des § 198 Abs. 3 GVG gerügt hat. 56

124 Vgl BGH NJW 1994, 453; BGHZ 145, 256, 260; NJW 2008, 440, 442, Tz 16. Der BGH stellt hier für die Feststellung der Ursächlichkeit einer anwaltlichen Pflichtverletzung regelmäßig darauf ab, wie nach Auffassung des über den Ersatzanspruch entscheidenden Gerichts der Rechtsstreit richtigerweise hätte entschieden werden müssen – und nicht wie ihn das Ausgangsgericht tatsächlich entschieden hätte.

125 Vgl etwa EGMR, Entscheidung vom 5.10.2006, Az 66491/01, Tz 65; Entscheidung vom 5.10.2006, Az 75204/01, Tz 49.

126 EGMR, Entsch. v. 5.10.2006, Az 75204/01, Tz 47, 49.

127 Vgl Magnus, ZZP 2012, 75, 86.

57 a) **Entschädigung für materielle Nachteile.** Das deutsche Recht unterscheidet bei dem Ausgleich materieller Schäden/Nachteile zwischen einer **schadensersatzrechtlichen Restitution**, deren Umfang sich nach den §§ 249 ff. BGB richtet, und einer **Entschädigung**, wie sie zum Beispiel für eine Enteignung, einen enteignungsgleichen Eingriff oder auch im Falle einer nachbarlichen Einwirkung gemäß § 906 Abs. 2 Satz 2 BGB gezahlt werden muss. Zur Beantwortung der Frage, welche Konzeption dem Entschädigungsanspruch nach § 198 Abs. 1, 2 GVG zugrunde liegt, geben sowohl die Rechtsprechung des EGMR als auch die Gesetzgebungsgeschichte des ÜVerfBesG näheren Aufschluss.

58 aa) **Die Entschädigung in der Rechtsprechung des EGMR.** Sowohl der Gesetzesbegründung der Bundesregierung wie auch der Stellungnahme des Bundesrates lässt sich entnehmen, dass beide Gesetzgebungsorgane der Entscheidungspraxis des EGMR zu überlangen Gerichtsverfahren umfassend Rechnung tragen wollten.[128]

Tatsächlich verpflichtet ein Urteil des EGMR, das eine Verletzung von Konventionsrechten feststellt, den beklagten Staat, die Konventionsverletzung abzustellen und Ersatz für die Folgen zu leisten und zwar so, dass der Zustand vor der Verletzung weitgehend wiederhergestellt wird. Dementsprechend hat der EGMR zB den Staat dazu verurteilt, enteignete Grundstücke binnen bestimmter Frist zurückzugeben oder ersatzweise Wertausgleich zu leisten.[129] Grundsätzlich geht der Gerichtshof daher von dem Prinzip der **„restitutio in integrum“**, also der Naturalrestitution aus.[130] In der Spruchpraxis zu Art. 6 I EMRK hat sich der EGMR freilich häufig darauf beschränkt, eine Entschädigung für immaterielle Nachteile und Auslagenersatz nach „billigem Ermessen“ zuzusprechen, während er eine Kompensation für materielle Nachteile regelmäßig an dem fehlenden Kausalitätsnachweis scheitern lässt.[131]

59 bb) **Zur Entstehung der Entschädigungsregelung.** Die Ausgestaltung des Entschädigungsanspruchs nach dem ÜVerfBesG war im Gesetzgebungsverfahren umstritten. Die Bundesregierung qualifizierte in ihrer Entwurfsbegründung den Entschädigungsanspruch als **staatshaftungsrechtlichen Anspruch sui generis**, mit dem ein Ausgleich für Nachteile infolge rechtswidrigen Verhaltens geschaffen werden sollte. Der Ausgleichsanspruch umfasse als Vermögensnachteile insbesondere auch Kostenerhöhungen im Ausgangsverfahren aufgrund der Verzögerung, entgangenen Gewinn und die notwendigen Anwaltskosten für die vorprozessuale Verfolgung des Entschädigungsanspruchs. Bei der Bemessung des Ausgleichs seien die Grundsätze der § 249 ff. BGB zu beachten.[132]

60 Dagegen erhob der Bundesrat – vor allem wegen der die Länder treffenden Folgekosten – erhebliche Bedenken. Der vorgesehene Entschädigungsanspruch sei kein **Schadensersatzanspruch**, so dass die §§ 249 ff. BGB auf ihn ebenso wenig Anwendung finden könnten wie im Fall von Enteignungsentschädigung oder Entschädigungen wegen enteignender oder enteignungsgleicher Eingrif-

128 Vgl BT-Drucks. 17/3802, S. 1, 34.
129 Meyer-Ladewig, Art. 41 EMRK Rn 14, 16.
130 Meyer-Ladewig aaO.
131 Vgl etwa Entscheidung v. 24.6.2010, Az 17384/06, Tz 62.
132 Vgl BT Drucks. 17/3802, 19.

fe.[133] Wollte man die §§ 249 ff. BGB entsprechend anwenden, entstehe ein Wertungswiderspruch zum Amtshaftungsanspruch aus § 839 BGB iVm Art. 34 GG; dieser setze aber Verschulden voraus und greife nur subsidiär ein, während nach § 198 Abs. 1 Satz 1 GVG in der von der Bundesregierung konzipierten Fassung ohne Weiteres der volle Schaden zu ersetzen sei.[134] Eine derart weitgehende Entschädigung sei auch nicht durch die Rechtsprechung des EGMR geboten, der in seiner Rechtsprechung zu Artikel 41 EMRK (nur) eine Entschädigung nach billigem Ermessen zuspreche. Es sei deshalb in Anlehnung an § 906 Abs. 2 Satz 2 BGB eine **angemessene Entschädigung** vorzusehen, bei der – ähnlich wie in den Fällen der Enteignung des enteignungsgleichen Eingriffs und der Aufopferung – neben der Höhe des Schadens berücksichtigt werden müsse, wie schwerwiegend die Verzögerung war und ob die Schäden unmittelbar oder lediglich mittelbar durch die Verzögerung verursacht worden seien. Vor diesem Hintergrund beantragte der Bundesrat unter anderem in Anlehnung an § 906 Abs. 2 Satz 2 BGB, anstelle einer Entschädigung eine „angemessene“ Entschädigung vorzusehen.[135]

In ihrer Gegenäußerung stellte die Bundesregierung klar, dass die Entschädigungsregelung dem vom EGMR hervorgehobenen Grundsatz der **„restitutio in integrum“** genügen und in materieller Hinsicht eine Wiederherstellung des Status quo ante gewährleisten müsse.[136] 61

Im Zuge des weiteren Gesetzgebungsprozesses hat der Bundestag die Bedenken des Bundesrates aufgegriffen, so dass nunmehr die Vorschrift in Anlehnung an § 906 Abs. 2 Satz 2 BGB eine „angemessene“ Entschädigung vorsieht. „Angemessen“ soll vor allem bedeuten, dass die §§ 249 ff BGB keine Anwendung finden und insbesondere ein Anspruch auf Ersatz entgangenen Gewinns ausgeschlossen sein soll.[137] 62

cc) **Angemessene Entschädigung iSv § 198 Abs. 1 GVG.** Unter Berücksichtigung der o. skizzierten Gesetzgebungsgeschichte und des konventionsrechtlichen Rahmens wird man zu dem rechtlichen Gehalt der „angemessenen Entschädigung“ iSv § 198 Abs. 1 GVG Folgendes festhalten können: 63

(1) Der Bundestag hat auf die Einwände des Bundesrates reagiert und das Wort „angemessen“ in den Gesetzestext eingefügt. Damit hat er einem Entschädigungskonzept zugestimmt, das sich an die in **§ 906 Abs. 2 Satz 2 BGB** und im Bereich der **Enteignungsentschädigung** verwendete Terminologie anlehnt. Es handelt sich um einen Entschädigungsanspruch, der im deutschen Recht von einem auf Naturalrestitution gerichteten Schadensersatzanspruch unterschieden wird. Die §§ 249 ff. des Schadensersatzrechts sind daher entgegen der ursprünglichen Sichtweise der Bundesregierung auf den Entschädigungsanspruch nach § 198 Abs. GVG nicht anwendbar, so dass dem Beschwerdeführer gemäß § 252 BGB kein entgangener Gewinn zugesprochen werden kann. 64

133 Vgl BT Drucks 17/3802, 34.
134 AaO.
135 AaO.
136 BT-Drucks. 17/3802, 40.
137 BT-Drucks. 17/7217, 1, 27 f.

65 (2) Konventionsrechtlich beinhaltet die vom EGMR zugesprochene Entschädigung eine sog. **restitutio in integrum**, dh der eingetretene Schaden muss durch eine Geldentschädigung so weit wie möglich ersetzt werden, wenn sich der Ausgangszustand nicht wiederherstellen lässt.

66 (3) Das Gesetz gewordene Konzept der angemessenen Entschädigung in Anlehnung an § 906 Abs. 2 BGB und die Enteignungsentschädigung lässt sich durchaus mit der Rechtsprechung des EGMR in Einklang bringen.[138] Die angemessene Entschädigung im Bereich des § 906 Abs. 2 Satz 2 BGB und der Enteignungsentschädigung bleibt nicht oder jedenfalls nicht zwingend hinter der konventionsrechtlich geforderten „restitutio in integrum" zurück. Die deutsche Rechtsprechung gleicht im Anwendungsbereich des § 906 Abs. 2 Satz 2 BGB nach den Grundsätzen der Enteignungsentschädigung[139] diejenige Vermögenseinbuße aus, die der Ausgleichsberechtigte durch **Überschreiten der Zumutbarkeitsgrenze** erleidet. Ausgleichsfähig für den Grundstückseigentümer ist danach zum Beispiel der Unterschied zwischen dem Verkehrswert infolge der Beeinträchtigung und dem fiktiven Verkehrswert bei noch zumutbarer Beeinträchtigung.[140] Sinn einer Enteignungsentschädigung ist es, das dem Enteigneten auferlegte **Sonderopfer** und die in diesem liegende Vermögenseinbuße auszugleichen; die Entschädigung soll dem Betroffenen einen wirklichen Wertausgleich verschaffen.[141] Sie beschränkt sich nicht auf einen Ausgleich des Substanzverlusts, sondern umfasst die gesamte, sich als Folge des Eingriffs darstellende **Vermögenseinbuße**, zu der etwa auch die Wertminderung des gesamten landwirtschaftlichen Betriebes durch Herausschneiden des enteigneten Grundstücks, Anwaltskosten, oder auch Umzugskosten gehören können.[142] Eine Entschädigung nach § 906 Abs. 2 Satz 2 BGB muss auch nicht betragsmäßig hinter einer schadensersatzrechtlichen Restitution iSd §§ 249 ff BGB zurückbleiben.[143]

67 (4) Insofern werden sich die aus den Gesetzgebungsmaterialien ersichtlichen Vorstellungen des Bundesrates über eine **Begrenzung der Ausgleichszahlungen** möglicherweise nicht in dem erhofften Umfang realisieren lassen. Wie gezeigt, muss die entstandene Vermögenseinbuße grundsätzlich voll ausgeglichen werden. Auch die Äußerung des Bundesrates, bei der Bemessung der Entschädigung sei nicht nur die Schadenshöhe, sondern auch zu berücksichtigen, „wie schwerwiegend die Verzögerung" war,[144] erscheint zumindest für den Bereich der materiellen Nachteile missverständlich. Soweit die Verzögerung nicht zu einer unangemessenen Länge des Gerichtsverfahrens geführt hat, löst sie überhaupt keinen Entschädi-

138 Dagegen offenbar Magnus, ZZP 2012, 75, 85, der bezweifelt, dass eine an § 906 Abs. 2 Satz 2 angelehnte Entschädigungszahlung den Anforderungen des EGMR an einen angemessenen Rechtsbehelf genügen würde.
139 Vgl BGH NJW 2009, 762, 765 (Tz 32), NJW 1974, 1869, 1872.
140 Vgl BGHZ 62, 361.
141 Vgl BGH NJW 1963, 1492.
142 Vgl BGH aaO, BGH MDR 67, 390.
143 Vgl BGH NJW 1999, 2896.
144 Vgl BT-Drucks. 17/3802, 34.

gungsanspruch aus. Hat sie eine nicht hinnehmbare Verfahrenslänge bewirkt, so ist der durch die „Überlänge" adäquat-kausal verursachte Vermögensnachteil voll auszugleichen; der Geschädigte wäre also – in Anlehnung an die Rechtsprechung zu § 906 Abs. 2 Satz 2 BGB – vermögensmäßig so zu stellen, als ob das Verfahren in angemessener Zeit beendet worden wäre.[145] Die Entschädigung kann dabei – ebenso wie bei § 906 Abs. 2 Satz 2 BGB oder der Enteignungsentschädigung – **auch mittelbare Schäden** oder **Folgeschäden** umfassen. Außer Ansatz bleiben nur die hypothetische Weiterentwicklung dieses Vermögens und damit der Ausgleich entgangenen und künftig entgehenden Gewinns. Eine weitergehende Einschränkung der Entschädigungshöhe wird sich daher bei den angesprochenen Folgeschäden nur unter dem Gesichtspunkt des fehlenden Schutzzwecks der Norm, des Mitverschuldens analog § 254 BGB oder auch des Vorteilsausgleichs erreichen lassen.

dd) **Einzelne Entschädigungskonstellationen.** Vorstellbar sind zB folgende Entschädigungskonstellationen: 68

- Der Kläger bekommt nach unangemessen langer Verfahrensdauer von fünf Jahren einen Anspruch zugesprochen. Zwischenzeitlich ist der Anspruchsgegner in **Vermögensverfall** geraten, so dass der Kläger den ihm zugesprochenen Betrag nicht mehr beitreiben kann. Wenn die Anspruchsdurchsetzung bei angemessener Verfahrensdauer noch möglich gewesen wäre, beliefe sich der auszugleichende materielle Nachteil auf den vollen nicht mehr beitreibbaren Betrag. Es handelt sich um einen typischen Verzögerungsschaden, dessen Ausgleich vom Schutzzweck des ÜVerfG erfasst wird.[146]

  Ein **Anspruch auf Ersatz entgangenen Gewinns** wäre dagegen ausgeschlossen. Der Kläger könnte also keinen höheren Schadensbetrag mit dem Argument durchsetzen, er hätte bei rechtzeitiger Klagestattgabe mit dem dann noch beitreibbaren Betrag eine große Investition getätigt und aufgrund dieser mit seinem Betrieb einen höheren Gewinn erwirtschaftet, der ihm wegen der Verfahrensverzögerung entgangen ist. Diese Nachteile könnte der Kläger vielmehr nur verlangen, wenn zugleich die weitergehenden Voraussetzungen eines Amtshaftungsanspruchs nach § 839 BGB iVm Art. 34 GG erfüllt wären.

- Der Kläger kann selbst insolvent werden, weil ihm der eingeklagte Betrag nicht rechtzeitig zugesprochen wird. So gibt es viele Bauunternehmen kleinerer und mittlerer Größe, die ohnehin unter einer angespannten Liquiditätslage operieren, und die bei dem Ausfall auch nur einer größeren Werklohnforderung illiquide werden können. Unter solchen Umständen kann die zu späte Entscheidung über die Werklohnforderung unmittelbar insolvenzauslösend wirken. Adäquat-kausale Folge der Verfahrensverzögerung ist in diesem Fall die Insolvenz und die infolge der Insolvenz gegebe-

145 Vgl BGHZ 62, 361.
146 Vgl Heine aaO; eine solche Fallkonstellation lag auch BGH NJW 2011,1072 zugrunde. Das OLG Hamm hatte dem Kläger für den Ausfallschaden mehr als € 530.000,00 zugesprochen; der BGH hat dessen Erstattungsfähigkeit nicht in Zweifel gezogen.

nenfalls eintretende **Entwertung und Zerschlagung des Betriebsvermögens.**[147] Auch in den Enteignungsfällen, deren Entschädigungsgrundsätze über § 906 Abs. 2 Satz 2 BGB auch für § 198 GVG maßgeblich sein sollen,[148] ist die Entwertung des Betriebsvermögens grundsätzlich ausgleichsfähig.[149]

- Nach Überschreiten einer angemessenen Verfahrensdauer kann sich die höchstrichterliche Rechtsprechung zum Nachteil einer Prozesspartei ändern. Dieser Nachteil wäre indes nicht ersatzfähig, da § 198 GVG eine Prozesspartei vor solchen Änderungen nicht schützen soll (siehe oben Rn 54 f.)
- Infolge eines überlangen Ermittlungs- oder Strafverfahren in einer Wirtschaftsstrafsache geht dem Beschuldigten bzw Angeklagten der **Kundenstamm** verloren,[150] er kann ihn trotz Verfahrenseinstellung bzw Freispruchs nicht zurückgewinnen, da die Kunden mittlerweile gefestigte Geschäftsbeziehungen mit anderen Anbietern eingegangen sind.
- In einem **Insolvenzeröffnungsverfahren**, das eine natürliche Person betrifft, hält das Gericht den bestellten Sachverständigen nicht an, das Gutachten über den Eröffnungsgrund zügig vorzulegen. Es kommt zu einer verspäteten Verfahrenseröffnung und damit auch zu einem verspäteten Ende der Wohlverhaltensphase, so dass der Schuldner verspätet die Restschuldbefreiung erlangt.[151]
- Als weitere Schadensposition kommen insbesondere **Auslagenersatzansprüche** in Betracht, die der Betroffene nicht als Kostenerstattung von dem Prozessgegner verlangen kann. Vorstellbar wären etwa Kosten, die dem Geschädigten wegen verzögerungsbedingter Reisekosten entstanden sind, etwa weil er wegen der Verfahrensverzögerung mehr Termine wahrnehmen musste, als bei einer sachgerechten Prozessaufbereitung durch das Gericht erforderlich gewesen wären. Erhöhte Anwaltsgebühren dürften infolge der Verfahrensverzögerung zumindest bei einer Abrechnung des Anwalts auf RVG-Basis nicht entstanden sein. Sollte der Geschädigte mit seinem Anwalt dagegen eine Stundensatzvereinbarung vereinbart haben, entstünden durch die Verfahrensverzögerung zwar regelmäßig höhere Anwaltskosten; diese wären jedoch im Normalfall nicht notwendig, zumindest dann nicht,

---

147 Geht die Insolvenz – was nicht zwangsläufig der Fall sein muss – mit einer Betriebseinstellung einher, so erleidet der Insolvenzschuldner unter Umständen sog. Zerschlagungsverluste. Damit werden diejenigen Wertverluste am Betriebsvermögen bezeichnet, die dadurch entstehen, dass der Betrieb nicht mehr als Ganzes erhalten werden kann und die Maschinen und das sonstige Anlagevermögen nur einzeln verkauft werden können. In der Regel liegt der Erlös der Einzelverwertung weit unter demjenigen einer Betriebsveräußerung im Ganzen.

148 BT-Drucks. 17/3802, 34.

149 So erhält der Eigentümer des (landwirtschaftlichen) Grundstücks nicht nur eine Entschädigung, die sich an dem Verkehrswert des einzelnen Grundstücks orientiert, sondern darüber hinaus einen Ausgleich für die Einbuße, die er durch das „Herausschneiden" des Enteignungsgrundstücks an seinem Gesamtbetrieb erleidet, vgl BGH NJW 1992, 2880.

150 Beispiel nach Graf, NZWiSt 2011, 121, 124.

151 Vgl Zimmer, ZInsO 2011, 2302, 2306.

wenn der Betroffene eine anwaltliche Vertretung auch zu RVG-Bedingungen hätte bestellen können.[152]

ee) **Rechtsprechung des EGMR und Entschädigungsumfang.** Welche **Entschädigungsforderungen** aufgrund dieser Regelungen auf die öffentliche Hand zukommen, wird die Praxis zeigen. Betrachtet man hierzu die Rechtsprechung des EGMR, so fällt auf, dass der Gerichtshof dem Geschädigten nur selten Ersatz für materielle Nachteile zuspricht.[153] Zumeist wird in den Urteilsgründen kurz festgehalten, dass ein kausaler Zusammenhang zwischen der überlangen Verfahrensdauer als solcher und dem Beschwerdeführer angeblich entstandenen materiellen Schaden nicht hinreichend nachgewiesen sei.[154] Wie bereits ausgeführt, lehnt es der EGMR auch ab, Betrachtungen darüber anzustellen, wie das Ausgangsgericht den Rechtsstreit ohne die Verfahrensverzögerung entschieden hätte.[155] 69

Verhältnismäßig häufig billigt der EGMR dagegen dem Beschwerdeführer **Ersatz für Kosten und Auslagen** zu, wenn diese durch die Verfahrensverzögerung bedingt waren.[156] Auch wenn insoweit keine substantiierten Darlegungen erfolgen, erkennt der Gerichtshof oft Pauschalbeträge von € 250,00[157] oder € 500,00[158] an. Er begründet dies damit, dass die über eine „angemessene Frist" hinausgehende langwierige Prüfung einer Rechtssache für den Beschwerdeführer regelmäßig höhere Kosten mit sich bringe.[159] 70

Tendenziell wird man davon ausgehen können, dass künftig der Ersatz materieller Nachteile eine größere Rolle spielen wird, als dies in der Rechtsprechung des EGMR bislang der Fall war. Bei den Entschädigungsgerichten handelt es sich um **Tatsacheninstanzen**, die einem Vortrag zu materiellen Verzögerungsschäden nachgehen und hierüber ggf Beweis erheben müssen; bei nicht ausreichend substantiiertem Vorbringen müssen sie der Partei nach § 139 ZPO entsprechende Hinweise erteilen. 71

Schon in der Vergangenheit haben die Betroffenen, wie die Entscheidung BGH NJW 2011, 1072 belegt, zumindest vereinzelt versucht, ihre materiellen Schäden unter dem Gesichtspunkt der Amtshaftung zu liquidieren. Die Tatbestandsvoraussetzungen einer Entschädigung nach § 198 GVG sind tendenziell leichter zu erfüllen als diejenigen eines Amtshaftungsanspruchs gemäß § 839 Abs. 1 BGB iVm Art. 34 GG (siehe unten Rn 97 ff). Dies könnte dazu führen,

152 So für den Bereich des Strafrechts Graf aaO.

153 Eine Ausnahme bildet die Entscheidung vom 1.7.1997, Az 125/1996/744/943, NJW 1997, 2809, in der der Gerichtshof dem Beschwerdeführer für entgangenen erhöhten Pachtzins eine „gerechte Entschädigung" von € 15.000,00 zubilligte, ohne freilich exakte Feststellungen zum Schaden zu treffen (aaO, S. 2811).

154 Vgl etwa EGMR, Entscheidung v. 9.10.2008, Az 10732/05, Tz 54; EGMR, Entscheidung v. 24.6.2010, Az 17384/06, Tz 62; Entscheidung v. 05.10.06, Az 66491/01, Tz 65; EGMR, Entscheidung v. 10.1.2008, Az 1679/03, Tz 96; EGMR, Entsch. v. 5.10.2006, Az 75204/01, Tz 49; Entscheidung v. 29.6.2006, Az 27250/02, Tz 118.

155 EGMR, Entscheidung vom 05.10.06, Az 66491/01, Tz 65.

156 EGMR, Entscheidung vom 15.6.2010, Az 39444/08, Tz 80.

157 EGMR NJW 2006, 2389, 2394, Tz 148-

158 EGMR, Entscheidung vom 24.6.2010, 17384/06, Tz 65.

159 EGMR aaO.

dass künftig mehr auf materiellen Nachteilsausgleich gerichtete Klagen anfallen werden, als dies bislang der Fall war.

72 ff) **Darlegungs- und Beweislast.** Im Gegensatz zu den immateriellen Nachteilen, deren Eintritt bei einer Verfahrensüberlänge gemäß § 198 Abs. 2 GVG vermutet wird, muss der Geschädigte im Bereich der materiellen Nachteile darlegen und beweisen, dass die Nachteile entstanden und auf die Verfahrensverzögerung zurückzuführen sind (siehe unten § 201 Rn 15).[160]

73 gg) **Schadensschätzung gemäß § 287 ZPO.** Auf die Feststellung materieller Nachteile findet § 287 Abs. 1, 2 ZPO Anwendung. Das Gericht kann danach auch ohne Beweisaufnahme „unter Würdigung aller Umstände nach freier Überzeugung“ entscheiden, ob der betroffenen Partei ein Nachteil entstanden und wie hoch dieser betragsmäßig zu beziffern ist. Die Vorschrift will verhindern, dass eine Klage allein deshalb abgewiesen wird, weil der Kläger nicht in der Lage ist, den vollen Beweis für einen ihm erwachsenen Schaden zu erbringen, etwa weil die genaue **Schadensermittlung** mit einem völlig unverhältnismäßigen Aufwand verbunden wäre.[161] Eine Schätzung ist allerdings unzulässig, wenn sie mangels greifbarer, vom Kläger vorzutragender Anhaltspunkte völlig in der Luft hängen würde.[162] Über bestrittene Anknüpfungstatsachen ist Beweis zu erheben[163]

74 b) **Entschädigung für immaterielle Nachteile.** § 198 Abs. 2 Satz 2 GVG lässt erkennen, dass die in § 198 Abs. 1 GVG statuierte Entschädigungsregelung auch den Ersatz für immaterielle Nachteile umfasst. Damit weicht die Regelung grundlegend von der überkommenen Konzeption des deutschen Rechts ab, die in Entschädigungsfällen – also etwa bei Ansprüchen aus § 906 Abs. 2 Satz 2 BGB, enteignendem oder enteignungsgleichem Eingriff, deren Entschädigungsregeln auch für den Anspruch aus § 198 Abs. 1 Satz 1 maßgeblich sein sollen[164] – kein **Schmerzensgeld** gewährt.[165] In der vorzitierten Entscheidung hat der BGH dies damit begründet, dass die den Schmerzensgeldanspruch positiv regelnde Norm des § 253 Abs. 2 BGB einen Schadensersatzanspruch voraussetze.[166] Demgegenüber sieht das ÜVerfBesG nicht nur, wie § 198 Abs. 2 Satz 1 GVG zeigt, den Ersatz immaterieller Nachteile ausdrücklich vor, sondern statuiert darüber hinaus eine Vermutung zugunsten des Geschädigten, dass ihm im Fall einer überlangen Verfahrensdauer immaterielle Nachteile entstanden sind.

75 aa) **Rechtsprechung des EGMR.** Der Ersatz immaterieller Nachteile und die für das Vorhandensein solcher Nachteile bestehende Vermutung des § 198 Abs. 2 Satz 1 GVG gehen auf die Rechtsprechung des EGMR zurück. Beim Ersatzanspruch für Nichtvermögensschäden „nimmt der Gerichtshof eine starke, aber widerlegbare Vermutung dafür an, dass die überlange Verfahrensdauer

160 Vgl BT-Drucks. 17/3802,19.
161 Zöller/Greger, § 287 Rn 1.
162 BGHZ 91, 243, 256.
163 BGH NJW 88, 3016.
164 Vgl BT-Drucksache 17/3802, 34.
165 Vgl zuletzt BGH NJW 2010, 3160, vgl auch Althammer/Schäuble, NJW 2012, 1, 4.
166 BGH aaO; Althammer/Schäuble aaO S. 4.

einen Nichtvermögensschaden verursacht hat".[167] Auf der anderen Seite kann nach Auffassung des EGMR ein Rechtsschutz innerhalb der Konventionsstaaten auch dann ausreichend sein, wenn er solche Vermutung nicht vorsieht. So hat der Gerichtshof etwa die Praxis des französischen Staatshaftungsrechts für effektiv iS von Art. 13 EMRK erachtet, der zufolge der Antragsteller den Nachweis für den erlittenen Schaden voll führen muss.[168]

bb) **Gesetzgebungsgeschichte.** Weitgehend unstreitig war im Gesetzgebungsverfahren die Entschädigung immaterieller Nachteile, obwohl sie in dem System des deutschen Entschädigungsrechts einen Fremdkörper darstellt. Der Bundesrat hat die **Beweislastumkehr** zugunsten des Geschädigten kritisiert (dazu sogleich), aber den Ersatz immaterieller Nachteile als solches nicht in Frage gestellt. Das wäre letztlich auch nicht zielführend gewesen, da der EGMR den Verfahrensbeteiligten bei einer Verletzung des Rechts aus Art. 6 Abs. 1 EMRK regelmäßig nach Art. 41 GG auch eine Entschädigung für Nichtvermögensschäden zuspricht.[169] Hätte der deutsche Gesetzgeber davon abgesehen, im Rahmen einer Wiedergutmachungsregelung auch einen Ersatz für immaterielle Nachteile vorzusehen, wäre er Gefahr gelaufen, dass die Betroffenen dann vor dem EGMR eine Entschädigungszahlung durchsetzen.[170] 76

Zudem erscheint ein Ausgleich immaterieller Nachteile auch in der Sache geboten, nachdem die Bundesregierung sich nicht für eine präventive, auf die Verhinderung der Verfahrensverzögerung hinwirkenden Rechtsbehelf, sondern eine nachträgliche Wiedergutmachung mit dem Präventivelement Verzögerungsrüge entschieden hat. Magnus hat zu Recht darauf hingewiesen, dass sich materielle Schadenspositionen und deren Verursachung durch ein überlanges Verfahren oft nicht werden nachweisen lassen.[171] In diesen Fällen lässt sich eine **Genugtuung** für den Antragsteller praktisch nur durch eine Entschädigung immaterieller Nachteile erreichen. Ohne diese Entschädigung bestünde für den Gesetzgeber auch kein ausreichender Anreiz, wirksame Maßnahmen gegen chronische Verfahrensüberlängen zu treffen. 77

Im Gegensatz zu dem Ersatz immaterieller Nachteile war die Vermutungswirkung des § 198 Abs. 2 Satz 1 GVG im Gesetzgebungsprozess streitig. Der Bundesrat wies in seiner Stellungnahme auf die mit dem Gesetzentwurf vollzogene Durchbrechung der überkommenen **Grundsätze des deutschen Entschädigungsrechts** hin und forderte, die Regelung zur Beweislastumkehr solle gestrichen werden. Die Aussicht auf Ersatz eines nicht nachweisbedürftigen immateriellen Schadens schaffe, so der Bundesrat, einen ungewollt hohen Anreiz von der Verzögerungsrüge und dem anschließenden Entschädigungsverfahren Gebrauch zu machen. Mit dem – vom Bundesrat geforderten – Absehen von der 78

167 EGMR NJW 2007, 1259, 1265 (Tz 204).
168 Vgl EGMR EuGRZ 2004, 459, 464.
169 Vgl etwa EGMR, Urt. v. 11.1.2007 – 20027/02, NVwZ 2008, 289, Herbst/Deutschland.
170 So hat der EGMR in dem Fall Scordino/Italien die vom italienischen Staat gezahlte Entschädigung für die Verfahrensverzögerung für unzulänglich erachtet und dem Geschädigten über die staatlicherseits gezahlten € 2.450,00 weitere € 8.400,00 zugesprochen, vgl EGMR NJW 2007, 1259, 1266, Tz 272.
171 Magnus, ZZP 2012, 75. 86.

Beweislastumkehr werde sichergestellt, dass eine überlange Verfahrensdauer nicht automatisch einen immateriellen Vermögensnachteil des Betroffenen impliziere. Damit dürften sich auch die finanziellen Lasten, die Bund und Ländern aus der Neuregelung erwachsen, in Grenzen halten.[172]

Mit diesen Bedenken konnte sich der Bundesrat freilich nicht durchsetzen. Die Bundesregierung wies in ihrer Gegenäußerung darauf hin, dass der Entschädigungsanspruch nicht nach der Systematik des deutschen Schadensersatzrechts zu beurteilen sei. Der EGMR ziehe den Begriff des Nichtvermögensnachteils weiter als die deutsche Schadensersatzdogmatik und gewähre etwa auch juristischen Personen Geldersatz für solche Nachteile.[173] Zudem gehe er regelmäßig von einer starken Vermutung aus, dass die überlange Verfahrensdauer einen Nichtvermögensschaden verursacht habe.[174] Der Bundesrat hat schließlich darauf verzichtet, wegen dieser Differenzen den Vermittlungsausschuss anzurufen, obwohl sein Rechtsausschuss ihm dies empfohlen und die Auffassung vertreten hatte, anstelle einer Vermutung solle der Rechtsprechung des EGMR durch eine „sachgerechte Handhabung des § 287 ZPO" Rechnung getragen werden.[175]

79 cc) **Einzelne Entschädigungskonstellationen.** Als Entschädigungskonstellationen sind u.a. folgende Fallgruppen denkbar:

- gesundheitliche Beeinträchtigungen bei lang andauernden Verfahren, insbesondere bei solchen, in denen die wirtschaftliche Existenz des Geschädigten auf dem Spiel steht.[176]
- psychische Beeinträchtigungen, weil sich infolge der Verfahrenslänge das Kind von dem das Sorgerecht begehrenden Elternteil entfremdet hat[177]
- Ängste und Schlafstörungen wegen beständiger Unsicherheit, ob das mangelhafte Haus weiter bewohnt werden kann[178]
- Kummer und Frustration wegen zögerlicher Entscheidung über einen Antrag auf Rente wegen Erwerbsminderung[179]

---

172 Vgl BT-Drucks. 17/3802, 35.

173 Vgl BT-Drucks. 17/3802, 40 unter Bezugnahme auf EGMR, Urt. v. 6.4.2000 (Comingersoll./.Portugal).

174 aaO.

175 Vgl BR-Drucksache 587/1/11, 2; die vom Rechtsausschuss des Bundesrates erwogene Anwendung des § 287 ZPO erfordert zumindest den Nachweis, dass der immaterielle Nachteil kausal auf die Verfahrensüberlänge zurückzuführen ist. Vielfach wird sich ein solcher Kausalzusammenhang jedoch gerade bei psychischen Schäden nicht hinreichend exakt nachweisen lassen, so dass der Entschädigungsanspruch – in Ermangelung fassbarer materieller Nachteile – in diesen Fällen ebenso leerlaufen wird wie der Amtshaftungsanspruch. Gerade dies widerspräche jedoch der Rechtsprechung des EGMR, der in seiner Entscheidung Sürmeli/Deutschland die geringe Zahl von Fällen, in denen dem Geschädigten ein Amtshaftungsanspruch zu gebilligt wurde, als Argument für die Notwendigkeit effektiver (weiterer) gesetzgeberischer Maßnahmen angeführt hat (vgl EGMR NJW 2006, 2389, 2392, Tz 113).

176 EGMR, Entscheidung v. 5.10.2006, Az 66491/01, Tz 62, 66; hier hatte der Prozess sich über das gesamte Berufsleben des Klägers hingezogen.

177 EGMR, Entscheidung v. 21.1.2010, Az 42402/05, 42423/05, Tz 61 EGMR, Entscheidung vom 24.6.2010, Az 39444/08.

178 EGMR, Entscheidung v. 29.6.2006, Az 27520/02.

179 EGMR, Entscheidung vom 30.3.2010, Az 46682/07

- psychische Belastungen, weil der Kläger während des überlangen Verfahrens nicht über seinen Erbteil verfügen konnte[180]
- Rufschädigungen zB in Verfahren, in denen es um die Verbreitung von ehrenrührigen Sachverhalten über eine Prozesspartei geht.
- psychische Belastungen aufgrund langandauernder Unsicherheit über den Ausgang eines Ermittlungs- oder Strafverfahrens[181]

Die oben aufgeführten Beeinträchtigungen sind grundsätzlich auch bei einem Erfolg im Ausgangsverfahren möglich, so dass im Einzelfall beide Parteien anspruchsberechtigt sein können. Die jeweilige **psychische Belastung** hängt dabei entscheidend davon ab, welche Bedeutung der Prozess für den Antragsteller hatte und mit welcher Berechtigung er welches Begehren verfolgte.[182]

dd) Jährliche Entschädigungspauschale über € 1.200,00 (§ 198 Abs. 2 Satz 3 GVG). Bei immateriellen Nachteilen gewährt § 198 Abs. 2 Satz 3 GVG eine **Entschädigungspauschale** von € 1.200,00 für jedes Jahr der Verzögerung, wobei die Gerichte nach den Umständen des Einzelfalls sowohl einen höheren als auch einen niedrigeren Betrag festsetzen können. Der Gesetzgeber hat sich für die Pauschalierung entschieden, um Streitigkeiten über die Entschädigungshöhe zu vermeiden und die Entschädigungsansprüche zügig erledigen zu können.[183] Der Referentenentwurf sah zunächst eine Monatspauschale von € 100,00 vor, was allerdings den Einwand hervorrief, man könne Verzögerungskonstellationen und dementsprechend Entschädigungsansprüche nicht „in kleiner Münze" messen, und es gebe eine in Monaten zu bemessende Idealfrist für die Verfahrensdauer.[184] Im Ergebnis dürfte die Jahresfrist jedoch nicht zu abweichenden Entschädigungsfestsetzungen führen, da nach den Vorstellungen des Gesetzgebers für Zeiträume unter einem Jahr eine zeitanteilige Berechnung erfolgen soll.[185] Es wäre auch ungereimt, einem Geschädigten bei einer Verfahrensüberlänge von exakt 10 Jahren € 12.000,00, bei einer Verfahrensdauer von 9 Jahren und 11 Monaten hingegen nur eine Entschädigung von € 10.800,00 zuzubilligen.[186] 80

180 EGMR, Entscheidung vom 24.6.2010, Az 17384/06
181 Graf, NZWiSt 2012, 121, 124.
182 Vgl Magnus, ZZP 2012, 75,88.
183 BT-Drucks. 17/3802, 20.
184 Vgl Steinbeiß-Winkelmann, ZRP 2010, 205, 207.
185 Vgl BT Drucks. 17/3802, 20.
186 AA offenbar Böcker, DStR 2012, 2173, 2176, der für jedes angefangene Jahr die Pauschale zusprechen will.

Die Entschädigungspauschale orientiert sich an den Entschädigungszahlungen, die der EGMR für immaterielle Nachteile zugesprochen hat.[187] Möglicherweise wollte der deutsche Gesetzgeber mit ihr die Geschädigten auch davon abhalten, überzogene und kostenträchtigen Forderungen an die Entschädigungsgerichte zu stellen, nachdem in den EGMR-Verfahren häufig ein Vielfaches der schließlich zugesprochenen Summen eingeklagt wurde.[188]

81 ee) **Über- oder Unterschreiten der Pauschale – § 198 Abs. 2 Satz 4 GVG.** Nach den **„Umständen des Einzelfalls"** kann das Gericht gemäß § 198 Abs. 2 Satz 4 GVG einen höheren oder niedrigeren Betrag festsetzen. Der EGMR hat beispielsweise dann von einer Entschädigungszahlung abgesehen, wenn der Antragsteller für die Verfahrensverzögerung überwiegend die Verantwortung trägt. So hat er sich in einer Entscheidung trotz einer Verfahrensdauer von über zehn Jahren auf die Feststellung eines Verstoßes gegen Art. 6 Abs. 1 EMRK beschränkt, weil das Verhalten der Beschwerdeführer „unverhältnismäßig" gewesen sei und diese fortlaufend durch neue Beweisanträge zu der langen Verfahrensdauer beigetragen hatte.[189] In den Sorgerechtsfällen hat der EGMR dagegen des öfteren eine erhöhte Entschädigung zugesprochen; so auch in der Entscheidung vom 10.2.2011,[190] in der dem Beschwerdeführer € 7.000,00 zugebilligt wurden, obwohl sich die dem Sachverhalt zu entnehmende, dem Staat zurechenbare Verzögerung auf etwa drei bis dreieinhalb Jahre belief.[191] Auch bei extremer Überlänge wie zB einer fast dreißigjährigen Verfahrensdauer für einen Amtshaftungsprozess, bei dem die wirtschaftliche Existenz des Antragstellers auf dem Spiel stand, ging der EGMR mit € 45.000,00 über die sonst üblichen Sätze deutlich hinaus,[192] des weiteren bei einem Opfer eines Gewaltverbrechens, das unter posttraumatischen Störungen litt und eine Opferentschädigung begehrte,[193] oder bei jemand, der wegen Schmerzen aufgrund einer missglückten Operation Wiedergutmachung begehr-

187 BT-Drucks. 17/3802, 20; in dem Fall, der der EGMR-Entscheidung vom 24.6.2010, ZEV 2011, 139, zugrunde lag, hatte der deutsche Beschwerdeführer in einer komplexen Erbschaftsangelegenheit erst nach 17 Jahren und acht Monaten mit der Nichtannahme seiner Verfassungsbeschwerde eine endgültige Entscheidung erlangt. Der EGMR räumte die Komplexität des Verfahrens und das zum Teil verfahrensverzögernde Verhalten des Beschwerdeführers ein, wies jedoch darauf hin, dass das Landgericht etwa fünf Jahre gebraucht habe, bevor es ein Sachverständigengutachten eingeholt habe; sodann seien nochmals drei Jahre bis zur Erstattung des Gutachtens vergangen, und die zweite Instanz habe nach einem gescheiterten Einigungsversuch im Juni 2000 noch einmal zwei Jahre benötigt, bis es einen weiteren Sachverständigen bestellt habe. Geht man davon aus, dass das Gutachten innerhalb eines Jahres hätte vorliegen können, so kommt man auf eine Verfahrensverzögerung von etwa neun Jahren, für der EGMR eine Entschädigung für immaterielle Nachteile über € 11.000,00 zusprach (nachdem der Beschwerdeführer € 320.000,00 beansprucht hatte, aaO, S. 141).

188 Vgl EGMR ZEV 2011,139,141.

189 Vgl EGMR, Entscheidung v. 13.7.2006, Az 38033/02 Tz 51.

190 Vgl. EGMR, Entscheidung vom 10.2.2011, Az 1521/06, Tz. 88.

191 Vgl auch EGMR, Entscheidung v. 4.12.2008, Az 44036/08; € 2000,00 für etwas mehr als einjährige Verzögerung.

192 Vgl EGMR, Entscheidung v. 5.10.2006, Az 66491/01, Tz 66

193 Vgl EGMR, Entsch. v. 10.1.2008, Az 1679/03,

te.[194] Wegen weiterer Details sei auf die am Ende der Kommentierung befindliche Aufstellung zur jüngeren Rechtsprechung des EGMR verwiesen.

Zu beachten ist allerdings, dass die Rechtsprechung des EGMR nicht unbesehen auf die Entschädigungsregelung des § 198 Abs. 1 GVG übertragen werden kann, da der EGMR die Entschädigungssumme für immaterielle Nachteile immer unter Berücksichtigung der Umstände des Einzelfalls festsetzt.[195] Die Menschenrechtskonvention sieht im Gegensatz zu § 198 Abs. 2 Satz 2 GVG keine Entschädigungspauschale vor, so dass der EGMR bei der Entschädigungsfestsetzung wesentlich freier vorgehen kann. Die Regelung über die Entschädigungspauschale hingegen erlaubt eine Abweichung indes nur bei Unbilligkeit „nach den Umständen des Einzelfalls". Wie Böcker zu Recht anmerkt, kann es nur um **atypische Sonderfälle** gehen, die ein Abweichen von der Pauschale erforderlich machen. Auch in der Gesetzesbegründung ist ausdrücklich davon die Rede, dass Satz 4 nur für Ausnahmefälle die Möglichkeit bietet, von der Pauschale nach oben oder unten abzuweichen.[196] Die Pauschalierung dient gerade dazu, unter Verzicht auf einen einzelfallbezogenen Nachweis Streitigkeiten über die Höhe der Entschädigung möglichst zu vermeiden und damit eine zügige Abwicklung des Entschädigungsverfahrens zu gewährleisten. Dieser Vorteil wäre gefährdet, wenn man entgegen dem Gesetzeswortlaut doch in jedem Einzelfall über die Höhe der Entschädigung streiten müsste.[197] 82

Immerhin bietet die oben zitierte Rechtsprechung des EGMR aber eine Orientierung, wann eine atypische Sondersituation vorliegen kann.

ff) **Anwendung des § 287 ZPO.** Soweit nicht ohnehin die Regelpauschale nach § 198 Abs. 2 Satz 2 GVG zu zahlen ist, kommt § 287 ZPO auch bei der Entschädigung für immaterielle Nachteile zur Anwendung. Der Anwendungsbereich dürfte in dieser Konstellation sogar größer sein als bei materiellen Nachteilen, da sich im Wege eines Sachverständigengutachtens kaum exakt nachweisen lässt, welcher Ausgleichsbetrag als angemessen angesehen werden kann. 83

gg) **Entschädigung für immaterielle Nachteile auch für juristische Personen?** 84
Nach der Rechtsprechung des EGMR können auch **juristische Personen** ersatzfähige immaterielle Schäden erleiden; dies etwa dann, wenn der Ruf einer Gesellschaft gefährdet wird, eine Ungewissheit über die künftige Geschäftsplanung entsteht oder auch bei Störungen des Managements bei Unsicherheit und Unbequemlichkeit für den Geschäftsführer.[198] Dagegen kennt das deutsche Schadensersatz- und Entschädigungsrecht keinen Ausgleichsanspruch für immaterielle Schäden juristischer Personen,[199] wohl vor allem deshalb, weil typische immaterielle Schäden – etwa seelisch-psychische Belastungen – nach hiesigem Verständnis nur natürliche Personen treffen können. Der EGMR orientiert sich dagegen eher an der Dogmatik des französischen und englischen

194 Vgl EGMR, Entscheidung v. 5.3.2009, Az 7634/05, Tz 24.
195 Vgl Böcker, DStR 2011, 2173, 2177.
196 Vgl BT-Drucks. 17/3802, 20.
197 Vgl BT-Drucks. aaO.
198 Beispiele nach Meyer-Ladewig aaO, Art. 41 Rn 10:.
199 BT-Drucks. 17/3802, 40.

Rechts, wo die Unterscheidung zwischen materiellen und immateriellen Schäden nicht mit gleicher Trennschärfe vollzogen wird wie im deutschen Recht.[200]

85 § 198 Abs. 2 GVG schließt die Entschädigung immaterieller Nachteile bei juristischen Personen nicht aus; auch beschränkt sich die Vermutung eines immateriellen Nachteils nicht auf natürliche Personen. Eine Beschränkung im Sinne der traditionellen Dogmatik lässt sich auch nicht der Entstehungsgeschichte des Gesetzes entnehmen. Im Gegenteil: Die Bundesregierung hat hervorgehoben, dass es sich um einen **staatshaftungsrechtlichen Anspruch sui generis** handele, der sich an der Rechtsprechung des EGMR, nicht aber an der deutschen Schadensersatzdogmatik orientiere.[201] Es hat in diesem Zusammenhang sogar explizit darauf hingewiesen, dass der EGMR auch juristischen Personen Geldersatz für Nichtvermögensnachteile gewähre.[202] Wollte man § 198 Abs. 2 GVG im Hinblick auf die überkommene Schadensersatzdogmatik teleologisch reduzieren, liefe man zudem Gefahr, dass sich die betroffenen Gesellschaften wiederum an den EGMR wenden und dort eine Entschädigung zugesprochen bekommen. Gerade dies sollte aber durch das ÜVerfBesG vermieden werden.

86 Zudem gelten die Überlegungen, die überhaupt zur Einführung eines Ausgleichsanspruchs für immaterielle Nachteile geführt haben, auch für juristische Personen. Ein materieller Schaden wird sich auch hier häufig nicht begründen lassen; sei es, dass eine Kausalität zwischen der Verfahrensüberlänge und dem materiellen Nachteil nicht nachgewiesen werden kann, sei es, dass im Fall einer Stattgabe dieser Nachteil durch die Verzinsung des Klagebetrages kompensiert wird. Auf der anderen Seite sind ersatzfähige immaterielle Nachteile bei juristischen Personen durchaus denkbar, jedenfalls dann, wenn man den Ausgleichsanspruch nicht zu eng als „Schmerzensgeldanspruch" im herkömmlichen Sinn, sondern weitergehend als umfassenden Ausgleich für alle materiell nicht fassbaren Nachteile begreift. Das Argument eines **Bruchs mit der bisherigen Dogmatik** wiegt demgegenüber nicht schwer, da § 198 GVG mit seinem Entschädigungsanspruch für immaterielle Nachteile ohnehin ein Novum darstellt.[203]

Im Ergebnis dürfte daher § 198 GVG auch juristischen Personen die Möglichkeit eröffnen, Entschädigung wegen immaterieller Nachteile zu beanspruchen.

87 **hh) Ausnahme: Keine Entschädigung bei anderweitiger Wiedergutmachung (§ 198 Abs. 2 Satz 2 GVG und § 198 Abs. 4 GVG).** Eine Entschädigung für immaterielle Nachteile kann allerdings gemäß 198 Abs. 2 Satz 2 GVG nur beansprucht werden, soweit nicht „nach den Umständen des Einzelfalls" gemäß § 198 Abs. 2 eine **Wiedergutmachung auf andere Weise** ausreicht; als Wiedergutmachung auf andere Weise kommt insbesondere die Feststellung des Entschädigungsgerichts in Betracht, dass die Verfahrenslänge unangemessen war,

200 Althammer/Schäuble NJW 2012,1, 4.
201 BT-Drucks. aaO.
202 BT-Drucks. aaO.
203 Das hat auch der Bundesrat in seiner Stellungnahme zu dem Gesetzentwurf festgehalten, ohne hiergegen grundsätzlich Einwände zu erheben, vgl BT-Drucks. 17/3802, 35.

§ 198 Abs. 4 GVG. Von dieser Regelung unberührt bleibt die Pflicht zum Ausgleich materieller Nachteile.[204]

(1) **Anderweitige Wiedergutmachung.** Die „Wiedergutmachung auf andere Weise" wird im Gesetz nicht abschließend beschrieben; als mögliche Wiedergutmachungsformen werden in § 198 Abs. 4 GVG nur die Feststellung der unangemessenen Verfahrensdauer und in § 199 Abs. 3 GVG die Berücksichtigung der unangemessenen Verfahrensdauer in Strafprozessen bzw strafrechtlichen Ermittlungsverfahren genannt. Das wirft die Frage auf, welche **anderweitigen Wiedergutmachungsformen** in Betracht kommen. In den Gesetzgebungsmaterialien wird hierzu nur festgehalten, dass Wiedergutmachung „in der Praxis auf vielfältige Weise" erfolgen kann.[205] Tatsächlich wird es sich vor allem um anderweitige staatliche Zahlungen handeln,[206] die auch einen Ausgleich der immateriellen Nachteile eines überlangen Gerichtsverfahrens bewirken. Sollte der Geschädigte von dritter – nichtstaatlicher – Seite Zahlungen erlangen, so entlastet dies den Staat nicht ohne Weiteres; Wiedergutmachung impliziert schon sprachlich eine Art „Sühneleistung" mit Genugtuung, die von dem „Schädiger", hier also dem Staat ausgehen muss. In solchen Fällen kann sich jedoch die Wiedergutmachung gemäß § 198 Abs. 4 GVG auf die Feststellung beschränken, dass die Verfahrensdauer unangemessen lang war. 88

Wenn § 198 Abs. 4 GVG bestimmt, Wiedergutmachung sei „insbesondere" 89
durch die Feststellung der überlangen Verfahrensdauer durch das Entschädigungsgericht möglich, stellt sich die weitere Frage, ob das Entschädigungsgericht auch andere als die in Abs. 2 und 4 explizit genannten Wiedergutmachungsfolgen – also Entschädigungszahlung und/oder Feststellung der unangemessenen Verfahrensdauer – anordnen darf. Der Wortlaut des § 198 Abs. 4 GVG könnte zu dieser Annahme verleiten, da die Feststellung der Verfahrensüberlänge nur beispielhaft als *eine* Form der anderweitigen Wiedergutmachung genannt wird; vorstellbar wären darüber hinaus etwa eine **Entschuldigung des Gerichtspräsidenten** für ein etwaiges Fehlverhalten des Spruchkörpers- ein solches muss bei einer Verfahrensüberlänge freilich nicht vorliegen - oder die **Veröffentlichung** des Vorgangs in der Presse. Tatsächlich sind derartige „freien" Wiedergutmachungsanordnungen des Entschädigungsgerichts aber ausgeschlossen. Der ursprüngliche Referentenentwurf vom 15.3.2010 hatte noch die Bekanntgabe des säumigen Gerichts im elektronischen Bundesanzeiger vorgesehen. Die von der Anwaltschaft befürwortete,[207] von der Richterschaft aber wegen ihrer Prangerwirkung abgelehnte Maßnahme[208] wurde indes vom Gesetzgeber fallen gelassen. Sie kann deshalb auch nicht durch die Hintertür als „Wiedergutmachung auf andere Weise" iSv § 198 Abs. 4 GVG verhängt werden. Vor allem aber kann das Entschädigungsgericht dem Geschädigten nur das zusprechen, worauf dieser einen **materiellrechtlichen Anspruch** hat. Die im

204 BT-Drucks. 17/3802, 19.
205 BT-Drucks. 17/3802, 19.
206 So auch Böcker, DStR 2011, 2173, 2177; denkbar wäre etwa eine Schadensersatzleistung nach § 839 BGB iVm Art. 34 GG, sofern hier ausnahmsweise die Voraussetzung für einen Ausgleich immaterieller Schäden vorliegen.
207 Vgl DAV-Stellungnahme Nr. 26/2010.
208 Stellungnahme des Dt. Richterbundes Nr. 23/2010, Nr. 2.

ÜVerfBesG aus einer Verfahrensüberlänge resultierenden Ansprüche beschränken sich indes im Bereich der immateriellen Nachteile auf eine Entschädigungszahlung gemäß § 198 Abs. 2 GVG und die Feststellung der unangemessenen Verfahrensdauer gemäß § 198 Abs. 4 GVG; sonstige Ansprüche für immaterielle Nachteile sieht das Gesetz dagegen nicht vor. Mit Wiedergutmachung auf andere Weise kann daher neben dem Feststellungsausspruch nur eine Wiedergutmachung außerhalb des Entschädigungsverfahrens gemeint sein, aber keine Befugnis des Entschädigungsgerichts, frei anderweitige Wiedergutmachungsfolgen anzuordnen. Dazu fehlt es an einer materiellen Berechtigung des Betroffenen.

90 (2) **Insbesondere: Gerichtliche Feststellung gemäß § 198 Abs. 4 GVG.** In Zivilverfahren liegt eine anderweitige Wiedergutmachung regelmäßig in der gerichtlichen Feststellung gemäß § 198 Abs. 4 GVG, dass die Verfahrensdauer unangemessen war. Da die bloße Feststellung einer Verfahrensüberlänge grundsätzlich ein „Minus" gegenüber der Geldentschädigung darstellt, kann es sich, wenn diese Form der Wiedergutmachung ausreichen soll, etwa um einen **minder schweren Fall** handeln, der für den Betroffenen keine große Bedeutung hatte.[209] Aus der Gesetzesbegründung geht ferner hervor, dass die Feststellung der Verfahrensüberlänge auch dann erfolgen soll, wenn ein Verfahrensbeteiligter **„keinen weitergehenden immateriellen Schaden"** erlitten hat und die Überlänge des Verfahrens „den einzigen Nachteil" darstellt.[210]

91 Die bloße Feststellung einer Verfahrensüberlänge kommt nach dem **Rechtsgedanken des § 254 BGB** auch dann in Betracht, wenn der Geschädigte erheblich zu der Verfahrensverzögerung beigetragen hat.[211] Dies entspricht der Rechtsprechung des EGMR, der in solchen Fällen sich ebenfalls mit der Feststellung begnügt hat, das Recht des Betroffenen aus Art. 6 Abs. 1 EMRK sei verletzt. So hat er in einer Entscheidung vom 13.7.2006 festgehalten, das Verhalten der Beschwerdeführer sei „unverhältnismäßig" gewesen; sie hätten fortlaufend neue Beweisanträge gestellt und damit das Verfahren verzögert,[212] so dass die Feststellung einer Verletzung von Art. 6 Abs. 1 EMRK bereits eine hinreichend gerechte Entschädigung für den Schaden darstelle. Sofern das Entschädigungsgericht eine Entschädigung ablehnt, muss es dies im Urteil begründen.[213]

92 (3) **Darlegungs- und Beweislast.** Die **Darlegungs- und Beweislast** für das Vorliegen einer anderweitigen Wiedergutmachung ergibt sich aus dem Gesetzeswortlaut nicht mit hinreichender Deutlichkeit. Gemäß § 198 Abs. 2 Satz 1 GVG wird zunächst vermutet, dass der Betroffene einen nicht-materiellen Nachteil erlitten hat. Zu einem Entschädigungsanspruch soll dies allerdings „nur" führen, soweit keine anderweitige Wiedergutmachung erlangt werden kann. Die Verwendung des Wortes „nur" könnte darauf schließen lassen, dass das Fehlen von Umständen, die insbesondere eine Feststellung der Verfahrensüberlänge iSv § 198 Abs. 4 GVG ausreichend erscheinen lassen, als Anspruchs-

209 BT Drucks. 17/3802, 20.
210 BT-Drucks. aaO.
211 BT-Drucks. aaO.
212 Entsch. v. 13.7.2006, Az 38022/02, Tz 51.
213 Vgl BT-Drucks. 17/3802, 20.

voraussetzung vom Geschädigten zu beweisen wäre. Andererseits legt die Formulierung „soweit nicht" eher die Annahme eines vom Beklagten zu beweisenden **Ausnahmetatbestandes** nahe.[214] Tatsächlich dürfte letzteres der Intention des Gesetzgebers entsprechen. Die Bundesregierung hat in ihrer Gesetzesbegründung klargestellt, dass die schlichte Wiedergutmachung auch dann genügen könne, wenn ein Verfahrensbeteiligter keine „weitergehenden immateriellen Nachteile" habe und die Überlänge als solche der einzige Nachteil darstelle; dies müsse, so die Bundesregierung, vom Beklagten im Entschädigungsprozess nachgewiesen werden.[215] Es wird also Sache des Beklagten sein, die nur geringe Bedeutung der Streitsache für den Geschädigten darzulegen und zu beweisen (siehe unten § 198 Abs. 3 Rn 17) – sofern sie sich nicht ohnehin aus dem unstreitigen Sachverhalt ergibt.

Auch der EGMR hat in der Entscheidung vom 29.3.2006 bekräftigt,[216] dass **93**
eine starke, aber widerlegbare Vermutung dafür bestehe, dass die überlange Verfahrensdauer einen Nichtvermögensschaden verursacht hat. Wenn der staatliche Richter davon ausgehe, dass kein Schaden entstanden sei, müsse er dies mit einer ausreichenden Begründung rechtfertigen.

ii) **Feststellung neben der Geldentschädigung.** Die Feststellung, dass die Ver- **94**
fahrensdauer unangemessen lang war, kann gemäß § 198 Abs. 4 Satz 3 GVG in schwerwiegenden Fällen neben der Entschädigung ausgesprochen werden (siehe unten § 198 Abs. 3 Rn 21 f).

jj) **Feststellung auch ohne Verzögerungsrüge.** Auch wenn der Geschädigte die **95**
Verzögerung nicht gemäß § 198 Abs. 3 GVG gerügt hat, kann das Gericht eine entsprechende Feststellung treffen und ihm auf diese Weise Genugtuung verschaffen (siehe § 198 Abs. 3 Rn 21 f). Ein Antrag auf Feststellung des Geschädigten ist hierzu gemäß § 198 Abs. 4 Satz 2 GVG nicht erforderlich.

4. **Verzögerungsrüge und Entschädigungsumfang.** Ein Entschädigungsan- **96**
spruch nach § 198 Abs. 1 GVG setzt die Erhebung der **Verzögerungsrüge** gemäß § 198 Abs. 3 GVG voraus. Der Ausgleich der materiellen Nachteile beschränkt sich jedoch nicht auf diejenigen Nachteile, die dem Geschädigten erst nach Anbringung der Verzögerungsrüge erwachsen sind.[217] Der ursprünglich vorgesehene Ausschluss der vor Rügeerhebung entstandenen Nachteile[218] hätte in vielen Fällen dazu geführt, dass die beteiligten Anwälte zur Verhinderung von Regressen frühzeitig in die Verzögerungsrüge „getrieben" worden wären. Den Betroffenen soll Geduld jedoch nicht zum Nachteil gereichen (siehe unten § 198 GVG Rn 135 ff).

---

214 Vgl Böcker, DStR 2011, 2173, 2177: „Die Entschädigung kann ausnahmsweise ganz entfallen, wenn eine Wiedergutmachung auf andere Weise ausreichend ist (Unterstreichung d. Unterz.).
215 BT-Drucks. 17/3802, 20.
216 Scordino/Italien, NJW 2007, 1259, 1265, Tz 204.
217 Vgl Althammer/Schäuble, NJW 2012, 1, 3.
218 Nach § 198 Abs. 3 des Referentenentwurf vom 15.3.2010 sollte ein Verfahrensbeteiligter nur Entschädigung erhalten, „soweit" er die Dauer des Verfahrens gerügt hatte; in der Gesetz gewordenen Fassung wird stattdessen das Wort „wenn" verwendet.

97 **5. Verhältnis zum Amtshaftungsanspruch.** Zwischen dem Anspruch aus § 198 Abs. 1 Satz 1 GVG und Amtshaftungsansprüchen aus § 839 BGB iVm Art. 34 GG besteht **Anspruchskonkurrenz;**[219] der Amtshaftungsanspruch ist im Verhältnis zu § 198 Abs. 1 Satz 1 GVG nicht **subsidiär**, da er nicht an ein pflichtwidriges Verhalten des einzelnen Richters oder ein Organisationsverschulden der jeweiligen Gerichtspräsidenten bzw des Justizministers anknüpft, sondern allein an die unangemessene Verfahrensdauer.[220]

98 Bei der Entscheidung, ob wegen einer Verfahrensüberlange Schadensersatz nach § 839 BGB iVm Art. 34 GG oder (bzw und) Entschädigung nach § 198 GVG beansprucht werden soll, sind die Vor- und Nachteile beider Anspruchsnormen zu berücksichtigen. Der **Begründungsaufwand** für einen Anspruch aus § 198 GVG ist tendenziell geringer als für einen Amtshaftungsanspruch, da es, wie gezeigt, auf eine Pflichtverletzung und ein Verschulden der betroffenen Richter (oder ein Organisationsverschulden des Gerichtspräsidenten bzw Justizministers) nicht ankommt. Ersatz für immaterielle Nachteile kann der Geschädigte nach dem Amtshaftungsanspruch nur unter den Voraussetzungen des § 253 Abs. 2 BGB oder einer Verletzung des allgemeinen Persönlichkeitsrechts bzw der Menschenwürde erlangen.[221]

99 Dagegen bietet der Amtshaftungsanspruch den Vorteil, über den hier anwendbaren § 252 BGB **entgangenen Gewinn** ersetzt zu bekommen; zudem bedarf es keiner vorherigen Verzögerungsrüge. Seine Geltendmachung unterliegt auch nicht der kurzen Ausschlussfrist des § 198 Abs. 5 Satz 2 GVG, sondern der allgemeinen dreijährigen Verjährungsfrist gemäß §§ 195, 199 BGB.

100 Spielt der Ersatz entgangenen Gewinns für den Geschädigten keine Rolle, wird es sich in der Regel wegen der leichter zu erfüllenden Anspruchsvoraussetzungen anbieten, Entschädigungsansprüche nach dem ÜVerfBesG zu verfolgen. Auch eine Kombination dergestalt, dass eine Entschädigung nach dem ÜVerfBesG und entgangener Gewinn gemäß § 839 BGB iVm Art. 34 GG begehrt wird, erscheint vorstellbar. Der Geschädigte darf freilich nicht „doppelt kassieren" vielmehr muss die Entschädigung nach dem ÜVerfBesG auf den Schadensersatzanspruch nach § 839 BGB iVm Art. 34 GG angerechnet werden, wie auch eine Entschädigung bei bereits erfolgter Schadensersatzleistung nach § 839 BGB entsprechend geringer ausfallen muss.[222]

---

219 Vgl BT-Drucks. 17/3802, 19.
220 Palandt/Sprau, BGB, § 839 Rn 55.
221 Remus, NJW 2012, 1403, 1408.
222 Althammer/Schäuble, NJW 2012, 1, 5, die im Übrigen auch auf die Probleme der unterschiedlichen Gerichtszuständigkeiten hinweisen.

III. Ausgewählte Entscheidungen des EGMR zu Verfahrensüberlängen mit Entschädigungsbeträgen

Entscheidung	Gesamtverfahrensdauer	aus dem Urteil in etwa ersichtliche gerichtsseitige Verzögerung	Entschädigung	Sach- bzw Rechtsgebiet
6.2.2003 45385/99	11 Jahre u. 6 Monate vor dem BVerfG	7 Jahre	€ 7.000,00 für immaterielle Nachteile	Sozialversicherungsrecht, Art. 14 GG
6.6.2006 75529/01 (Sürmeli/ Deutschland) NJW 2006, 2389	16 Jahre u. 7 Monate vor LG nach zwischenzeitlich Berufung u. Revision im Betragsverfahren		€ 10.000,00 für immaterielle Nachteile (bei Mitverschulden d. Klägers); € 961,89 f. Verfahrenskosten in D.; 3711 f. Kosten vor dem EGMR	Schadensersatz wegen Schulunfalls
29.6.2006, 27250/02	8 Jahre u. 6 Monate in einer Instanz	6 Jahre	€ 5.000,00 für immaterielle Schäden, € 618,16 für Kosten u. Auslagen	Bausache
13.7.2006 38033/02	16 Jahre und 4 Monate in vier Instanzen mit vewaltungsrechtlichem Vorverfahren	7,5 Jahre	keine Entschädigung f. immaterielle Schäden wegen Mitverschulden des Geschädigten; € 2.900,00 f. Kosten u. Auslagen	Zahlung von Erschließungsbeiträgen
5.10.2006 75204/01	9 Jahre u. 4 Monate über 4 Instanzen einschl. BVerfG u. sozialgerichtlichem Vorverfahren	2,5 Jahre (vor dem BVerfG)	€ 1.000,00 für immaterielle Schäden; € 500,00 f. Kosten u. Auslagen	Anerkennung einer Berufskrankheit
5.10.2006 66491/01	29 Jahre über mehrere Instanzen	keine Feststellungen, allein Gesamtdauer maßgeblich	€ 45.000,00 für immaterielle Schäden; € 10.000 f. Kosten u. Auslagen	Amtshaftung wegen eines existenziell wichtigen Baugenehmigungsverf.

Entscheidung	Gesamtverfahrensdauer	aus dem Urteil in etwa ersichtliche gerichtsseitige Verzögerung	Entschädigung	Sach- bzw Rechtsgebiet
11.1.2007 20027/02 Herbst/D. NVwZ 2008, 289	18 Jahre u. 4 Monate über vier Instanzen	8,5 Jahre	€ 10.000,00 für immaterielle Nachteile	Amtshaftung wegen fehlerhafter Bewertung von Examensarbeiten; erhöhte Bedeutung
15.2.2007 19124/02	9 Jahre u. 8 Monate über vier Instanzen (einschl. BVerfG)	3 Jahre	€ 3.000,00 für immaterielle Nachteile, Kostenersatz € 1.000,00	Zuwendungen u. Altersrenten für Balletttänzer der ehem. DDR
10.5.2007 76680/01	3 Jahre u. 6 Monate für drei Instanzen einschl. BVerfG	1 Jahr	€ 1.000,00 für immaterielle Schäden; € 1.000,00 f. Kosten	Sorge- und Umgangsrechtssache
12.7.2007 39741/02	5 Jahre und 2 Monate f. 4 Instanzen; 4 Jahre für zwei Instanzen	2,5 Jahre	€ 8.000,00 (bei gleichzeitiger Verletzung von Art. 8 I EMRK)	Herausgabe eines Kindes bei fortdauernder Unterbringung in Pflegefamilie
25.9.2007 71475/01	3 Jahre für eine Instanz bzw zwei J. u. 5 Monate f. 3 Instanzen	keine, da Bf. für Verlängerung verantwortlich	keine Verletzung von Art. 6 I	Entzug der Personensorge
9.10.2008 10732/05	3 Jahre u. zehn Monate f. eine Instanz	1 Jahr 8 Monate	€ 1.000,00 für immaterielle Nachteile; € 1.469,65 f. Kosten u. Steuern	Unterhaltssache; erhebliches Mitverschulden der Bf.
4.12.2008 44036/02	4 Jahre u. drei Monate f. zwei Instanzen	1 Jahr 2 Monate	€ 2.000,00 immaterielle Entschädigung; € 250,00 f. Kosten u. Auslagen	Antrag auf Gewährung von Umgang durch nichtehelichen Vater

Entscheidung	Gesamtverfahrensdauer	aus dem Urteil in etwa ersichtliche gerichtsseitige Verzögerung	Entschädigung	Sach- bzw Rechtsgebiet
26.3.2009 7369/04	5 Jahre u. 2 Monate für eine Instanz einschließlich verwaltungsbehördliche Prüfung	2,5 Jahre	€ 1.500,00 für immaterielle Nachteile	Feststellung des Endes für Arztzulassung wg. Erreichens der ges. Altersgrenze
9.4.2009 1182/05	5 Jahre u. 3 Monate f. drei Instanzen	2 Jahre	€ 2.000,00 für immaterielle Nachteile	Umgangsrechtsverfahren
23.4.2009 1479/08	7 Jahre u. 3 Monate f. eine Instanz	6,5 Jahre	€ 9.000,00 für immaterielle Nachteile	Verkehrsunfallfolgen
11.6.2009 71972/01	19 Jahre in einem Rechtszug	7 Jahre	€ 8.000,00 für immaterielle Nachteile	Arbeitsrecht Klage auf Weiterbeschäftigung
11.6.2009 17878/04	10 J., 17 Tage; vier Instanzen nebst Widerspruchsverfahren	3,5 Jahre	€ 500,00 für immaterielle Nachteile	Honorarkürzung bei Ärztin „keine besondere Förderungsbedürftigkeit"
16.7.2009 8453/04	13 Jahre u. 4 Monate f. drei Instanzen u. Disziplinarverfahren	5 Jahre	€ 3.500,00 für immaterielle Nachteile; € 3.000,00 für Kosten u. Auslagen	Disziplinarverfahren gegen Gerichtsvollzieher
16.7.2009 1126/05	13. Jahre u. 8 Monate f. vier Instanzen u. sozialgerichtl. Widerspruchsverfahren	2 – 2,5 Jahre	€ 1.500,00 für immaterielle Nachteile; € 250,00 für Kosten u. Auslagen	Anerkennung einer Berufskrankheit
8.10.2009 47757/06	18,5 Jahren in drei Instanzen	nicht feststellbar	€ 14.000,00 für immaterielle Nachteile	Anerkennung einer Berufskrankheit

Entscheidung	Gesamtverfahrensdauer	aus dem Urteil in etwa ersichtliche gerichtsseitige Verzögerung	Entschädigung	Sach- bzw Rechtsgebiet
8.10.2009 37820/06	9 Jahre u. 5 Monate einschl. Zurückverweisung	nicht feststellbar	keine Entschädigung beantragt, nur Feststellung der Verfahrensüberlänge	Widerruf einer Schenkung wg. groben Undanks
26.11.2009 54215/08.	1 Jahr u. 9 Monate für 1. Instanz	unklar	keine Entschädigung, aber Feststellung der Verfahrensverzögerung	Antrag auf Herausgabe eines Kindes
22.12.2009 21061/06	3 Jahre und 9 Monate vor dem VG	3 Jahre	€ 3.000,00 für immaterielle Nachteile	Übertragung von Rentenbeiträgen (Verwaltungsrecht)
22.12.2009 10053/08	9 Jahre und 4 Monate für zwei Instanzen	unklar, ca. 4 Jahre	€ 4.000,00 fürimmaterielle Nachteile	Beseitigung eines Baums (Nachbarrecht)
21.1.2010 42402/05	7 Jahre und 3 Monate für drei Instanzen	3 Jahre	€ 4.500,00 für immaterielle Nachteile; € 5.000,00 für Kosten u. Auslagen	Sorgerechtsverfahren
25.3.2010 485/09	15 Jahre in einer Instanz nach zwei Rückverweisungen	unklar, ca. 10 Jahre	€ 10.000,00 für immaterielle Nachteile; € 2644,20 f. Kosten u. Auslagen	Schadensersatzklage wegen Vertragsverletzung
25.3.2010 901/05	13 Jahre und 10 Monate bei drei Instanzen	Unklar	€ 9.800,00 für immaterielle Nachteile	Entschädigung nach dem Opferentschädigungsgesetz
30.3.2010 46682/07	6 Jahre u. 11 Monate für zwei Instanzen u. sozialger. Vorverfahren	unklar, ca. 3 Jahre	€ 5.000,00 für immaterielle Nachteile	Antrag auf Altersrente f. Schwerbehinderte
30.3.2010 54188/07	18 Jahre für 3 Instanzen	unklar	€ 20.000,00 für immaterielle Nachteile	Ersatz von Personenschäden aus einem Verkehrsunfall

Entscheidung	Gesamtverfahrensdauer	aus dem Urteil in etwa ersichtliche gerichtsseitige Verzögerung	Entschädigung	Sach- bzw Rechtsgebiet
1.4.2010 12852/08	12 Jahre bei zwei Sozialgerichts- und zwei Finanzgerichtsinstanzen u. einem Vorverfahren	Unklar	nur Feststellung der unangemessenen Dauer	Anspruch auf Auszahlung von Kindergeld; erhebliches Mitverschulden des Bf.
24.6.2010 39444/08	9 Jahre und 8 Monate für drei Instanzen	ca. 5 Jahre	€ 7.000,00 für immaterielle Schäden € 500,00 pauschalierten Kosten- und Auslagenersatz € 2.933,83 für die Kosten v. dem EGMR	Familienrecht; Versagung des Umgangsrechts für den Kindsvater
24.6.2010 25756/09	8 Jahre für zwei sozialgerichtliche Instanzen mit vorangegangem Widerspruchsverfahren	ca. 2 bis 3 Jahre	€ 2.000,00 für immaterielle Schäden	Sozialrecht; Beantragung einer Rente wg. verminderter Erwerbsfähigkeit
24.6.2010 17384/06	17 Jahre und 8 Monate über vier Instanzen	ca. 8 bis 9 Jahre	€ 11.000,00 für immaterielle Schäden € 500,00 für Kosten und Auslagen	Erbrecht; Anfechtung eines Erbvertrages
2.9.2010 46344/06 Rumpf/ Deutschland	13 Jahre und 5 Monate über vier Instanzen	ca. 8 bis 9 Jahre	€ 10.000 für immaterielle Nachteile; € 1.740,00 f. Rechtsanwaltsgebühren vor dem BVerfG € 1.750,00 f. Rechtsanwaltsgebühren f. EGMR-Verfahren € 500,00 f. Kosten u. Auslagen für den sonst. Instanzenzug	Verwaltungsrecht; waffenrechtliche Erlaubnisse

Entscheidung	Gesamtverfahrensdauer	aus dem Urteil in etwa ersichtliche gerichtsseitige Verzögerung	Entschädigung	Sach- bzw Rechtsgebiet
13.1.2011 34236/06	9 Jahre und sieben Monate über zwei Instanzen	ca. 4 bis 5 Jahre	€ 5.000,00 Entschädigung für immaterielle Nachteile	Zivilrecht; Honorarklage eines Zahnarztes
10.2.2011 1521/06	6 Jahre und 5 Monate über drei Instanzen	ca. 4 Jahre	€ 7.000,00 Entschädigung für immaterielle Nachteile; € 1.400,00 für Kosten u. Auslagen vor den Familiengerichten; € 1.700,00 für die Kosten vor dem EGMR	Familienrecht; Klage auf Anerkennung der Vaterschaft

C. Die Verzögerungsrüge – § 198 Abs. 3 GVG

§ 198 Abs. 3 GVG

(3) Entschädigung erhält ein Verfahrensbeteiligter nur, wenn er bei dem mit der Sache befassten Gericht die Dauer des Verfahrens gerügt hat (Verzögerungsrüge). Die Verzögerungsrüge kann erst erhoben werden, wenn Anlass zur Besorgnis besteht, dass das Verfahren nicht in einer angemessenen Zeit abgeschlossen wird; eine Wiederholung der Verzögerungsrüge ist frühestens nach sechs Monaten möglich, außer wenn ausnahmsweise eine kürzere Frist geboten ist. Kommt es für die Verfahrensförderung auf Umstände an, die noch nicht in das Verfahren eingeführt worden sind, muss die Rüge hierauf hinweisen. Andernfalls werden sie von dem Gericht, das über die Entschädigung zu entscheiden hat (Entschädigungsgericht), bei der Bestimmung der angemessenen Verfahrensdauer nicht berücksichtigt. Verzögert sich das Verfahren bei einem anderen Gericht weiter, bedarf es einer erneuten Verzögerungsrüge.

I. Allgemeines

101 Die Verzögerungsrüge besteht in der Beanstandung der Dauer des Verfahrens bei dem mit der Sache befassten (Ausgangs-) Gericht, **§ 198 Abs. 3 S. 1 GVG**, bzw der Staatsanwaltschaft oder Finanzbehörde, § 199 Abs. 2 Hs 1 GVG.

102 **1. Zweck.** Zweck der Verzögerungsrüge ist es, eine **Abhilfe** im Ausgangsverfahren herbeizuführen und dieses dadurch zu beschleunigen. Die Verzögerungsrüge dient damit der **Prävention**, die – wie der EGMR hervorgehoben hat – „die beste Lösung“ für das Problem überlanger Verfahren ist.[223] Die Verzögerungsrüge soll (weiteren) Verletzungen des Rechts auf angemessene Verfahrensdauer vorbeugen, so dass Verstöße vermieden und nicht erst nachträglich ausgeglichen werden. Im Ausgangsverfahren dient die Verzö-

223 Vgl EGMR v. 8.6.2006 – 75529/01, NJW 2006, 2389 Tz 100 Sürmeli/Deutschland.

gerungsrüge dem bearbeitenden Richter als Vorwarnung und damit als Anlass zur Förderung und Beschleunigung des Verfahrens.[224] Zu seinen Gunsten greift die Wartefrist nach § 198 Abs. 5 S. 1 GVG ein, wonach erst sechs Monate nach Erhebung der Verzögerungsrüge Entschädigungsklage erhoben werden darf (s. § 198 GVG Rn 149). Ferner kann die Verzögerungsrüge regelmäßig zu einer Kommunikation zwischen Gericht und Verfahrensbeteiligten über die Ursachen einer angezeigten Verzögerung führen.[225] Aufgrund der im konkreten Ausgangsverfahren präventiven Warnfunktion spricht die Gesetzesbegründung auch von der **Beschleunigungsrüge.**[226] Die Rüge bezweckt demnach eine präventive Beschleunigungswirkung.[227]

Die Verzögerungsrüge richtet sich an das Ausgangsgericht. Sie wird durch einen Verfahrensbeteiligten erhoben. Er soll sich nicht missbräuchlich auf die Position **„Dulde und Liquidiere"** zurückziehen können.[228] Vielmehr trifft ihn die Last, eine Rüge erheben zu müssen, wenn er Entschädigung erlangen will. Damit bringt die Verzögerungsrüge den Grundsatz des Vorrangs des Primärrechtsschutzes zur Geltung.[229] Der Betroffene darf also nicht zunächst die Verzögerung beanstandungslos hinnehmen und sodann Entschädigung hierfür verlangen. Vielmehr muss er schon beim Ausgangsgericht bzw der Staatsanwaltschaft oder Finanzbehörde die Überlange der Verfahrensdauer gerügt haben, bevor er beim Entschädigungsgericht seinen Anspruch einklagen kann. 103

2. Rechtsnatur. Nach § 198 Abs. 3 S. 1 GVG setzt die Gewährung von (Geld-) Entschädigung wegen Überlänge eines Gerichtsverfahrens oder strafrechtlichen Ermittlungsverfahrens (§ 199 Abs. 1 GVG) voraus, dass eine Verzögerungsrüge erhoben wurde. Im Unterschied zu § 97 b Abs. 1 S. 2 BVerfGG (s. § 97 b BVerfGG Rn 62) ist die Verzögerungsrüge nach § 198 Abs. 3 GVG nicht Zulässigkeitsvoraussetzung, sondern **materiellrechtliche Anspruchsvoraussetzung.** 104

Hinweis: Ohne die Erhebung einer wirksamen Verzögerungsrüge entsteht kein Anspruch auf eine Entschädigung in Geld zum Ausgleich materieller und/oder immaterieller Nachteile.[230]

Die Verzögerungsrüge stellt eine Obliegenheit dar.[231] Eine Erfüllung dieser Obliegenheit lässt sich nicht erzwingen, ihre Nichterfüllung macht nicht schadensersatzpflichtig. Wer jedoch seiner **Rügelast** nicht nachkommt, erleidet Nachteile. Erhebt ein von überlanger Verfahrensdauer Betroffener nicht die Verzögerungsrüge, ist er mit einem Geldentschädigungsanspruch ausgeschlossen. 105

224 BT-Drucks. 17/3802, 20. Zur Kritik im Hinblick auf die richterliche Unabhängigkeit s. Stellungnahme des Deutschen Richterbundes vom September 2010 zum Regierungsentwurf vom 18.8.2010 (BR-Drucks. 540/10), S. 4.
225 Beschlussempfehlung des Rechtsausschusses, BT-Drucks. 17/7217, S. 38.
226 BT-Drucks. 17/3802, 21.
227 BT-Drucks. 17/3802, 16; OLG Hamburg, Beschluss vom 19.3.2012 – 3 Vollz (Ws) 9/12 Tz 6; Stadler, 15.10.2010 - BR-Plenarprotokoll 875, TOP 17, S. 378 B; kritisch zur präventiven Wirkung Ossenbühl DVBl 2012, 857, 860.
228 BT-Drucks. 17/3802, 20.
229 Althammer/Schäuble NJW 2012, 1, 3.
230 Heine MDR 2012, 327, 330.
231 BT-Drucks. 17/3802, 16, 20.

106 Die Verzögerungsrüge ist **Prozesshandlung.**[232] Sie soll als Handlung eines Verfahrensbeteiligten mittels einer gerichtlichen Maßnahme der Förderung und Beschleunigung des Verfahrens auf den Prozess einwirken. Dadurch zielt sie auf eine Gestaltung des Prozessablaufs und eine prozessrechtliche Wirkung ab. Dem steht nicht entgegen, dass der Verzögerungsrüge zugleich materiellrechtliche Bedeutung als Anspruchsvoraussetzung zukommt.[233] Ob die Verzögerungsrüge erhoben wurde und ob dies zu früh oder verspätet erfolgte, ist vom Entschädigungsgericht **von Amts wegen** zu prüfen.[234]

107 **3. Bedeutung.** Die Verzögerungsrüge stellt **keinen Rechtsbehelf** dar.[235] Sie entfaltet deshalb

- keinen Devolutiveffekt und
- keinen (kontraproduktiven) Suspensiveffekt.

Dass ihr ein Präventiveffekt zukomme, wird unter Hinweis auf ihr mangelndes Druckpotential in Zweifel gezogen.[236]

Die Verzögerungsrüge führt nicht dazu, dass bei bemängelter Untätigkeit eine andere Instanz in ein laufendes Gerichtsverfahren mit dem Ziel eingreifen kann, dem Verfahren Fortgang zu geben und den Abschluss des Rechtsstreits zu fördern.[237] Das gilt auch für den Fall einer Nichtabhilfe durch das Ausgangsgericht. Der ursprünglich vorgeschlagene „Tu-Was-Rechtsbehelf" ist also nicht eingeführt worden (s. Rn 2 f).[238] Dadurch sollen die Belastungen für die Praxis begrenzt gehalten werden.[239] Das Fehlen eines Devolutiveffekts vermeidet auch die mit einer Vorlage der Akten an das Rechtsmittelgericht zwangsläufig verbundene Verzögerung.[240] Vielmehr bleibt allein das Gericht bzw die Staatsanwaltschaft des Ausgangsverfahrens mit der Verzögerungsrüge befasst, ohne allerdings förmlich über sie entscheiden zu müssen. Ob die Verzögerungsrüge wirksam erhoben wurde, ist erst in einem Entschädigungsverfahren von Bedeutung. Eine auf die Neuregelung gestützte Beschwerde ist unzulässig.[241] Damit ist von einem „präventiven Rechtsbehelf zur Beschleunigung des Verfahrens", den der EGMR als „wirksamste Lösung" bevorzugt,[242] abgesehen worden.[243] Zwar greift die Verzögerungsrüge die vom EGMR erstrebte

232 So auch Schenke NVwZ 2012, 257, 260; offenlassend Althammer/Schäuble NJW 2012, 1, 3.
233 Offen Althammer/Schäuble NJW 2012, 1, 3.
234 BT-Drucks. 17/3802, 20.
235 BT-Drucks. 17/3802, 16.
236 Ossenbühl DVBl 2012, 857, 860.
237 Bayerisches LSG Beschluss vom 24.2.2012 – L 16 SB 282/11 B Tz 10.
238 Gesetzentwurf des BMJ vom August 2005, vgl Steinbeiß-Winkelmann, ZRP 2007, 177, 180; einen solchen Rechtsbehelf befürwortend: Stellungnahme Nr. 18/2011 der Bundesrechtsanwaltskammer zum Regierungsentwurf BT-Drucks. 17/3802, S. 4.
239 BT-Drucks. 17/3802, 16.
240 OLG Düsseldorf NJW 2012, 1455.
241 Bayerisches LSG, Beschluss vom 15.3.2012 – L 11 AS 182/12 B Tz 3.
242 Vgl EGMR v. 8.6.2006 – 75529/01, NJW 2006, 2389 Tz 100 Sürmeli/Deutschland.
243 Ablehnend und mit dem Vorschlag, die Verzögerungsrüge durch eine Untätigkeitsbeschwerde zu ersetzen: Kirchberg, Stellungnahme der BRAK zum Regierungsentwurf BT-Drucks. 17/3802 im Rechtsausschuss am 23.3.2011, 4 f. Kritisch auch Ossenbühl DVBl 2012, 857, 859 f.

präventive Rechtsschutzfunktion durchaus auf. In welchem Ausmaß sie allerdings zur Prävention im Ausgangsverfahren beitragen kann, war im Gesetzgebungsverfahren umstritten und bleibt abzuwarten.[244]

Obgleich die Verzögerungsrüge keine Beschwerde darstellt, füllt sie die Rege- 108
lungslücke und macht eine – gesetzlich nicht geregelte – außerordentliche **Untätigkeitsbeschwerde**, deren Zulässigkeit zuvor von Teilen der Rechtsprechung und Literatur unter großen Unsicherheiten angenommen wurde,[245] **unzulässig.**[246] Ein Nebeneinander von Verzögerungsrüge und Untätigkeitsbeschwerde würde das Verfahren mit weiteren Zweifelsfragen belasten und den zügigen Abschluss erschweren.[247] Auch ist es zur Rechtswegerschöpfung gemäß § 90 Abs. 2 S. 2 BVerfGG erforderlich, die Verzögerungsrüge zu nutzen, bevor eine Verfassungsbeschwerde wegen überlanger Verfahrensdauer eingelegt wird.[248]

Die Verzögerungsrüge leitet **kein eigenständiges Verfahren** ein.[249] Sie ist dem- 109
entsprechend nicht auf den Erlass einer förmlichen Entscheidung über die Rüge gerichtet. Sie greift auch nicht eine Entscheidung an und leitet nicht in ein Rechtsbehelfsverfahren über. Das Fehlen einer solchen Verfahrens-, Entscheidungs- und Rechtsbehelfsqualität spricht gegen eine Verpflichtung des Gerichts des Ausgangsverfahrens, über die Möglichkeit einer Verzögerungsrüge oder ihre verfrühte Einlegung **belehren** oder auf die Substantiierung der Rüge hinwirken zu müssen. Dies gilt auch für Ausgangsverfahren, in denen eine anwaltliche Vertretung nicht obligatorisch ist. Zur Erteilung von Rechtsrat und – auskunft ist das Ausgangsgericht nicht verpflichtet, zumal sich daraus eine weitere Verzögerung ergeben könnte. Das Gericht soll auf den wirksamsten Weg zum angestrebten Prozessziel hinweisen, nicht aber weitergehende Prozessziele anregen.

II. Wirksamkeit

Da die Verzögerungsrüge eine **Prozesshandlung** darstellt, bestimmen sich die 110
Voraussetzungen ihrer Wirksamkeit nach dem Prozessrecht. Diese Voraussetzungen sind von Amts wegen zu prüfen, allerdings erst im Entschädigungsprozess, nicht schon im Ausgangsverfahren, in dem die Verzögerungsrüge einzulegen ist.[250]

244 Ablehnend die Stellungnahme des Deutschen Richterbundes zum Regierungsentwurf BT-Drucks. 17/3802 im Rechtsausschuss am 23.3.2011, S. 2 f,6; kritisch auch Magnus, ZZP 2012, 75, 88; Althammer/Schäuble NJW 2012, 1, 2; Löbbert, Protokoll Nr. 43 von der öffentlichen Anhörung im Rechtsausschuss am 23.3.2011, S. 10, sieht die Verzögerungsrüge eher als „Schadensersatzverhinderungsinstrument".

245 MüKo/Lipp, § 567 ZPO Rn 25; zur Kritik im Hinblick auf das Gebot der Rechtsmittelklarheit BVerfG NJW 2008, 503.

246 Zimmermann, FamRZ 2011, 1905; Althammer/Schäuble NJW 2012, 1; OLG Düsseldorf NJW 2012, 1455; OLG München Beschluss vom 21.9.2012 - 4 VAs 039/12 Tz 6; Schleswig-Holsteinisches Oberlandesgericht Beschluss vom 30.8.2012 - 11 SchH 3/12; aA Ossenbühl DVBl 2012, 857, 859 f.

247 OLG Düsseldorf NJW 2012, 1455.

248 BVerfG BayVBl 2012, 314 Tz 2.

249 BT-Drucks. 17/3802, 20; Leutheusser-Schnarrenberger, 20.1.2011 – BT-Plenarprotokoll 17/84, S. 9539 B.

250 Althammer/Schäuble NJW 2012, 1, 3.

- Die Verzögerungsrüge muss in demjenigen – noch laufenden – (Ausgangs-) Verfahren erhoben werden, für dessen Dauer der Betroffene entschädigt werden möchte.[251]
- Die Verzögerungsrüge darf nur von einem Verfahrensbeteiligten (bzw durch dessen Vertreter) eingelegt werden.
- Der Verfahrensbeteiligte, der die Verzögerungsrüge einlegt, muss parteifähig und prozessfähig sein. Im Falle einer Stellvertretung bedarf es der gesetzlichen oder rechtsgeschäftlichen Vertretungsmacht.
- Besteht für das Ausgangsverfahren Vertretungs**zwang** (zB § 78 ZPO, § 114 Abs. 1 FamFG, § 11 Abs. 4 ArbGG; § 67 Abs. 4 VwGO), erfasst dies auch die Verzögerungsrüge.[252] Sie ist deshalb im Anwaltsprozess durch einen bevollmächtigten Rechtsanwalt einzulegen. Einer Genehmigung durch ihn kommt keine Rückwirkung zu.[253]

Hinweis: Die Verzögerungsrüge ist zum Aktenzeichen des Ausgangsverfahrens einzureichen, nicht bei der Justizverwaltung, da sie dort als Dienstaufsichtsbeschwerde gewertet wird.[254]

111 Eine bestimmte Form schreibt das Gesetz für die Verzögerungsrüge nicht vor. Dies wirft die Frage auf, ob die Verzögerungsrüge der Schriftform bedarf.[255] § 97 b Abs. 1 S. 3 BVerfGG sieht ausdrücklich die Schriftform für eine Verzögerungsrüge beim Bundesverfassungsgericht vor (s. Art. 2 § 97 b BVerfGG Rn 8), was im Rahmen des ÜVerfBesG den Umkehrschluss auf eine Formfreiheit der Rüge nach § 198 Abs. 3 GVG nahelegt. So weist die amtliche Begründung auch darauf hin, dass § 97 b Abs. 1 S. 3 BVerfGG weitergehend als § 198 Abs. 3 GVG ein Schriftformerfordernis und eine Darlegungspflicht bestimme.[256] Auch spricht die Gesetzesbegründung zu § 198 Abs. 5 GVG von einer „Einlegung in mündlicher Form“.[257] Diese Einlegung lässt sich jedoch auch nur auf die mündliche Verhandlung beziehen. Die Fälle außerhalb einer mündlichen Verhandlung, in denen die Mündlichkeit einer Prozesshandlung genügt, benennt zB die ZPO, insbesondere indem sie die Erklärung zur Niederschrift des Urkundsbeamten der Geschäftsstelle zulässt (z.B. § 702 Abs. 1 S. 1 ZPO i.V.m. § 129 a ZPO, s. auch § 25 Abs. 1 FamFG).

Beim Schweigen des Gesetzes über die notwendige Form der Prozesshandlung ist von einer Schriftformbedürftigkeit auszugehen, wenn die Prozesshandlung befristet ist oder unmittelbar Rechte und Pflichten für die Parteien begründet.[258] Beides ist bei der Verzögerungsrüge der Fall. Rechtssicherheit und Rechtsklarheit gebieten für eine außerhalb der mündlichen Verhandlung erhobene Verzögerungsrüge die **Schriftform**. Die Rechtssicherheit erfordert es, dass

251 BT-Drucks. 17/3802, 20.
252 BT-Drucks. 17/3802, 20.
253 BGHZ 111, 339 Tz 19.
254 Zimmermann, FamRZ 2011, 1905, 1908.
255 Verneinend Hüßtege in Thomas/Putzo, ZPO, § 198 GVG Rn 6; bejahend Zimmermann, FamRZ 2011, 1905, 1908; Schenke NVwZ 2012, 257, 260.
256 BT-Drucks. 17/3802, 27.
257 BT-Drucks. 17/3802, 22.
258 Greger in Zöller, ZPO, Vor § 128 Rn 19.

sicher festgestellt werden kann, ob und ggfs. wann von wem eine Verzögerungsrüge eingelegt wurde.

Andernfalls könnte allzu oft unklar bleiben, ob diese für eine Geldentschädigung zwingende materiell-rechtliche Anspruchsvoraussetzung erfüllt ist oder nicht. Die Form der Erklärung muss auch in einer vernünftige Zweifel ausschließenden Weise gewährleisten, dass die Erklärung klar, eindeutig und vorbehaltlos erfolgt.[259] Sollte die Behauptung genügen, dass jemand (evtl. in Vollmacht) während des Ausgangsverfahrens dem Richter telefonisch oder bei sonstiger Gelegenheit angeblich mitgeteilt habe, das Verfahren solle doch seinen Fortgang nehmen, wird das Entschädigungsverfahren mit Feststellungsschwierigkeiten dazu belastet, ob eine den Anforderungen von § 198 Abs. 3 GVG genügende Verzögerungsrüge eingelegt worden war. Zweifel an der Urheberschaft, Einlegung, Fristwahrung und erforderlichen Substantiierung der Rüge laufen überdies dem Gebot der Rechtsklarheit zuwider. Dementsprechend unterliegt die Verzögerungsrüge im Anwaltsprozess dem Anwaltszwang (s. Rn 110).[260]

Hinweis: Durch schlüssiges Verhalten oder fernmündlich lässt sich eine Verzögerungsrüge nicht wirksam erheben; vielmehr ist außerhalb der mündlichen Verhandlung nur die schriftlich eingelegte Verzögerungsrüge wirksam.

Als Prozesshandlung ist die Verzögerungsrüge **bedingungsfeindlich**; ihre Wirk- 112
samkeit darf nicht von außerprozessualen Ereignissen abhängig gemacht werden. Abzustellen ist dabei auf das Ausgangsverfahren, weil es durch die Verzögerungsrüge beschleunigt werden soll. Die Verzögerungsrüge ist auch nicht befristbar. Sie lässt sich nicht etwa aufschiebend bedingt für den Zeitpunkt einlegen, ab dem nach § 198 Abs. 3 S. 2 GVG Anlass zur Besorgnis besteht, dass das Verfahren nicht in einer angemessenen Zeit abgeschlossen wird. Andernfalls bestünde noch bei Abschluss des Verfahrens für das Ausgangsgericht keine vollständige Gewissheit über die Wirksamkeit der Beschleunigungsrüge.[261] Auch würde die Wirksamkeit einer solchen verfrühten Verzögerungsrüge dem Zweck der Regelung, schon im Anfangsstadium eingelegte, formale Verzögerungsrügen zu verhindern,[262] zuwiderlaufen.

Die Verzögerungsrüge **wird wirksam** mit Zugang des Schriftsatzes, in dem die 113
Verzögerungsrüge enthalten ist, bei dem Gericht bzw der Staatsanwaltschaft oder Finanzbehörde des Ausgangsverfahrens oder durch Erklärung gegenüber dem Gericht in der mündlichen Verhandlung.

III. Inhalt

Der Begriff **„Rüge“** bringt eine Missbilligung zum Ausdruck. Das soll die Ver- 114
zögerungsrüge auch. Allerdings schwingt bei dem Begriff der Rüge der Vor-

259 BVerwGE 62, 6 Tz 19.
260 Vgl. zur Form eines Antrags auf Verlängerung der Berufungsbegründungsfrist BGHZ 93, 300 Tz 9.
261 Vgl allgemein zu bedingten Prozesshandlungen BGH NJW 1984, 1240 Tz 20.
262 BT-Drucks. 17/3802, 20.

wurf eines Fehlverhaltens mit.[263] Eine vorwerfbare Säumnis des Gerichts ist jedoch nicht Voraussetzung für die Beurteilung einer Verfahrensdauer als unangemessen.[264] Die Verzögerungsrüge setzt nicht an einem Verstoß (vgl Anhörungsrüge) oder an einer Entscheidung (vgl Revisionsrüge) des Gerichts an, das es mitunter gar nicht allein in der Hand hat, das Verfahren voranzutreiben.

115 Gegenstand der Rüge ist vielmehr die Verfahrensdauer. Diese Dauer muss noch keine Überlänge angenommen haben, sondern nur wahrscheinlich annehmen werden; die Rüge soll das gerade verhindern helfen. Es ist deshalb nicht notwendig, ausdrücklich eine – vorhandene oder voraussichtliche – Überlänge oder Unangemessenheit der Verfahrensdauer zu rügen. Vielmehr bezieht sich nach § 198 Abs. 3 S. 1 GVG die Rüge ausdrücklich auf die Dauer des Verfahrens. Zu beachten ist aber der Rügetermin nach § 198 Abs. 3 S. 2 GVG. Muss eine gewisse Wahrscheinlichkeit dafür bestehen, dass das Verfahren nicht in angemessener Zeit zum Abschluss kommen wird, so wird der Sache nach an der Dauer des Verfahrens die mögliche **Verzögerung** seines Abschlusses gerügt. Maßgeblich ist also die absolute Verzögerung des Gesamtverfahrens, nicht eine relative Verzögerung innerhalb des Verfahrensablaufs (s. § 198 GVG Rn 6). So bezeichnet § 198 Abs. 3 S. 1 GVG die Rüge der Dauer des Verfahrens als Verzögerungsrüge und meint damit das Gesamtverfahren, dessen Abschluss sich voraussichtlich verzögert.

Hinweis: Der Begriff Verzögerungsrüge sollte, muss aber nicht in der Beanstandung verwendet werden. Der Betroffene muss jedoch zum Ausdruck bringen, dass er mit der Verfahrensdauer nicht einverstanden ist bzw Beschleunigung verlangt.[265]

Beispiele:

- Die bloße Bitte um Beschleunigung genügt demnach nicht.[266]
- Unzureichend ist auch eine Sachstandsanfrage oder die bloße Anfrage, wann mit einer Entscheidung oder dem Fortgang des Verfahrens zu rechnen sei.

116 Da die Verzögerungsrüge keinen Rechtsbehelf, sondern nur eine Obliegenheit darstellt, sind an den Inhalt der Verzögerungsrüge keine hohen Anforderungen zu stellen.[267] So besteht für den Verfahrensbeteiligten **kein Begründungserfordernis.** Der Betroffene braucht also nicht darzulegen, aus welchen Umständen sich eine Überlänge des Verfahrens ergibt oder ergeben könnte; er muss auch nicht Alternativen zur Verfahrensgestaltung aufzeigen.[268] Eine Begründung der Verzögerungsrüge durch den Verfahrensbeteiligten ist nicht erforderlich, weil er – falls er nicht anwaltlich vertreten ist – damit überfordert sein könnte und

263 So die Kritik des Deutschen Richterbundes, der sich für eine Hinweis- und Mitwirkungsobliegenheit ausspricht, vgl Stellungnahme zum Regierungsentwurf BT-Drucks. 17/3802 im Rechtsausschuss am 23.3.2011, 6 f.
264 BT-Drucks. 17/3802, 19.
265 BT-Drucks. 17/3802, 21.
266 Althammer/Schäuble NJW 2012, 1, 3.
267 BT-Drucks. 17/3802, 21.
268 BT-Drucks. 17/3802, 21.

dem Gericht die Möglichkeiten der Verfahrensgestaltung ohnehin geläufig sind.[269]

Hinweis: Eine kurze Begründung ist anzuraten, damit der Anlass für die Rüge und die Einhaltung des Anfangstermins nach § 198 Abs. 3 S. 2 GVG nachvollziehbar werden.[270]

Obgleich die Verzögerungsrüge nicht begründet werden muss, trifft den Ver- 117
fahrensbeteiligten nach **§ 198 Abs. 3 S. 3 GVG** eine Obliegenheit zu **Hinweisen** an das Gericht bzw die Staatsanwaltschaft oder Finanzbehörde. Die Hinweise beziehen sich auf solche Umstände, die für die präventive Warnfunktion der Verzögerungsrüge von Bedeutung, in das Verfahren aber noch nicht eingeführt sind. Dem Ausgangsgericht bzw der Staatsanwaltschaft oder Finanzbehörde bislang nicht bekannte Tatsachen, die für das gebotene Maß der Verfahrensförderung wichtig sind, müssen demnach mit der Verzögerungsrüge mitgeteilt werden.[271] Hierbei handelt es sich um besondere Nachteile, deren Eintritt zu befürchten ist, beispielsweise um

- einen drohenden Wohnungsverlust,
- eine bevorstehende Insolvenz,[272]
- das sich abzeichnende Scheitern eines gewinnbringenden Weiterverkaufs,
- die zu besorgende Vereitelung der Vollstreckung aus einem ergehenden Titel zB durch Verschiebung des Vermögens,
- die Gefährdung der alleinigen wirtschaftlichen Lebensgrundlage, die die Bezüge aus dem Arbeitsverhältnis bei einer Bestandsstreitigkeit für den Arbeitnehmer darstellen,
- die absehbare Aufnahme einer Konkurrenztätigkeit des Arbeitnehmers (vgl §§ 60, 61 HGB),
- auflaufende Forderungen der behandelnden Krankenhausträgergesellschaften bei der unklaren Statusfrage, ob der pflegebedürftige Sozialhilfeempfänger gesetzlich krankenversichert war oder nicht,[273]
- die Begehungsgefahr für einen Wettbewerbsverstoß auf einer eröffneten Messe,
- die konkrete Gefahr eines negativen Schufa-Eintrags bei der Grundsicherung für Arbeitssuchende,
- die zeitnah bevorstehende Beförderung des in der Besetzungsentscheidung ausgewählten Bewerbers,
- in Prüfungsangelegenheiten das Hinausschieben des Beginns der Berufstätigkeit,

269 BT-Drucks. 17/3802, 21; zur Kritik etwa Lückemann, Stellungnahme zum Regierungsentwurf BT-Drucks. 17/3802 im Rechtsausschuss am 23.3.2011, 10, der ohne tatsächliche Unterfütterung auch durch eine Naturalpartei die Verzögerungsrüge zu einer leeren Floskel verkommen sieht.
270 Heine MDR 2012, 327, 331.
271 BT-Drucks. 17/3802, 21.
272 BT-Drucks. 17/3802, 21.
273 BVerfG NZS 2011, 384 Tz 13.

- drohende Schadensersatzpflicht des Veräußerers wegen Verzögerung der Eigentumsumschreibung aufgrund Nichterteilung der Unbedenklichkeitsbescheinigung
- oder wenn aufgrund konkreter Umstände mit der Begehung einer Tat nach § 1 des Gewaltschutzgesetzes zu rechnen ist.

118 Beachtet ein Verfahrensbeteiligter diese Obliegenheit zur Erteilung von Hinweisen nicht, wirkt sich das erst in einem nachfolgenden Entschädigungsprozess aus. Für ihn kann das Unterlassen von Hinweisen nachteilige **Folgen** haben. Nach **§ 198 Abs. 3 S. 4 GVG** lässt das Entschädigungsgericht Umstände, die ihm nicht bekannt waren und auf die mit der Verzögerungsrüge nicht hingewiesen wurde, bei der Beurteilung der Unangemessenheit der Verfahrensdauer außer Betracht.

Beispiel: Konnten dem Ausgangsgericht die drohenden Nachteile eines Verfahrensbeteiligten nicht bekannt sein und hat er mit der Verzögerungsrüge im Ausgangsverfahren darauf nicht hingewiesen, lässt das Entschädigungsgericht diese Umstände unberücksichtigt. Das kann dazu führen, dass es deswegen die Unangemessenheit einer Verfahrensdauer verneint, die es andernfalls bejaht hätte.[274]

119 Als einseitige Prozesshandlung ist die Verzögerungsrüge einer **Auslegung** entsprechend den für empfangsbedürftige Willenserklärungen des bürgerlichen Rechts geltenden Rechtsgrundsätzen (§ 133 BGB) zugänglich. Für die Frage, ob eine Erklärung eine Verzögerungsrüge darstellt und welchen Inhalt sie hat, ist demnach nicht der innere, sondern der erklärte Wille maßgebend, wie ihn das Gericht bzw die Staatsanwaltschaft bei objektiver Würdigung unter Berücksichtigung aller erkennbaren Umstände zu verstehen hatte.[275] Dabei ist am Wortlaut anzusetzen, aber nicht buchstäblich daran zu haften; vielmehr tritt er hinter Sinn und Zweck der Erklärung zurück.[276] Die Auslegung muss sich auf den Schriftsatz in seiner Gesamtheit und das mit ihm erkennbar verfolgte Rechtsschutzziel beziehen.[277] Bei der Ermittlung des wirklichen Willens ist zugunsten des Betroffenen davon auszugehen, dass er diejenige Erklärung abgeben will, die der wohlverstandenen Interessenlage entspricht und eingelegt werden muss, um den erkennbar angestrebten Erfolg zu erreichen.[278] Dies gilt im Grundsatz auch für anwaltliche Erklärungen, soweit diese auslegungsfähig und -bedürftig sind; nur die Umdeutung nicht auslegungsfähiger, weil eindeutiger Prozesserklärungen von Rechtsanwälten ist ausgeschlossen.[279]

Hinweis: Zugunsten eines anwaltlich nicht vertretenen Verfahrensbeteiligten ist bei der Auslegung ein „großzügiger Maßstab" anzulegen.[280]

274 BT-Drucks. 17/3802, 21.
275 Vgl allgemein zur Auslegung BGHZ 184, 128 Tz 33; BVerwG NVwZ 1999, 405 Tz 8.
276 BGH NJW-RR 2000, 130; BVerwG NVwZ 1989, 860 Tz 13;.
277 BVerwG NVwZ 1999, 405 Tz 9.
278 BFH NVwZ 1988, 192 Tz 12; BGH NJW 1211, 1455 Tz 9.
279 BVerwGE 115, 302 Tz 40; BGH NJW 1211, 1455 Tz 10.
280 Vgl zum großzügigen Maßstab BAG NJW 1982, 1174 Tz 16; BFH NVwZ 1988, 192 Tz 12; BVerwG NJW 1991, 508 Tz 23.

Eine **Berichtigung** der Verzögerungsrüge ist nicht ausgeschlossen, kommt aber nur in Fällen offensichtlicher Irrtümer in Betracht.[281] Auch ein Widerruf ist nur zulässig, wenn er die Interessen anderer Beteiligter nicht beeinträchtigt. 120

Hinweis: Ein Widerruf ist unzulässig, wenn dadurch die sechsmonatige Sperrfrist gegen Kettenrügen unterlaufen wird (s. Rn 138).[282]

IV. Rechtsfolge

Nach § 198 Abs. 3 S. 1 GVG ist die Verzögerungsrüge zwingende Anspruchsvoraussetzung für die Gewährung von (Geld-)Entschädigung wegen Überlänge eines Gerichtsverfahrens oder strafrechtlichen Ermittlungsverfahrens (§ 199 Abs. 1 GVG).[283] Für den Verfahrensbeteiligten, der eine Verzögerungsrüge unterlässt oder verfrüht erhebt, tritt eine **Ausschlusswirkung** ein: Er ist mit Ansprüchen auf **Entschädigung in Geld** für materielle und immaterielle Nachteile ausgeschlossen. Wegen der Ausschlusswirkung wurde im Gesetzgebungsverfahren damit gerechnet, dass Rügen – schon zur Vermeidung eines Regresses – vorsorglich erhoben werden und eine Rügeflut einsetzen wird.[284] 121

Hinweis: Die Erhebung der Verzögerungsrüge ist als Rügelast nicht erzwingbar, aber als Anspruchsvoraussetzung für Geldentschädigung **zwingend.**

Dagegen gilt keine Ausschlusswirkung für eine Wiedergutmachung in sonstiger Weise, also nicht in Geld. Die Erhebung der Verzögerungsrüge ist nur für einen materiellen Ausgleich erforderlich, nicht aber für eine **Kompensation auf andere Weise.** Ist eine Verzögerungsrüge unterblieben oder zu früh erhoben worden, geht sie nicht ins Leere.[285] Vielmehr kommt nach § 198 Abs. 4 S. 3 Hs 2 GVG gleichwohl die Feststellung, dass die Verfahrensdauer unangemessen war, in Betracht.[286] Diese Feststellung ist wie die Geldentschädigung eine Form der Wiedergutmachung als Rechtsfolge eines Anspruchs aus § 198 Abs. 1 S. 1 GVG. Nach § 198 Abs. 4 S. 2 GVG setzt eine solche Feststellung keinen Antrag voraus. Sie ist gleichsam als Minus in einem Begehren auf Geldentschädigung enthalten.[287] 122

Hinweis: Fehlt es an einer Verzögerungsrüge, ist die auf § 198 Abs. 1 S. 1 GVG gestützte Klage nicht allein deshalb insgesamt abweisungsreif. Auch ohne gesonderten Antrag ist vielmehr über eine Wiedergutmachung auf andere Weise zu befinden.

V. Rügetermin

Einen bestimmten oder zumindest bestimmbaren Zeitraum, innerhalb dessen die Verzögerungsrüge zu erheben ist, sieht das Gesetz nicht vor. Fehlt es damit zwar an einer Rügefrist, so ist doch ein Rügetermin zu beachten: § 198 Abs. 3 123

281 Vgl zu Prozesshandlungen BGH NJW 1988, 2540 Tz 23.
282 Schenke NVwZ 2012, 257, 260.
283 BT-Drucks. 17/3802, 2, 20.
284 Löbbert, Stellungnahme zum Regierungsentwurf BT-Drucks. 17/3802 im Rechtsausschuss am 23.11.2011, 3.
285 Prütting/Gehrlein/Neff, § 198 GVG Rn 8; Remus NJW 2012, 1403, 1408.
286 BT-Drucks. 17/3802, 22.
287 Heine MDR 2012, 327, 330.

S. 2 GVG legt einen Zeitpunkt fest, ab dem die Rüge frühestens angebracht werden kann (Anfangstermin). Bezogen auf diesen Anfangstermin muss die Verzögerungsrüge also eine Mindestfrist wahren, innerhalb deren sie nicht erhoben werden darf.

124 **1. Anfangstermin.** Nach **§ 198 Abs. 3 S. 2 Hs 1 GVG** kann die Verzögerungsrüge erst bei Anlass zur Besorgnis erhoben werden, dass das Verfahren nicht in einer angemessenen Zeit abgeschlossen wird. Die Vorschrift stellt für den frühestmöglichen Rügetermin auf die **Wahrscheinlichkeit** ab, mit der eine Überlänge des Verfahrens eintreten wird. Damit ist eine Prognoseentscheidung erforderlich.

125 Die Prognose hat nicht nach einer abstrakten, sondern einer konkreten Betrachtungsweise zu erfolgen. Die Regelung des frühestmöglichen Zeitpunkts für die Erhebung der Verzögerungsrüge soll verhindern, dass schon im Anfangsstadium eines Prozesses – beispielsweise höchst vorsorglich mit der Klageerhebung – Verzögerungsrügen eingelegt werden.[288] Die **Besorgnis** und mithin die bloß **abstrakte** Wahrscheinlichkeit einer unangemessenen Verfahrensdauer genügt deshalb nicht. Gerügt werden kann also noch nicht, wenn nur eine generell-abstrakte Betrachtung für bestimmte Arten von Verfahrenshandlungen und -abläufen zu dem Ergebnis führt, dass üblicherweise eine unangemessene Verfahrensdauer im Einzelfall eintritt.

126 Vielmehr muss in dem zu beurteilenden **konkreten** Einzelfall eine Überlänge des Verfahrens hinreichend wahrscheinlich sein. So erfordert § 198 Abs. 3 S. 2 GVG einen Anlass für die Besorgnis einer unangemessenen Verfahrensdauer. Ein solcher **Anlass** besteht, wenn die Möglichkeit einer Verzögerung des Ausgangsverfahrens konkret ist, dh erstmals tatsächliche Anhaltspunkte dafür vorliegen, dass das Verfahren keinen angemessenen zügigen Fortgang nimmt.[289]

127 Bei dieser Prognose ist auf den voraussichtlichen **Abschluss** des Verfahrens abzustellen. Er muss mit einer – sich aus tatsächlichen Anhaltspunkten ergebenden – hinreichenden Wahrscheinlichkeit so spät erfolgen, dass das Verfahren eine unangemessene Dauer angenommen haben wird.

Beispiele:

- Es genügt also nicht, dass sich das Verfahren nur relativ verzögert, wie dies etwa schon der Fall ist, wenn ein Zeuge nicht vorsorglich nach § 273 Abs. 2 Nr. 4 ZPO zum Termin geladen wurde, sondern seine Vernehmung erst aufgrund dieser mündlicher Verhandlung beschlossen wird.
- Die Wahl des schriftlichen Vorverfahrens kann nach der gebotenen konkreten Betrachtungsweise der Besonderheiten des Einzelfalls genauso zügig zur Verfahrensbeendigung führen wie ein früher erster Termin.[290] Selbst wenn es aber relativ länger dauert, führt die Verfahrenswahl allein nicht zu einer Unangemessenheit der Verfahrensdauer, zumal § 272 Abs. 2 ZPO die Wahl ausdrücklich zulässt.

---

288 BT-Drucks. 17/3802, 20.
289 BT-Drucks. 17/3802, 20.
290 Baumbach/Lauterbach/Albers/Hartmann, ZPO, § 198 GVG Rn 43.

- Auch kann nicht beispielsweise allein auf eine verschleppte Terminierung abgestellt werden, wenn sie bereits durch einen zeitnahen Termin ausgeglichen wurde.

Vielmehr muss die Möglichkeit einer Verzögerung auf den Verfahrensabschluss bezogen werden. Erforderlich ist deshalb eine Würdigung des bisherigen und voraussichtlichen weiteren Verfahrensablaufs bis zum Abschluss des **Gesamtverfahrens.** Dabei ist etwa auch zu berücksichtigen, ob es sich um eine Verfahrensart handelt, die auf einen schnellen Abschluss des Verfahrens gerichtet ist, zB Eilverfahren, Urkunden-, Wechsel-, Scheckprozess. 128

Hinweis: Die Verzögerungsrüge kann demnach erhoben werden, sobald

- die konkrete Möglichkeit einer Überlänge des Verfahrens bzw
- erstmals tatsächliche Anhaltspunkte für einen unangemessen späten Abschluss dieses Verfahrens bestehen.

Solche tatsächlichen Anhaltspunkte können (nicht müssen) beispielsweise sein: 129

- hinsichtlich der Terminierung:
  - schleppende Bestimmung eines (weiteren) Termins,
  - überaus weit hinausgeschobener Termin,
  - Terminsverlegung von Amts wegen,
  - Terminsaufhebung ohne erheblichen Grund,
- hinsichtlich der Verhandlung:
  - sukzessive Beweiserhebung in mehreren Terminen, außer bei Vorrang bestimmter Beweisangebote, zB wegen sich daraus ergebender Unerheblichkeit des Restes,[291]
  - Zulassung von nicht sachdienlicher Klageänderung oder nachträglicher objektiver Klagehäufung, die nicht wegen Verspätung zurückgewiesen werden können,
  - Zulassung verspäteten Vorbringens, so dass der Prozess länger dauert als bei Zurückweisung (§ 296 ZPO),
  - Richterwechsel, der neue Termine erfordert; so drängt sich bei einem Richterwechsel sogar die Wiederholung einer Rüge auf, was § 198 Abs. 3 S. 2 Hs 2 GVG ausnahmsweise innerhalb von sechs Monaten zulässt;[292]
  - Einholung von Kontroll- und Obergutachten,
- mehrfache Verlängerungen einer Frist zur Stellungnahme,
- wiederholte Ablehnung eines Richters[293] oder Sachverständigen,

291 Hartmann in Baumbach/Lauterbach/Albers/Hartmann, ZPO, § 198 GVG Rn 43.
292 BT-Drucks. 17/3802, 21.
293 Hartmann in Baumbach/Lauterbach/Albers/Hartmann, ZPO, § 198 GVG Rn 43.

- erneute Verlegung eines Verkündungstermins,
- keine verfahrensfördernde Maßnahme über einen Zeitraum von mehr als 3 Monaten.[294]

130 Dagegen genügen in aller Regel nicht:

- sachdienliche Klageänderung, Parteiwechsel oder -erweiterung, Streitverkündung, Nebenintervention,
- Verweisung,
- (rechtzeitige) Reaktionen der Gegenseite, soweit sie prozessual zulässig sind:
  - Bestreiten, Gegenäußerung,[295]
  - Geltendmachung von Gegenrechten durch (auch hilfsweise) Prozessaufrechnung, Einwendungen, Einreden,
  - Erhebung einer (auch Hilfs-) Widerklage,
  - Säumnis, auch wenn es sich um eine Flucht in die Säumnis/Widerklage handelt.
- Ablehnung des Richters oder Sachverständigen,
- Ergänzungsgutachten, mündliche Erläuterung des Sachverständigengutachtens
- Wiedereinsetzungsverfahren,
- Wiedereröffnung der mündlichen Verhandlung.

131 Für den frühestmöglichen Rügetermin gilt die **Je-Desto-Formel:** Je größer das Ausmaß der zu erwartenden Verzögerung und je schwerwiegender die dadurch verursachten Nachteile, umso geringer braucht die Wahrscheinlichkeit zu sein, mit der diese Verzögerung des Verfahrensabschlusses voraussichtlich eintreten wird.

132 Die Bestimmung des Anfangstermins kann erhebliche Schwierigkeiten bereiten.[296] Überdies handelt es sich um eine Prognoseentscheidung, die naturgemäß einer Unsicherheit unterliegt. Dies ist vom Entschädigungsgericht zu berücksichtigen. Es hat eine **ex-ante-Betrachtung** aus der Sicht des Rügeführers vorzunehmen. Dabei ist gerade bei anwaltlich nicht vertretenen Rügeführern ein großzügiger Maßstab anzulegen.

133 Immerhin erlaubt eine **ex-post-Betrachtung** Rückschlüsse auf die Einhaltung des Anfangtermins. So lässt sich ex-post betrachtet aus der 6-monatigen Wartefrist nach § 198 Abs. 5 S. 1 GVG schließen, dass eine Rüge, die weniger als sechs Monate vor Eintritt der Überlänge des Verfahrens eingelegt wurde, jedenfalls nicht verfrüht war. Denn wenn das Gesetz eine Wartezeit von sechs

---

294 Vgl Baumbach/Lauterbach/Albers/Hartmann, ZPO, § 198 GVG Rn 13; mit 6 Monaten großzügig dagegen Löbbert, Stellungnahme zum Regierungsentwurf BT-Drucks. 17/3802 im Rechtsausschuss am 23.11.2011, 4.

295 Hartmann in Baumbach/Lauterbach/Albers/Hartmann, ZPO, § 198 GVG Rn 43.

296 Zur Kritik an dieser materiell bestimmten Zeitschranke vgl Kämpfer, Stellungnahme zum Regierungsentwurf BT-Drucks. 17/3802 im Rechtsausschuss am 23.3.2011.

Monaten einräumt, um eine Überlänge verhindern zu können, kann es nicht zugleich eine Rüge mit kürzerem Vorlauf als verfrüht behandeln. Wurde die Rüge dagegen mehr als sechs Monate zuvor erhoben, gilt nicht im Umkehrschluss, dass sie zu früh erfolgte. Der Zeitpunkt, ab dem sich erstmals Anhaltspunkte für einen unangemessen späten Verfahrensabschluss zeigten, kann deutlich vorher liegen.

Rechtsfolge einer **verfrühten Rüge** ist, dass sie einen Anspruch auf Geldent- 134
schädigung nicht begründen kann. Im Hinblick auf einen Geldentschädigungsanspruch geht eine anlasslose Rüge also ins Leere und ist unbeachtlich.[297] Materiellrechtlich kommt es damit – wie beim gänzlichen Fehlen einer Rüge – zur Ausschlusswirkung für Geldentschädigungsansprüche wegen materieller und/ oder immaterieller Nachteile (siehe Rn 104, 121). Dies dient der Abwehr eines befürchteten Missbrauchs durch verfrühte Rügen.[298] Gleichwohl ist die verfrühte Verzögerungsrüge nicht schlechthin unwirksam[299] oder prozessual unstatthaft[300]; sie geht auch nicht hinsichtlich ihrer materiell-rechtlichen Wirkungen ins Leere.[301] Eine Wiedergutmachung auf andere Weise, insbesondere durch die Feststellung einer Unangemessenheit der Verfahrensdauer, bleibt nach § 198 Abs. 4 S. 3 Hs 2 GVG auch im Falle einer verfrühten Rüge möglich.[302] § 201 Abs. 4 GVG eröffnet für einen solchen Fall eine angemessene Kostenentscheidung, um zu vermeiden, dass die von einer überlangen Verfahrensdauer betroffene Klägerseite bei hohem Streitwert mit unangemessen hohen Kosten belastet wird.[303]

Hinweis: Ist die Verzögerungsrüge verfrüht erhoben worden, kann ein Anspruch auf Geldentschädigung nicht hierauf gestützt werden; allerdings bleibt eine Wiedergutmachung auf andere Weise möglich.

2. Verspätung. Die Verzögerungsrüge muss im laufenden Ausgangsverfahren 135
erhoben werden. Bis zu welchem Zeitpunkt dies in dem Ausgangsverfahren zu erfolgen hat, lässt der Gesetzeswortlaut indes offen. Er legt einen Endtermin und damit eine Frist für die Rüge nicht fest. Allerdings bestimmen §§ 198 Abs. 1, Abs. 3 GVG auch nicht, dass die Rüge rechtzeitig zu dem in § 198 Abs. 3 S. 2 Hs 1 GVG genannten Zeitpunkt erhoben werden müsse und dass eine Entschädigung für den davor liegenden Zeitraum ausgeschlossen sei.[304] Daraus folgt, dass eine Verspätung der Rüge grundsätzlich nicht relevant ist (zur Ausnahme siehe sogleich Rn 136).[305] Da die **Geduld** eines Verfahrensbe-

297 Heine MDR 2012, 327, 331; Schenke NVwZ 2012, 257, 260; BT-Drucks. 17/3802, 20.
298 Steinbeiß-Winkelmann, ZRP 2010, 205, 207.
299 So Prütting/Gehrlein/Neff, § 198 GVG Rn 8; Remus NJW 2012, 1403, 1408.
300 Böcker, DStR 2011, 2173, 2176.
301 So Althammer/Schäuble NJW 2012, 1, 3.
302 BT-Drucks. 17/3802, 22.
303 BT-Drucks. 17/3802, 26.
304 Anders noch in der Begründung zum Referentenentwurf vom 15.3.2010, S. 18. Für eine Entschädigung erst für Zeiträume nach Erhebung der Verzögerungsrüge auch die Stellungnahme des Deutschen Richterbundes zum Regierungsentwurf BT-Drucks. 17/3802 im Rechtsausschuss am 23.3.2011, 7, 10.
305 BT-Drucks. 17/3802, 21; Stellungnahme des Bundesrates BT-Drucks. 17/3802, 35; Gegenäußerung der Bundesregierung BT-Drucks. 17/3802, 41.

teiligten nicht bestraft werden soll, ist es also grds. unerheblich, wann die Rüge nach dem in § 198 Abs. 3 S. 2 GVG bestimmten Zeitpunkt, dh nach einem Anlass zur Besorgnis einer Überlänge der Verfahrensdauer, im laufenden Ausgangsverfahren eingelegt wird.[306] Dies gilt erst recht, wenn die Rüge mehr als 6 Monate vor Eintritt der Überlänge erhoben wurde oder sich die Überlänge eines Verfahrens zumindest noch durch zumutbare Maßnahmen vermeiden oder verringern ließe, weil die Rüge dann ihre Präventivwirkung entfalten kann. Soweit eine Verspätung der Rüge nicht relevant ist, kann Entschädigung auch für den Zeitraum vor der Einlegung der Rüge verlangt werden.[307] Zwar konnte in diesem Zeitraum ihr Präventivzweck nicht zum Tragen kommen. Dies wird aber aufgewogen durch das gesetzgeberische Ziel, keinen Anreiz für verfrühte Rügen zu schaffen. Diese Rückwirkung der Rüge gilt instanzübergreifend. Andernfalls geriete das Gesamtverfahren als maßgeblicher Bezugspunkt für die Beurteilung der angemessenen Verfahrensdauer aus dem Blick.[308] So können sich Verzögerungen in den Rechtszügen summieren, die erst in höherer Instanz eine Überlänge des Verfahrens ergeben.

Hinweis: Eine **Verspätung** der Verzögerungsrüge im laufenden Verfahren ist grundsätzlich ohne Bedeutung. Insbesondere schließt sie eine Entschädigung auch für die Zeit vor der Erhebung idR nicht aus.

136 Bei Rügeerhebung soll die Wahrscheinlichkeit für eine Überlänge des Verfahrens allerdings nach dem Willen des Gesetzgebers noch nicht so hoch sein, dass sie schon den Grad einer **Gewissheit** erreicht. Dann würde die Verzögerungsrüge ihre präventive Warnfunktion großenteils verlieren.[309] Ist eine Verzögerung des Verfahrensabschlusses sicher und steht die unangemessene Verfahrensdauer fest, kann die Verzögerungsrüge allenfalls noch eine weitere Ausdehnung der Überlänge verhindern; zur Verhinderung der Überlänge selbst kommt sie zu spät. Eine derart bewusst sehr spät eingelegte Verzögerungsrüge ließe das Verhalten des Verfahrensbeteiligten nicht mehr als Geduld, sondern schon als **Duldung** erscheinen, um sodann hierfür Geldentschädigung zu verlangen („Dulde und liquidiere").

137 **Rechtsfolge** einer im vorerörterten Sinn bewusst stark verspäteten Rüge ist zwar nicht ihre Unzulässigkeit; sie führt auch nicht die Ausschlusswirkung einer fehlenden oder verfrühten Rüge herbei. Allerdings fließt das „Dulde und liquidiere"-Verhalten in die Beurteilung ein, ob es sich um eine angemessene Verfahrensdauer handelt oder jedenfalls eine Feststellung der Überlange als Wiedergutmachung auf andere Weise genügt.[310] Auch lässt sich deshalb nach § 198 Abs. 2 S. 4 GVG der volle Pauschalbetrag für die Entschädigung wegen immaterieller Nachteile verringern.[311]

306 BT-Drucks. 17/3802, 21; Stellungnahme des Bundesrates BT-Drucks. 17/3802, 35; Gegenäußerung der Bundesregierung BT-Drucks. 17/3802, 41; für Unverzüglichkeit hingegen Baumbach/Lauterbach/Albers/Hartmann, § 198 GVG Rn 43.
307 Steinbeiß-Winkelmann, ZRP 2010, 205, 207; Böcker, DStR 2011, 2173, 2176.
308 BT-Drucks. 17/3802, 18.
309 BT-Drucks. 17/3802, 20.
310 BT-Drucks. 17/3802, 21.
311 BT-Drucks. 17/3802, 41.

3. Sperrfrist gegen Kettenrüge. Der Anfangstermin nach § 198 Abs. 3 S. 2 Hs 1 GVG soll dem befürchteten Missbrauch durch zu frühe Rügen entgegenwirken, die **Sperrfrist** in **§ 198 Abs. 3 S. 2 Hs 2 GVG** dient dem Schutz vor in kurzen Abständen wiederholten Rügen, den sog. **„Kettenrügen"**.[312] Danach kann eine Verzögerungsrüge frühestens nach sechs Monaten wiederholt werden, außer wenn ausnahmsweise eine kürzere Frist geboten ist. Innerhalb einer Instanz ist die Rüge also grds. nur einmal zu erheben, auch wenn später weitere Verzögerungen auftreten.[313] Eine wiederholte Erhebung der Verzögerungsrüge gegenüber demselben Gericht wird dadurch zwar nicht ausgeschlossen,[314] aber in zeitlichen Grenzen gehalten. Das entlastet das Gericht, die Betroffenen und ihre Anwälte.[315] Entsprechendes gilt für die Staatsanwaltschaft oder Finanzbehörde des Ausgangsverfahrens. Zur Vermeidung unbilliger Ergebnisse kann die Sperrfrist für eine wiederholte Rüge in besonders gelagerten Fällen allerdings auch kürzer ausfallen.[316] 138

Beispiel: Bei einem Richterwechsel sollte eine bereits erhobene Rüge wiederholt werden, auch wenn dies innerhalb der sechsmonatigen Sperrfrist erfolgt. Andernfalls kann vom Pauschalsatz von 1.200 EUR nach unten abgewichen werden.[317]

Hineinzulesen ist in diese Regelung, dass die Sperrfrist nur gegenüber **demselben Gericht** des Ausgangsverfahrens gilt. Verzögert sich das Verfahren nämlich bei einem anderen Gericht nochmals, so ist eine weitere Verzögerungsrüge bei jenem Gericht sogar erforderlich, § 198 Abs. 3 S. 5 GVG (siehe Rn 141). 139

Die Sperrfrist gilt auch für eine **verfrühte Rüge.** Andernfalls würde der Effekt einsetzen, den der Anfangstermin nach § 198 Abs. 3 S. 2 Hs 1 GVG gerade vermeiden soll: Gerügt würde schon im Anfangsstadium eines Prozesses, weil die Rüge ohnehin innerhalb der nächsten sechs Monate wiederholt werden dürfte. Dies würde den Anfangstermin unterlaufen.[318] Zudem ist eine Rüge nicht verfrüht, wenn – ex-post betrachtet – in den folgenden sechs Monaten die Überlänge des Verfahrens eintritt (siehe Rn 133). Wird sie früher als sechs Monate vor diesem Zeitpunkt eingelegt, lässt sie sich auch unter Einhaltung der Sperrfrist zumindest wiederholen. Je näher zwar diese Wiederholung am Eintritt der Überlänge liegt, desto eher kann die Rüge verspätet sein. Liegen zwischen den Zeitpunkten der Wiederholung und der Überlänge jedoch zumindest wiederum sechs Monate, dh wurde die verfrühte Rüge mehr als ein Jahr vor dem Eintritt der Überlänge des Verfahrens erhoben, so bleibt die Anwendung der Sperrfrist auf die verfrühte Rüge ohne Auswirkung; die zulässigerweise wiederholte Rüge kann dann ihre präventive Wirkung voll entfalten. 140

Hinweis: Eine verfrühte Rüge geht hinsichtlich einer Geldentschädigung ins Leere, löst aber gleichwohl die Sperrfrist aus.

---

312 BT-Drucks. 17/3802, 21.
313 BT-Drucks. 17/3802, 21.
314 BT-Drucks. 17/3802, 21.
315 BT-Drucks. 17/3802, 21.
316 BT-Drucks. 17/3802, 21.
317 BT-Drucks. 17/3802, 21.
318 Steinbeiß-Winkelmann, ZRP 2010, 205, 207.

141 **4. Erneute Rüge.** Keine Sperrfrist gilt wegen der auf das jeweilige Gericht bezogenen Warnfunktion der Rüge, wenn die Sache bei einem anderen Gericht anhängig wird und sich dort nochmals unangemessen verzögert.[319] Dann bedarf es nach **§ 198 Abs. 3 S. 5 GVG** sogar einer weiteren Verzögerungsrüge. Das Gesetz sieht darin nicht eine wiederholte, sondern eine **erneute Verzögerungsrüge.** Ein anderes Gericht in diesem Sinn kann auch das Rechtsmittelgericht oder ein anderer Spruchkörper des Ausgangsgerichts nach Zurückverweisung sein.[320]

142 **5. Geduld, keine Duldung.** Die Verzögerungsrüge muss also einerseits nach dem Anfangstermin (siehe Rn 124 ff) und darf andererseits nicht zu spät (siehe Rn 136 f) eingelegt werden.[321] Für eine möglichst **frühe** Erhebung der Verzögerungsrüge spricht:

- Die Verzögerungsrüge kann früher eine beschleunigende Wirkung entfalten und dazu beitragen, eine unangemessene Dauer des Verfahrens zu verhindern oder einzudämmen.
- Der Rügeführer handelt sich nicht den Vorwurf ein, es selbst wohl nicht so eilig zu haben. Auch läuft er nicht Gefahr, dass die Rüge so spät kommt, dass ihm eine bewusste „Dulde und liquidiere“- Haltung angelastet wird, die einen Geldentschädigungsanspruch kürzen oder sogar ausschließen kann.
- Die Sperrfrist von sechs Monaten ist gemessen am Verfahrensstand eher abgelaufen, so dass die Rüge früher wiederholt werden kann, § 198 Abs. 3 S. 2 Hs 2 GVG. Dies kann bei einer – erst recht ex-ante betrachtet – möglicherweise verfrühten Rüge von Bedeutung sein.
- Je früher die Rüge erhoben wird, desto früher ist die Wartefrist von sechs Monaten nach § 198 Abs. 5 S. 1 GVG abgelaufen und kann auf Entschädigung geklagt werden, eventuell sogar schon während des laufenden Ausgangsverfahrens.

143 Für eine **spätere** Erhebung der Verzögerungsrüge, die Geduld, aber noch keine Duldung zum Ausdruck bringt, spricht:

- Das Risiko, dass die Rüge als verfrüht bewertet wird und eine Geldentschädigung trotz Überlänge des Verfahrens entfällt, wird verringert.
- Die spätere Erhebung der Rüge führt nicht zu einer Verringerung der Entschädigung.[322] Vielmehr werden auch die Verzögerungen vor der Erhebung der Rüge berücksichtigt.
- Die Verhandlungsatmosphäre bleibt länger unbelastet.

144 **Hinweis:** Am besten erscheint deshalb ein Mittelweg: **Geduld ja, Duldung nein.** Wer nach diesem Grundsatz verfährt, läuft nicht Gefahr, Nachteile bei der Entschädigung hinnehmen zu müssen. Geduld schlägt spätestens in Dul-

---

319 BT-Drucks. 17/3802, 21.
320 BT-Drucks. 17/3802, 21.
321 Die Bestimmung des richtigen Rügezeitpunkts kann dem Betroffenen Schwierigkeiten bereiten, Gercke/Heinisch, NStZ 2012, 300, 301.
322 BT-Drucks. 17/3802, 21, 41; Steinbeiß-Winkelmann, ZRP 2010, 205, 207.

dung um, wenn Gewissheit über die unangemessene Verfahrensdauer eintritt oder die Rüge bewusst sehr spät eingelegt wird.

VI. Entscheidung über Abhilfe

Die Verzögerungsrüge löst keine Pflicht zur förmlichen Entscheidung aus.[323] 145
Das Gericht trifft auch **keine Äußerungspflicht.**[324] Da sich Gericht und Verfahrensbeteiligte infolge der Verzögerungsrüge über die Ursachen einer angezeigten Verzögerung ohnehin austauschen werden, erscheint eine Äußerungs- oder gar Begründungspflicht nicht notwendig.[325] Sie könnte auch das Ausgangsverfahren zusätzlich verzögern. Das Ausgangsgericht kann und soll im Falle einer begründeten Rüge mit einer Abhilfe reagieren, also das Verfahren vorantreiben, statt die bejahte Notwendigkeit hierfür zu formulieren und zu begründen. Ein solcher Aufwand soll auch dann vermieden werden, wenn eine Abhilfe – zu Recht oder nicht – unterbleibt. Auch in diesem Fall wäre eine förmliche Entscheidung der stets gebotenen Verfahrensförderung abträglich. In jedem Fall soll kein Aufwand dafür erbracht werden müssen, eine Entscheidung über die Rüge zu verfassen und zu begründen. Dies ist auch unter dem Gesichtspunkt des Rechtsschutzes insoweit nicht erforderlich, als die Verzögerungsrüge kein Rechtsbehelfsverfahren einleitet.

Hinweis: Der Schriftsatz mit der Verzögerungsrüge wird dem Prozessgegner mitgeteilt und sodann zu den Akten genommen.[326] Beschieden werden muss die Verzögerungsrüge nicht. Dies gilt auch, wenn sie verfrüht erhoben wurde.[327]

VII. Darlegungs- und Beweislast

Die Verzögerungsrüge soll zur Beschleunigung des **Ausgangsverfahrens** führen. 146
Zur Sachentscheidung über das Ausgangsverfahren trägt sie indes nicht bei. Beweispflichten sind deshalb nicht mit ihr verbunden.[328] Umstände, die für die Beschleunigung des Verfahrens bedeutsam sind, brauchen folglich nur benannt, nicht aber glaubhaft gemacht oder mit einem Beweisantritt versehen zu werden.[329]

Im **Entschädigungsprozess** der ordentlichen Gerichtsbarkeit trägt der Kläger 147
die Darlegungs- und Beweislast für

- die ordnungsgemäße Erhebung der Verzögerungsrüge nach § 198 Abs. 3 S. 1 GVG,
- die Einhaltung des Anfangstermins nach § 198 Abs. 3 S. 2 GVG, dh das Vorliegen von Anhaltspunkten für die Besorgnis einer Überlänge,

323 BT-Drucks. 17/3802, 16.
324 Beschlussempfehlung des Rechtsausschusses, BT-Drucks. 17/7217, 38.
325 Beschlussempfehlung des Rechtsausschusses, BT-Drucks. 17/7217, 38.
326 Zimmermann FamRZ 2011, 1905, 1908.
327 Hüßtege in Thomas/Putzo, ZPO, § 198 GVG Rn 6; Zimmermann FamRZ 2011, 1905, 1908.
328 BT-Drucks. 17/3802, 21.
329 BT-Drucks. 17/3802, 21.

- die Erteilung der Hinweise nach § 198 Abs. 3 S. 3 GVG mit der Verzögerungsrüge
- das Vorliegen der Umstände, auf die sich diese Hinweise beziehen,[330]
- die Einhaltung der Sperrfrist nach § 198 Abs. 3 S. 2 Hs 2 GVG im Falle einer wiederholten Rüge bzw für die Umstände, die ausnahmsweise eine kürzere Frist gebieten,
- das Vorliegen der Tatsachen, die eine unangemessene Dauer des Ausgangsverfahrens begründen (s. Rn 47)
- sowie – falls geltend gemacht – den Eintritt materieller Nachteile
- und die Ursächlichkeit der Verfahrensverzögerung hierfür.

Beispiel: Die bloße Wiedergabe von Beginn und Ende des Ausgangsverfahrens genügt idR nicht (außer eventuell bei über 10-jähriger Verfahrensdauer). Der Entschädigungskläger hat vielmehr auch darzulegen, dass das Verfahren keine hinreichenden rechtlichen oder tatsächlichen Schwierigkeiten und keine besondere Bedeutung aufwies und auch nicht sein Verhalten zu der Verzögerung geführt hat.[331]

D. Die Entschädigungsklage – § 198 Abs. 5 GVG

§ 198 Abs. 5 GVG

(5) Eine Klage zur Durchsetzung eines Anspruchs nach Abs. 1 kann frühestens sechs Monate nach Erhebung der Verzögerungsrüge erhoben werden. Die Klage muss spätestens sechs Monate nach Eintritt der Rechtskraft der Entscheidung, die das Verfahren beendet, oder einer anderen Erledigung des Verfahrens erhoben werden. Bis zur rechtskräftigen Entscheidung über die Klage ist der Anspruch nicht übertragbar.

I. Allgemeines

148 Nach **§ 198 Abs. 5 S. 1, 2 GVG** ist in jeder Lage des Verfahrens von Amts wegen zu prüfen, ob zum Zeitpunkt der Klageerhebung beim Entschädigungsgericht einerseits – bei laufendem Ausgangsverfahren – die sechsmonatige Wartefrist verstrichen und andererseits – bei beendetem Ausgangsverfahren – die sechsmonatige Klagefrist noch offen war.

II. Wartefrist

149 **1. Zweck.** Wird der Anspruch auf angemessene Dauer eines Verfahrens verletzt und dadurch ein Entschädigungsanspruch begründet, so ist das in aller Regel vor rechtskräftigem Abschluss dieses Verfahrens der Fall. Über feststellbare Nachteile durch eine unangemessene und unumkehrbare Verzögerung lässt sich deshalb mitunter noch bei laufendem Ausgangsverfahren entscheiden. Angezeigt ist dies vor allem in Extremfällen von jahrzehntelangen Verfahren, bei denen dem Betroffenen ein Zuwarten mit der Entschädigungsklage nicht zumutbar ist.[332] Damit sowohl die Entschädigungsklage als auch die

330 BT-Drucks. 17/3802, 21, 25.
331 Vgl zu Art. 6 MRK BSG Beschluss vom 25.6.2012 - B 2 U 102/12 B.
332 Gegenäußerung der Bundesregierung BT-Drucks. 17/3802, 41.

Verzögerungsrüge **präventiv** wirken können, lässt sich die Entschädigungsklage zwar schon erheben, bevor das Ausgangsverfahren beendet ist – dabei ist aber eine **Wartefrist** zu beachten: Nach **§ 198 Abs. 5 S. 1 GVG** darf die Entschädigungsklage frühestens sechs Monate nach Erhebung der Verzögerungsrüge erhoben werden. Zweck dieser Wartefrist ist es, die präventive Beschleunigungsfunktion der Verzögerungsrüge zur Geltung zu bringen (s. § 198 GVG Rn 149). Das Ausgangsgericht soll – gewarnt durch die Rüge – genügend Zeit haben, das Verfahren zu fördern und in angemessener Zeit abzuschließen oder jedenfalls eine weitere Verzögerung zu vermeiden.[333]

Hinweis: Es ist zulässig, die Entschädigungsklage schon während des laufenden Ausgangsverfahrens zu erheben – allerdings erst sechs Monate nach Erhebung der Verzögerungsrüge.

Die Einhaltung der Wartefrist ist nach ihrem Zweck, einen beschleunigten Abschluss des Verfahrens zu ermöglichen, nicht mehr erforderlich, wenn das Ausgangsverfahren mittlerweile in der oder den Instanzen abgeschlossen ist, auf deren Dauer der Entschädigungsanspruch gestützt wird. Dann wird bei rechtzeitiger Erhebung der Verzögerungsrüge zwar in der Regel auch kein Anlass für ein Entschädigungsverlangen bestehen. Gleichwohl verbleibt für eine Entschädigungsklage auch dann Raum, wenn das Ausgangsverfahren binnen der Wartefrist abgeschlossen wird. Hatte das Ausgangsverfahren schon vor Erhebung der Verzögerungsrüge oder auch danach bis zu seinem Abschluss eine unangemessene Dauer erreicht, kann ohne Einhaltung der – dann nutzlosen – Wartefrist auf Entschädigung geklagt werden. Dies kann insbesondere bei Verfahren des vorläufigen Rechtsschutzes der Fall sein. Insoweit ist § 198 Abs. 5 S. 1 GVG einschränkend dahin auszulegen, dass die Wartefrist **nur bei noch laufendem Ausgangsverfahren** zu wahren ist. Wegen des Präventivzwecks der Verzögerungsrüge muss das Ausgangsverfahren noch in einer Instanz anhängig sein, auf deren Dauer das Entschädigungsverlangen gestützt wird.[334] 150

Im Falle einer **unumkehrbaren Verzögerung** ist maßgeblich, dass das Ausgangsverfahren noch bei demjenigen Gericht läuft, bei dem es sich irreparabel verzögert haben soll. Damit der Entschädigungsgläubiger nach § 198 Abs. 5 S. 1 GVG zuwarten muss, genügt es demnach nicht, dass das Verfahren noch nicht rechtskräftig abgeschlossen ist. Vielmehr muss es **noch in derselben Instanz** anhängig sein, in der es zu der unumkehrbar unangemessenen Verfahrensdauer gekommen sein soll, für die Entschädigung begehrt wird. 151

Beispiel: Ist das Ausgangsverfahren bereits in der Rechtsmittelinstanz anhängig und wird eine Entschädigung für eine nicht mehr auszugleichende Verzögerung im vorangegangenen Rechtszug begehrt, hat sich ein Zuwarten auf die in der Vorinstanz erhobene Verzögerungsrüge erledigt.

Verzögert sich Verfahren allerdings auch in der Rechtsmittelinstanz und wird hierfür Entschädigung begehrt, ist nach § 198 Abs. 3 S. 5 GVG eine erneute Verzögerungsrüge erforderlich (s. § 198 GVG Rn 141). Nach deren Erhebung ist die Wartefrist aus § 198 Abs. 5 S. 1 GVG einzuhalten.

333 BT-Drucks. 17/3802, 22.
334 Enger auf den Abschluss des Verfahrens abstellend Schenke NVwZ 2012, 257, 263.

152 Bei der Wartefrist handelt es sich um eine echte besondere Sachurteilsvoraussetzung, deren Fehlen unmittelbar zur Klageabweisung durch **Prozessurteil** führt. Da sich die materielle Rechtskraft des Prozessurteils auf den behandelten konkreten Zulässigkeitsmangel beschränkt, der zur Klageabweisung als unzulässig geführt hat, kann nach Ablauf der Wartefrist eine erneute Entschädigungsklage erhoben werden.[335]

Hinweis: Die Entschädigungsklage ist als unzulässig abzuweisen, wenn bei ihrer Erhebung während des noch in derselben Instanz laufenden Ausgangsverfahrens die Wartefrist von sechs Monaten nach Erhebung der Verzögerungsrüge nicht eingehalten ist.

153 **2. Fristwahrung.** Die **Frist bestimmt** sich nach § 187 Abs. 1, § 188 Abs. 2 BGB. Zwischen der Erhebung der Verzögerungsrüge beim Ausgangsgericht und der Erhebung der Klage beim Entschädigungsgericht müssen volle sechs Monate liegen. Für den Beginn der Frist ist der Eingang der Verzögerungsrüge als Ereignis iSd § 187 Abs. 1 BGB maßgebend. Die Frist beginnt damit am Folgetag 0.00 Uhr. Sie endet nach § 188 Abs. 2 BGB um 24.00 Uhr an demjenigen Tag des sechsten Monats, welcher durch seine Zahl dem Tage entspricht, an dem die Verzögerungsrüge dem Ausgangsgericht zuging.

154 Maßgeblicher Zeitpunkt für die Einhaltung der Wartefrist ist die Erhebung der Klage. Sie erfolgt nach § 253 Abs. 1 ZPO durch unverzügliche **Zustellung** der Klageschrift an den Beklagten von Amts wegen (§ 271 ZPO), sobald die Prozessgebühr nach § 12 a, 12 Abs. 1 S. 1 GKG bezahlt ist. Die Zustellung dient auch dazu, dass der Zustellungsempfänger seine Rechtsverteidigung auf die Klage einrichten kann.[336] Das beklagte Land bzw der Bund haben von dem Ausgangsverfahren aber in aller Regel keine Kenntnis, so dass die Klägerseite nicht nur die Beiziehung der Akten zum Beweisantritt beantragen (vgl § 432 ZPO), sondern zum Verständnis der Klage auch die Umstände, aus denen sich die unangemessen Verfahrensdauer ergeben soll, substantiiert vortragen sollte (s. § 198 GVG Rn 147). Bezieht sie sich zur Erläuterung auf maßgebliche Aktenteile aus dem Ausgangsverfahren, die in Kopie als Anlage beifügt werden, ist darauf zu achten, dass die Zustellung grundsätzlich unwirksam ist, wenn die Klageschrift ohne die in Bezug genommenen Anlagen zugestellt wird.[337] Eine Rückwirkung der Zustellung nach § 167 ZPO kommt bei Zustellungsverzögerungen innerhalb des gerichtlichen Geschäftsbetriebs im Hinblick auf den erforderlichen Ablauf der Wartefrist nicht in Betracht, weil die Rückbeziehung die Partei vor Nachteilen schützen, nicht aber ihr zufügen soll.

Hinweis: Um nach der Erhebung einer Entschädigungsklage während eines noch laufenden Ausgangsverfahrens weitere Verzögerungen infolge der Aktenanforderung durch das Entschädigungsgericht zu vermeiden, sollten **Zweitakten** angelegt werden.[338]

335 Heine MDR 2012, 327.
336 BVerfGE 67, 208 Tz 12.
337 BGH NJW 2007, 775 Tz 13.
338 Vgl Stellungnahme des Bundesrates BT-Drucks. 17/3802, 35; Gegenäußerung der Bundesregierung BT-Drucks. 17/3802, 41.

155 **3. Richterliche Unabhängigkeit.** Beurteilt das Entschädigungsgericht noch während des laufenden Ausgangsverfahrens dessen Überlänge und die Ursachen hierfür, kann dies einen Druck erzeugen, der in ein Spannungsverhältnisverhältnis zur richterlichen Unabhängigkeit nach **Art. 97 GG** gerät.[339] So war einer ursprünglich erwogenen „Tu-was"-Beschwerde entgegengehalten worden, es verstoße gegen Art. 97 GG, wenn das Beschwerdegericht dem Ausgangsgericht vor dessen abschließender Entscheidung aufgeben kann, bestimmte Verfahrenshandlungen in bestimmter Frist vorzunehmen.[340] In der bloßen Feststellung einer unangemessenen Verfahrensdauer allein liegt allerdings regelmäßig kein unzulässiger **Erledigungsdruck** hinsichtlich der Dezernatsarbeit. Denn es stellt auch keine Beeinträchtigung der richterlichen Unabhängigkeit dar, den Richter zu unverzögerter Erledigung der Dienstgeschäfte zu ermahnen, es sei denn dem Richter wird indirekt ein Pensum abverlangt, das sich auch von anderen Richtern in sachgerechter Weise nicht mehr erledigen lässt.[341] Dabei bleibt die richterliche Unabhängigkeit gewährleistet, indem der Richter – nach entsprechender Anzeige der Überlastung – für die nach pflichtgemäßer Auswahl zurückgestellten Aufgaben und die dadurch begründete verzögerte Bearbeitung dienstaufsichtsrechtlich nicht zur Verantwortung gezogen werden kann.[342]

156 Allerdings darf auch kein unzulässiger Einfluss auf die Entscheidung über die Reihenfolge der Bearbeitung der Dienstgeschäfte genommen werden. Nur der Richter kann und darf in richterlicher Unabhängigkeit über diese Reihenfolge entscheiden. Zum Kernbereich der richterlichen Unabhängigkeit nach Art. 97 Abs. 1 GG gehört grundsätzlich auch die weisungsfreie Handhabung des **zeitlichen Ablaufs** des Ausgangsverfahrens.[343]

Beispiel: So darf der Richter nicht um die umgehende Bearbeitung des Ausgangsverfahrens ersucht werden, selbst wenn ein pflichtwidriges Verhalten des Richters vorliegt.[344]

Hinweis: Das haftende Land bzw der Bund darf auch bei einer vorgerichtlichen Einigung nicht zusagen, dass ein noch laufendes Ausgangsverfahren vorgezogen bearbeitet oder binnen einer bestimmten Dauer entschieden wird.[345]

157 Wird das Entschädigungsverfahren unter Wahrung der Wartefrist eingeleitet, während das Ausgangsverfahren noch andauert, hat das Entschädigungsgericht nach § 201 Abs. 3 S. 1 GVG die Möglichkeit, im Rahmen pflichtgemäßen Ermessens das Entschädigungsverfahren bis zum rechtskräftigen Abschluss des Ausgangsverfahrens **auszusetzen** (s. § 201 Abs. 3 GVG Rn 19 f). Das ist beson-

339 Vgl Stellungnahme des Deutschen Richterbundes zum Regierungsentwurf BT-Drucks. 17/3802 im Rechtsausschuss am 23.3.2011, S. 4; Kämpfer, Stellungnahme zum Regierungsentwurf BT-Drucks. 17/3802 im Rechtsausschuss am 23.3.2011, S. 7.
340 Steinbeiß-Winkelmann, ZRP 2007, 177, 180 mwN.
341 BGH, Urteil vom 3.12.2009 – RiZ(R) 1/09 – Rn 35.
342 BVerfG, Beschluss vom 23.5.2012 – 2 BvR 610/12, Tz 18.
343 LSG Berlin, Beschluss vom 27.1.2005 – L 9 B 11/05 KR.
344 Vgl BGH NJW 1987, 1197 Tz 13.
345 BT-Drucks. 17/3802, 22.

ders dann angezeigt, wenn wegen des laufenden Ausgangsverfahrens noch keine Entscheidung im Entschädigungsverfahren möglich ist.[346]

III. Klagefrist

158 **1. Zweck.** Nach **§ 198 Abs. 5 S. 2 GVG** muss die Klage spätestens sechs Monate nach Eintritt der Rechtskraft der Entscheidung oder nach anderweitiger Erledigung des Ausgangsverfahrens erhoben werden. Zweck dieser **Frist zur Klage** ist es, der öffentlichen Hand aus Haushaltsgründen alsbald einen umfassenden Überblick über mögliche Entschädigungspflichten zu verschaffen und Entschädigungsfälle nach einer gewissen Zeit, zu der mit der Geltendmachung von Ansprüchen nicht mehr zu rechnen ist, abzuschließen.[347]

Beispiel: Die Sechsmonatsfrist zur Klageerhebung bezieht sich auf die Entscheidung über den Entschädigungsanspruch aus § 198 Abs. 1 S. 1 GVG. Sind Grund und Höhe der Entschädigung nicht in Streit, sondern nur seine Auszahlung etwa wegen einer Primäraufrechnung der Justizkasse, gilt die Klagefrist nicht.[348]

159 **2. Rechtsnatur.** Die Klagefrist ist als vorprozessuale, **absolute Ausschlussfrist** ausgestaltet.[349] Eine Ausschlussfrist hat zur Folge, dass eine Handlung nur innerhalb der Frist vorgenommen werden kann; der Ablauf einer Ausschlussfrist begründet das Erlöschen des Rechts. Für die Frist des § 198 Abs. 5 S. 2 GVG bedeutet dies, dass der Verfahrensbeteiligte den Anspruch aus § 198 Abs. 1 S. 1 GVG binnen sechs Monaten gerichtlich geltend machen muss; danach bleibt er damit ohne Erfolg.

Hinweis: Der Ablauf der sechsmonatigen Klagefrist aus § 198 Abs. 5 S. 2 GVG verschließt den Rechtsweg vollständig und endgültig.

160 Fraglich ist, ob mit Fristablauf nur das prozessuale Klagerecht oder der materiellrechtliche Anspruch erlischt. Das Klagerecht ist eine gegenüber dem Prozessgegner bestehende prozessrechtliche Befugnis, ein behauptetes materielles Recht gerichtlich geltend zu machen; es stellt eine Sachurteilsvoraussetzung dar.[350] Würde durch Versäumung der Klagefrist das Klagerecht entfallen, wäre die Klage als unzulässig abzuweisen. Die Einhaltung der Klagefrist wäre demnach eine besondere Prozessvoraussetzung, die zusätzlich erfüllt sein müsste, damit über den materiellen Anspruch durch Sachurteil entschieden werden kann.[351]

161 Bei der Frist des § 198 Abs. 5 S. 2 GVG handelt es sich indes um eine Klagefrist mit **materiellrechtlicher Ausschlusswirkung.** Diese Einordnung entspricht der Art und dem Inhalt des Rechts, das nach Fristablauf erlöschen soll, und

346 Gegenäußerung der Bundesregierung BT-Drucks. 17/3802, 41.
347 BT-Drucks. 17/3802, 22.
348 Vgl zu § 13 StrEG OLGR Koblenz 2008, 415 Tz 11.
349 In ausdrücklicher Anlehnung an § 12 StrEG, BT-Drucks. 17/3802, 22. Zu § 12 StrEG vgl BGHZ 108, 14 Tz 15.
350 BGH MDR 1984, 226 Tz 21 mwN.
351 So Heine MDR 2012, 327, 328.

dem Zweck der Ausschlussfrist.[352] Inhaltlich geht es um die befristete Ausübung des Anspruchs auf Entschädigung aus § 198 Abs. 1 S. 1 GVG. Die Frage, ob die Frist eingehalten wurde, betrifft nicht den Ablauf einer prozessualen Frist, sondern die rechtzeitige Vornahme einer Handlung zur Erhaltung eines materiellrechtlichen Anspruchs nach materiellem Recht.[353] Der materiellrechtliche Anspruch erlischt, wenn die Partei ihn nicht binnen sechs Monaten gerichtlich geltend macht. Eine zu spät erhobene Klage ist deshalb nicht unzulässig, sondern unbegründet.[354] Im Falle der Fristversäumung ergeht ein Sachurteil, nicht nur ein in seinen Rechtskraftwirkungen beschränktes Prozessurteil.

Hierfür spricht auch die Gesetzesbegründung. Sie stellt auf eine „Verwirkung 162
des Anspruchs" ab.[355] Führt die Fristversäumung zum Untergang des Anspruchs, kommt es allerdings auf die Voraussetzungen einer Verwirkung nicht an.[356] Sofern man gleichwohl bei einem fristgebundenen Anspruch wie hier von – einem gesetzlich geregelten Fall der – Verwirkung durch Fristversäumung sprechen möchte, ist der Anspruch auf Entschädigung, nicht nur das Recht zur Klage verwirkt.[357] Zwar lässt dies die Verweisung in der Gesetzesbegründung auf die „Parallelregelung in § 13 Abs. 1 S. 2 StrEG", deren Frist in der Literatur als besondere Zulässigkeitsvoraussetzung bezeichnet, zugleich aber als Ausschlussfrist mit Verwirkungsfolgen eingestuft werde, noch offen, zumal die hL in solchen Fällen Unzulässigkeit annimmt.[358] Allerdings wurde im Gesetzgebungsverfahren ausdrücklich klargestellt, dass bei einem Fristablauf der Anspruch aus § 198 Abs. 1 GVG verwirkt sei.[359]

Dass es sich nicht um eine prozessuale Frist, sondern einen materiellrechtlichen 163
Ausschluss handelt, ergibt sich auch aus der Gesetzessystematik. So sieht der Gesetzgeber für den Fall der Versäumung der Frist des § 198 Abs. 5 S. 2 GVG die für prozessuale Fristen mögliche Wiedereinsetzung in den vorigen Stand nicht vor, sondern stellt auf die entsprechende Anwendung von Verjährungsvorschriften ab.[360] Dies entspricht auch dem Zweck der Ausschlussfrist, im fiskalischen Interesse alsbald endgültige Klarheit über die auf den Staat zukommenden Entschädigungspflichten zu erlangen. Dieses als berechtigt anerkannte öffentliche Interesse verlangt vom Betroffenen ein bestimmtes Verhalten und

352 Vgl beispielsweise zu § 12 StrEG BGHZ 108, 14 Tz 15; Erfk/Koch § 61 b ArbGG Rn 2; zu § 246 Abs. 1 AktG BGH NJW 1998, 3344 Tz 11; zu § 46 Abs. 1 S. 2 Hs 1 WEG BGHZ 179, 230 Tz 8.
353 Vgl BVerfG NJW 2005, 814 Tz 16 zur Klagefrist des § 12 Abs. 3 VVG aF, worauf mit der Entscheidung BGHZ 43, 235 in der amtlichen Begründung, BT-Drucks. 17/3802, 22, hingewiesen wird.
354 Gegenäußerung der Bundesregierung BT-Drucks. 17/3802, 41.
355 BT-Drucks. 17/3802, 22; s. auch Gegenäußerung der Bundesregierung BT-Drucks. 17/3802, 41.
356 Die Verwirkung unterscheidet sich als Rechtsinstitut von einer Ausschlussfrist dadurch, dass sie nicht allein nach dem Zeitablauf, sondern nach den gesamten Umständen des Einzelfalls die illoyal verspätete Geltendmachung von Rechten gegenüber dem Verpflichteten als Verstoß gegen Treu und Glauben ausschließt, vgl BGHZ 25, 47 Tz 13.
357 AA Heine MDR 2012, 327, 328.
358 Vgl Heine MDR 2012, 327, 328 mwN.
359 Gegenäußerung der Bundesregierung BT-Drucks. 17/3802, 41.
360 BT-Drucks. 17/3802, 22.

sieht für den Fall, dass er dem nicht entspricht, den Verfall des Entschädigungsanspruchs vor.[361] Der Anspruch braucht nicht für eine erneute klageweise Geltendmachung – etwa zur Abhilfe in einem Zweitverfahren[362] – fortzubestehen. Auch bei einer Klageabweisung als unzulässig würde sich die materielle Rechtskraft des Prozessurteils auf den Zulässigkeitsmangel des Fristablaufs beziehen, so dass die Rechtskraft einer erneuten Klage entgegenstünde.

Hinweis: Die Versäumung der Klageausschlussfrist aus § 198 Abs. 5 S. 2 GVG lässt den Entschädigungsanspruch entfallen, so dass die Entschädigungsklage als **unbegründet** abzuweisen ist.

164 Die Wahrung der Klagefrist ist eine materielle Klagevoraussetzung, die von der klagenden Partei darzulegen und in jeder Lage des Verfahrens **von Amts wegen** zu prüfen ist.[363]

Hinweis: Das Entschädigungsgericht hat den Ablauf der Klageausschlussfrist auch zu prüfen, wenn sich die Beklagtenseite nicht auf die Verfristung beruft.

165 **3. Fristdauer.** Die **Fristdauer** wurde im Gesetzgebungsverfahren von drei Monaten auf sechs Monate erhöht. Das ist gemessen an gleichwertigen Fristen im Entschädigungsrecht nicht zu kurz.[364] Die Länge der Frist orientiert sich zudem an **Art. 35 Abs. 1 EMRK.**[365] Danach kann sich der Gerichtshof der Europäischen Union mit einer Angelegenheit nur befassen, wenn die Beschwerde innerhalb einer Frist von sechs Monaten nach der endgültigen innerstaatlichen Entscheidung erhoben wurde. Diese von Amts wegen zu prüfende Frist dient zum einen der Rechtssicherheit und räumt zum anderen dem Beschwerdeführer nach Auffassung des EGMR eine ausreichende Zeit für die Entscheidung ein, ob und mit welchem Inhalt er Beschwerde einlegen soll.[366]

166 Im Hinblick auf ihre Länge von sechs Monaten verstößt die Klageausschlussfrist des § 198 Abs. 5 S. 2 GVG nicht gegen europäisches Gemeinschaftsrecht. Nach ständiger Rechtsprechung des Europäischen Gerichtshofs ist die Festsetzung von Ausschlussfristen zur Gewährleistung von Rechtssicherheit mit dem **Unionsrecht** vereinbar, sofern sie angemessen sind und damit die Ausübung eines Rechts nicht praktisch unmöglich gemacht oder übermäßig erschwert wird.[367] Insoweit ist es den Mitgliedstaaten unbenommen, mehr oder weniger lange Fristen vorzusehen.[368] Die sechsmonatige Klageausschlussfrist des § 198 Abs. 5 S. 2 GVG dient dem schnellen und umfassenden Überblick, ob und gegebenenfalls welche Ansprüche auf den Fiskus zukommen, und damit dem Interesse an Rechtssicherheit und Rechtsklarheit. Durch die Ausschlussfrist

361 Vgl den Hinweis in der amtlichen Begründung, BT-Drucks. 17/3802, 22, auf die Entscheidung BGHZ 43, 235 zu § 12 Abs. 3 VVG aF.
362 Vgl zum Entschädigungsrecht BGH MDR 1984, 226 Tz 13.
363 Link/van Dorp, S. 18; vgl auch zu § 12 StrEG BGHZ 108, 14 Tz 15; Erfk/Koch § 61 b ArbGG Rn 2; zu § 246 Abs. 1 AktG BGH NJW 1998, 3344 Tz 11.
364 Vgl die Dreimonatsfrist des § 13 Abs. 1 S. 2 StrEG; Zweimonatsfrist nach Art. 12 Abs. 1 des Gesetzes zum NATO-Truppenstatut 1961 (NTS-AG).
365 BT-Drucks. 17/3802, 22.
366 EGMR, Entsch. v. 10.11.2009, Nr. 21425, Rn 15 mwN.
367 EuGH v. 8. 7. 2010 – C-246/09 – Bulicke Rn 36, 42, NZA 2010, 869; 12. 2. 2008 – C-2/06 – Kempter Rn 58, Slg 2008, I-411.
368 EuGH v. 17. 6. 2004 – C-30/02 – Recheio – Cash & Carry Rn 20, Slg 2004, I-6051.

wird die Geltendmachung von Entschädigungsansprüchen aus § 198 Abs. 1 S. 1 GVG weder praktisch unmöglich gemacht noch so übermäßig erschwert, dass dadurch ihr Kerngehalt angetastet wird.[369] Zudem lehnt sich die Klagefrist des § 198 Abs. 5 S. 2 GVG nun an Art. 35 Abs. 1 EMRK an und erfüllt das Erfordernis der Gleichwertigkeit.

4. Fristwahrung. Fristbeginn und -ende bestimmen sich nach §§ 187 Abs. 1, 188 Abs. 2 BGB. Die Klagefrist beginnt nach § 187 Abs. 1 BGB um 0.00 Uhr am Tag nach dem Eintritt der Rechtskraft der verfahrensbeendenden Entscheidung im Ausgangsverfahren oder einer anderen Erledigung dieses Verfahrens durch Klagerücknahme, Einstellung, Vergleich oder Erledigterklärung.[370] Die Frist läuft nach § 188 Abs. 2 BGB um 24.00 Uhr an demjenigen Tag des sechsten Monats ab, welcher durch seine Zahl dem Tage entspricht, an dem das Verfahren rechtskräftig oder anderweit beendet wurde. 167

Hinweis: Die Frist beginnt unabhängig von einer Kenntnis des Anspruchsinhabers vom Fristbeginn.[371] Über die Klagefrist braucht das Ausgangsgericht nicht zu belehren, da es sich nicht um einen Rechtsbehelf handelt.[372]

Für die Einhaltung der Klagefrist des § 198 Abs. 5 S. 2 GVG kommt es auf die fristgerechte **Klageerhebung**, dh Einreichung und Zustellung der Klageschrift nach § 253 Abs. 1 ZPO, an. 168

Hinweis: Wird die Klage nicht ordnungsgemäß erhoben, lässt sich dieser **Mangel** nicht mehr durch die spätere Klagebegründung beheben oder durch rügelose Einlassung nach § 295 ZPO heilen, wenn die Ausschlussfrist des § 198 Abs. 5 S. 2 GVG abgelaufen ist.[373]

Beispiel: Eine Klage ist zB nicht ordnungsgemäß erhoben, wenn im Anwaltsprozess nur auf ein von der Partei selbst unterschriebenes und eingereichtes Gesuch für Prozesskostenhilfe Bezug genommen wird. Der Heilung eines solchen nach § 253 Abs. 2 ZPO wesentlichen Verfahrensmangels kommt im Fall des § 198 Abs. 5 S. 2 GVG keine Rückwirkung zu.[374]

Damit die Klage erhoben, nach § 253 Abs. 1 ZPO also zugestellt wird, hat die Klägerseite grds. den **Gerichtskostenvorschuss** nach **§ 12 a GKG** iVm § 12 Abs. 1 S. 1 GKG einzuzahlen. 169

Hinweis: Für das erstinstanzliche Verfahren vor dem Oberlandesgericht sind nach Nr. 1212 GKG-KV 4 Gebühren, vor dem Bundesgerichtshof nach Nr. 1214 GKG-KV 5 Gebühren im Voraus zu entrichten.

Nach § 14 GKG wird die Klage ohne Vorschuss zugestellt, wenn dem Antragsteller Prozesskostenhilfe bewilligt wurde oder wenn die beabsichtigte Rechtsverfolgung nicht aussichtslos oder mutwillig erscheint und wenn glaubhaft gemacht wird, dass die alsbaldige Zahlung Schwierigkeiten bereiten würde oder

369 Vgl zur Zweimonatsfrist des § 15 Abs. 4 S. 2 AGG BAG DB 2010, 618 Tz 44.
370 BT-Drucks. 17/3802, 22.
371 BT-Drucks. 17/3802, 22.
372 Graf, NZWiSt 2012, 121, 125 mwN.
373 Vgl BGHZ 84, 136 Tz 5.
374 Vgl BGHZ 22, 254.

eine Verzögerung der Zustellung dem Antragsteller einen schweren Schaden bringen würde.

170 Nach Eingang des Gerichtskostenvorschusses nimmt das Gericht die **Zustellung** der Klageschrift unverzüglich von Amts wegen (§ 271 ZPO) vor. Ist die Klage unter Verstoß gegen zwingende Formvorschriften zugestellt worden, wirkt eine Heilung des Formmangels nach § 295 ZPO bei einer Klageausschlussfrist nicht auf den Zeitpunkt der (fehlerhaften) Zustellung zurück; Rechtshängigkeit tritt erst ex nunc ein.[375] Die Wahrung der Frist aus § 198 Abs. 5 S. 2 GVG kann nicht der Entscheidung des Beklagten überlassen werden, ob er den **Mangel** der Zustellung der Klageschrift rügt oder sich zur Hauptsache rügelos einlässt.

Hinweis: Eine fehlerhafte Zustellung der Klage begründet keine Rechtshängigkeit; eine spätere Heilung (§§ 189, 295 ZPO) wirkt nicht zurück, so dass die Klagefrist versäumt sein kann. Insbesondere ist auf die zutreffende Angabe der Vertretungsbehörde zu achten, die sich aus der jeweiligen Vertretungsordnung ergibt.

Beispiele:

- Wird nicht die **richtige Vertretungsbehörde** bezeichnet, macht dieser Verstoß gegen die Vorschrift des § 171 Abs. 1 ZPO, die auch auf den Fiskus Anwendung findet, die Klagezustellung an diese Behörde unwirksam.[376] Dies kann zur Versäumung der Klagefrist aus § 198 Abs. 5 S. 2 GVG führen.
- Schon dann, wenn der Kläger in der Klageschrift einen Rechtsanwalt als Prozessbevollmächtigten des Beklagten bezeichnet, hat die Zustellung an ihn zu erfolgen, § 172 Abs. 1 ZPO. Das Risiko, dass der bezeichnete Anwalt keine Prozessvollmacht besitzt (zB nur vorprozessual bevollmächtigt war) und die an diesen bewirkte Zustellung deshalb unwirksam ist, trägt der Kläger.[377] Eine nachfolgende Heilung wirkt im Fall von § 198 Abs. 5 S. 2 GVG nicht zurück.

171 Soll durch die Zustellung – wie bei § 198 Abs. 5 S. 2 GVG – eine Frist gewahrt werden, tritt diese Wirkung durch die **Rückbeziehung nach § 167 ZPO** bereits mit Eingang der Klage ein, wenn die Zustellung demnächst erfolgt. Bei der Beurteilung der Frage, ob eine Zustellung noch als „demnächst" erfolgt ist, gibt es keine absolute zeitliche Grenze.[378] Die Zustellung ist nicht „demnächst" erfolgt, wenn die Partei, der die Fristwahrung obliegt, oder ihr Prozessbevollmächtigter durch nachlässiges – auch leicht fahrlässiges – Verhalten zu einer nicht bloß geringfügigen Zustellungsverzögerung beigetragen hat.[379]

375 BGH NJW 1984, 926 Tz 11.
376 Zur vergleichbaren Klagefrist nach § 13 Abs. 1 S. 2 StrEG vgl BGH MDR 1983, 1002 Tz 10; BGH, NJW-RR 2006, 789 Tz 6; BGH, Beschluss vom 19. 12. 1986 – III ZR 98/84 – juris Rn 5; RGZ 67, 75, 76 ff.
377 BVerfG NJW 2007, 3486 Tz 22; BGH NJW-RR 2011, 997 Tz 15; BGH MDR 1981, 126 Tz 6.
378 BGHZ 145, 358 Tz 20.
379 BGH VersR 1983, 661 Tz 22.

Hinweis: § 167 ZPO ist auf die Klagefrist des § 198 Abs. 5 S. 2 GVG anwendbar.[380]

Im Wege eines Mahnverfahrens lässt sich der Entschädigungsanspruch aus § 198 Abs. 1 S. 1 GVG nicht durchsetzen. Deshalb kommt auch eine Rückbeziehung nach § 696 Abs. 3 ZPO nicht in Betracht. § 198 Abs. 5 GVG stellt auf ein **Klage-, nicht Mahnverfahren** ab. Gegenstand des Mahnverfahrens kann nach § 688 Abs. 1 BGB nur ein auf Zahlung einer bestimmten Geldsumme gerichteter Anspruch sein. Da der Feststellungsausspruch nach § 198 Abs. 4 S. 2, 3 GVG ohne Antrag statt und neben einer Geldentschädigung erfolgen kann, scheidet ein Mahnverfahren aus. 172

Hinweis: Nur eine Klage kann die Ausschlussfrist des § 198 Abs. 5 S. 2 GVG wahren.

Da es auf die Zustellung der Klage ankommt, reichen die Stellung eines **Prozesskostenhilfeantrags** und seine Übermittlung an die Gegenseite für sich gesehen nicht aus, die Ausschlussfrist des § 198 Abs. 5 S. 2 GVG einzuhalten. Wird die Klage aber unverzüglich nach der vom Kläger nicht verzögerten (positiven oder negativen) Entscheidung über den Prozesskostenhilfeantrag zugestellt, wahrt die Einreichung der Klageschrift nach § 167 ZPO rückwirkend die Frist.[381] Diese Rückwirkung der späteren Zustellung der Entschädigungsklage auf den Eingang des Gesuchs kommt einer Partei allerdings nicht zugute, wenn sie nicht innerhalb der Frist des § 198 Abs. 5 S. 2 GVG ihre persönlichen und wirtschaftlichen Voraussetzungen unter Verwendung des vorgeschriebenen Vordrucks (§ 117 Abs. 4 ZPO) und unter Beifügung der erforderlichen Belege darlegt.[382] 173

Die Klageausschlussfrist des § 198 Abs. 5 S. 2 GVG dient u.a. dazu, Entschädigungsverfahren beschleunigt abzuwickeln. Deshalb soll der Berechtigte die Geltendmachung eines Entschädigungsanspruchs auch nicht durch sukzessiven Vortrag unangemessen verzögern können. So weist die Gesetzesbegründung auf die Ausschlussfrist des § 12 StrEG hin.[383] Hierzu war anerkannt, dass der Antragsteller grundsätzlich gehalten ist, innerhalb der Frist Art und Umfang der Nachteile, für die er Entschädigung begehrt, unter Angabe von Beweismitteln konkret zu bezeichnen.[384] Allerdings begründet § 198 Abs. 5 S. 2 GVG eine Klagefrist, stellt also im Unterschied zu § 12 StrEG nicht auf die Geltendmachung des Anspruchs gegenüber der auf die Möglichkeit einer Prüfung angewiesenen Behörde, sondern auf die Klageerhebung ab. Wirksam kann die Klageerhebung jedoch nach § 253 Abs. 2 Nr. 2 ZPO auch schon bei einem **Klagevortrag** sein, der den Lebenssachverhalt nur lückenhaft, insbesondere nicht genügend substantiiert beschreibt und – auch als richtig unterstellt – den Klageantrag nicht trägt.[385] Nach § 253 Abs. 2 Nr. 2 ZPO reicht es vielmehr 174

380 Vgl zur vergleichbaren Klagefrist des § 13 Abs. 1 S. 2 StrEG BGHZ 170, 108 Tz 5.
381 BGHZ 170, 108 Tz 12.
382 BGH NJW 2007, 441 Tz 12.
383 BT-Drucks. 17/3802, 22.
384 BGHZ 108, 14 Tz 23.
385 BGH MDR 1976, 1005 Tz 13.

aus, wenn der Anspruch als solcher identifizierbar und der Streitgegenstand festgelegt ist.[386]

Hinweis: Der Kläger muss innerhalb der Klageausschlussfrist des § 198 Abs. 5 S. 2 GVG den Anspruch aus § 198 Abs. 1 S. 1 GVG nicht schlüssig oder substantiiert darlegen.[387] Vielmehr genügt ein Vortrag, der den Tatsachenkomplex angibt, aus dem das Entschädigungsbegehren hergeleitet wird. Die zur Sachentscheidung erforderliche substantiierte Darlegung des Sachverhalts kann auch nach Ablauf der Klagefrist erfolgen.[388]

Beispiel: So kann etwa der materielle Schaden noch im laufenden Entschädigungsrechtsstreits berechnet und unter Beweisantritt substantiiert dargelegt werden, wobei allerdings eine mögliche Präklusion (§ 296 ZPO) zu beachten ist.

175 Die Ausschlussfrist des § 198 Abs. 5 S. 2 GVG ist auch gewahrt,

- falls die Klage vor Fristablauf bei einem örtlich oder sachlich **unzuständigen** Gericht oder im falschen Gerichtszweig erhoben und auf Antrag des Klägers an das ausschließlich zuständige Gericht verwiesen wird (§ 281 ZPO),[389]
- falls eine anwaltlich nicht vertretene Partei bei einem örtlich und sachlich unzuständigen Amtsgericht die Klage fristgerecht erhebt,[390]
- durch rechtzeitige Erhebung einer Feststellungsklage,
- falls der Kläger in Ergänzung oder/und Erläuterung seines eigenen Tatsachenvorbringens fristgerecht auf den Inhalt von urkundlichen Anlagen zur Klageschrift, zB aus den Akten des Ausgangsverfahrens, verweist. [391]

176 **5. Fristversäumung.** Wird die Klage **nachträglich erweitert**, gehäuft oder geändert, tritt die Rechtshängigkeit des erst im Laufe des Verfahrens erhobenen Anspruchs nach § 261 Abs. 2 ZPO mit der Zustellung des Schriftsatzes an den Gegner (auch durch Zustellung von Anwalt zu Anwalt)[392] ein, ansonsten mit der Antragstellung in der mündlichen Verhandlung (§ 297 ZPO) ein. Liegt dieser Zeitpunkt nach Ablauf der Klagefrist, ist die Klage insoweit unbegründet.

177 Gibt das vom Kläger zunächst angerufene Gericht vor Erhebung der Klage den Rechtsstreit an das zuständige Gericht lediglich ab, bedeutet eine solche formlose **Abgabe** im Unterschied zu einer Verweisung nach § 281 ZPO nicht die Fortsetzung des Verfahrens vor dem für zuständig erklärten Gericht.[393] Damit können die bisherigen Prozesshandlungen nicht fortwirken. Liegt der Zeitpunkt der vom angegangenen Gericht veranlassten Zustellung der Klage außerhalb der Klagefrist, scheidet eine Rückwirkung nach § 167 ZPO aus.

386 BGH NJW 2000, 3492 Tz 17; VersR 1979, 764 Tz 16.
387 Vgl BGH NJW-RR 2004, 639 Tz 16.
388 BGH VersR 1979, 764 Tz 16.
389 Vgl BGHZ 97, 155 Tz 24.
390 Vgl OLGR Nürnberg 2008, 420 Tz 16.
391 Vgl BGH MDR 1976, 1005 Tz 13.
392 BGHZ 17, 234.
393 BGHZ 90, 248 Tz 8.

Bei Versäumung der Klagefrist des § 198 Abs. 5 S. 2 GVG ist **keine Wiedereinsetzung** in den vorigen Stand möglich.[394] Eine Notfrist oder andere in § 233 ZPO genannte Frist stellt die Klagefrist des § 198 Abs. 5 S. 2 GVG nicht dar. Da es sich bei ihr um eine materiellrechtliche Ausschlussfrist handelt, kommt auch eine analoge Anwendung der Vorschriften über die Wiedereinsetzung in den vorigen Stand nicht in Betracht.[395] Mit der Entscheidung für eine absolute Ausschlussfrist zur Erhebung einer Entschädigungsklage hat der Gesetzgeber zwischen der Einzelfallgerechtigkeit hinsichtlich eines Entschädigungsanspruchs und dem öffentlichen Interesse an einer raschen Gewissheit über die Entschädigungsfälle abgewogen. Diese Rechtssicherheit soll spätestens sechs Monate nach Erledigung des Ausgangsverfahrens eintreten. Eine Wiedereinsetzung in die – absolute – Ausschlussfrist widerspräche diesem Gesetzeszweck. 178

Da die Einhaltung der Klagefrist **nicht zur Disposition** der Parteien steht, kann die von Amts wegen zu beachtende Frist nicht verlängert und ihre Versäumung nicht durch Verzicht oder rügelose Verhandlung nach § 295 ZPO geheilt werden. 179

6. Hemmung. Möglich ist allerdings die entsprechende Anwendung der **Hemmungsgründe** aus §§ 206, 210, 211 BGB, obgleich die Ausschlussfrist des § 198 Abs. 5 S. 2 GVG keine Verjährungsfrist ist.[396] Die Klagefrist beschränkt im Interesse des Fiskus an einem Überblick über die auf ihn zukommenden Entschädigungsansprüche die Möglichkeit für den Entschädigungsgläubiger, sein Recht gerichtlich geltend zu machen. Dann darf die Klagefrist nicht gegen ihn laufen, wenn und solange er zur klagweisen Durchsetzung seines Rechts unter den Voraussetzungen der §§ 206, 210, 211 BGB außer Stande ist. 180

So ruht entsprechend § 206 BGB der Ablauf der Klagefrist des § 198 Abs. 5 S. 2 GVG, solange der Entschädigungsgläubiger durch **höhere Gewalt** an der Rechtsverfolgung gehindert ist. An die Annahme höherer Gewalt sind jedoch strenge Anforderungen zu stellen.[397] 181

- Höhere Gewalt liegt nur vor, wenn die Verhinderung auf Ereignissen oder Umständen beruht, die auch durch die äußerste, vernünftigerweise zu erwartende Sorgfalt nicht vermieden werden konnten.[398]
- Schon das geringste eigene Verschulden, auch eines Vertreters (insb. Prozessbevollmächtigten), schließt höhere Gewalt aus.[399]
- Die Unkenntnis des Gläubigers vom Bestehen seines Entschädigungsanspruchs oder ein Irrtum über die Klageausschlussfrist sind kein Fall höherer Gewalt.[400]

---

394 Schenke NVwZ 2012, 257, 263; zu § 12 StrEG vgl BGHZ 108, 14 Tz 15.
395 Vgl Zöller-Greger, ZPO, § 230 Rn 8.
396 BT-Drucks. 17/3802, 22; vgl zu § 12 StrEG BGHZ 79, 1 Tz 8; BAG DB 2012, 1388 Tz 32; aA noch BGHZ 33, 360 Tz 19.
397 BGH NJW 1997, 3164 Tz 14.
398 BGHZ 81, 353 Tz 7.
399 BAGE 103, 290 Tz 85.
400 Vgl BGH NJW 1997, 3164 Tz 19.

Hinweis: Will sich der Entschädigungsgläubiger auf § 206 BGB berufen, muss er darlegen und gegebenenfalls beweisen, dass er ohne jedes Verschulden auch bei Wahrung der äußersten Sorgfalt an der Klage gehindert war.

Beispiele:

- Üblicherweise (zu ca. 80%) werden normale Briefsendungen bereits an dem ersten auf den Einlieferungstag folgenden Werktag zugestellt. Falls im Einzelfall diese übliche Laufzeit überschritten wird, trifft den Absender an der Nichteinhaltung der Frist kein Verschulden. Zur Wahrung der Klagefrist des § 198 Abs. 5 S. 2 GVG hat der Absender jedoch der äußersten Sorgfalt zu genügen. Er muss die Sendung deshalb so rechtzeitig zur Post aufgeben, dass sie spätestens am zweiten auf den Einlieferungstag folgenden Werktag (Einhaltung der regulären Beförderungsdauer für einfache Briefsendungen nach § 2 Nr. 3 der Post-Universaldienstleistungsverordnung) innerhalb der Klagefrist zugehen musste.[401]
- Plötzliche oder schwere Erkrankung ist nach § 206 BGB beachtlich, wenn es dem Berechtigten infolge seines Zustandes schlechthin unmöglich wird, seine Angelegenheiten zu besorgen.[402]

182 Entsprechend anwendbar auf die Ausschlussfrist des § 198 Abs. 5 S. 2 GVG ist auch die Sechsmonatsfrist der **§§ 210, 211 BGB.** Dadurch werden nicht der Beginn und Lauf der Verjährung beeinflusst; vielmehr wird lediglich das Fristende hinausgeschoben. Dies gilt entsprechend § 210 BGB für die Entschädigungsansprüche Geschäftsunfähiger und beschränkt Geschäftsfähiger, wenn sie keinen gesetzlichen Vertreter haben. Dessen tatsächliche Verhinderung durch Krankheit oder Abwesenheit genügt nicht. Nach dem Tod des Erblassers greift § 211 BGB zum Schutz des Erben für Entschädigungsansprüche, die zum Nachlass gehören, ein.

IV. Abtretungs-, Pfändungs- und Aufrechnungsverbot

183 Nach **§ 198 Abs. 5 S. 3 GVG** ist bis zur rechtkräftigen Entscheidung über die Klage die Übertragbarkeit des Entschädigungsanspruchs aus § 198 Abs. 1 S. 1 GVG ausgeschlossen. Die auf Veranlassung durch den Bundesrat eingefügte Regelung soll – wie § 13 Abs. 2 StrEG – einen der Rechtspflege abträglichen Handel mit dem Anspruch verhindern.[403] Die fehlende Übertragbarkeit eines Anspruchs wirkt einem finanziellen Interesse Dritter am Ergebnis des Ausgangs- und des Entschädigungsverfahrens entgegen. Auch bleibt der Anspruch vor Pfändungen geschützt, § 851 Abs. 1 ZPO. Den Berechtigten bewahrt das Abtretungsverbot davor, in Überschätzung der Höhe der Entschädigung gegen deren Abtretung überhöhte Kredite aufzunehmen.[404]

401 Vgl Hessischer VGH, Urteil vom 30.5.2012 – 6 A 523/11 Tz 55 f.
402 BGH VersR 1963, 93.
403 Stellungnahme des Bundesrates BT-Drucks. 17/3802, 36.
404 Vgl zu § 13 Abs. 2 StrEG BT-Drucks. VI/460 S. 9 und BT-Prot. 6. Wahlperiode 84. Sitzung v. 9.12.1970 S. 4707 f; BGH NJW 1982, 2504 Tz 7; OLG Hamm NJW 1975, 2075; LG Stuttgart MDR 1980, 590.

Aus der Regelung folgt, dass mit Eintritt der Rechtskraft des Entschädigungsurteils eine Übertragbarkeit und damit eine Pfändbarkeit nach § 851 Abs. 1 ZPO und Aufrechnung nach § 394 S. 1 BGB statthaft sind. 184

§ 198 Abs. 5 S. 3 GVG ist nach seinem Sinn und Zweck auch dann anwendbar, wenn der Entschädigungsanspruch nicht klageweise geltend gemacht wird. Maßgeblicher Zeitpunkt für die Übertragbarkeit ist dann die Bestandskraft der Entscheidung der Justizverwaltung bzw im Fall der Aufrechnungserklärung der Justizkasse das Anerkenntnis über eine bestimmte Höhe des Entschädigungsanspruchs.[405] 185

E. Legaldefinitionen – § 198 Abs. 6 GVG

§ 198 GVG

(6) Im Sinne dieser Vorschrift ist

1. ein Gerichtsverfahren jedes Verfahren von der Einleitung bis zum rechtskräftigen Abschluss einschließlich eines Verfahrens auf Gewährung vorläufigen Rechtsschutzes und zur Bewilligung von Prozesskosten- oder Verfahrenskostenhilfe; ausgenommen ist das Insolvenzverfahren nach dessen Eröffnung; im eröffneten Insolvenzverfahren gilt die Herbeiführung einer Entscheidung als Gerichtsverfahren;
2. ein Verfahrensbeteiligter jede Partei und jeder Beteiligte eines Gerichtsverfahrens mit Ausnahme der Verfassungsorgane, der Träger öffentlicher Verwaltung und sonstiger öffentlicher Stellen, soweit diese nicht in Wahrnehmung eines Selbstverwaltungsrechts an einem Verfahren beteiligt sind.

I. Begriff des Gerichtsverfahrens (§ 198 Abs. 6 Nr. 1 GVG)

§ 198 GVG betrifft unmittelbar nur Verfahren der ordentliche Gerichtsbarkeit, also vor allem Zivil- und Strafverfahren, für andere Rechtswegzweige wie zB die Verwaltungsgerichtsbarkeit gilt er kraft Verweisung. Da das GVG seit dem 1.9.2009 auch für Verfahren der freiwilligen Gerichtsbarkeit Anwendung findet, unterliegen die dortigen mit einer Endentscheidung abschließenden Verfahren wie zB **Betreuungs- und Vormundschaftssachen** ebenfalls dem Anwendungsbereich des § 198 Abs. 1 GVG. § 198 Abs. 6 GVG stellt überdies klar, dass ein Gerichtsverfahren iSv § 198 GVG mit der Verfahrenseinleitung beginnt und dem rechtskräftigen Abschluss endet. Hierunter fallen auch Verfahren in **einstweiligen Rechtsschutzsachen** und zur Bewilligung von **Prozesskosten- oder Beratungshilfe.** 186

Im Hinblick auf verwaltungsgerichtliche Verfahren stellt sich die Frage, ob das vorgeschaltete **Widerspruchsverfahren** der Verfahrensdauer hinzugerechnet werden muss. Der EGMR hat das Widerspruchsverfahren bei der Prüfung der Verfahrenslänge mit einbezogen, teilweise auch das vorangegangene **Verwaltungsverfahren.**[406] Für dessen Berücksichtigung bleibt indes im Anwendungsbereich der ÜVerfBesG kein Raum, da § 198 Abs. 1 GVG ausdrücklich von „Gerichtsverfahren“ spricht. Soweit der Gesetzgeber eine Erstreckung auf andere Verfahren wie das strafrechtliche Ermittlungsverfahren gewollt hat, wurde die entsprechende Anwendung des § 198 in § 199 Abs. 2 GVG explizit an- 187

405 Vgl zu § 13 Abs. 2 StrEG OLGR Koblenz 2008, 415 Tz 8.
406 Vgl die Nachweise bei Meyer/Ladewig, Art. 6, Rn 194.

geordnet. Da für ein planwidriges Übersehen anderer außergerichtlicher Verfahren wie des Widerspruchsverfahrens keine Anhaltspunkte vorliegen, müssen die gesetzlich geregelten Erweiterungen des Anwendungsbereichs von § 198 GVG grundsätzlich als abschließend angesehen werden. Für eine Ausdehnung auf das Widerspruchsverfahren besteht auch kein Bedürfnis, da den Betroffenen mit der Untätigkeitsklage gemäß § 75 VwGO ein wirksames Mittel zur Verfügung steht, um das Verfahren vor ein – dem Anwendungsbereich des § 198 GVG – unterliegendes Gericht zu bringen (siehe Art. 8 § 173 VwGO Rn 9).

188 Nicht anwendbar sind die Regelungen des § 198 GVG gemäß § 198 Abs. 6 Nr. 1 2. Hs auf das **Insolvenzverfahren** nach dessen Eröffnung; allerdings gilt im eröffneten Verfahren die Herbeiführung einer Entscheidung als Gerichtsverfahren. Maßgeblich für die Ausklammerung der Insolvenzverfahren war die Überlegung, dass nach der Verfahrenseröffnung die maßgeblichen Entscheidungen im Rahmen der **Gläubigerautonomie** durch die Insolvenzgläubiger getroffen werden und somit nicht primär von den Entscheidungen des Insolvenzgerichts abhängen. Zudem, so die Begründung der Bundesregierung, sei die Verfahrensdauer „in weitem Umfang wirtschaftlichen Gegebenheiten unterworfen“, die unter anderem durch den Einzug und die Sicherung der Insolvenzmasse geprägt seien.[407] Demgegenüber wird das der Eröffnung vorgeschaltete gerichtliche Verfahren der Entschädigungsregelung unterstellt. Hier wäre es zB denkbar, dass sich das Verfahren lange hinzieht, weil der mit der Begutachtung beauftragte Sachverständige – der häufig mit dem späteren Insolvenzverwalter personenidentisch ist – sich immer wieder Fristverlängerungen einräumen lässt. Eine unangemessene Verfahrensdauer läge in diesen Fällen dann vor, wenn die Fristverlängerungen nicht in den objektiven Schwierigkeiten bei der Ermittlung der wirtschaftlichen Verhältnisse, sondern den persönlichen Verhältnissen des Gutachters (zB Arbeitsüberlastung) ihre Ursachen haben und das Insolvenzgericht keine Abhilfe schafft. Vielfach wird man in diesen Fällen von einer existentiellen Bedeutung des Verfahrens für den Schuldner ausgehen können, so dass das Gericht eine besondere Beschleunigungspflicht trifft.

189 Als Gerichtsverfahren iSv § 198 Abs. 1 GVG gilt gemäß § 198 Abs. 6 Nr. 1 GVG auch die Herbeiführung einer Entscheidung innerhalb des (eröffneten) Insolvenzverfahrens. Hierunter fallen etwa in der InsO zugelassene Beschwerden zB gegen eine Verwalterabwahl oder die Aufhebung einer Eigenverwaltung, Entscheidungen über einen Antrag auf Einberufung einer Gläubigerversammlung[408] oder Vergütungsanträge u.a. nach § 8 Abs. 1 Satz 1 InsVV.[409]

407 BT-Drucks. 17/3802, 23; Zimmer hält das Argument, die Verfahrensabwicklung unterliege der Gläubigerautonomie für ein „theoretisches Konstrukt“; vgl ZInsO 2011, 2302, 2309.
408 Vgl BT-Drucks. aaO.
409 Zimmer, ZInsO 2011, 2302, 2308.

II. Verfahrensbeteiligte (§ 198 Abs. 6 Nr. 2 GVG)

190 In den Genuss der Entschädigungsregelung gemäß § 198 Abs. 1 kommt nur ein „**Verfahrensbeteiligter**". Bei einem Verfahrensbeteiligten in diesem Sinne handelt es sich gemäß § 198 Abs. 6 Nr. 2 GVG um „jede Partei" und „jeden Beteiligten" eines Gerichtsverfahrens. Mit der Nennung von Parteien und Beteiligten berücksichtigt die Vorschrift den in den verschiedenen Prozessordnungen unterschiedlichen Sprachgebrauch – in der ZPO ist etwa von Parteien, im FamFG von Beteiligten die Rede.[410] Man wird als Parteien und Beteiligte diejenigen Personen qualifizieren können, die aufgrund eigener Rechte auf das Verfahren einwirken können. Keine Beteiligten sind daher zB Zeugen, Sachverständige oder auch der Prozessbevollmächtigte aus eigenem Recht.[411]

191 Eine Beteiligtenstellung kommt im Zivilprozess auch dem **Nebenintervenienten** zu. Nebenintervenienten können in den Grenzen des § 67 ZPO aktiv auf den Prozess Einfluss nehmen, darüber hinaus können Sie im Fall einer Klageabweisung der Klage im Namen der von Ihnen unterstützten Hauptpartei Rechtsmittel einlegen.[412] Das Prozessergebnis betrifft sie insofern, als sie bei einem etwaigen Regress der Hauptpartei nicht mehr geltend machen können, der Vorprozess sei unrichtig entschieden, § 68 ZPO. Im Einzelfall können sie von einem negativen Ausgang des Prozesses wirtschaftlich stärker betroffen sein als die Hauptpartei, die sich an dem Nebenintervenienten schadlos halten kann.[413] Der Nebenintervenient ist deshalb entgegen der nicht näher begründeten Auffassung von Althammer/Schäuble als „Beteiligter" im Sinne des § 198 Abs. 6 Nr. 1 anzusehen.[414]

192 Im Strafprozess sind neben dem **Angeklagten u.a.** der **Nebenkläger**, der **Adhäsionskläger** der **Verletzte** oder der **Einziehungsbeteiligte** als Verfahrensbeteiligte anzusehen, da sie auf den Prozessgegenstand „final einwirken" können. Nicht hierunter fällt gemäß § 199 Abs. 4 GVG der Privatkläger, wenn er nicht zugleich Adhäsionskläger ist (siehe dazu im Einzelnen unten § 199 Rn 5 f). In Verfahren nach dem JGG fungieren **Erziehungsberechtigte** sowie **gesetzliche Vertreter** oder **Beistände** als Verfahrensbeteiligte.[415]

193 Auch der **Insolvenzverwalter** wird in den Fällen, in denen die Verfahren bei dem Insolvenzgericht der Überprüfung nach dem ÜVerfBesG unterliegen, regelmäßig als Verfahrensbeteiligter zu qualifizieren sein. Dies gilt sicher im Falle eines Abwahlbeschlusses oder auch bei der Festsetzung seiner Vergütung, da

410 Vgl BT-Drucks. 17/3802, 23.
411 BT-Drucks. aaO.
412 Zöller/Vollkommer, § 67 Rn 5.
413 Typisches Beispiel hierfür ist die Inanspruchnahme eines Bauunternehmers wegen Baumängeln, für die der Bauunternehmer gegenüber seinem Auftraggeber haftet, die aber auf das Konto eines von ihm eingeschalteten Subunternehmers gehen. Verurteilt das Gericht den Bauunternehmer, weil die Mängel vorhanden sind, so sind dessen Feststellungen in tatsächlicher wie rechtlicher Hinsicht auch für den Regressprozess zwischen Bauunternehmer und Subunternehmer bindend, vgl Zöller/Vollkommer, ZPO, § 68 Rn 9 mwN.
414 Vgl Althammer/Schäuble, NJW 2012, 1; wie hier Heine, MDR 2012, 327, 328; für den Beigeladenen im Verwaltungsprozess Schenke, NVwZ 2012, 257, 262 f.
415 Vgl BT-Drucks. 17/3802, 23.

ihm die InsO in beiden Fällen die Rolle eines Verfahrensbeteiligten zuweist und ihm ein Beschwerderecht einräumt. Aber auch in Verfahren, in denen er lediglich gehört wird, wie zB bei Beschwerden gegen die Verfahrenseröffnung, nimmt er die Interessen der von ihm repräsentierten Gläubigergesamtheit wahr. Diese kann von einer Verfahrensüberlänge zB bei der Entscheidung über eine Beschwerde gegen die Eröffnung negativ betroffen werden, so dass man auch in diesen Fällen von einer Verfahrensbeteiligtenstellung des Verwalters ausgehen sollte.

194 Keine Verfahrensbeteiligten sind gemäß § 198 Abs. 6 Nr. 2 GVG **Träger öffentlicher Verwaltung** oder sonstige öffentliche Stellen, soweit sie nicht in **Wahrnehmung eines Selbstverwaltungsrechts** an einem Verfahren beteiligt sind. Diese Einschränkung leuchtet ohne Weiteres ein, da dem Staat kein Entschädigungsanspruch gegen sich selbst zustehen kann;[416] er ist auch nicht Träger des Grundrechts aus Art. 2 Abs. 1, 20 Abs. 3 GG bzw des Menschenrechts aus Art. 6 Abs. 1 EMRK, aus der sich die Entschädigungsregelung aus § 198 Abs. 1 GVG legitimiert. Nur wenn eine öffentlich-rechtliche Körperschaft, etwa eine Gemeinde, dem Staat gegenüber eigene Rechte, insbesondere Grundrechte geltend machen kann, soll sie in gleicher Weise vor Verfahrensverzögerungen geschützt werden wie Privatrechtssubjekte. Dementsprechend sind beispielsweise die **Staatsanwaltschaft**, die **Jugendgerichtshilfe** sowie **Vertreter des öffentlichen Interesses** oder **Vertreter des Bundesinteresses** beim Bundesverwaltungsgericht keine Verfahrensbeteiligten und kommen nicht als Anspruchsinhaber in Betracht,[417] obwohl sie zweifelsohne Beteiligte der sie betreffenden Verfahren sind.

§ 199 GVG

(1) Für das Strafverfahren einschließlich des Verfahrens auf Vorbereitung der öffentlichen Klage ist § 198 nach Maßgabe der Absätze 2 und 3 anzuwenden.

(2) Während des Verfahrens auf Vorbereitung der öffentlichen Klage tritt die Staatsanwaltschaft und in Fällen des § 386 Abs. 2 der Abgabenordnung die Finanzbehörde an die Stelle des Gerichts; für das Verfahren nach Erhebung der öffentlichen Klage gilt § 198 Abs. 3 Satz 5 entsprechend.

(3) Hat ein Strafgericht oder die Staatsanwaltschaft die unangemessene Dauer des Verfahrens zugunsten des Beschuldigten berücksichtigt, ist dies eine ausreichende Wiedergutmachung auf andere Weise gemäß § 198 Absatz 2 Satz 2; insoweit findet § 198 Absatz 4 keine Anwendung. Begehrt der Beschuldigte eines Strafverfahrens Entschädigung wegen überlanger Verfahrensdauer, ist das Entschädigungsgericht hinsichtlich der Beurteilung der Angemessenheit der Verfahrensdauer an eine Entscheidung des Strafgerichts gebunden.

416 Vgl BT-Drucks. 17/3802, 23.
417 BT-Drucks. aaO.

I. Überblick

§ 198 GVG ist auch im Hinblick auf das **Strafverfahren** anzuwenden, nach **§ 199 Abs. 1 GVG** unter Einschluss des strafrechtlichen Ermittlungsverfahrens und mit den Modifikationen aus § 199 Abs. 2 und 3 GVG. Hinsichtlich des Strafverfahrens gilt nicht nur nach **§ 199 Abs. 2 GVG** die Rügeobliegenheit, sondern sind grds. auch die weiteren Voraussetzungen und die Rechtsfolgen der Zentralvorschrift des § 198 GVG anwendbar. Allerdings ist ein Anspruch des Beschuldigten auf Entschädigung wegen immaterieller Nachteile aus § 198 Abs. 1 S. 1 GVG neben einer Kompensation durch das Strafgericht oder die Staatsanwaltschaft ausgeschlossen, **§ 199 Abs. 3 GVG**. Dies mindert die Bedeutung des Entschädigungsanspruchs aus § 198 Abs. 1 S. 1 GVG für den Bereich des Strafverfahrens beträchtlich (s. Rn 46 f).[1] 1

Im Jahr 2011 haben die Amtsgerichte 772.867 Verfahren in durchschnittlich 3,8 Monaten erledigt; 4,1 % waren länger als ein Jahr anhängig.[2] Bei den Landgerichten betrug die durchschnittliche Dauer zur Erledigung der 13.867 erstinstanzlichen Verfahren 6,4 Monate; 12,1 % dauerten länger als ein Jahr. 18,8 % der Verfahren waren länger als zwei Jahre ab Eingang bei der Staatsanwaltschaft anhängig. Vom Eingang der Anklage bis zum Eröffnungsbeschluss dauerte es durchschnittlich 2,9 Monate. In der Berufungsinstanz erledigten die Landgerichte 51.527 Verfahren. Von der Verkündung des angefochtenen Urteils bis zur Erledigung der Berufungsinstanz dauerte es durchschnittlich 6,8 Monate. 13,9 % der Verfahren dauerten länger als zwei Jahre ab Ein-

1 Meyer-Goßner/Schmitt, StPO, 55. Aufl., § 198 GVG Rn 1.

2 Die Daten sind der Fachserie 10 Reihe 2.3 des Statistischen Bundesamtes entnommen (https://www.destatis.de/DE/Publikationen/Thematisch/Rechtspflege/GerichtePersonal/Strafgerichte). Sie beziehen sich auf das Jahr 2011.

gang bei der Staatsanwaltschaft. Die Oberlandesgerichte erledigten 6.168 Revisionen durchschnittlich 5,4 Monate nach Verkündung des angefochtenen Urteils. 3,7 % waren in der Revisionsinstanz beim OLG länger als ein Jahr anhängig. Der Bundesgerichtshof erledigte im Jahr 2011 insgesamt 2.904 Revisionen; durch Beschluss dauerten weniger als 1 % länger als ein Jahr, durch Urteil 1, 4 %.

II. Straf- und Bußgeldverfahren

2 **1. Strafverfahren.** § 198 Abs. 1 S. 1 GVG stellt auf ein Gerichtsverfahren im Sinne von § 198 Abs. 6 GVG ab. **§ 199 Abs. 1 GVG** bezieht diesen Rechtsschutz auf das Strafverfahren und erstreckt ihn über den Prozess vor den Strafgerichten hinaus ausdrücklich auf das **strafrechtliche Ermittlungsverfahren.**[3] Dies gilt auch isoliert für das Vorverfahren, so dass ein Entschädigungsanspruch aus § 198 Abs. 1 S. 1 GVG allein aus der Überlänge des strafrechtlichen Ermittlungsverfahrens erwachsen kann. Dementsprechend werden die strafrechtlichen Ermittlungsverfahren schon im Titel des Gesetzes gesondert neben den Gerichtsverfahren aufgeführt. Das strafrechtliche Ermittlungsverfahren braucht also nicht vor ein Strafgericht zu gelangen, damit seine unangemessene Dauer entschädigungspflichtig sein kann. Kommt der Fall aber zu Gericht, kann uU auch eine zügige Durchführung des gerichtlichen Verfahrens nicht ausreichen, um bereits im Vorverfahren aufgetretene unverhältnismäßige Verzögerungen auszugleichen.[4] Erfasst wird auch die richterliche Untätigkeit in Strafvollzugssachen nach §§ 109 ff. StVollzG.[5]

3 **2. Bußgeldverfahren.** Der Rechtsschutz bei überlangen strafrechtlichen Ermittlungsverfahren erstreckt sich nach § 46 Abs. 1 OWiG sinngemäß auch auf das **Bußgeldverfahren.**[6] Das Verfahren vor der Verwaltungsbehörde wird nicht erfasst.[7] Wegen des unterschiedlichen Gewichts des Straf- und des Bußgeldanspruchs sowie der unterschiedlichen Schwere der Rechtsfolgen im Straf- und Bußgeldverfahren kommt ein Entschädigungsanspruch erst ab dem Zeitpunkt in Betracht, zu dem die Staatsanwaltschaft die Verfahrensherrschaft übernimmt. Dies ist mit dem Eingang der Akten bei der Staatsanwaltschaft der Fall, weil dann die Aufgaben der Verwaltungsbehörde nach § 69 Abs. 4 S. 1 OWiG auf sie übergehen. Zuvor ist die Intensität der Verfahrenseinleitung und möglicher Eingriffsrechte zu gering, um für eine Entschädigungspflicht berücksichtigt werden zu können. Auch kann in diesem Verfahrensabschnitt vor der Verwaltungsbehörde eine Ahndung nur erfolgen, wenn sich der Betroffene selbst unterwirft.[8] Legt er hingegen Einspruch gegen einen Bußgeldbescheid ein, ist die Dauer des nachfolgenden Zwischenverfahrens und gerichtlichen Bußgeldverfahrens entschädigungsrelevant.

---

3 Der Bundesrat hat hierfür keine Notwenigkeit gesehen, BT-Drucks. 17/3802, 33; vgl aber die Gegenäußerung der Bundesregierung BT-Drucks. 17/3802, 40.
4 EGMR, 2.10.2003, wistra 2004, 177.
5 OLG München Beschluss vom 21.9.2012 – 4 VAs 039/12 Tz 8.
6 Vgl auch BVerfG NJW 1992, 2472 Tz 23. Zu einem Verfahren auf Bewilligung von Reisekostenhilfe OLG Karlsruhe Beschluss v. 2.8.2012 – 23 SchH 5/12 EntV, juris.
7 BT-Drucks. 17/3802, 23.
8 BT-Drucks. 17/3802, 24.

III. Entschädigungsvoraussetzungen

Damit ein Entschädigungsbegehren nach § 198 Abs. 1 S. 1 GVG wegen überlanger Dauer eines Strafverfahrens Erfolg hat, müssen die folgenden Voraussetzungen erfüllt sein. 4

1. Entschädigungsberechtigte. Der Anspruch steht nur einem Verfahrensbeteiligten zu. Das sind nach § 198 Abs. 6 Nr. 2 GVG im Strafprozess diejenigen Personen, die final gestaltend auf den Prozessgegenstand einwirken können (s. § 198 GVG Rn 190).[9] **Entschädigungsberechtigte** sind: 5

- im Strafverfahren der Beschuldigte,[10]
- der Verletzte,
- der Nebenkläger (§ 395 StPO),
- der Adhäsionskläger (§ 403 StPO) und
- der Einziehungsbeteiligte (§ 431 StPO),
- in Verfahren nach dem JGG auch der Erziehungsberechtigte, der gesetzliche Vertreter oder Beistand,
- im Bußgeldverfahren der Betroffene, der Einziehungsbeteiligte sowie eine beteiligte juristische Person oder Personenvereinigung.[11]

Nicht entschädigungsberechtigt sind 6

- der Zeuge,
- der Sachverständige,
- der Prozessbevollmächtigte im eigenen Namen,
- die Staatsanwaltschaft,
- die Jugendgerichtshilfe und
- die Verwaltungsbehörde im Bußgeldverfahren.
- Nach **§ 199 Abs. 4 GVG** ist auch der **Privatkläger** (§ 374 StPO) ausdrücklich nicht (mehr) Verfahrensbeteiligter und damit nicht entschädigungsberechtigt, es sei denn er ist zugleich Adhäsionskläger.[12] Dies erscheint im Hinblick auf die Schutzbedürftigkeit des Privatklägers, der von einem Privatklagedelikt (§ 374 StPO) oftmals im eigenen Lebensbereich betroffen ist und zur Verfolgung eigene Ressourcen einsetzt,[13] problematisch.[14] Verfassungsrechtlich verbürgt ist ein Anspruch auf Strafverfolgung eines anderen

9 BT-Drucks. 17/3802, 23.
10 Meyer-Goßner/Schmitt, StPO, 55. Aufl., § 198 GVG Rn 1.
11 BT-Drucks. 17/3802, 23.
12 Ursprünglich war der Privatkläger nicht vom Kreis der Entschädigungsberechtigten ausgenommen. Eingefügt wurde die Regelung des § 199 Abs. 4 GVG mit Wirkung vom 1.1.2012 durch Art. 1 Nr. 5 Buchst. b des Gesetzes vom 6.12.2011 über die Besetzung der großen Straf- und Jugendkammern in der Hauptverhandlung und zur Änderung weiterer gerichtsverfassungsrechtlicher Vorschriften sowie des Bundesdisziplinargesetzes, BGBl. I Nr. 64, 2554.
13 BT-Drucks. 17/7669, 8.
14 Meyer-Goßner/Schmitt, StPO, 55. Aufl., § 199 GVG Rn 1.

durch den Staat jedoch nicht.[15] Auch das Beschleunigungsgebot gilt nach Art. 5 Abs. 3, 6 Abs. 1 S. 1 EMRK sowie Art. 14 Abs. 3 Buchstabe c IPBPR[16] bei Strafverfahren einschließlich strafrechtlicher Ermittlungsverfahren nur für den Beschuldigten und nach Art. 6 Abs. 1 S. 1 EMRK für den Adhäsionskläger. Hinsichtlich der Privatklagedelikte gelangt nach § 376 StPO das Legalitätsprinzip nur eingeschränkt zur Anwendung. Auch eines Entschädigungsanspruch aus § 198 Absatz 1 GVG bedarf es demnach zugunsten von Privatklägern nicht. Das Privatklageverfahren wird zudem nicht insgesamt von der Entschädigungsregelung ausgenommen; der Angeklagte und der Widerkläger (§ 388 StPO) im Privatklageverfahren werden von der Ausnahmeregelung nicht erfasst.[17]

7 **2. Entschädigungsverpflichtete.** Die Anspruchsverpflichtung folgt dem Rechtsträgerprinzip. Nach § 200 S. 1 GVG haftet das Land für Nachteile, die sich aus Verzögerungen bei Gerichten des Landes ergeben haben; Entsprechendes gilt nach § 200 S. 3 GVG für die Staatsanwaltschaften und in Fällen des § 386 Abs. 2 AO für die Finanzbehörden des Landes. Der Bund haftet für Nachteile, die aufgrund von Verzögerungen bei Bundesgerichten oder beim Generalbundesanwalt beim Bundesgerichtshof eingetreten sind, § 200 S. 2, 3 GVG. Zur Abgrenzung der Verantwortlichkeiten bei mehreren beteiligten Gerichten s. § 200 Rn 2 ff. Eine anteilige Haftung gilt auch, wenn Strafverfolgungsbehörden unterschiedlicher Rechtsträger, ggf auch mit Strafgerichten, zu einer rechtsstaatswidrigen Verfahrensverzögerung beigetragen haben.

8 **3. Verzögerungsrüge.** Der Entschädigungsberechtigte muss für eine Geldentschädigung wegen der Überlänge eines Strafverfahrens nach § 198 Abs. 3 S. 1 GVG gegenüber dem Strafgericht eine Verzögerungsrüge anbringen. Nach **§ 199 Abs. 2 Hs 1 GVG** tritt während des strafrechtlichen Ermittlungsverfahrens die Staatsanwaltschaft und in Fällen des § 386 Abs. 2 AO die Finanzbehörde an die Stelle des Gerichts. Auch im strafrechtlichen Ermittlungsverfahren und in den Fällen des § 386 Abs. 2 AO bedarf es deshalb für einen materiellen Ausgleich der Erhebung einer **Verzögerungsrüge**. Sie dient dem bearbeitenden Staatsanwalt bzw Beamten der Steuerverwaltung als Vorwarnung, das Vorverfahren zu beschleunigen (näher zum Zweck s. § 198 GVG Rn 102).[18] Für den Entschädigungsberechtigten stellt sie eine Last dar: Erhebt er im Vorverfahren keine Verzögerungsrüge, ist er jedenfalls für diesen Verfahrensabschnitt mit einem Geldentschädigungsanspruch zum Ausgleich materieller und/oder immaterieller Nachteile ausgeschlossen (zu Rechtsnatur und Bedeutung s. § 198 GVG Rn 104 ff.).

15 BVerfGE 51, 176, 187 Tz 36.
16 Internationaler Pakt über bürgerliche und politische Rechte, ratifiziert mit Gesetz vom 15.11.1973, BGBl. 1973 II S. 1533.
17 BT-Drucks. 17/7669, 8.
18 BT-Drucks. 17/3802, 20.

Hinweis: Die Rügeobliegenheit gilt auch im strafrechtlichen Ermittlungsverfahren.[19] Sie trifft auch einen Beschuldigten, der keinen Verteidiger und von der Rügelast keine Kenntnis hat.[20]

In Verfahren wegen **Steuerstraftaten** (§ 369 AO) führt die Finanzbehörde nach § 386 Abs. 2 AO das Ermittlungsverfahren unter den dort genannten Voraussetzungen selbstständig durch. Sie nimmt in diesen Fällen nach § 399 Abs. 1 AO die der Staatsanwaltschaft zustehenden Rechte und Pflichten wahr. Dabei tritt sie nach § 199 Abs. 2 Hs 1 GVG an die Stelle des Gerichts, so dass eine Verzögerungsrüge gegenüber dem das Verfahren bearbeitenden Hauptzollamt, Finanzamt, Bundeszentralamt für Steuern oder der Familienkasse zu erheben ist. Die **Strafsachenstelle** des Finanzamts ermittelt insbesondere zur Steuerhinterziehung nach § 370 AO (einschließlich Teilnahme oder Begünstigung) sowie zu bestimmten, den Steuerstraftaten gleichgestellten Straftaten, zB dem ungerechtfertigten Erlangen von Eigenheim- und Investitionszulagen. Die Familienkassen ermitteln zur Überzahlung von Kindergeld. 9

Unterlässt ein Verfahrensbeteiligten die Verzögerungsrüge oder erhebt er sie zu früh, tritt nach § 198 Abs. 3 S. 1 GVG eine **Ausschlusswirkung** ein: Er ist mit Ansprüchen auf **Entschädigung in Geld** für materielle und immaterielle Nachteile ausgeschlossen (s. § 198 GVG Rn 121). Dies wirft die Frage auf, ob die Erhebung der Verzögerungsrüge Voraussetzung für eine Kompensation im Wege der von der neueren Rechtsprechung praktizierten sog. **Vollstreckungslösung** (s. Rn 43) ist.[21] Die Ausschlusswirkung des § 198 Abs. 3 S. 1 GVG ist allerdings beschränkt auf eine Entschädigung in Geld und tritt nicht bei einer Wiedergutmachung in sonstiger Weise ein. Hierfür spricht § 198 Abs. 4 S. 3 Hs 2 GVG. Danach kommt die Feststellung, dass die Verfahrensdauer unangemessen war, auch dann in Betracht, wenn es an einer Verzögerungsrüge fehlt. Diese Feststellung ist eine Form der Wiedergutmachung in sonstiger Weise. Sie kann im Entschädigungsverfahren, aber auch schon in den Gründen eines Strafurteils getroffen werden, wenn die Feststellung zur Kompensation einer Verfahrensverzögerung genügt.[22] Reicht sie als Entschädigung nicht aus, so spricht das Strafgericht in der Urteilsformel aus, welcher bezifferte Teil der Strafe zur Entschädigung für die überlange Verfahrensdauer als vollstreckt gilt.[23] Eine Kompensation im Strafverfahren ist nach § 199 Abs. 3 S. 1 GVG eine ausreichende Wiedergutmachung auf andere Weise, die eine Entschädigung in Geld (und nach § 199 Abs. 3 S. 1 aE GVG auch eine Feststellung nach § 198 Abs. 4 GVG) hindert. Die Formen der Wiedergutmachung auf andere Weise (als Geld) sind im Hinblick auf die Verzögerungsrüge nicht unterschiedlich zu behandeln. Vielmehr ist im Strafverfahren sowohl bei der Feststellung der unangemessenen Verfahrensdauer als auch bei der Vollstreckungslösung – wie auch bei anderen Formen der Wiedergutmachung (zB §§ 59, 60 StGB, Verfahrenseinstellung etc.) – eine Verzögerungsrüge nicht erforderlich. Das 10

19 BT-Drucks. 17/3802, 24.
20 Kritisch Löwe/Rosenberg/Esser, StPO, EMRK Art. 6 Rn 375.
21 Gercke/Heinisch, NStZ 2012, 300, 303; Graf, NZWiSt 2012, 121, 126.
22 BGH StV 2008, 298 Tz 5.
23 BGH(GrSen) 52, 124 Tz9.

Unterlassen der Verzögerungsrüge ist insbesondere unschädlich für die Anwendung der Vollstreckungslösung.[24] Andernfalls käme es zu einer deutlichen Verschlechterung für Beschuldigte und Angeklagte.[25] Dies entspricht nicht dem Willen des Gesetzgebers, wie er in der Begrenzung der Ausschlusswirkung auf Geldentschädigung seinen Niederschlag findet. Soweit die Vollstreckungslösung oder eine andere Kompensation im Strafverfahren nicht erfolgt, kommt ein Anspruch nach § 198 Abs. 1 S. 1 GVG in Betracht. Ist er auf Geld gerichtet, setzt nur er die Erhebung einer Verzögerungsrüge voraus.

Hinweis: Die Erhebung einer Verzögerungsrüge ist stets, aber auch nur dann notwendig, wenn eine Entschädigung in Geld verlangt wird. Fehlt es an einer Verzögerungsrüge, schließt dies eine Kompensation im Strafverfahren, insbesondere Wege der Vollstreckungslösung nicht aus.

11 Die Verzögerungsrüge ist in demjenigen Vorverfahren zu erheben, für dessen Dauer der Betroffene Entschädigung begehrt.[26] Sie ist schriftlich einzulegen (s. § 198 GVG Rn 111). Wirksam wird sie mit Zugang bei der zuständigen Staatsanwaltschaft oder Finanzbehörde. Ob die Verzögerungsrüge **wirksam** eingelegt wurde, ist nicht im Ermittlungsverfahren, sondern erst im Entschädigungsprozess zu prüfen.

Hinweis: Im Falle einer begründeten Rüge soll die Staatsanwaltschaft bzw Finanzbehörde das Verfahren vorantreiben. Sie muss sich nicht zur Verzögerungsrüge äußern oder sie gar bescheiden (s. § 198 GVG Rn 145).

12 Wie im Gerichtsverfahren braucht der Betroffene im strafrechtlichen Ermittlungsverfahren die Verzögerungsrüge nicht zu **begründen** (s. § 198 GVG Rn 116). Er muss allerdings über eine bloße Sachstandsanfrage hinaus zum Ausdruck bringen, dass er mit der Dauer des Vorverfahrens nicht einverstanden ist bzw Beschleunigung verlangt.[27] Auch empfiehlt sich eine kurze Begründung, damit deutlich wird, dass die Rüge nicht zu früh erhoben wurde. Überdies sollen nach § 198 Abs. 3 S. 3 GVG der Staatsanwaltschaft bzw Finanzbehörde bislang nicht bekannte Tatsachen, die für das gebotene Maß der Verfahrensförderung wichtig sind, mit der Verzögerungsrüge mitgeteilt werden.[28]

13 Frühester **Termin** für die Erhebung der Verzögerungsrüge sind erstmals tatsächliche Anhaltspunkte für einen unangemessen späten Abschluss des Ermittlungsverfahrens. Die Rüge darf andererseits nicht so spät kommen, dass sie nicht mehr nur Geduld, sondern schon Duldung („Dulde und liquidiere") zum Ausdruck bringt; dies kann einen Geldentschädigungsanspruch kürzen oder sogar ausschließen (s. § 198 GVG Rn 135 ff, 142 ff). Eine Wiederholung der Verzögerungsrüge in demselben Vorverfahren ist ebenso wenig notwendig wie ausgeschlossen. Zum Schutz vor Kettenrügen kann eine Verzögerungsrüge allerdings innerhalb der sechsmonatigen Sperrfrist in § 198 Abs. 3 S. 2 Hs 2 GVG frühestens nach sechs Monaten wiederholt werden, außer wenn aus-

24 Graf, NZWiSt 2012, 121, 126; Gercke/Heinisch, NStZ 2012, 300, 304.
25 Graf, NZWiSt 2012, 121, 127.
26 BT-Drucks. 17/3802, 20.
27 BT-Drucks. 17/3802, 21.
28 BT-Drucks. 17/3802, 21.

nahmsweise eine kürzere Frist geboten ist. Das entlastet die Staatsanwaltschaft bzw Finanzbehörde des Vorverfahrens, die Betroffenen und ihre Anwälte.[29]

Die Sperrfrist gilt nur gegenüber der Staatsanwaltschaft des Ausgangsverfahrens. Verzögert sich das Verfahren sodann beim Strafgericht weiter, so ist eine **erneute** Verzögerungsrüge bei jenem Gericht sogar erforderlich, **§ 199 Abs. 2 Hs 2 GVG** iVm § 198 Abs. 3 S. 5 GVG (s. § 198 GVG Rn 141).[30] 14

4. **Wartefrist.** Um die präventive Beschleunigungsfunktion der Verzögerungsrüge zur Geltung zu bringen, darf eine Entschädigungsklage nach **§ 198 Abs. 5 S. 1 GVG** frühestens nach einer **Wartefrist** von sechs Monaten nach Einlegung der Verzögerungsrüge erhoben werden. Dadurch soll die Staatsanwaltschaft bzw Finanzbehörde das Vorverfahren in angemessener Zeit abschließen oder jedenfalls eine weitere Verzögerung vermeiden können. Bei der Einhaltung der Wartefrist handelt es sich um eine besondere Prozessvoraussetzung, die nach ihrem Zweck nur gilt, wenn das Strafverfahren noch in derselben Instanz anhängig ist, für deren Dauer Entschädigung begehrt wird (s. § 198 GVG Rn 150). Wird Entschädigung lediglich wegen der Überlänge des Ermittlungsverfahrens begehrt, ist die Wartefrist dementsprechend nur bei noch laufendem Vorverfahren einzuhalten. 15

5. **Klagefrist.** Nach **§ 198 Abs. 5 S. 2 GVG** muss die Klage spätestens sechs Monate nach Eintritt der Rechtskraft des Strafurteils (Verkündung der letztinstanzlichen Entscheidung, fruchtloser Ablauf der Rechtsmittelfrist, Verzicht oder Zurücknahme des Rechtsmittels) oder einer Einstellung des Verfahrens erhoben werden (s. § 198 GVG Rn 158 ff). 16

Hinweis: Auch nach einem Strafverfahren beginnt die **Klagefrist** unabhängig von einer Kenntnis des Anspruchsinhabers vom Fristbeginn.[31] Das ist nicht immer unproblematisch.

Beispiele:

- In der Praxis wird der Beschuldigte mitunter nicht benachrichtigt von der Einstellung des Verfahrens
- oder der Rücknahme einer zu seinen Ungunsten eingelegten und gegen einen Mitbeschuldigten fortgeführten Revision;
- einem Nebenkläger wird der Abschluss des Verfahrens nicht mitgeteilt.[32]

6. **Rechtsstaatswidrige Verzögerung.** Kerntatbestand des Entschädigungsanspruchs aus § 198 Abs. 1 S. 1 GVG ist die Verletzung des Anspruchs auf Rechtsschutz in angemessener Zeit aus Art. 19 Abs. 4, 20 Abs. 3 GG und Art. 6 Abs. 1 EMRK wegen unangemessener Verfahrensdauer. Ein solcher grund- und konventionsrechtliche Gewährleistungen verletzender Verstoß gegen das Beschleunigungsgebot liegt in einer rechtsstaatswidrigen Verzögerung 17

29 BT-Drucks. 17/3802, 21.
30 BT-Drucks. 17/3802, 24.
31 BT-Drucks. 17/3802, 22.
32 Stellungnahme der Strafverteidigervereinigungen vom 15.10.2010 zum Entwurf eines Gesetzes über den Rechtsschutz bei überlangen Gerichtsverfahren und strafrechtlichen Ermittlungsverfahren, S. 7 f.

des Strafverfahrens, zu der es eine breitgefächerte Rechtsprechung gibt.[33] Darauf kann hier zurückgegriffen werden. Dabei ist auf die Voraussetzungen einer rechtsstaatswidrigen Verzögerung einzugehen, weil § 198 Abs. 1 GVG nach einem Strafverfahren gerade dann zum Zuge kommt, wenn das Strafgericht bzw die Staatsanwaltschaft die unangemessene Verfahrensdauer nicht berücksichtigt haben (konnten), § 199 Abs. 3 S. 1 GVG. Wer dann den Entschädigungsanspruch aus § 198 Abs. 1 GVG geltend macht, muss das Vorliegen einer rechtsstaatswidrigen Verzögerung als Voraussetzung für sein zivilprozessuales Anspruchsbegehren prüfen.

18 a) **Prüfungsreihenfolge.** Auch bei einem überlangen Ermittlungs- bzw Strafverfahren zielt der Anspruch aus § 198 Abs. 1 S. 1 GVG auf einen Ausgleich für Verfahrensverzögerungen. Maßgeblich sind stets nur Verzögerungen, die den staatlichen Stellen, insb. Ermittlungsbehörden und Gerichten, **zugerechnet** werden können.[34] Abzuschichten ist deshalb zwischen:

- der Gesamtdauer,
- der Überlänge und
- der rechtsstaatswidrigen Verzögerung eines Strafverfahrens.

Die **Gesamtdauer** des Strafverfahrens erstreckt sich von der Einleitung des Ermittlungsverfahrens bis zum endgültigen Abschluss des Strafverfahrens (vgl §§ 198 Abs. 6 Nr. 1, 199 Abs. 1 GVG). Eine **Überlänge** nimmt das Verfahren an, wenn der Verfahrensabschluss nicht innerhalb der für das Verfahren angemessenen Dauer liegt. Beruht dies auf einer erheblichen Verzögerung, die der Ermittlungsbehörde oder Justiz zuzurechnen ist, liegt eine **rechtsstaatswidrige Verfahrensverzögerung** vor.[35] Eine solche erhebliche Verfahrensverzögerung ist rechtsstaatswidrig, weil das Rechtsstaatsgebot des Grundgesetzes die angemessene Beschleunigung des Strafverfahrens fordert.[36] Die rechtsstaatswidrige Verfahrensverzögerung verletzt den Beschuldigten bzw Angeklagten in seinem Anspruch aus Art. 6 Abs. 1 S. 1 EMRK auf Verfahrenserledigung in angemessener Frist und in seinem Recht auf ein faires Verfahren aus Art. 2 Abs. 1 GG in Verbindung mit Art. 20 Abs. 3 GG.[37] Auch Art. 14 Abs. 3 lit. c IPBPR garantiert strafrechtlich angeklagten Personen eine Gerichtsentscheidung ohne unangemessene Verzögerung. Zudem erfordert eine funktionstüchtige Strafrechtspflege nicht nur die Durchsetzung des staatlichen Strafanspruchs überhaupt, sondern auch eine Durchsetzung ohne unnötige Verfahrensverzögerungen, so dass die Rechtsgemeinschaft die Strafe noch als Reaktion auf geschehenes Unrecht wahrnehmen kann und dem verfassungsrechtlich abgesicherten

33 Fischer, § 46 StGB Rn 124 mwN; MüKo/Maier, Anh. Zu § 46 StGB Rn 4.
34 EGMR v. 17.12.2004 – 49017/99, NJW 2006, 1645, 1646 Rn 49; BVerfGE 122, 248 Tz 90.
35 EGMR v. 31.5.2001 – 37591/97 (Metzger/Deutschland), NJW 2002, 2856 Rn 42; BVerfG NJW 2011, 591 Tz 36; Löwe/Rosenberg/Esser, StPO, EMRK Art. 6 Rn 316; MüKo/Maier, Anh. Zu § 46 StGB Rn 21.
36 BVerfG NJW 2011, 591 Tz 36.
37 EGMR v. 10.2.2005 – 64387/01, StV 2005, 475 Rn 33; BVerfGE 63, 45 Tz 50; BGH StV 2008, 633 Tz 11.

öffentlichen Interesse an einer möglichst vollständigen Wahrheitsermittlung im Strafprozess genügt wird.[38]

Um das Vorliegen einer rechtsstaatswidrigen Verfahrensverzögerung zu ermitteln, empfiehlt sich folgende **Prüfungsreihenfolge:** 19

(1) Welche Gesamtdauer weist das Ermittlungsverfahren bzw Strafverfahren auf?

(2) Welcher Zeitraum wäre bei zeitlich angemessener Verfahrensgestaltung notwendig gewesen?[39]

(3) Wird diese angemessene Verfahrensdauer durch die tatsächliche Gesamtdauer des Verfahrens erheblich überschritten? Um welche Überlänge?

(4) Welche Feststellungen lassen sich zu Art, Ausmaß und Ursachen der in verschiedenen Verfahrensabschnitten aufgetretenen Verzögerungen treffen?[40]

(5) Um welchen Zeitraum überschreitet die Gesamtdauer des Verfahrens unter Abzug der dem Entschädigungsgläubiger bzw Beschuldigten zuzurechnenden Verzögerungen die angemessene Verfahrensdauer?

(6) Ist diese Verfahrensdauer unangemessen, dh beruht sie auf Verzögerungen, die den staatlichen Stellen, insbesondere den Ermittlungsbehörden und der Justiz, zuzurechnen und damit rechtsstaatswidrig sind?

b) **Gesamtdauer.** Die entschädigungsrelevante Dauer von Strafverfahren **beginnt** 20

- regelmäßig und spätestens, wenn der Betroffene offiziell Kenntnis davon erhält, dass wegen einer Straftat gegen ihn ermittelt wird.[41]
- Schon zuvor können strafprozessuale Eingriffsmaßnahmen für den Beginn des berücksichtigungsfähigen Zeitraums maßgeblich sein, wenn sie sich erheblich auf den Betroffenen auswirken.[42]

  Beispiel: Die Durchsuchung der Wohnung des Betroffenen zielt auf eine Beschlagnahme von Beweismitteln zu seiner Überführung.[43]

  Dabei ist insbesondere auf die psychische Belastung des Betroffenen abzustellen, soweit sich nicht für ihn noch früher aus geheimen Ermittlungsmaßnahmen ernsthafte Benachteiligungen ergeben.[44]
- Bei Vernehmungen kann sich der Verfolgungswille aus dem Ziel, der Gestaltung und den Begleitumständen der Befragung ergeben; jedenfalls bei Vorliegen eines konkreten und ernsthaften Tatverdachts ist ein Verdächti-

38 BVerfGE 122, 248 Tz 73.
39 BGH StV 2008, 633 Tz 12; MüKo/Maier, Anh. Zu § 46 StGB Rn 21.
40 BGH NStZ 2008, 478 Tz 7.
41 EGMR v. 5.7.1982 (Eckle/Deutschland), EuGRZ 1983, 371, 379; BVerfG NJW 2003, 2228 Tz 7; BGH Beschl. v. 23.7.2008 – 2 StR 252/08; BGH NStZ-RR 2006, 50 Tz 10; Fischer, § 46 StGB Rn 122; MüKo/Maier, Anh. Zu § 46 StGB Rn 21.
42 BT-Drucks. 17/3802, 24; EGMR v. 6.11.2006 – 51288/99, Rn 44; EGMR v. 17.12.2004 – 49017/99, NJW 2006, 1645, 1646 Rn 44; BVerfG NJW 1993, 3254 Tz 27 ff.
43 BGH NJW 1997, 1591 Tz 4 f.
44 Löwe/Rosenberg/Esser, StPO, EMRK Art. 6 Rn 336.

ger als Beschuldigter zu vernehmen.[45] Ab diesem Zeitpunkt beginnt dann spätestens der für eine eventuelle Entschädigung zugrunde zu legende Zeitraum.

21 Der für eine Entschädigung aus § 198 Abs. 1 S. 1 GVG zu berücksichtigende Zeitraum **endet** mit dem Eintritt der Rechtskraft bzw dem endgültigen Verfahrensabschluss. Für den Fall einer rechtskräftigen Entscheidung ist fraglich, ob es auf die Entscheidung oder den Eintritt der Rechtskraft ankommt. § 198 Abs. 6 Nr. 1 GVG lässt dies offen, indem für das Ende des Gerichtsverfahrens auf dessen rechtskräftigen Abschluss abgestellt wird. Die Gesetzesbegründung versteht darunter die „endgültige rechtskräftige Entscheidung."[46] So endet die Frist des Art. 6 Abs. 1 EMRK mit dem Verfahrensabschluss,[47] dh der gerichtlichen Entscheidung, die das Verfahren rechtskräftig beendet bzw in sonstiger Weise abschließt.[48] Aus der ex-post-Sicht des Entschädigungsverfahrens ergibt sich indes ein (idR nur geringfügig) späteres Fristende als aus der ex-ante-Sicht des Ausgangsverfahrens. Die Zeitspanne nach Verkündung des Urteils bis zu einem eventuellen Eintritt der Rechtskraft lässt sich im Zeitpunkt der Bewertung der Kompensation im Ausgangsverfahren noch nicht absehen.[49] Für das Entschädigungsverfahren gilt das nicht. Es ist nach § 198 Abs. 5 S. 2 GVG innerhalb einer Klagefrist einzuleiten, die mit dem Eintritt der Rechtskraft der verfahrensbeendenden Entscheidung oder anderen Erledigung im Ausgangsverfahren beginnt (s. § 198 GVG Rn 167). Dementsprechend bilden diese Zeitpunkte das Ende des für eine Entschädigung maßgeblichen Zeitraums.

22 Sehr streitig ist, ob dies auch im Falle einer **Verfassungsbeschwerde** gilt. Als außerordentlicher Rechtsbehelf hemmt sie nicht den Eintritt der Rechtskraft.[50] Die Verfassungsbeschwerde bildet zwar einen Teil des Gesamtverfahrens, zumal sich die Entscheidung des BVerfG auf das Strafverfahren auswirken kann. Gleichwohl ist die Verfassungsbeschwerde kein zusätzlicher Rechtsbehelf im Strafverfahren, so dass die Dauer eines Verfassungsbeschwerdeverfahrens im Rahmen von § 198 ff. GVG nach umstrittener Auffassung nicht zu berücksichtigen ist.[51]

23 Eine andere endgültige Verfahrenserledigung als diejenige durch ein rechtskräftiges Urteil ist zB eine Einstellung des Verfahrens nach §§ 170, 153, 153 a StPO.[52] Hingegen kann für den maßgeblichen Zeitraum nicht auf eine Gesamtstrafenbildung abgestellt werden, wenn sie nicht im laufenden Ausgangsverfahren, sondern – oftmals vom Gericht zeitlich nicht beeinflussbar – erst

45 BGHSt 51, 367 Tz 20.
46 BT-Drucks. 17/3802, 22.
47 BGH NStZ-RR 2001, 294; Fischer, § 46 StGB Rn 122.
48 Löwe/Rosenberg/Esser, StPO, EMRK Art. 6 Rn 338.
49 Vgl BGH NJW 1995, 1101 Tz 12.
50 BVerfGE 93, 381 Tz 14.
51 BVerfG NStZ 2006, 680 Tz 11; MüKo/Maier, Anh. Zu § 46 StGB Rn 21; aA EGMR v. 22.1.2009 – 45749/06, StV 2009, 561 Rn 62; EGMR v. 25.2.2000 – 29357/95 (Gast und Popp/Deutschland), NJW 2001, 211 Rn 64 ff; Fischer, § 46 StGB Rn 126; Löwe/Rosenberg/Esser, StPO, EMRK Art. 6 Rn 340.
52 Löwe/Rosenberg/Esser, StPO, EMRK Art. 6 Rn 338.

nachträglich im Vollstreckungsverfahren durch Beschluss (§ 460 StPO) erfolgt.[53]

c) **Nicht zu berücksichtigende Zeitabschnitte.** Bei der Berechnung der Dauer der rechtsstaatswidrigen Verfahrensverzögerung ist nur eine solche Verzögerung zu berücksichtigen, die auf Gründen beruht, die dem Staat, insbesondere den justizgewährenden Stellen **zuzurechnen** sind.[54] Aus der Gesamtverfahrensdauer sind deshalb diejenigen Zeitabschnitte herauszulösen, die nicht auf Verzögerungen der Justizorgane beruhen. 24

aa) **Sachgerechte Verfahrensgestaltung.** Keine rechtsstaatswidrige Verzögerung stellt die auch bei **sachgerechter Verfahrensgestaltung** erforderliche Verfahrensdauer dar. Während der Gesamtverfahrensdauer wird der Fortgang des Verfahrens durch Tätigkeiten gefördert, die jeweils eine gewisse Zeit beanspruchen dürfen. Dieser angemessene Zeitraum, der für die sachgerechte Bearbeitung und Erledigung im normalen Verfahrensbetrieb notwendig ist, ist bei der Berechnung der Dauer der rechtsstaatswidrigen Verfahrensverzögerung nicht einzubeziehen.[55] Dies gilt etwa für 25

- die Bearbeitung der Ermittlungsakte nach Übersendung durch die Polizei an die Staatsanwaltschaft,
- die sich anschließende Abfassung der Anklageschrift,
- deren gerichtlichen Prüfung und Zustellung mit Erklärungsfrist (§ 201 StPO),
- die Durchführung des Zwischenverfahrens einschließlich der Entscheidung über die Eröffnung des Hauptverfahrens (§ 203 StPO),
- die Vorbereitung der Hauptverhandlung
- und die Terminierung der Hauptverhandlung in Abstimmung mit dem Verteidiger unter Einhaltung der Ladungsfrist (§§ 217 f. StPO).[56]

bb) **Verhalten des Entschädigungsgläubigers.** Keine Berücksichtigung finden Verzögerungen im Ausgangsverfahren, die der Beschuldigte selbst verursacht hat; sie sind den Justizbehörden nicht zuzurechnen.[57] Dies gilt nicht nur bei unzulässigem Prozessverhalten, sondern auch bei Ausschöpfung der zulässigen Möglichkeiten zur Prozessbeeinflussung durch den Angeklagten, der zur aktiven Zusammenarbeit mit der Justiz nicht verpflichtet ist.[58] Wer selbst den Prozess verschleppen will, kann sich nicht auf eine Verletzung des Beschleunigungsgebotes nach Art. 6 Abs. 1 EMRK berufen.[59] Nicht dem Gericht zuzurechnen sind auch Verzögerungen durch 26

53 MüKo/Maier, Anh. Zu § 46 StGB Rn 21; aA EGMR v. 5.7.1982 (Eckle/Deutschland), EuGRZ 1983, 371; Löwe/Rosenberg/Esser, StPO, EMRK Art. 6 Rn 338.
54 EGMR v. 17.12.2004 – 49017/99, NJW 2006, 1645, 1646 Rn 49; BVerfGE 122, 248 Tz 90; BVerfG NJW 1993, 3254 Tz 17; Löwe/Rosenberg/Esser, StPO, EMRK Art. 6 Rn 316; MüKo/Maier, Anh. Zu § 46 StGB Rn 21.
55 BGH StraFo 2008, 513 Tz 8; MüKo/Maier, Anh. Zu § 46 StGB Rn 26.
56 BGH NStZ 2008, 478 Tz 7; MüKo/Maier, Anh. Zu § 46 StGB Rn 26.
57 BVerfGE 122, 248 Tz 90 mwN.
58 Löwe/Rosenberg/Esser, StPO, EMRK Art. 6 Rn 332.
59 BGH NJW 2005, 2791.

- eine Verhinderung oder den Wechsel der Verteidiger,
- einen Antrag auf Aussetzung der Hauptverhandlung,
- die Verhandlungsunfähigkeit des Angeklagten,[60]
- Anträge auf Fristverlängerungen oder
- Stellungnahmen mit zahlreichen Beweisanträgen[61]
- sowie Befangenheitsanträge gegen Richter und Sachverständige.[62]

27 cc) **Rechtsmittel.** Das Rechtsmittelsystem als solches schließt in seinem Verfahrensgang und Zeitbedarf Verfahrensverlängerungen ein. Dies ist Ausfluss seiner rechtsstaatlichen Ausgestaltung und kann – auch wenn dem Rechtsmittelführer kein Vorwurf zu machen ist – der staatlichen Justizgewährung nicht als rechtsstaatswidrig zur Last fallen.[63]

Beispiel: So bleibt eine mehrmonatige Verzögerung bei der Staatsanwaltschaft unberücksichtigt, wenn diese das Ermittlungsverfahren zunächst nach § 170 Abs. 2 StPO eingestellt hatte und erst im Laufe eines Klageerzwingungsverfahrens zur Anklageerhebung übergegangen ist.[64]

Auch ist grds. die infolge der Durchführung eines Revisionsverfahrens verstrichene Zeit nicht zu berücksichtigen.[65] Dies gilt allerdings nicht, wenn das Revisionsverfahren der Korrektur eines eklatanten, sich nicht allein aus dem Erfolg des Rechtsmittels ergebenden Verfahrensfehlers gedient hat[66]- etwa nach der ersten in der Strafsache ergangenen Revisionsentscheidung.[67] Im übrigen ist und sieht sich das Revisionsgericht in der Erledigung seiner Verfahren nicht frei.[68]

28 dd) **Ausgleich.** Nicht zu berücksichtigen ist auch das zeitweise **Unterbleiben** von Justizgewährung, wenn dadurch die Gesamtdauer des Verfahrens nicht unangemessen lang wird. Der Umstand, dass das Strafverfahren während eines einzelnen Verfahrensabschnitts verzögert betrieben wurde, begründet für sich allein keinen Verstoß gegen das Rechtsstaatsgebot des Art. 6 Abs. 1 Satz 1 MRK, wenn das Strafverfahren insgesamt in angemessener Zeit abgeschlossen wurde.[69] Eine Verzögerung im Vorverfahren kann also zB durch eine Beschleunigung im Verfahren erster Instanz **ausgeglichen** werden.[70] Mit zunehmender Dauer des Verfahrens insgesamt oder in der jeweiligen Instanz verdichtet sich die mit dem Justizgewährleistungsanspruch verbundene Pflicht des

---

60 BGH wistra 1993, 340 Tz 12.
61 BGH NStZ 2003, 384 Tz 10.
62 EGMR v. 4.2.2010 – 13791/06 Tz 84, juris.
63 EGMR v. 8.6.2006 – 75529/01 (Sürmeli/Deutschland), NJW 2006, 2389, 2393 Rn 131; Heine MDR 2012, 327, 329; Fischer, § 46 StGB Rn 125 mwN; MüKo/Maier, Anh. Zu § 46 StGB Rn 43.
64 BGH NStZ-RR 2002, 219 Tz 2.
65 BVerfG NJW 2003, 2228 Tz 10; BGH NStZ-RR 2010, 75 Tz 2.
66 EGMR v. 31.5.2001 – 37591/97 (Metzger/Deutschland), NJW 2002, 2856, 2857 Rn 44; BVerfG NJW 2003, 2897 Tz 44; BGH NStZ-RR 2010, 40.
67 BGH NStZ-RR 2010, 75 Tz 3.
68 Vgl BVerfG NJW 2006, 672 Tz 84.
69 BGH NStZ 2004, 504; BGH StraFo 2008, 513 Tz 9.
70 BGH StraFo 2009, 245 Tz 5; MüKo/Maier, Anh. Zu § 46 StGB Rn 36.

Gerichts, sich nachhaltig um eine Beschleunigung des Verfahrens und dessen Beendigung – etwa durch vorgezogene Terminierung – zu bemühen.[71]

d) **Kriterien der Angemessenheit.** Für die Beurteilung, ob eine rechtsstaatswidrige Verfahrensverzögerung und damit eine unangemessene Verfahrensdauer vorliegt, gibt es weder in der Rechtsetzung noch der Rechtsprechung von EGMR, BVerfG und BGH starre zeitliche Grenzen; vielmehr sind in einer umfassenden Gesamtwürdigung die besonderen Umständen des **Einzelfalls** gegeneinander abzuwägen.[72] So stellt § 198 Abs. 1 S. 2 GVG für die Angemessenheit der Verfahrensdauer ausdrücklich auf die Umstände des Einzelfalls ab, weil sich die Angemessenheit nicht generell festlegen lässt.[73] Dies gilt auch für Fristen, an deren Ablauf sich eine widerlegliche Vermutung der Unangemessenheit knüpfen würde, zumal auch sie fast zwangsläufig zu Entschädigungsklagen nach Fristablauf „einladen“.[74] Maßgebliche Kriterien sind 29

- der durch die Verzögerungen der Justizorgane verursachte Zeitraum der Verfahrensverlängerung,
- die Gesamtdauer des Verfahrens,
- die Schwere des Tatvorwurfs,
- der Umfang und die Schwierigkeit des Verfahrens,
- Art und Weise der Ermittlungen
- sowie das Ausmaß der mit der Dauer des schwebenden Verfahrens für den Betroffenen verbundenen besonderen Belastungen.[75]

Neben diesen verfahrensbezogenen Kriterien stellt § 198 Abs. 1 S. 2 GVG auch weitere verhaltensbezogene Kriterien auf:

- das Verhalten der Verfahrensbeteiligten,
- und das Verhalten Dritter ab.[76]

aa) **Verfahrensbezogene Kriterien.** Die zentralen Anknüpfungspunkte zur Beurteilung einer rechtsstaatswidrigen Verzögerung liegen im Verfahren selbst begründet (zur Gesamtdauer des Verfahrens s. § 198 GVG Rn 6). 30

(1) **Schwierigkeit des Verfahrens.** Nach § 198 Abs. 1 S. 2 GVG bemisst sich die Angemessenheit der Verfahrensdauer insbesondere nach der Schwierigkeit des Verfahrens. Maßgeblich zu berücksichtigen sind deshalb Umfang und Komplexität des Falles.[77] Die Verfahrensdauer allein kann – von Extremfällen 31

---

71 BVerfG NJW 2001, 214 Tz 11; BVerfG EuGRZ 2009, 695 Tz 22; Löwe/Rosenberg/Esser, StPO, EMRK Art. 6 Rn 324; BGH Beschluss v. 21.2.2008- 4 StR 666/07 Tz 7.
72 EGMR v. 27.7.2000 – 33379/96 (Klein/Deutschland), NJW 2001, 213 Rn 36; BVerfG NJW 2003, 2225 Tz 34; BGH NStZ-RR 2006, 50 Tz 10.
73 BT-Drucks. 17/3802, 18; BVerfG EuGRZ 2009, 695 Tz 22; BGH StraFo 2008, 513 Tz 16; MüKo/Maier, Anh. Zu § 46 StGB Rn 28; Löwe/Rosenberg/Esser, StPO, EMRK Art. 6 Rn 314.
74 Steinbeiß-Winkelmann, ZRP 2010, 205, 207.
75 EGMR v. 25.2.2000 – 29357/95 (Gast und Popp/Deutschland), NJW 2001, 211 Rn 70; BVerfG NJW 2003, 2225 Tz 34; BGH wistra 2009, 271 Tz 13; BGH NStZ-RR 2006, 50 Tz 10, BGH StraFo 2004, 356 Tz 9.
76 Vgl auch EGMR v. 10.2.2005 – 64387/01, StV 2005, 475 Tz 27.
77 BT-Drucks. 17/3802, 18.

abgesehen[78] – nicht absolut genommen werden, sondern ist an den **tatsächlichen und rechtlichen Schwierigkeiten** des Falls zu messen. Ein erhöhter Aufwand zur Klärung des Sachverhalts oder einer offenen Rechtsfrage lässt eine Verlängerung der Verfahrensdauer zu. Dies zeigt sich schon bei den Ermittlungen, in deren Zuge Schwerpunkte – zumal aus ex-ante-Sicht – durchaus anders gesetzt werden können, als dies im Nachhinein zweckmäßig erscheint. Eine falsche Priorität im Ermittlungsverfahren kann deshalb nur bei ganz erheblichen, kaum verständlichen Ermittlungsfehlern einen Verstoß gegen das Beschleunigungsgebot begründen.[79]

Beispiele:

- Verzögerungen in einer Wirtschaftsstrafsache mit erheblichem Umfang erreichen nicht ohne Weiteres ein rechtsstaatswidriges Ausmaß, insbesondere nicht bei vielen Anklagepunkten oder in einem zweijährigen Ermittlungsverfahren mit mehr als 100 Beschuldigten.[80]
- Auch dabei ist aber nicht zu generalisieren. So können Rechtsfragen im Bereich der Wirtschaftskriminalität schwierig, aber auch einfach gelagert sein.[81]
- Zu berücksichtigende Schwierigkeiten bewirkt idR eine Beweisaufnahme im Ausland oder die Erhebung eines komplizierten Sachverständigenbeweises.[82]

32 (2) **Schwere des Tatvorwurfs.** Je schwerer ein Tatvorwurf wiegt, desto länger kann eine sachgerechte Bearbeitung des Falles idR dauern.[83] Die Art und Schwere des Tatvorwurfs werden sich regelmäßig in der Schwierigkeit des Verfahrens niederschlagen, sind aber auch von eigenständiger Bedeutung für die Beurteilung einer rechtsstaatswidrigen Verzögerung.[84] Dies betrifft sowohl die Schwere als auch die Anzahl der verfolgten Straftaten. Dementsprechend kann sich auch die Art der Ermittlungen abweichend gestalten.

Beispiel: Die Verfolgungsbehörde konzentriert in einem einheitlichen Ermittlungsverfahren ihre Ermittlungen zunächst auf den Tatkomplex der Lohnsteuerhinterziehung und stellt den als weniger gewichtig angesehenen Komplex der Einkommensteuerhinterziehung zurück.[85]

78 EGMR v. 31.5.2001 – 37591/97 (Metzger/Deutschland), NJW 2002, 2856, 2857 Rn 43: 9 Jahre Gesamtverfahrensdauer ist unangemessen, obwohl es sich um eine schwierige Sache (Umweltstrafverfahren) mit zahlreichen Zeugen und Sachverständigen in 39 Sitzungstagen handelte.
79 BGHSt 54, 135 Tz 12.
80 EGMR v. 24.5.2005 – 42585/98; BGH NStZ-RR 2011, 338; BGH wistra 2007, 392; Meyer-Ladewig, Art. 6 EMRK Rn 77; IK-EMK/Kühne Art. 6 Rn 331.
81 Einfach etwa im Fall EGMR v. 5.7.1982 (Eckle/Deutschland), EuGRZ 1983, 371, IK-EMK/Kühne Art. 6 Rn 332 mwN.
82 IK-EMK/Kühne Art. 6 Rn 331 mwN; Meyer-Ladewig, Art. 6 EMRK Rn 82.
83 MüKo/Maier, Anh. Zu § 46 StGB Rn 30.
84 BGH wistra 2009, 271 Tz 13.
85 BVerfG NJW 1993, 3254 Tz 21.

Dagegen spielen das Gewicht der Tat und das Maß der Schuld weder für die Frage, ob das Verfahren rechtsstaatswidrig verzögert ist, noch für Art und Umfang der zu gewährenden Kompensation eine Rolle.[86]

(3) **Bedeutung des Verfahrens.** Auch die Bedeutung des Verfahrens wird durch § 198 Abs. 1 S. 2 GVG hervorgehoben. Dabei geht es nicht nur um die Bedeutung des Rechtsstreits für den Entschädigungsgläubiger aus der Sicht eines verständigen Betroffenen, sondern auch für die Allgemeinheit.[87] Befindet sich der Angeklagte in Freiheit und tritt die Verzögerung erst nach dem Urteil ein, so hat die Verzögerung nur geringe Auswirkungen auf ihn.[88] Eine besondere **Belastung** ergibt sich hingegen 33

- aus der Untersuchungshaft.[89] In Haftsachen kommt dem Beschleunigungsgebot deshalb gesteigerte Bedeutung zu: Der in Art. 2 Abs. 2 S. 2 GG verankerte Beschleunigungsgrundsatz verlangt, dass die Strafverfolgungsbehörden und Strafgerichte alle möglichen zumutbaren Maßnahmen ergreifen, um die notwendigen Ermittlungen mit der gebotenen Schnelligkeit abzuschließen und eine gerichtliche Entscheidung über die einem Beschuldigten vorgeworfenen Taten herbeizuführen.[90] An den zügigen Fortgang des Verfahrens sind zudem umso strengere Anforderungen zu stellen, je länger die Untersuchungshaft schon andauert.[91] Belastungen zieht auch ein unter Auflagen außer Vollzug gesetzter Haftbefehl nach sich.[92]
- Bedeutung kommt Jugendsachen wegen des das Jugendgerichtsgesetz beherrschenden Erziehungsgedankens zu, der die Strafverfolgungsbehörden und Gerichte anhält, alles zu tun, um unnötige Verfahrensverzögerungen auszuschließen.[93]
- Die Bedeutung kann darin auch liegen, dass der Beamtenstatus gefährdet ist.[94]
- Auch für Geschädigte können sich aus der Verfahrensverzögerung unvertretbare Belastungen ergeben, insbesondere im Bereich der Taten des sexuellen Missbrauchs von Kindern.[95]

bb) Verhaltensbezogene Kriterien. Verfahrensverlängerungen, die auf einer sachgerechten Verfahrensgestaltung oder dem Verhalten des Entschädigungsgläubigers bzw des Beschuldigten beruhen, sind der Justiz nicht als rechtsstaatswidrig anzulasten und bleiben bei der Beurteilung der Angemessenheit der Verfahrensdauer unberücksichtigt (s. Rn 24 ff.). Eine andere Bewertung gilt für das verfahrensverzögernde Verhalten, das von justizgewährenden bzw 34

86 BGHSt 54, 135 Tz 8.
87 BT-Drucks. 17/3802, 18.
88 BGH NStZ-RR 2008, 208 Tz 7.
89 BGH NStZ-RR 2009, 339; Löwe/Rosenberg/Esser, StPO, EMRK Art. 6 Rn 330 mwN; Meyer-Ladewig, Art. 6 EMRK Rn 81 unter Hinweis auf Art. 5 EMRK.
90 BVerfG StV 2003, 30 Tz 18; MüKo/Maier, Anh. Zu § 46 StGB Rn 8 mwN.
91 BVerfG StV 2012, 291 Tz 22 mwN.
92 ZB 3 Jahre unter Auflagen: BGH StraFo 2008, 297 Tz 5; BGH wistra 2009, 271 Tz 11.
93 BGH NStZ 2010, 94 Tz 9.
94 EGMR v. 10.2.2005 – 64387/01, StV 2005, 475 Tz 32.
95 BGH Beschluss vom 23.5.2012 – 5 StR 145/12.

sonstigen staatlichen Stellen zu verantworten oder ihnen zuzurechnen ist. Dabei kommt es auf deren **Verschulden** nicht an; der Staat kann sich nicht unter Verweis auf Umstände entlasten, die – wie die dauernde Überlastung eines Gerichts oder Spruchkörpers bzw einer Staatsanwaltschaft oder eine angespannte Personalsituation – aus seinem eigenen Verantwortungsbereich herrühren.[96]

35 (1) **Defizite der Justizgewährung.** Den Kernbereich der rechtsstaatswidrigen Verfahrensverzögerung bilden Mängel in der gerichtlichen bzw staatsanwaltlichen Verfahrensbehandlung oder in der Justizorganisation.[97] Solche Defizite der Justizgewährung fallen dem Staat zur Last. Führen sie zu Verzögerungen, machen sie bei einer Überlänge des Verfahrens für die daraus entstandenen Nachteile entschädigungspflichtig.

36 Das Gebot zügiger Verfahrenserledigung aus Art. 6 Abs. 1 Satz 1 MRK, Art. 2 Abs. 1 iVm Art. 20 Abs. 3 GG gilt für das gesamte Strafverfahren. So geht es zulasten des Staates, wenn das Gericht oder die Staatsanwaltschaft das Verfahren nicht zügig betreiben.[98] Zu einer **unsachgemäßen Verfahrensbehandlung** zählt etwa das Unterlassen verfahrensfördernder Handlungen und das unbearbeitete Liegenlassen der Akten,[99] wobei allerdings ein Ausgleich durch nachfolgende Beschleunigung möglich ist (s.o. Rn 28). Die Terminierung der Hauptverhandlung hat – besonders in Haftsachen – zügig und straff zu erfolgen.

Beispiel:

- Der Vollzug von Untersuchungshaft von mehr als einem Jahr bis zum Beginn der Hauptverhandlung oder dem Erlass eines Urteils ist nur in ganz besonderen Ausnahmefällen gerechtfertigt.[100]
- 17 Termine über 33 Wochen, teilweise nur vormittags für kurze Zeit, stellen eine zu zögerliche Terminierungspraxis dar.[101]

37 Ein vorübergehender Engpass in der Arbeits- und Verhandlungskapazität der Strafverfolgungsorgane und -gerichte ist nicht konventionswidrig – unabhängig davon, ob das Verfahren gegen einen inhaftierten oder einen nicht inhaftierten Angeklagten geführt wird.[102] Kann indes nach angemessener Zeit zur Vorbereitung des Verfahrens wegen vordringlicher Strafsachen und genereller Überlastung nicht alsbald verhandelt werden, ist dieser andauernde Zustand struktureller Art der Justiz zuzurechnen.[103] Es ist nicht nur Aufgabe der einzelnen Strafrichter und Strafkammern eines Gerichts, sondern der Gerichtsorga-

96 BT-Drucks. 17/3802, 18 f; Heine MDR 2012, 327, 330.
97 MüKo/Maier, Anh. Zu § 46 StGB Rn 21; Fischer, § 46 StGB Rn 124 mwN.
98 EGMR v. 31.5.2005 – 45181/99 (Volkwein/Deutschland) Nr. 36; Löwe/Rosenberg/Esser, StPO, EMRK Art. 6 Rn 324.
99 BVerfG StV 2008, 421 Tz 40; BGH wistra 2006, 460 Tz 4; BGH StraFo 2009, 245 Tz 4; BGH StraFo 2005, 24 Tz 6; BGH StV 1992, 452 Tz 17; Meyer-Ladewig, Art. 6 EMRK Rn 79.
100 BVerfG NStZ 2000, 153 Tz 16.
101 BGH StV 2008, 113 Tz 4.
102 EGMR v. 13.7.1983 (Zimmermann und Steiner/Schweiz), NJW 1984, 2749, 2750; BGH wistra 1992, 296 Tz 17; StraFo 2005, 24 Tz 6.
103 BGH NJW 2008, 2451 Tz 30.

nisation insgesamt, für die Verwirklichung des Beschleunigungsgebots Sorge zu tragen.[104] Aus Art. 6 Abs. 1 EMRK ergibt sich die **Organisationspflicht** des Konventionsstaats, seine Justiz so einzurichten, dass die Gerichte der Verpflichtung, in angemessener Frist über die Rechtssachen zu entscheiden, genügen können.[105] Zu viel Arbeit und zu wenig Personal fallen auch im Rahmen des Entschädigungsanspruchs aus § 198 Abs. 1 S. 1 GVG in den Verantwortungsbereich des Staates.

Beispiel: Dies gilt auch in komplexen Wirtschaftsstrafverfahren.[106]

Der Angeklagte hat es nicht zu vertreten, wenn seine Sache nicht binnen angemessener Zeit zum Abschluss gelangt, nur weil dem Gericht die personellen und sächlichen Mittel fehlen, die zur ordnungsgemäßen Bewältigung des Geschäftsanfalls erforderlich sind.[107]

(2) **Verhalten von Dritten.** Eine Verzögerung durch das Verhalten Dritter ist 38
dann zu berücksichtigen, wenn das Gericht darauf Einfluss hat, so dass es ihm zugerechnet werden kann.[108] Dies wird im Entschädigungsverfahren bei **Sachverständigen** – unter Beachtung der richterlichen Unabhängigkeit im Ausgangsverfahren – in gewissem Umfang angenommen werden können.

Beispiele:

- Die Erstattung eines medizinischen und eines psychiatrischen Gutachtens wird über ein Jahr verschleppt.[109]
- Es kann unzureichend sein, den Sachverständigen nur an die Abgabe seiner Stellungnahme zu erinnern und darauf zu vertrauen, dass das Gutachten zeitnah erstellt wird.[110]

So kann bei der Mitwirkung von Sachverständigen eine Beschleunigung ansetzen

- an der Auswahl und der Beauftragung des Sachverständigen nach der voraussichtlichen Bearbeitungsdauer unter Hinweis auf die besondere Eilbedürftigkeit (vgl § 73 Abs. 1 S. 2 StPO),
- an der Bearbeitung des Gutachtens durch zeitnahe Überwachung der gutachterlichen Tätigkeit und durch das Setzen von Bearbeitungsfristen,
- an einer gleichzeitigen Begutachtung bei Fragen, die durch verschiedene Sachverständige zu klären sind (Zweitakten).[111]
- Ferner sollte bei der Auswahl des Sachverständigen darauf geachtet werden, dass er für eine mündliche Verhandlung zur Verfügung steht,

104 BVerfG StV 2007, 254 Tz 20.
105 EGMR v. 31.5.2001- 37591/97 (Metzger/Deutschland), NJW 2002, 2856 Rn 42; EGMR v. 25.2.2000 – 29357/95 (Gast und Popp/Deutschland), NJW 2001, 211 Rn 75; Meyer-Ladewig, Art. 6 EMRK Rn 79; Löwe/Rosenberg/Esser, StPO, EMRK Art. 6 Rn 322 ff.
106 EGMR v. 2.10.2003 – 41444/98, wistra 2004, 177.
107 BVerfG EuGRZ 2007, 591 Tz 6.
108 BT-Drucks. 17/3802, 18.
109 BGH NStZ 2007, 539 Tz 5; MüKo/Maier, Anh. Zu § 46 StGB Rn 52.
110 BVerfG StV 2006, 652 Tz 4.
111 BVerfG StV 2011, 41 Tz 30 mwN; BVerfG NJW 2001, 214 Tz 16.

- und – worauf der EGMR hinweist – ggf von Zwangsmaßnahmen Gebrauch gemacht werden.[112]

39 Darüber hinaus kommen auch solche Fälle in Betracht, bei denen die Verzögerung nicht von einer Justizbehörde, sondern von einer anderen **staatlichen Stelle** zu verantworten ist.

Beispiele:

- Leitet eine Meldebehörde trotz eines Suchvermerks im Rahmen der Ausschreibung zur Aufenthaltsermittlung die Adresse des Angeklagten nicht an die Staatsanwaltschaft weiter, liegt eine rechtsstaatswidrige Verfahrensverzögerung vor.[113]
- Die Finanzbehörden haben daher die Staatsanwaltschaft über alle bei der Steuerfahndung anhängigen Ermittlungsverfahren, bei denen eine Evokation nach § 386 Abs. 4 S. 2 AO nicht fern liegt, frühzeitig zu unterrichten.[114]

40 7. **Kausaler Nachteil.** Weitere Voraussetzung eines Entschädigungsanspruchs aus § 198 Abs. 1 S. 1 GVG ist, dass der Entschädigungsgläubiger durch die rechtsstaatswidrige Verzögerung kausal einen Nachteil erlitten hat. In Betracht kommen materielle wie immaterielle Nachteile. Das Entstehen eines immateriellen Nachteils muss der Entschädigungskläger nicht darlegen; insoweit hilft ihm die widerlegbare Vermutung des § 198 Abs. 2 S. 1 GVG. Hierfür gelten die allgemeinen Grundsätze (s. § 198 GVG Rn 50 ff).

IV. Entschädigung

41 1. **Sperrwirkung.** Liegt eine rechtsstaatswidrige Verfahrensverzögerung vor, so stellt sich für den Gläubiger des Anspruchs aus § 198 Abs. 1 S. 1 GVG die Frage, ob diese Verzögerung bereits im Strafverfahren durch Kompensation berücksichtigt worden ist. Ist das der Fall, entfaltet **§ 199 Abs. 3 S. 1 GVG** eine **Sperrwirkung:** Ein Anspruch aus § 198 Abs. 1 S. 1 GVG wegen immaterieller Nachteile ist ausgeschlossen.

42 a) **Kompensation im Strafverfahren.** Im Strafverfahren ist die Kompensation wegen der Rechtsstaatswidrigkeit einer Verfahrensverzögerung zu unterscheiden von der (vorgelagerten) Strafzumessung. Im Rahmen der Strafzumessung kommt bereits einer überdurchschnittlich langen Verfahrensdauer mit besonderen Belastungen für den Angeklagten eine eigenständige strafmildernde Bedeutung zu.[115] Auch ein großer zeitlicher Abstand zwischen Tat und Aburteilung stellt regelmäßig einen Milderungsgrund bei der Strafzumessung dar.[116] Neben der Strafzumessung bildet dagegen der Ausgleich für eine rechtsstaatswidrige Verfahrensverzögerung eine rein am Entschädigungsgedanken orientierte **eigene Rechtsfolge.**[117]

---

112 EGMR v. 21.10.2010 – 43155/08, NJW 2011, 1055 Tz 28.
113 BGH NStZ 2010, 230 Tz 6.
114 BGHSt 54, 9.
115 BGH NStZ-RR 2011, 171 Tz 4.
116 BGH StV 2011, 406 Tz 14.
117 BGH NStZ 2012, 316 Tz 10.

Diese Kompensation kann im Strafverfahren auf unterschiedliche Weise vorgenommen werden. Nach dem **Vollstreckungsmodell** erfolgt sie nicht mehr durch einen bezifferten Abschlag von der eigentlich verwirkten schuldangemessenen Strafe ("Strafabschlagslösung"), sondern durch einen nach der Strafzumessung vorzunehmenden gesonderten Schritt. Dadurch wird der Gesichtspunkt, dass eine überlange Verfahrensdauer (teilweise) auf einem konventions- und rechtsstaatswidrigen Verhalten der Strafverfolgungsbehörden beruht, aus dem Vorgang der Strafzumessung herausgelöst und durch die bezifferte Anrechnung auf die im Sinne des § 46 StGB angemessene Strafe gesondert ausgeglichen.[118] In der Urteilsformel ist auszusprechen, dass zur Entschädigung für die überlange Verfahrensdauer ein bezifferter Teil der verhängten Strafe als vollstreckt gilt. Es kann aber im Einzelfall auch ausreichen, dass zur Kompensation die rechtsstaatswidrige Verfahrensverzögerung in den Urteilsgründen ausdrücklich festgestellt wird.[119] 43

Hinweis: Ob das Strafgericht eine Kompensation wegen rechtsstaatswidriger Verfahrensverzögerung vorgenommen hat, kommt in der Urteilsformel (Vollstreckungsabschlag), jedenfalls aber in den Gründen (Feststellung) zum Ausdruck. Ist dies nicht der Fall, ist ein Anspruch aus § 198 Abs. 1 S. 1 GVG in Betracht zu ziehen.

Im Strafverfahren kommen als **Formen der Wiedergutmachung** eines durch Verzögerung entstandenen Verfahrensunrechts in Betracht: 44

- Vollstreckungsabschlag im Wege des sog. Vollstreckungsmodells,
- Verwarnung mit Strafvorbehalt (§ 59 StGB),
- Absehen von Strafe (§ 60 StGB),
- Einstellung des Verfahrens nach §§ 153, 153 a, 154, 154 a StPO oder
- die Feststellung der unangemessenen Verfahrensdauer.

Hinweis: Die Kompensation durch das Strafgericht bzw die Staatsanwaltschaft sperrt einen Anspruch aus § 198 Abs. 1 S. 1 GVG wegen immaterieller Nachteile.

Hat das Strafgericht bzw die Staatsanwaltschaft selbst und unmittelbar eine Verfahrensverzögerung – gleich in welcher Form – kompensiert, bedarf es keiner weitergehenden Wiedergutmachung durch Geldentschädigung oder Feststellung der unangemessenen Verfahrensdauer.[120] Auch auf die Frage, ob die Kompensation im Strafverfahren in **ausreichendem Umfang** erfolgt ist, kommt es im Entschädigungsverfahren kraft Gesetzes nicht an. § 199 Abs. 3 S. 1 GVG entfaltet eine Sperrwirkung für Ansprüche aus § 198 Abs. 1 S. 1 GVG wegen immaterieller Nachteile. Dies gilt dem Grund und der Höhe nach für einen Anspruch auf Geldentschädigung (§ 199 Abs. 3 S. 1 Hs 1 GVG iVm § 198 Abs. 2 S. 2 GVG) gleichermaßen wie für einen Anspruch auf Feststellung der 45

118 BGH, Großer Senat für Strafsachen, Beschluss v. 17.1.2008, GSSt 1/2007, BGHSt 52, 124 Tz 45; BGH wistra 2009, 347 Tz 5.
119 NStZ-RR 2008, 208 Tz 4 f.
120 BT-Drucks. 17/3802, 24.

Unangemessenheit der Verfahrensdauer (§ 199 Abs. 3 S. 1 Hs 2 GVG iVm § 198 Abs. 4 GVG).

Hinweis: Nicht zu prüfen ist im Entschädigungsverfahren, ob die Kompensation im Strafverfahren genügte; § 199 Abs. 3 S. 1 GVG erklärt sie für ausreichend.

46 b) **Anwendungsbereich für § 198 GVG.** Wo beim Strafverfahren die Sperrwirkung des § 199 Abs. 1 S. 1 GVG endet, beginnt der Anwendungsbereich des Entschädigungsanspruchs aus § 198 Abs. 1 GVG. Nach einem strafrechtlichen Ermittlungsverfahren bzw Strafverfahren kommt ein Anspruch aus § 198 Abs. 1 S. 1 GVG wegen rechtsstaatswidriger Verzögerung demnach in Betracht:

- wegen materieller Nachteile: uneingeschränkt,[121]
- wegen immaterieller Nachteile
  - für andere Verfahrensbeteiligte als den Beschuldigten: uneingeschränkt,
  - für den Beschuldigten:
    - bei einer Einstellung des Verfahrens, die nicht auf Verfahrensverzögerung beruht
    - falls im Strafverfahren eine Kompensation versehentlich unterblieben ist.
  - für den Angeklagten:
    - bei einem Freispruch,
    - bei Verhängung einer Jugendstrafe, die aufgrund des Erziehungsgedankens nicht vollstreckt wird.[122]

47 Die im Gesetzgebungsverfahren ausgemachte Bedeutung der Entschädigungslösung im **Jugendstrafverfahren** aufgrund einer restriktiven Rechtsprechung des BGH reduziert sich zunehmend.[123] Auch bei Verhängung von Jugendstrafe erkennt der BGH die kompensierende Anwendung des Vollstreckungsmodells als grundsätzlich zulässig an, jedenfalls sofern Jugendstrafe allein wegen der Schwere der Schuld verhängt worden ist.[124] Der 5. Senat des BGH neigt überdies – im Unterschied zum 3. Senat des BGH[125] vor der Entscheidung des Großen Senats für Strafsachen[126] – dazu, dies auch anzunehmen, wenn die Jugendstrafe neben der Schwere der Schuld auch auf das Vorliegen schädlicher Neigungen gestützt worden ist.[127]

48 **2. Höhe des Ausgleichs.** Die Höhe des Ausgleichs für materielle Nachteile bemisst sich nach den allgemeinen Regeln (s. § 198 GVG Rn 56 ff). Für immaterielle Nachteile beträgt nach § 198 Abs. 2 S. 3 GVG die Entschädigung 1.200 Euro für jedes Jahr der Verzögerung. Von dieser Pauschale kann in Ausnahme-

121 Vgl Gegenäußerung der Bundesregierung BT-Drucks. 17/3802, 40.
122 BT-Drucks. 17/3802, 24.
123 BT-Drucks. 17/3802, 20, 24.
124 BGH Urteil v. 19.5.2010 – 2 StR 278/09, StraFo 2010, 389 Tz 38;.
125 BGH Beschluss v. 26.10.2006 – 3 StR 326/06, NStZ-RR 2007, 61 Tz 5.
126 BGHSt 52, 124 Tz 53.
127 BGH StV 2011, 588 Tz 11.

fällen nach oben oder unten abgewichen werden. Wie bei der Frage, ob eine rechtsstaatswidrige Verzögerung vorliegt, lässt sich auch dafür das Maß des Ausgleichs nicht anhand allgemeiner Kriterien festlegen; entscheidend sind stets die Umstände des Einzelfalles. Hierzu gehören beispielsweise:

- Umfang der staatlich zu verantwortenden Verzögerung;
- Maß des Fehlverhaltens der Strafverfolgungsorgane und Strafgerichte,
- Auswirkungen auf den Verfahrensbeteiligten.[128]

Zu berücksichtigen ist ferner, dass es bei der Entschädigung nach § 198 GVG nur um einen Ausgleich für die rechtsstaatswidrige Verursachung einer Verzögerung geht.[129] Im Falle einer Verurteilung bleiben die Verfahrensdauer als solche sowie die damit verbundenen Belastungen des Angeklagten deshalb bei der Kompensation ebenso außer Ansatz wie ein großer Abstand zwischen Tat und Verurteilung; beides ist der Strafzumessung zuzuordnen.[130] Der Ausgleich für das dem Staat zuzurechnende Verfahrensunrecht ist allein an der Intensität der Beeinträchtigung des subjektiven Rechts des Betroffenen aus Art. 6 Abs. 1 Satz 1 MRK auszurichten.[131]

V. Rechtsprechung zur rechtsstaatswidrigen Verzögerung eines Strafverfahrens

Die Darstellung folgt dem Ablauf des strafrechtlichen Ermittlungsverfahrens bzw. Strafverfahrens. 49

Entscheidung	Verzögerung	Besonderheiten	angemessen
BGH 13.6.2007 3 StR 194/07	2 Monate für Zuleitung der Akten an Polizei; über 2 Monate zum Schreiben der diktierten Anklage; mehrere Monate Aufenthaltsermittlung bei Haftvollstreckung	Verzögerungen im Ermittlungs- und Zwischenverfahren	nein
EGMR 10.2.2005 64387/01 StV 2005, 475	Ermittlungsverfahren 3 Jahre 11 Monate, 15 Monate Ermittlungen nicht vorangetrieben	nicht besonders komplex	nein
BGH 5.7.2007 5 StR 139/07, wistra 2007, 392	2 Jahre Ermittlungsverfahren	Komplexe Wirtschaftsstrafsache mit über 100 Beschuldigten	ja

128 Vgl BGH NStZ-RR 2008, 208 Tz 4 f.
129 Vgl zur Kompensation im Strafverfahren BGH StV 2008, 633 Tz 16.
130 Vgl MüKo/Maier, Anh. Zu § 46 StGB Rn 13 ff.
131 Vgl BGH NStZ-RR 2008, 208 Tz 4 f.

Entscheidung	Verzögerung	Besonderheiten	angemessen
BVerfG 19.4.1993 2 BvR 1487/90, NJW 1993, 3254	1 Jahr keine Verfahrensförderung durch Ermittlungsbehörde	Komplexität (Einkommenssteuerhinterziehung)	nein
BGH 26.6.1996 3 StR 199/95, NJW 1996, 2739	22 Monate Stillstand der Ermittlungen (Erkrankung des Wirtschaftsreferenten, vorrangige Haftsachen)	kein nur vorübergehender Personalengpass, sondern andauernder Zustand struktureller Art	nein
BGH 14.5.2008 3 StR 75/08	11 Monate zur Erstellung eines aussagepsychologischen Gutachtens		nein
BGH 27.8.2009 3 StR 250/09, BGHSt 54, 135	Polizei hat während des Ermittlungsverfahrens den Aufenthaltsort der Geschädigten nicht intensiv genug ermittelt	Nicht völlig untätig; allenfalls ganz erheblichen, kaum verständlichen Ermittlungsfehler beachtlich	ja
BGH 26.11.2008 5 StR 450/08, wistra 2009, 271	4 Jahre bis zur Anklage, davon über 8 Monate keine Förderung	Gesamte Verfahrensdauer über 6 Jahre; begrenzter Umfang, geringe Komplexität	nein
EGMR v. 13.7.1983, NJW 1984, 2749, 2750	vorübergehender Engpass in der Verhandlungskapazität		ja
BGH 24.8.2004 4 StR 293/04, wistra 2005, 34	1 Jahr 3 Monate zur Überarbeitung der vom Gericht zurückgereichten Anklage	Gesamte Verfahrensdauer 2 Jahre 6 Monate	nein
BGH 14.2.2008 3 StR 416/07, StV 2008, 298	2 Jahre 8 Monate zwischen Eingang der Anklageschrift und Beginn der Hauptverhandlung	auch unter Berücksichtigung der Besonderheiten des Falls	nein
EGMR 2.12.2003 37641/97	18 Monate bis zur Hauptverhandlung	3 Jahre 2 Monate Gesamtverfahrensdauer	nein
BGH 20.3.2008 1 StR 488/07, NJW 2008, 2451	19 Monate zwischen Einlassungsschrift und Eröffnungsbeschluss	Wirtschaftsstrafsache; langes Ermittlungsverfahren	nein

Entscheidung	Verzögerung	Besonderheiten	angemessen
BVerfG 8.12.2011 2 BvR 2181/11, NJW 2012, 513 Tz 35	mehr als 3 Monate zwischen Eröffnung des Hauptverfahrens und Beginn der Hauptverhandlung	Haftsache	nein
BGH 19.6.2002 2 StR 43/02, NStZ 2003, 384	ca. 6 Monate keine Förderung in der Sache durch die Kammer	Übertragung auf Hilfsstrafkammer im Bemühen um Beschleunigung	ja
BGH 4.11.2008 3 StR 336/08, StV 2009, 80	Jugendkammer terminiert 9 Monate später; keiner der Angeklagten ist in Untersuchungshaft oder wird auch nur von ihr verschont	Strafverfahren gegen Heranwachsende; vordringliche Haftsachen	ja
BGH 18.4.2002 3 StR 79/02 NStZ-RR 2002, 219	1 Jahr 9 Monate bis zum erstinstanzlichen Urteil	Tatvorwurf vier Verbrechen	ja
BVerfG 19.4.1993 2 BvR 1487/90, NJW 1993, 3254	2 Jahre 6 Monate zwischen Einlegung des Einspruchs gegen den Strafbefehl bis zur erstinstanzlichen Verurteilung		nein
BGH 17.8.2001 2 StR 267/01, NStZ-RR 2002, 262	2 Jahre Liegenlassen wegen Überlastung der Strafkammer		nein
EGMR v. 5.11.2002 45290/02	4 Jahre und 2 Monate Gesamtverfahrensdauer in einer Instanz	komplex	ja
	9 Jahre 5 Monate in drei Instanzen mit Verfassungsbeschwerde		
BGH 10.1.2007 5 StR 305/06 BGHSt 51, 202	1 Jahr Verfahrensdauer im ersten Rechtsgang	Untreue und Steuerhinterziehung in drei Fällen	ja
BGH 21.4.2009 4 StR 98/09, StraFo 2009, 245	1 Jahr zwischen erfolgreicher Richterablehnung und Neubeginn der Hauptverhandlung	Gesamte Verfahrensdauer 2 Jahre 6 Monate	nein

Entscheidung	Verzögerung	Besonderheiten	angemessen
BGH 18.8.1993 2 StR 299/93, wistra 1993, 340	Verzögerungen durch eine Verhinderung und den Wechsel der Verteidiger, Antrag auf Aussetzung der Hauptverhandlung oder Verhandlungsunfähigkeit des Angeklagten		ja
EGMR 29.7.2004 49746/99, NJW 2005, 3125	Hauptverhandlung mit durchschnittlich weniger als vier Verhandlungsterminen im Monat bei durchschnittlicher Dauer von zweieinhalb Stunden	Untersuchungshaft seit 2 Jahren; kein ausreichendes Bemühen, Zeugen und Sachverständige effizienter zu laden	nein
EGMR 10.2.2005 64387/01 StV 2005, 475	9 Jahre Gesamtverfahrensdauer (nicht besonders komplex; 10 Zeugen, 1 Sachverständiger)	insgesamt zu lang, auch wenn in den einzelnen Instanzen noch angemessen	nein
BVerfG 29.12.2005 2 BvR 2057/05, StV 2006, 81	mehr als 8 Monate für die Abfassung der Urteilsgründe, von vornherein ausgerichtet auf das zeitlich fixierte Ende der Frist von § 275 Abs. 1 StPO	Haftsache	nein
BVerfG 19.4.1993 2 BvR 1487/90, NJW 1993, 3254	Zustellung des Berufungsurteils 6 Monate nach unwirksamer Zustellung		nein
BGH 27.11.1997 5 StR 500/97, wistra 1998, 101	1 Jahr 10 Monate zwischen Erlass des Urteils und Eingang der Akten beim Revisionsgericht	Gesamtfreiheitsstrafe von 3 J. 6 M. auf 3 J., von 1 J. 9 M. auf 1 J. 5 M. reduziert	nein
BGH 17.12.2003 1 StR 445/03, wistra 2004, 140	Ca. 3 Monate zwischen Eingang der Revisionsbegründung beim Landgericht und Übersendung des Vorganges an den Generalbundesanwalt		ja
BGH 30.8.2006 2 StR 231/06 wistra 2006, 460	1 Jahr Liegenlassen der Akten bei der Staatsanwaltschaft nach Einlegung der Revision bis zur Übersendung an den BGH		nein

§ 200 GVG

Für Nachteile, die auf Grund von Verzögerungen bei Gerichten eines Landes eingetreten sind, haftet das Land. Für Nachteile, die aufgrund von Verzögerungen bei Gerichten des Bundes eingetreten sind, haftet der Bund. Für Staatsanwaltschaften und Finanzbehörden in Fällen des § 386 Absatz 2 der Abgabenordnung gelten die Sätze 1 und 2 entsprechend.

§ 200 GVG weist die Haftung für die Nachteile, die dem Geschädigten aus der Verfahrensverzögerung erwachsen, dem Land zu, dessen Gerichte für die Verzögerungen verantwortlich sind; bei Versäumnissen von Bundesgerichten haftet der Bund. Nach der gesetzgeberischen Begründung normiert die Vorschrift damit eine Aufteilung der Haftungsbereiche, die der Verbandskompetenz der unterschiedlichen Rechtsträger für die deutsche Gerichtsbarkeit folgt.[1] Mit dieser materiellrechtlichen Haftungsregel korrespondiert die Kompetenzzuweisung des § 201 Abs. 1 GVG, wonach Entschädigungsklagen gegen ein Land an das zuständige Oberlandesgericht und gegen den Bund an den Bundesgerichtshof zu richten sind (siehe § 201 Rn 6). Dementsprechende Zuweisungen existieren auch in den anderen Gerichtsbarkeiten (siehe Art. 6 – 8), auf die die Regelungen des ÜVerfBesG entsprechende Anwendung finden (vgl § 173 Satz 1 VwGO, § 9 ArbGG, § 202 SGG), wobei allerdings in der Finanzgerichtsbarkeit eine ausschließliche Zuständigkeit des Bundesfinanzhofs besteht (Vgl § 155 FGO).[2] 1

Magnus hat darauf hingewiesen, dass die Haftungsregelung des § 200 GVG unbefriedigend sei, wenn an der Verfahrensverzögerung mehrere Gerichte unterschiedlicher Rechtsträger mitgewirkt haben.[3] Für diesen Fall schlägt er eine **gesamtschuldnerische Lösung** dergestalt vor, wonach jeder der beteiligten Rechtsträger für den gesamten Schaden haftet und es dem Geschädigten überlassen bleibt, ob er den Bund oder das Land in Anspruch nimmt; ein **Gesamtschuldnerausgleich** müsse sich dann zwischen dem Bund und Land (oder mehrere beteiligten Ländern im Falle einer Verweisung) „auch ohne gerichtliche Hilfe bewerkstelligen lassen.[4] 2

Tatsächlich bleibt für eine solche Lösung unter Berücksichtigung der Gesetzgebungsgeschichte kein Raum. Der ursprüngliche **Referentenentwurf** hatte eine gesamtschuldnerische Haftung der Gerichte verschiedener Rechtsträger vorgesehen;[5] in der Begründung findet sich der Hinweis, dass die Notwendigkeit, ein Verfahren gegen mehrere Rechtsträger führen zu müssen, voraussichtlich zu einer erheblichen Einschränkung seiner Effektivität führe und deshalb der 3

1 Vgl BT-Drucks. 17/3802, 25.
2 Dazu im Einzelnen Böcker DStR 2011, 2173, 2177.
3 Magnus, ZZP 2012, 75, 83.
4 Magnus aaO, S. 83.
5 Vgl § 200 des Referentenentwurfes, der lautete: „Sind an dem Gerichtsverfahren Gerichte verschiedener Rechtsträger beteiligt, gelten die Vorschriften der §§ 421 bis 426 des Bürgerlichen Gesetzbuches entsprechend. Für den Ausgleich im Innenverhältnis sind die Anteile der beteiligten Gerichte an der Verfahrensdauer maßgeblich. Hat ein Gericht die Verfahrensverzögerung nicht mit verursacht, bleibt sein Anteil für den Ausgleich unberücksichtigt."

Betroffene nach allgemeinen Grundsätzen wählen können solle, ob er seine Entschädigungsklage gegen einen oder mehrere der Entschädigungspflichtigen richte.[6] Trotz dieser plausiblen Erwägungen hat der Gesetzgeber nicht die gesamtschuldnerische Lösung, sondern eine Haftung des Bundes für Nachteile wegen Verfahrensverzögerungen bei Bundesgerichten, und eine Haftung des Landes für Nachteile wegen Verfahrensverzögerungen bei Gerichten des Landes geregelt. Diese gesetzgeberische Grundentscheidung ist zu respektieren, so dass die Überlegungen von Magnus allenfalls de lege ferenda Beachtung finden können.

4 Zudem erscheinen die Schwierigkeiten, den **Haftungsanteil** des jeweiligen Rechtsträgers für die Verfahrensverzögerung festzustellen, zumindest bei **immateriellen Nachteilen** eher überschaubar. Wenn das jeweils angerufene Entschädigungsgericht eine Entschädigung zusprechen will, kann es sich ohnehin nicht darauf beschränken, eine insgesamt zu lange Verfahrensdauer festzustellen; vielmehr muss es die dem jeweiligen Gericht zur Last fallenden Verzögerungen konkret ermitteln und hieraus die Entschädigung nach Maßgabe des § 198 Abs. 2 Satz 3 GVG ableiten. Dabei darf das OLG als Entschädigungsgericht nur für die bei den „eigenen" Gerichten, also den Gerichten des Landes angefallenen Verfahrensverzögerungen Entschädigung zusprechen, während der BGH als Entschädigungsgericht die im eigenen Verantwortungsbereich aufgetretenen Verfahrensüberlängen feststellen und den Bund ggf zur Entschädigung verurteilen muss. Das erlaubt im Normalfall eine tragfähige Abgrenzung der jeweiligen Haftungsanteile.

5 Schwierigkeiten können sich dagegen bei der Entschädigung **materieller Nachteile** ergeben.

Beispiel: Eine Zahlungsklage ist insgesamt fünf Jahre beim Landgericht und dem Oberlandesgericht sowie zwei Jahre beim Bundesgerichtshof anhängig. Der Beklagte wird nach der letztinstanzlichen Entscheidung insolvent.

6 Wird in dieser Situation das OLG als Entschädigungsgericht wegen einer in den Tatsacheninstanzen aufgetretenen Überlänge angerufen, muss es zwangsläufig auch darüber entscheiden, ob und ggf in welchem Maße dem BGH eine unangemessene Verfahrensdauer zur Last fällt, da es nur so den eigenen Haftungsanteil bestimmen kann. In diesem Fall kann die von der Entscheidung des OLG negativ betroffene Partei jedoch versuchen, über das unter den Voraussetzungen des § 201 Abs. 2 GVG zulässige Revisionsverfahren eine Korrektur zu erreichen.

§ 201 GVG

(1) Zuständig für die Klage auf Entschädigung gegen ein Land ist das Oberlandesgericht, in dessen Bezirk das streitgegenständliche Verfahren durchgeführt wurde. Zuständig für die Klage auf Entschädigung gegen den Bund ist der Bundesgerichtshof. Diese Zuständigkeiten sind ausschließliche.

6 Vgl S. 25 der Begründung zum Referentenentwurf, abrufbar über die Website des BGH.

(2) Die Vorschriften der Zivilprozessordnung über das Verfahren vor den Landgerichten im ersten Rechtszug sind entsprechend anzuwenden. Eine Entscheidung durch den Einzelrichter ist ausgeschlossen. Gegen die Entscheidung des Oberlandesgerichts findet die Revision nach Maßgabe des § 543 der Zivilprozessordnung statt; § 544 der Zivilprozessordnung ist entsprechend anzuwenden.

(3) Das Entschädigungsgericht kann das Verfahren aussetzen, wenn das Gerichtsverfahren, von dessen Dauer ein Anspruch nach § 198 abhängt, noch andauert. In Strafverfahren, einschließlich des Verfahrens auf Vorbereitung der öffentlichen Klage, hat das Entschädigungsgericht das Verfahren auszusetzen, solange das Strafverfahren noch nicht abgeschlossen ist.

(4) Besteht ein Entschädigungsanspruch nicht oder nicht in der geltend gemachten Höhe, wird aber eine unangemessene Verfahrensdauer festgestellt, entscheidet das Gericht über die Kosten nach billigem Ermessen.

I. Zuständigkeit

§ 201 Abs. 1 GVG regelt die sachliche und örtliche Zuständigkeit für die Entscheidung über die Klage auf Entschädigung wegen eines überlangen Gerichtsverfahrens oder strafrechtlichen Ermittlungsverfahrens. Danach ist die ordentliche Gerichtsbarkeit (nur) für Verfahren aus ihrem Bereich zuständig.[1] Ursprünglich sollten auch die Entschädigungsverfahren aus den anderen Gerichtszweigen vor den ordentlichen Gerichten – ebenso wie Amtshaftungsklagen – verhandelt und entschieden werden, weil dies eine homogene Rechtspre- 1

1 Vgl etwa die Daten aus dem Jahr 2011 zu den Zivilsachen (Statistisches Bundesamt https://www.destatis.de/DE/Publikationen/Thematisch/Rechtspflege/GerichtePersonal/Zivilgerichte Fachserie 10 Reihe 2.1). Im Jahr 2011 dauerten die 1.209.201 vor den Amtsgerichten erledigten Zivilsachen im Bundesdurchschnitt 4,7 Monate, bei einem streitigen Urteil 7,0 Monate. Mehr als zwölf Monate dauerten 5,7 %, mehr als 24 Monate 1,2 % der Verfahren. Unter Berücksichtigung des Berufungsverfahrens beim Landgericht dauerten 17,1 % der Verfahren insgesamt länger als zwei Jahre. Von den 370.603 erledigten erstinstanzlichen Zivilprozessen am Landgericht waren 13,5 % mehr als zwölf Monate und 6,3 % länger als 24 Monate anhängig; die Verfahrensdauer betrug durchschnittlich 8,2 Monate, bei streitigen Urteilen 13,4 Monate. Die von den Oberlandesgerichten mit streitigem Urteil erledigten Berufungssachen wiesen eine durchschnittliche Gesamtdauer von 29,7 Monaten auf; 38,4 % dauerten insgesamt länger als zwei Jahre.

chungspraxis fördert; durchgesetzt hat sich aber die **„Gerichtszweiglösung“**. [2] Demzufolge liegt die Entscheidung über Entschädigungsansprüche bei der jeweils betroffenen Gerichtsbarkeit, da sie in ihrem Bereich die „Angemessenheit“ der Verfahrensdauer selbst am besten beurteilen kann und dies für die jeweilige Fachgerichtsbarkeit eine Befriedungswirkung nach innen entfaltet (vgl § 9 Abs. 2 ArbGG, § 202 SGG, § 173 S. 2 VwGO, § 155 FGO).[3]

2 Nach § 201 Abs. 1 S. 3 GVG bestimmt § 201 Abs. 1 S. 1, 2 GVG eine **ausschließliche** Zuständigkeit – sowohl sachlich als auch örtlich. Damit kann weder durch Parteivereinbarung noch durch rügelose Einlassung die Zuständigkeit eines anderen Gerichts begründet werden, § 40 Abs. 2 S. 1 Nr. 2, S. 2 ZPO.

Hinweis: Für die vom Entschädigungsanspruch aus § 198 GVG unberührt bleibenden Ansprüche aus Amtshaftung nach § 839 BGB iVm Art. 34 GG ist in erster Instanz das LG ausschließlich zuständig, § 71 Abs. 2 Nr. 2 GVG.[4] Da sich die Streitgegenstände nicht decken, dürfen weder LG noch OLG bzw das Obergericht der Fachgerichtsbarkeit oder ein oberstes Bundesgericht – auch nicht entsprechend § 17 Abs. 2 S. 1 GVG – über beide Ansprüche entscheiden.[5]

3 **1. Sachliche Zuständigkeit.** Entsprechend der in § 200 GVG geregelten, an der Verbandskompetenz orientierten Haftungsaufteilung zwischen Bund und Land nimmt § 201 Abs. 1 S. 1, 2 GVG eine **Aufteilung** der Zuständigkeiten vor.[6] Maßgeblich für die **sachliche Zuständigkeit** ist danach, ob das Verfahren bei einem Gericht des Landes oder des Bundes verzögert wurde. Hat ein Gericht des Landes (Amtsgericht, Landgericht, Oberlandesgericht) ein Verfahren aus dem Bereich der ordentlichen Gerichtsbarkeit verzögert, ist in erster Instanz das Oberlandesgericht für die Verhandlung und Entscheidung über die Entschädigungsklage zuständig. Diese von der für Zivilsachen üblicherweise geltenden Zuständigkeit abweichende erstinstanzliche Zuständigkeit der Oberlandesgerichte verkürzt den Instanzenzug und soll gewährleisten, dass die Feststellung, ob im Einzelfall eine unangemessene Verfahrensdauer vorliegt, aus der – im Falle von Verzögerungen beim Amts- oder Landgericht – übergeordneten Sicht der Oberlandesgerichte getroffen wird.[7] Bei der Verzögerung eines Verfahrens aus dem Bereich der ordentlichen Gerichtsbarkeit auf Bundesebene ist der Bundesgerichtshof zuständig.

2 Steinbeiß-Winkelmann ZRP 2010, 205, 208.
3 BT-Drucks. 17/3802, 16, 25; Steinbeiß-Winkelmann ZRP 2010, 205, 208.
4 Andernfalls hätte auch eine Fachgerichtsbarkeit, die im Fall überlanger Gerichtsverfahren in ihrem Gerichtszweig für Ansprüche nach § 198 GVG berufen ist, entgegen Art. 34 S. 3 GG über geltend gemachte Amtshaftungsansprüche zu entscheiden, vgl OLG Celle Beschluss vom 9.5.2012 – 23 SchH 6/12.
5 Althammer/Schäuble NJW 2012, 1, 6; Zimmermann, FamRZ 2011, 1905.
6 BT-Drucks. 17/3802, 2, 25.
7 Referentenentwurf vom 15.3.2010, 25. Befürwortend etwa Brenner, Stellungnahme vom 22.3.2011 zum Regierungsentwurf BT-Drucks. 17/3802, S 8; zur Kritik vgl etwa Stellungnahme der Strafverteidigervereinigungen vom 15.10.2010, S. 3 f; Löbbert, Stellungnahme vom 16.3.2011 zum Regierungsentwurf BT-Drucks. 17/3802 im Rechtsausschuss am 23.11.2011, S. 4.

Aufgrund der entsprechenden Anwendbarkeit von § 201 GVG in den übrigen Verfahrensordnungen (§ 9 Abs. 2 ArbGG, § 202 SGG, § 173 S. 2 VwGO, § 155 FGO) ist die sich daraus ergebende Grundregelung sinngemäß auf die jeweils betroffene **Gerichtsbarkeit** zu übertragen.[8] Die Aufteilung der Zuständigkeit zwischen Obergericht und oberstem Gerichtshof gilt deshalb für jede Gerichtsbarkeit gesondert. Demnach sind zur Entscheidung über Entschädigungsklagen 4

- im Bereich der ordentlichen Gerichtsbarkeit für Verzögerungen bei Gerichten eines Landes die Oberlandesgerichte, auf Bundesebene der Bundesgerichtshof, § 201 GVG,
- im Bereich der Arbeitsgerichtsbarkeit für Verzögerungen bei Gerichten eines Landes die Landesarbeitsgerichte, auf Bundesebene das Bundesarbeitsgericht, § 9 Abs. 2 S. 2 ArbGG,
- im Bereich der Verwaltungsgerichtsbarkeit für Verzögerungen bei Gerichten eines Landes die Oberverwaltungsgerichte bzw die Verwaltungsgerichtshöfe, auf Bundesebene das Bundesverwaltungsgericht, § 173 S. 2 VwGO,
- im Bereich der Sozialgerichtsbarkeit für Verzögerungen bei Gerichten eines Landes die Landessozialgerichte, auf Bundesebene das Bundessozialgericht, § 202 SGG, und
- im Bereich der Finanzgerichtsbarkeit der Bundesfinanzhof, § 155 FGO, zuständig.[9]

Zur Wahrung der Einheitlichkeit der Rechtsprechung ist der auf der Grundlage des Art. 95 Abs. 3 GG geschaffene Gemeinsame Senat der obersten Gerichtshöfe anzurufen, wenn ein oberster Gerichtshof in einer Rechtsfrage von der Entscheidung eines anderen obersten Gerichtshofs oder des Gemeinsamen Senats abweichen will (§ 2 Abs. 1 RsprEinhG).

Für das Bundesverfassungsgericht gilt die Sonderregelung der §§ 97 a bis 97 e BVerfGG. Eine Regelung für die Landesverfassungsgerichte bleibt den Ländern überlassen.[10] 5

Ist das Verfahren der ordentlichen Gerichtsbarkeit sowohl bei einem Gericht eines Landes als auch auf Bundesebene verzögert worden, ist der zugrundegelegte Anteil des beteiligten Gerichts an der Verfahrensdauer für die Zuständigkeit maßgeblich. Soweit sich dieser Zeitanteil auf eine Verfahrensverzögerung bei einem Gericht auf Landesebene bezieht, ist das Oberlandesgericht zuständig; für die anteilige Verzögerung auf Bundesebene ist es der Bundesgerichtshof. Hierzu müssen nicht Verantwortungsanteile, sondern nur schematisch Zeitanteile auseinandergehalten werden. Der Sache nach entspricht eine solche 6

8 BT-Drucks. 17/3802, 25.

9 Dem Änderungsvorschlag des Bundesrats, im Bereich der Finanzgerichtsbarkeit die Zuständigkeit von Entschädigungsklagen wegen Verzögerungen auf Länderebene den Finanzgerichten, auf Bundesebene dem Bundesfinanzhof zuzuweisen, wurde aufgrund eines gemeinsamen Votums der Präsidenten der Finanzgerichte und des Bundesfinanzhofs nicht gefolgt, BT- Drucks. 17/3802, 38, 43.

10 BT-Drucks. 17/3802, 2.

Aufteilung nach Zeitanteilen auch § 4 Abs. 2 LastG, wonach unerheblich ist, mit welchem Maß an Pflichtwidrigkeit das eine oder das andere Gericht durch seine Verfahrensweise zu einer insgesamt überlangen Verfahrensdauer beigetragen hat.[11] Diese „**Anteilslösung**" zur Zuständigkeit korrespondiert mit der Bestimmung der Klagegegner nach § 200 GVG im Falle der Beteiligung mehrerer Gerichte unterschiedlicher Rechtsträger. Eine gesamtschuldnerische Haftung der Rechtsträger wurde dagegen im Gesetzgebungsverfahren nicht weiterverfolgt (s. § 200 GVG Rn 3). Der Passivlegitimation der Rechtsträger für die Anteilshaftung entspricht demnach die Zuständigkeit des Entschädigungsgerichts für die Entscheidung nur hierüber. Andernfalls würden die Teilschuldnerschaft und die Ausschließlichkeit der Zuständigkeit unterlaufen.

Hinweis: Mehrere Rechtsträger haften nach ihrem jeweiligen Anteil an der Verfahrensdauer als Teilschuldner. Damit geht die gerichtliche Zuständigkeit für die Entscheidung über den jeweiligen Anteil einher.

7 Der Kläger hat deshalb nicht nach § 35 ZPO die Wahl, wo er klagt, wie dies bei einer Klage gegen Bund und Land als Gesamtschuldner der Fall wäre und im Gesetzgebungsverfahren ursprünglich vorgesehen war.[12] Vielmehr bestimmt sich für jeden Haftungsanteil die Zuständigkeit gesondert. Daraus folgt nicht, dass zwei Entschädigungsverfahren vor zwei unterschiedlichen Gerichten erforderlich seien.[13] Der Entschädigungsgläubiger kann als Kläger einen Antrag auf Bestimmung der Zuständigkeit entsprechend § 36 Nr. 3 ZPO stellen. Bei der „Anteilslösung" sind die beiden Rechtsträger Bund und Land als Teilschuldner aus demselben Grund verpflichtet und können deshalb nach § 59 Alt. 2 ZPO als Streitgenossen verklagt werden. In der Rechtsprechung ist anerkannt, dass eine örtlich oder sachlich ausschließliche Zuständigkeit – wie hier nach § 201 Abs. 1 S. 3 GVG – dem übergeordneten Gericht iS des § 36 Nr. 3 ZPO nicht die Möglichkeit nimmt, unter den verschiedenen als zuständig in Betracht kommenden Gerichten eine Auswahl zu treffen.[14] Dies gilt erst recht, wenn für zwei Gerichte eine ausschließliche Zuständigkeit spricht. Die Lücke, dass es hier an einem übergeordneten Gericht wegen der erstinstanzlichen Zuständigkeit des BGH für die gegen den Bund gerichtete Anteilshaftung fehlt, dürfte nach dem Rechtsgedanken des § 36 Abs. 1 ZPO durch eine Zuständigkeit des höheren BGH zu schließen sein.

8 **2. Örtliche Zuständigkeit. Örtlich zuständig** ist für die Klage auf Entschädigung gegen ein Land nach § 201 Abs. 1 S. 1 GVG das Oberlandesgericht, in dessen Bezirk das streitgegenständliche **Ausgangsverfahren** aus dem Bereich der ordentlichen Gerichtsbarkeit durchgeführt wurde. Diese Neuregelung änderte die ursprüngliche Gesetzesfassung, wonach das Oberlandesgericht, in dessen Bezirk die Regierung des beklagten Landes ihren Sitz hat, zuständig war.[15] Durch diese Gesetzesänderung sind alle Oberlandesgerichte für Ent-

---

11 Vgl BVerwGE 128, 342 Tz 39.
12 Referentenentwurf vom 15.3.2010, 25.
13 AA Magnus ZZP 2012, 75, 83.
14 BGHZ 90, 155 Tz 9.
15 Art. 1 Nr. 6 Buchst. a des Gesetzes vom 6.12.2011 mit Wirkung vom 1.1.2012, BGBl. I 2011, 2554; BT-Drucks. 17/7669, 8.

schädigungsklagen in ihrem jeweiligen Geschäftsbereich und damit im **Gleichlauf** mit der Zuständigkeit für die Berufung bzw Revision gegen die Urteile des jeweiligen Gerichts zuständig. Die Änderung trägt dem Anliegen des Bundesrates Rechnung, bei der Entscheidung über Entschädigungsklagen eine dekonzentrierte Gerichtszuständigkeit vorzusehen, wobei allerdings nicht wie vom Bundesrat vorgeschlagen eine Verordnungsermächtigung erfolgte, sondern zur Vermeidung einer Zuständigkeitszersplitterung und eines erhöhten Rechercheaufwands die Zuständigkeit unmittelbar gesetzlich geregelt wurde.[16] Streitigkeiten am Sitz der Regierung zu konzentrieren, ermöglicht § 13 a GVG ohnehin.

Hinweis: Die Gesetzesänderung führt zu einem Gleichlauf der funktionellen Zuständigkeit des Oberlandesgerichts als Rechtsmittelgericht für das Ausgangsverfahren mit seiner örtlichen Zuständigkeit als Entschädigungsgericht.

Werden mehrere Bundesländer verklagt, etwa weil der Ausgangsrechtsstreit länderübergreifend abgegeben wurde, hat der Kläger die Wahl, welches der zuständigen Oberlandesgerichte er anruft.[17] Jedes Land haftet aber nur für diejenigen Verzögerungen, die seine Gerichte verursacht haben (§ 200 GVG).[18] 9

II. Verfahrensrecht

Nach **§ 201 Abs. 2 S. 1 GVG** sind die Vorschriften der ZPO über das Verfahren vor den Landgerichten im ersten Rechtszug entsprechend anwendbar. 10

1. Reichweite der Verweisung. Die Verweisung in § 201 Abs. 2 S. 1 GVG auf die Vorschriften der ZPO in Buch 2 Abschnitt 1, dh §§ 253 bis 494 a ZPO, ist **nicht abschließend.**[19] Vielmehr bringt die Verweisung zum Ausdruck, dass mit einer Entschädigungsklage vor dem BGH bzw OLG wie bei einem erstinstanzlichen Zivilprozess vor dem Landgericht zu verfahren ist. Über die Vorschriften der §§ 253 bis 494 a ZPO hinaus gelten demnach auch solche Vorschriften der ZPO, denen die Besonderheiten des Entschädigungsverfahrens nicht entgegenstehen, insbesondere aus dem Buch 1 der ZPO,[20] zB: 11

- § 3 ZPO Streitwert,
- § 40 Abs. 2 ZPO unzulässige Gerichtsstandvereinbarung,[21]
- § 78 Abs. 1 S. 1 ZPO Anwaltszwang vor dem Oberlandesgericht und § 78 Abs. 1 S. 3 ZPO Vertretung vor dem BGH durch einen beim BGH zugelassenen Rechtsanwalt,[22]
- §§ 114 ff ZPO Prozesskostenhilfe,

16 BT-Drucks. 17/7669, 8. So hatte der Bundesrat vorgeschlagen, in Ländern mit mehreren Oberlandesgerichten einen Gleichlauf mit dem für die Berufung bzw Revision gegen die Urteile des jeweiligen Gerichts zuständigen Oberlandesgericht und die Bestimmung eines anderen Oberlandesgerichts als desjenigen am Sitz der Regierung zu ermöglichen, BT-Drucks. 17/3802, 37, 42.
17 BT-Drucks. 17/3802, 25.
18 Zimmermann FamRZ 2011, 1905, 1910.
19 Baumbach/Lauterbach/Albers/Hartmann, ZPO, 70. Aufl. 2012, § 201 GVG Rn 6, 10.
20 Zimmermann FamRZ 2011, 1905,1910.
21 BT-Drucks. 17/3802, 25.
22 BT-Drucks. 17/3802, 25.

- § 139 ZPO Hinweispflicht,
- §§ 166 bis 195 ZPO Zustellungen,
- §§ 214 ff ZPO Terminsbestimmung und § 227 ZPO Terminsverlegung,
- die Ausformungen des Anspruchs auf rechtliches Gehör in §§ 136 bis 139, 141 ZPO oder
- § 574 Abs. 1 ZPO.

Beispiel: Der Entschädigungsgläubiger legt Beschwerde gegen einen Beschluss ein, durch den das Oberlandesgericht seinen Antrag auf Bewilligung von Prozesskostenhilfe mangels Erfolgsaussicht der beabsichtigten Entschädigungsklage zurückgewiesen hat. Maßgeblich ist § 574 Abs. 1 S. 1 ZPO, so dass die Rechtsbeschwerde nur statthaft ist, wenn das Beschwerdegericht sie in dem angefochtenen Beschluss zugelassen hat. Dagegen ist das Rechtsmittel der sofortigen Beschwerde gegen die Zurückweisung eines Prozesskostenhilfegesuchs in Entschädigungssachen nach §§ 198 ff GVG durch das (erstinstanzlich zuständige) Oberlandesgericht nicht eröffnet, weil sie nach § 127 Abs. 2 S. 2, 567 Abs. 1 ZPO nur statthaft ist, wenn es sich hierbei um eine im ersten Rechtszug ergangene Entscheidung der Amtsgerichte oder Landgerichte handelt.[23]

Hinweis: Klagt der Entschädigungsgläubiger die angemessene Entschädigung für immaterielle Nachteile ein, ist ein unbezifferter Antrag, durch den die Bemessung der begehrten Leistung in das Ermessen des Gerichts gestellt wird, grundsätzlich nach § 253 Abs. 2 Nr. 2 ZPO zulässig, wenn nicht nur die tatsächlichen Grundlagen, sondern auch die Größenordnung des geltend gemachten Betrages so genau wie möglich angeben werden.[24]

12 Über die Entschädigungsklage wegen eines überlangen Ausgangsverfahrens aus dem Bereich der **ordentlichen Gerichtsbarkeit** wird also beim Oberlandesgericht bzw Bundesgerichtshof wie bei einer Zivilsache beim Landgericht in erster Instanz verhandelt und entschieden. Dies gilt

- für bürgerliche Rechtsstreitigkeiten (die nicht vor die Gerichte für Arbeitssachen gehören),
- für Familiensachen und
- für Angelegenheiten der freiwilligen Gerichtsbarkeit, auch wenn sie in ihren Regelungsbereichen eigenen Verfahrensordnungen unterliegen (zB FamFG, GBO, LwVG) sowie
- für Strafsachen: Ob dem Entschädigungskläger ein auf die überlange Dauer eines Ermittlungs- bzw Strafverfahrens gestützter Anspruch zusteht, ist verfahrensrechtlich nach der ZPO zu erkennen.
- für Bußgeldsachen.

Beispiel: Die Anwendbarkeit der ZPO erfordert mitunter einen Wechsel der Verfahrensordnung, etwa

23 BGH MDR 2012, 987 Tz 4.
24 Vgl BGHZ 132, 341 Tz 33.

- weil die Amtsermittlung zwar nach § 26 FamFG bei einer Kindschaftssache im Ausgangsverfahren, nicht aber im von der zivilprozessualen Verhandlungsmaxime bestimmten Entschädigungsprozess gilt,
- weil der Entschädigungsprozess durch eine Klage einzuleiten ist, auch wenn es im verzögerten Verfahren keine „Klage", sondern nur „Anträge" gibt, wie in Familiensachen und in der freiwilligen Gerichtsbarkeit (§§ 23, 25 FamFG).[25]

§ 201 GVG gilt für Entschädigungsklagen beim Oberlandesgericht bzw Bundesgerichtshof, wohin nach der „Gerichtszweiglösung" (s. Rn 1) nur Ausgangsverfahren aus der ordentlichen Gerichtsbarkeit gelangen. Bei der entsprechenden Anwendung von § 201 Abs. 2 GVG in den **übrigen Gerichtsbarkeiten** sind die **Besonderheiten** der dort geltenden Regelungen zu berücksichtigen (s. Art. 6 bis 9).[26] 13

2. Verfahren. a) Grundsätze des Verfahrens. Gültigkeit haben im Entschädigungsprozess die Prozessmaximen der ZPO. So wird die Prüfung durch das Entschädigungsgericht nach dem **Dispositionsgrundsatz** durch den Antrag bestimmt, § 308 Abs. 1 ZPO. 14

Beispiel: Der Entschädigungskläger begehrt Zahlung von 6.0000.- EUR wegen überlanger Verfahrensdauer. Er hatte aber im Ausgangsverfahren keine Verzögerungsrüge erhoben, so dass sein Leistungsbegehren unbegründet ist. Allerdings ist die Klage allein deshalb nicht insgesamt abzuweisen. Vielmehr kann das Entschädigungsgericht feststellen, dass die Verfahrensdauer unangemessen war. Bei der Feststellungsklage handelt es sich gegenüber dem Leistungsbegehren um ein Weniger, dessen Zuerkennung § 308 ZPO nicht verbietet. Das Begehren des Klägers lässt sich in einen Antrag auf Feststellung umdeuten. Der Übergang von der Leistungs- zur Feststellungsklage stellt keine Klageänderung dar. Entspricht der Erlass eines Feststellungsurteils dem Interesse des Klägers, kann das Gericht diesem im weiteren Antrag enthaltenen eingeschränkten Klagebegehren auch ohne ausdrückliche hilfsweise Geltendmachung durch den Kläger stattgeben, § 198 Abs. 4 S. 2 GVG.[27]

Im Entschädigungsverfahren vor dem Oberlandesgericht und dem Bundesgerichtshof gilt der **Beibringungsgrundsatz.**[28] Verweist der Kläger in Ergänzung oder/und Erläuterung seines eigenen Tatsachenvorbringens fristgerecht auf den Inhalt von urkundlichen Anlagen zur Klageschrift, zB aus den Akten des Ausgangsverfahrens, ist zwar die Ausschlussfrist des § 198 Abs. 5 S. 2 GVG gewahrt (s. § 198 GVG Rn 175).[29] 15

Ein schlüssiger Klagevortrag liegt darin allein aber nicht ohne Weiteres.[30] Vielmehr hat der Entschädigungskläger insbesondere substantiiert darzulegen und im Bestreitensfall zu beweisen, dass 16

25 Zimmermann FamRZ 2011, 1905, 1909.
26 BT-Drucks. 17/3802, 25.
27 Heine MDR 2012, 327, 330; vgl BGH NJW 1984, 2295 Tz 15 f.
28 BT-Drucks. 17/3802, 25.
29 Vgl BGH MDR 1976, 1005 Tz 13.
30 Vgl Heine MDR 2012, 327, 332.

- eine Verzögerungsrüge, die den Voraussetzungen des § 198 Abs. 3 GVG genügt, im Ausgangsverfahren erhoben wurde (s. § 198 GVG Rn 147) und
- dass Tatsachen vorliegen, die eine unangemessene Dauer des Ausgangsverfahrens begründen[31] und
- hierdurch – falls geltend gemacht – materielle Nachteile eingetreten sind.

  Hinweis: Die schlichte Wiedergabe der chronologischen Eckdaten, wann das Ausgangsverfahren begonnen und beendet worden ist, genügt nicht. Der Entschädigungskläger hat vielmehr auch aufzuzeigen, dass weder rechtliche noch tatsächliche Schwierigkeiten des Verfahrens noch dessen besondere Bedeutung und auch nicht sein Verhalten zu der Verzögerung geführt haben.[32]
- Sodann obliegt dem Entschädigungsschuldner für Umstände, die in den Bereich der Justiz fallen und dem Einblick des Entschädigungsgläubigers entzogen sind, eine sekundäre Darlegungslast (s. § 198 Rn 48).[33]

Hinweis: Sache des beklagten Landes bzw Bundes ist es deshalb, sich im Rahmen der ihm nach § 138 Abs. 2 ZPO obliegenden Erklärungspflicht zu den Behauptungen des Entschädigungsgläubigers insbesondere dann konkret zu äußern, wenn dieser außerhalb des von ihm vorzutragenden Verfahrensablaufs steht und keine nähere Kenntnis der maßgebenden justizinternen Tatsachen besitzt, das Land bzw der Bund aber die wesentlichen Umstände kennt und es ihm zumutbar ist, dazu nähere Angaben zu machen.

Beispiel: Kam es vor dem Ausgangsgericht zu Verzögerungen bei der Terminierung, hat dies der Kläger vorzutragen. Dass diese Verzögerungen auf einem nur vorübergehenden Engpass in der Verhandlungs- oder Personalkapazität beruhten, hat sodann das beklagte Land bzw der Bund substantiiert darzulegen.[34]

17 Die Beklagtenseite hat ggf darzulegen, dass

- die Überlänge des Verfahrens den einzigen Nachteil darstellt und der Entschädigungsgläubiger keinen immateriellen Schaden erlitten, der nicht über eine Wiedergutmachung auf andere Weise ausgeglichen werden kann,
- das Verfahren keine besondere Bedeutung für den Entschädigungsgläubiger hatte oder
- der Entschädigungsgläubiger durch ein bestimmtes Verhalten erheblich zur Verzögerung beigetragen hat.[35]

18 Werden bestimmte Aktenteile des Ausgangsverfahrens für beweiserheblich gehalten, kann der **Beweisantritt nach § 432 ZPO** durch den Antrag auf Beiziehung der Akten erfolgen.

---

31 BT-Drucks. 17/3802, 25.
32 Vgl zu Art. 6 MRK BSG Beschluss vom 25.6.2012 – B 2 U 102/12 B.
33 BT-Drucks. 17/3802, 25; Zimmermann FamRZ 2011, 1905, 1910; vgl allgemein BGH NJW 2012, 2644 Tz 23; BGH NJW 2002, 1123 Tz 16.
34 Vgl EGMR v. 13.7.1983, NJW 1984, 2749, 2750.
35 BT-Drucks. 17/3802, 20.

Hinweis: Die Partei muss bei einem Antrag nach § 432 ZPO auf Beiziehung der Akten des Ausgangsverfahrens näher bezeichnen, welche Urkunden oder Aktenteile sie für erheblich hält.[36]

19 **b) Aussetzung des Verfahrens. aa) Aussetzungsermessen.** Ist das Ausgangsverfahren noch nicht beendet, so darf das Entschädigungsgericht den bei ihm anhängigen Rechtsstreit nicht durch eine Abweisung der Klage als "zur Zeit unbegründet" abschließen; vielmehr hat es die Möglichkeit wahrzunehmen, beide Prozesse sinnvoll aufeinander abzustimmen.[37] So kann das Entschädigungsgericht nach **§ 201 Abs. 3 S. 1 GVG** das Verfahren **aussetzen**, wenn das Gerichtsverfahren, von dessen Dauer ein Anspruch nach § 198 GVG abhängt, noch andauert. Diese Möglichkeit zur Aussetzung geht über § 148 ZPO hinaus.[38] § 148 ZPO setzt voraus, dass die Entscheidung in dem einen Rechtsstreit die Entscheidung des anderen rechtlich beeinflussen kann.[39] Für § 201 Abs. 3 S. 1 GVG genügt, dass - wenn auch nicht der Inhalt, so doch - der Zeitpunkt der Entscheidung im Ausgangsverfahren die Entscheidung über die Entschädigung beeinflussen kann. Von dieser Möglichkeit hat das Entschädigungsgericht nach pflichtgemäßem **Ermessen** Gebrauch zu machen (s.§ 198 GVG Rn 17, 35).[40] Ermessensleitender Gesichtspunkt ist dabei auch, in welchem Maße die weitere Dauer des Ausgangsverfahrens die Entscheidung über das Klagebegehren beeinflussen kann.

Beispiele:

- Wird Entschädigung für bereits feststellbare Nachteile durch eine unangemessene und unumkehrbare Verzögerung in einem beendeten Rechtszug eingeklagt, ist eine Aussetzung im Hinblick auf das noch laufende Ausgangsverfahren nicht von § 201 Abs. 3 S. 1 GVG gedeckt.
- Hat die Verfahrensdauer eine unangemessene Dauer angenommen und ist die Feststellung hierzu ausreichend, bedarf es keiner Aussetzung, § 198 Abs. 2 S. 2, Abs. 4 GVG.

20 Für eine Aussetzung nach § 148 ZPO spricht, wenn zugleich ein Anspruch auf Amtshaftung nach § 839 BGB iVm Art. 34 GG gerichtlich geltend gemacht wird. Die Anspruchskonkurrenz darf nicht zu einer **Überkompensation** führen, so dass der Ausgleich des einen Anspruchs bei der Bemessung der Höhe des anderen Anspruchs anzurechnen ist.[41] In einem solchen Fall sollte das zweite Verfahren bis zur rechtskräftigen Entscheidung im ersten Verfahren ausgesetzt werden.[42]

21 **bb) Aussetzungspflicht. § 201 Abs. 3 S. 2 GVG** begründet eine **Aussetzungspflicht.** Handelt es sich bei dem Ausgangsverfahren um ein strafrechtliches Er-

36 BGHZ 126, 217 Tz 21; Heine MDR 2012, 327, 332.
37 Vgl zu § 148 ZPO BGH NJW-RR 1986, 1060 Tz 8.
38 Nach Baumbach/Lauterbach/Albers/Hartmann, ZPO, 70. Aufl. 2012, § 201 GVG Rn 12, bestimmt § 201 Abs. 3 S. 1 GVG nur den Zeitpunkt, bis zu dem eine Aussetzung möglich ist.
39 BGH MDR 2012, 539 Tz 6.
40 BT-Drucks. 17/3802, 25; BVerfG NJW-RR 2007, 721 Tz 18.
41 BT-Drucks. 17/3802, 19.
42 Zimmermann, FamRZ 2011, 1905, 1906.

mittlungsverfahren bzw ein Strafverfahren und dauert dieses Ausgangsverfahren noch an, muss das Entschädigungsgericht aussetzen. Die Aussetzung dauert bis zum Abschluss des Ermittlungs- bzw Strafverfahrens. Zweck dieses Aussetzungszwangs ist es, der vorrangigen Kompensation im Strafverfahren, zB durch das Vollstreckungsmodell (s. § 199 Rn 42 f), Rechnung zu tragen. Staatsanwaltschaft bzw Strafgericht haben eine Verfahrensverzögerung bei ihren Entscheidungen zu berücksichtigen; das darf vom Entschädigungsgericht nicht vorweggenommen werden.[43] Der Aussetzungszwang korrespondiert mit der Sperrwirkung des § 199 Abs. 3 S. 1 GVG (s. § 199 Rn 41). Ein Anspruch aus § 198 Abs. 1 S. 1 GVG wegen immaterieller Nachteile, der nach einer Kompensation durch das Strafgericht bzw die Staatsanwaltschaft ausgeschlossen wäre, könnte vor einer solchen Kompensation zuerkannt werden müssen. Dies würde nicht nur zu einem Wettlauf mit dem Abschluss des Strafverfahrens führen, sondern müsste auch inhaltlich bei diesem Abschluss Berücksichtigung finden; beides soll durch die Aussetzungspflicht vermieden werden.

22 cc) **Verjährung.** Die Aussetzung des Verfahrens setzt ein Prozessrechtsverhältnis und damit voraus, dass die Entschädigungsklage zugestellt wird. Dies hemmt die Verjährung, § 204 Abs. 1 Nr. 1 BGB. Diese **Hemmung** endet grds. nach § 204 Abs. 2 S. 1 BGB sechs Monate, nachdem das Entschädigungsverfahren rechtskräftig entschieden oder anderweit erledigt ist.

23 Ist das Entschädigungsverfahren bis zur Erledigung des Ausgangsverfahrens ausgesetzt, **endet** die **Aussetzung** mit der Erledigung dieses Ausgangsverfahrens, ohne dass es einer Aufnahmeerklärung seitens der Parteien oder eines Aufhebungsbeschlusses bedürfte.[44]

24 Nach § 204 Abs. 2 S. 2 BGB **endet** mit der Erledigung des Ausgangsverfahrens zugleich die durch Klageerhebung herbeigeführte, fortdauernde **Hemmung** der Verjährung. Zwar gerät der Entschädigungsprozess nicht durch die Aussetzung in Stillstand im Sinne des § 204 Abs. 2 S. 2 BGB, weil dieser Stillstand des Verfahrens auf einer vom Gericht beschlossenen Aussetzung und damit nicht auf der Untätigkeit der Parteien beruht.[45] Knüpft der Aussetzungsbeschluss aber an die Erledigung eines anderen Verfahrens an und ist damit der Aussetzungsgrund für die Parteien erkennbar, tritt mit dem Wegfall des Aussetzungsgrundes durch die Untätigkeit der Parteien ein Verfahrensstillstand im Sinne des § 204 Abs. 2 S. 2 BGB ein.[46] Die Verjährungsfrist läuft dann weiter. Auf die Kenntnis der Parteien von der Erledigung des Strafverfahrens kommt es nicht an.[47]

Hinweis: Ist der Entschädigungsprozess im Hinblick auf das laufende Ausgangsverfahren ausgesetzt worden, läuft mit der Beendigung des Ausgangsverfahrens die Verjährungsfrist ohne Weiteres, auch ohne Kenntnis des Entschädigungsgläubigers, weiter.

43 BT-Drucks. 17/3802, 26.
44 BGHZ 106, 295 Tz 10.
45 BGH VersR 1982, 651 Tz 10.
46 Vgl BGHZ 106, 295 Tz 11.
47 BGHZ 106, 295 Tz 11.

3. Entscheidung. a) Urteil. Die Entscheidung über die Entschädigungsklage erfolgt in der Form eines zu begründenden Urteils. 25

aa) Besetzung des Spruchkörpers. Getroffen wird die Entscheidung durch den Senat in voller Besetzung. **§ 201 Abs. 2 S. 2 GVG** schließt eine Entscheidung durch den Einzelrichter aus. Die Gesetzesbegründung stellt darauf ab, dass es wegen der besonderen Schwierigkeit der Entschädigungssachen der qualitätssichernden Wirkung des Kollegialspruchkörpers in besonderem Maße bedürfe und deshalb eine Übertragung auf den Einzelrichter infolge originärer Zuständigkeit oder durch Senatsbeschluss ausgeschlossen sei.[48] 26

Nach § 201 Abs. 1 S. 4 GVG aF durften die Präsidenten der Gerichte und ihre ständigen Vertreter bei Entscheidungen über einen Anspruch nach § 198 GVG nicht mitwirken. Durch diese – den Stellungnahmen von Richterverbänden Rechnung tragende[49] – Regelung sollten Verflechtungen mit Aufgaben der Dienstaufsicht vermieden werden, da es für den neuen Entschädigungsanspruch nicht auf eine Pflichtverletzung des mit der Sache befassten Richters ankommt.[50] Eben deshalb sah der Bundesrat in einem solchen unüblichen Ausschluss an der Mitwirkung einen möglichen Ausdruck des Misstrauens gegenüber den Präsidenten und ihren ständigen Vertretern.[51] Dementsprechend wurde die Vorschrift des § 201 Absatz 1 Satz 4 GVG aF mit Wirkung zum 1.1.2012 gestrichen.[52] Nunmehr regelt der Geschäftsverteilungsplan des Gerichts wie ansonsten auch die Besetzung des für Entschädigungsklagen zuständigen Spruchkörpers. 27

Nach **§ 41 Nr. 7 ZPO** sind diejenigen Richter, die am Ausgangsverfahren in einem Rechtszug mitgewirkt haben, auf dessen Dauer der Entschädigungsanspruch gestützt wird, von der Mitwirkung am Entschädigungsverfahren ausgeschlossen (s. Art. 5). 28

bb) Inhalt. Die Vorschriften zum Urteil (§§ 300 bis 329 ZPO), auch zum Versäumnisurteil (§§ 330 ff ZPO), gelten kraft Verweisung nach § 201 Abs. 2 S. 1 GVG. 29

Hinweis: Auch wenn es sich beim Ausgangsverfahren um eine Strafsache handelt, greifen für das Urteil im Entschädigungsprozess die zivilprozessualen Regeln zu einem erstinstanzlichen Urteil des Landgerichts ein; so sind grds. Tatbestand und Entscheidungsgründe nach § 313 ZPO erforderlich.[53] Dabei kann sich eine – § 313 a Abs. 1 bis 3 ZPO vorgehende – Begründungspflicht aus konventionsrechtlichen Grundsätzen ergeben.[54]

§ 201 Abs. 4 GVG ermöglicht eine **Kostenentscheidung** nach billigem Ermessen, wenn ein Anspruch auf Geldentschädigung nicht oder nicht in der geltend 30

48 BT-Drucks. 17/3802, 25.
49 BT-Drucks. 17/3802, 42; vom Deutschen Richterbund allerdings nicht beanstandet.
50 BT-Drucks. 17/3802, 25.
51 BT-Drucks. 17/3802, 37.
52 Art. 1 Nr. 6 Buchst. b des Gesetzes vom 6.12.2011, BGBl. I 2011, 2554; BT-Drucks. 17/7669, 9.
53 Baumbach/Lauterbach/Albers/Hartmann, ZPO, 70. Aufl. 2012, § 201 GVG Rn 13.
54 BT-Drucks. 17/3802, 20, unter Hinweis auf EGMR v. 29.3.2006 – 62361/00 Tz 94; Heine MDR 2012, 327, 332.

gemachten Höhe besteht, aber eine unangemessene Verfahrensdauer festgestellt wird. Das Leistungsbegehren des Klägers lässt sich dann ohne Änderung der Klage in einen darin enthaltenen Antrag auf Feststellung umdeuten, wobei dieser Antrag nicht – auch nicht nur hilfsweise – gestellt werden muss, § 198 Abs. 4 S. 2 GVG.[55] Kostenmäßig kann dem nach § 201 Abs. 4 GVG Rechnung getragen werden. So ermöglicht es die Regelung, die Beklagtenseite nach billigem Ermessen von unangemessen hohen Kosten zu entlasten, die sich aus einer vom Kläger geltend gemachten, unverhältnismäßig hohen Entschädigungsforderung und entsprechend hohem Streitwert ergäben.[56]

Hinweis: In der Kostenentscheidung kann im Wege billigen Ermessens zugunsten des Klägers zum Ausdruck kommen, wenn ein Begehren nach Geldentschädigung (nur) an der fehlenden Verzögerungsrüge scheitert, aber eine überlange Verfahrensdauer festzustellen ist, §§ 198 Abs. 4 S. 3 Hs 2, 201 Abs. 4 GVG.

31 Die **vorläufige Vollstreckbarkeit** folgt den allgemeinen Regeln der §§ 708 ff ZPO. Das OLG-Urteil im Entschädigungsprozess unterfällt nicht § 708 Nr. 10 ZPO. Regelmäßig wird das Urteil entweder nach §§ 708 Nr. 11, 711 ZPO ohne Sicherheitsleistung mit Abwendungsbefugnis (bei niedrigem Streitwert oder Klageabweisung; nach § 713 ZPO eventuell sogar ohne Abwendungsbefugnis) oder nach § 709 S. 1 ZPO gegen Sicherheitsleistung vorläufig vollstreckbar sein.

32 Die **Rechtskraft** eines klageabweisenden Urteils erfasst nur den Entschädigungsanspruch aus § 198 GVG; sie steht einer auf Amtshaftung gestützten Klage wegen desselben Lebenssachverhalts nicht entgegen, so dass es auch zu abweichenden Beurteilungen der Angemessenheit der Verfahrensdauer kommen kann.[57] Bei Rechtskraft des klagestattgebenden Urteils ist der zuerkannte Betrag auf die Bemessung der Höhe eines Anspruchs auf Amtshaftung nach § 839 BGB iVm Art. 34 GG zur Vermeidung einer Überkompensation anzurechnen " (s. Rn 20).[58]

33 **b) Verfahrensbeendigung ohne Urteil.** Entsprechend dem Dispositionsgrundsatz kann der Entschädigungsprozess auch anders als durch streitiges Urteil beendet werden, zB durch

- übereinstimmende Erledigungserklärung, § 91 a ZPO,
- Rücknahme der Entschädigungsklage, § 269 ZPO,
- Verzicht, § 306 ZPO,
- Anerkenntnis, § 307 ZPO,[59]
- Prozessvergleich, §§ 278, 794 Abs. 1 Nr. 1 ZPO.

34 **4. Rechtsmittel.** Gegen die Entscheidung des Oberlandesgerichts ist nach § 201 Abs. 2 S. 3 GVG die **Zulassungsrevision** (§ 543 ZPO) möglich. Die Revi-

55 Vgl BGH NJW 1984, 2295 Tz 15 f.
56 BT-Drucks. 17/3802, 26.
57 Althammer/Schäuble NJW 2012, 1, 6.
58 BT-Drucks. 17/3802, 19.
59 Im Unterschied zum Adhäsionsverfahren, vgl BGHSt 37, 263 Tz 12.

sion findet also statt, wenn sie das Oberlandesgericht in dem Urteil oder der Bundesgerichtshof auf Beschwerde gegen die Nichtzulassung (§ 544 ZPO) zugelassen hat. Das Oberlandesgericht hat die Revision zuzulassen, wenn die Rechtssache grundsätzliche Bedeutung hat oder die Fortbildung des Rechts oder die Sicherung einer einheitlichen Rechtsprechung eine Entscheidung des Revisionsgerichts erfordern, § 543 Abs. 2 ZPO. Nach § 201 Abs. 2 S. 3 Hs 2 GVG ist § 544 ZPO entsprechend anzuwenden. Zum Rechtsmittel gegen die Zurückweisung eines Antrags auf Bewilligung von Prozesskostenhilfe durch das OLG siehe Rn 11.

Hinweis: Auch im Entschädigungsprozess ist die Nichtzulassungsbeschwerde entsprechend § 544 ZPO bis einschließlich 31. 12. 2014 nur zulässig, wenn der Wert der mit der Revision geltend zu machenden Beschwer 20.000 Euro übersteigt, § 26 Nr. 8 EGZPO.

Artikel 2 Änderung des Bundesverfassungsgerichtsgesetzes

§ 97 a Abs. 1, 2 BVerfGG

(1) Wer infolge unangemessener Dauer eines Verfahrens vor dem Bundesverfassungsgericht als Verfahrensbeteiligter oder als Beteiligter in einem zur Herbeiführung einer Entscheidung des Bundesverfassungsgerichts ausgesetzten Verfahren einen Nachteil erleidet, wird angemessen entschädigt. Die Angemessenheit der Verfahrensdauer richtet sich nach den Umständen des Einzelfalles unter Berücksichtigung der Aufgaben und der Stellung des Bundesverfassungsgerichts.

(2) Ein Nachteil, der nicht Vermögennachteil ist, wird vermutet, wenn ein Verfahren vor dem Bundesverfassungsgericht unangemessen lange gedauert hat. Hierfür kann Entschädigung nur beansprucht werden, soweit nicht nach den Umständen des Einzelfalles Wiedergutmachung auf andere Weise, insbesondere durch die Feststellung der Unangemessenheit der Verfahrensdauer, ausreichend ist. Die Entschädigung gemäß Satz 2 beträgt 1200 Euro für jedes Jahr der Verzögerung. Ist der Betrag gemäß Satz 3 nach den Umständen des Einzelfalles unbillig, kann das Bundesverfassungsgericht einen höheren oder niedrigeren Betrag festsetzen.

A. Abs. 1

I. Allgemeines

1 Die Vorschrift entspricht in ihrem wesentlichen Regelungsgehalt § 198 Abs. 1 GVG. Die Einbeziehung der Verfahren vor dem Bundesverfassungsgericht war (und ist) notwendig, da auch das BVerfG als Teil der Judikative die grund- bzw menschenrechtliche Gewährleistung eines Verfahrensabschlusses innerhalb angemessener Zeit beachten muss.[1] Dass die weitaus meisten Verfassungsbeschwerdeverfahren beim BVerfG – wie auch anderweitige deutsche Gerichtsverfahren – innerhalb akzeptabler Zeiträume erledigt werden (siehe § 97 b Rn 1), lässt die Notwendigkeit effektiven Rechtsschutzes nicht entfallen.[2] Denn der EGMR hat immerhin auch in einigen BVerfG-Verfahren nicht hinnehmbare Verfahrensüberlängen festgestellt.[3]

1 Vgl BT-Drucks. 17/3802, S. 26.
2 Vgl Zuck, NVwZ 2012, 265, 266.
3 Vgl Entscheidung v. 5.10.2006, Az 75204/01, Tz 36; Entscheidung vom 15.2.2007, Az 191247/02, Tz. 45; Entscheidung v. 10.2.2011, Az 1521/06, Tz. 63.

Um der **besonderen Rolle des Bundesverfassungsgerichts** Rechnung zu tragen,[4] hat der Gesetzgeber allerdings nicht – wie bei den übrigen Verfahrensordnungen außerhalb der ZPO – auf die GVG-Normen verwiesen, sondern die Vorschriften in modifizierter Form in das BVerfGG übernommen.

II. Einzelfragen

Soweit die Tatbestandsmerkmale des § 97 a BVerfG mit denjenigen des § 198 Abs. 1 GVG übereinstimmen, kann grundsätzlich auf die dortige Kommentierung verwiesen werden. Die Besonderheiten der Vorschrift werden im Folgenden behandelt. 2

1. Verfahrensbeteiligte. Gemäß § 97 a Abs. 1 Satz 1 BVerfGG kommen als Entschädigungsberechtigte die **„Verfahrensbeteiligten“** oder die Beteiligten in einem zur Herbeiführung einer Entscheidung des Bundesverfassungsgerichts ausgesetzten Verfahren in Betracht. Um wen es sich dabei handeln soll, wird im BVerfGG nicht näher bestimmt. Da es an einer Verweisung auf die Definition des Verfahrensbeteiligten in § 198 Abs. 6 Nr. 2 GVG fehlt, wird vorgeschlagen, diesen Begriff „verfahrensbezogen“ zu bestimmen; Verfahrensbeteiligter soll danach jeder sein, der in einem Verfahren Anträge stellen kann, mit der Folge, dass etwa auch Verfassungsorgane innerhalb eines Organstreits „Verfahrensbeteiligte“ iSv § 97 a Abs. 1 Satz 1 BVerfGG – und damit auch Anspruchsberechtigte im Hinblick auf eine Entschädigung immaterieller Nachteile – wären.[5] 3

Tatsächlich liegt es aber nahe, insoweit von einem Redaktionsversehen des Gesetzgebers auszugehen und doch den **Beteiligtenbegriff des § 198 Abs. 6 Nr. 2 GVG** heranzuziehen. Das ÜVerfBesG dient der Verwirklichung des Grund- und Menschenrechtsschutzes;[6] es soll durch die Verzögerungsrüge solche Rechtsverletzungen verhindern oder hierfür nachträglich Ausgleich leisten. Als Grundrechts- und Menschenrechtsträger kommen aber nur natürliche und juristische Personen, nicht aber staatliche Organe in Betracht. Es wäre auch schwerlich vorstellbar, dass innerhalb eines Organstreits zB zwischen Bundesregierung und Bundestag den Beteiligten ein Entschädigungsanspruch gegen den Bund, also letztlich gegen sich selbst zustehen könnte. In der Gesetzesbegründung der Bundesregierung ist denn auch nur davon die Rede, dass Absatz 1 „für natürliche und juristische Personen“ einen Entschädigungsanspruch gegen den Staat wegen überlanger Verfahrensdauer begründen soll.[7] Das deutet gerade nicht darauf hin, dass der gesetzgeberische Wille im Anwendungsbereich des § 97 a Abs. 1 GVG auf eine Erweiterung des Kreises der Anspruchsberechtigten gerichtet war und staatliche Organe als Berechtigte einen Anspruch gegen den Staat selbst zugesprochen bekommen sollten. 4

2. Angemessenheit der Verfahrensdauer. Die **Angemessenheit der Verfahrensdauer** richtet sich – wie in § 198 Abs. 1 GVG – nach den Umständen des Ein- 5

4 Vgl Zuck, aaO S. 266.
5 Vgl Zuck aaO.
6 BT-Drucks. 17/3802, 15.
7 BT-Drucks. 17/3802, 26.

zelfalls. Es fehlt freilich an der in § 198 Abs. 1 GVG enthaltenen beispielhaften Nennung einzelfallbezogener Umstände, also der Schwierigkeit und Bedeutung des Verfahrens sowie des Verhaltens der Verfahrensbeteiligten und Dritter. Das darf jedoch nicht zu dem Schluss verleiten, diesen Kriterien komme für die Beurteilung der Verfahrensdauer bei BVerfG-Verfahren keine Bedeutung zu. In der – unwidersprochen gebliebenen – Äußerung der Bundesregierung zu dem Gesetzesentwurf wird im Gegenteil hervorgehoben, dass diese Umstände auch Anknüpfungspunkt für die Beurteilung der Verfahrensdauer in BVerfG-Verfahren seien, wobei als weiteres Kriterium ergänzend „die politische und soziale Bedeutung der Sache" genannt wird.[8] Die fehlende Aufzählung der Einzelkriterien soll die besondere Perspektive der Angemessenheitsprüfung im verfassungsgerichtlichen Verfahren verdeutlichen und klarstellen, dass die in § 198 Abs. 1 GVG aufgezählten Kriterien anders zu gewichten sein können.[9] Zu diesen Einzelkriterien kann daher auf die obigen Ausführungen zu § 198 Abs. 1, Rn 8 ff verwiesen werden.

6 **3. Berücksichtigung der Aufgaben und der Stellung des Bundesverfassungsgerichts.** Welche Besonderheiten des BVerfG-Verfahren können dazu führen, dass die Angemessenheit der Verfahrensdauer anders zu beurteilen ist als bei den ordentlichen Gerichten bzw der Fachgerichtsbarkeit? In der Gesetzesbegründung ist von „organisatorischen und verfahrensmäßigen Besonderheiten" die Rede.[10]

7 a) **Organisatorische Besonderheiten.** In organisatorischer Hinsicht, so die Bundesregierung in ihrer Gesetzesbegründung, sei zu berücksichtigen, dass eine **Kapazitätsausweitung** als Reaktion auf gestiegene Eingangszahlen nicht ohne Weiteres möglich sei, „da die grundsätzliche Struktur des Gerichts durch seine Funktion bedingt und in der Verfassung und dem Bundesverfassungsgerichtsgesetz vorgegeben sei." Mit jeder Vermehrung der Spruchkörper sei die Gewährleistung einer einheitlichen und verlässlichen Verfassungsrechtsprechung schwieriger. Organisatorischen Maßnahmen zum Zweck der Verkürzung der Verfahrensdauer seien daher Grenzen gesetzt.[11]

8 Diese „Grenzen" für eine Verkürzung der Verfahrensdauer ergeben sich einmal aus den **rechtlichen Rahmenbedingungen**, innerhalb derer das BVerfG seine Spruchtätigkeit ausübt. In der ordentlichen Gerichtsbarkeit kann bei den Instanzgerichten grundsätzlich die Landesjustizverwaltung die Zahl der Gerichte, Spruchkörper (Senate, Kammern bzw Abteilungen) und Richterplanstellen festlegen;[12] beim Bundesgerichtshof fällt die Festlegung der Anzahl der Senate gemäß § 130 Abs. 1 Satz 2 GVG in den Zuständigkeitsbereich des Bun-

8 BT-Drucks. 17/3802, 26; die „politische und soziale Bedeutung der Sache" spielt auch in den Entscheidungen des EGMR eine Rolle, vgl etwa Entscheidung vom 5.10.2006, Az 75204/01, Tz 36 oder Entscheidung vom 24.2.2005, Az 69354/00, Tz 30.
9 BT-Drucks. 17/3802, 26.
10 AaO.
11 BT-Drucks. 17/3802, 26.
12 Vgl etwa Zöller/Lückemann, ZPO, § 116, Rn 1 (zu den Senaten der OLG); „Bestimmung der Zahl der Senate ist Verwaltungsaufgabe" oder Lückemann aaO. § 60 Rn 1 (zu den Kammern der Landgerichte): „Bestimmung der Zahl der Kammern (...) ist Aufgabe der Justizverwaltung."

desjustizministers. Demgegenüber ist die Zahl der Senate des Bundesverfassungsgerichts **gesetzlich** dahin festgeschrieben, dass zwei Senate mit jeweils acht Richtern bestehen, § 2 Abs. 1, 2 BVerfGG. Eine Veränderung der Senatszahl und der dort tätigen Richter bedürfte daher einer Gesetzesänderung, die naturgemäß langsamer vonstatten geht als eine Verwaltungsentscheidung.

Zudem steht der Gesetzgeber einer Vermehrung der Spruchkörper skeptisch gegenüber, weil mit jeder Erweiterung die Gewährleistung einer **einheitlichen verfassungsrechtlichen Rechtsprechung** schwieriger werde.[13] Diese Einschätzung beruht wohl auf der Vorstellung, die Einheitlichkeit der Rechtsprechung werde am besten gewahrt und befördert, wenn die Richter sich wegen ihrer geringen Zahl persönlich kennen und untereinander austauschen. Ob diese Vorstellung zutrifft oder die Einheitlichkeit bei einer aufgestockten Senatszahl nicht auch auf andere Weise flankierend gesichert werden kann, lässt sich diskutieren.[14] Man wird aber dem Gesetzgeber eine Einschätzungsprärogative zubilligen und seine Sicht zumindest als vertretbar qualifizieren müssen.[15] 9

Ungeachtet der bisher nicht erfolgten **Aufstockung der Spruchkörperzahl** und der dargestellten rechtlichen Rahmenbedingungen, die eine Beschleunigung des BVerfG-Verfahren tendenziell erschweren, hat es in der Vergangenheit nicht an gesetzgeberischen Maßnahmen zur **Verfahrensbeschleunigung** gefehlt. Die häufigsten Änderungen des BVerfGG waren dadurch motiviert, die Funktionsfähigkeit des BVerfG, die durch die außerordentliche hohe Zahl von Verfassungsbeschwerden bedroht war (und ist),[16] zu sichern; sie hat u.a. zu dem in § 93 a BVerfGG eingeführten Annahmeverfahren und der weitgehenden Delegation der Beschwerdeprüfungen auf die Kammern gemäß § 93 b BVerfGG geführt. Intern kann das Plenum des BVerfGG gemäß § 14 Abs. 4 BVerfGG im Fall einer nicht nur vorübergehenden Überbelastung eines Senats eine von der Zuständigkeitsverteilung des 14 Abs. 1 bis 3 BVerfGG abweichende Geschäftsverteilung anordnen; zudem kann bei Bedarf auch die Zahl der zu jedem Richterdezernat gehörenden wissenschaftlichen Mitarbeiter erhöht werden.[17] 10

b) **Aufgabenbedingte Besonderheiten.** Der Gesetzgeber sieht in der besonderen Aufgabenstellung des BVerfG einen weiteren Umstand, der bei der Beurteilung der Verfahrenslänge berücksichtigt werden muss. Die Entscheidungen des BVerfG wirkten über den Einzelfall hinaus und hätten teilweise **Gesetzeskraft**, was eine besonders tiefgehende und abwägende Prüfung in grundsätzlich jedem verfassungsgerichtlichen Verfahren erfordere. Außerdem seien bei der Bearbeitung bisweilen andere Umstände zu berücksichtigen als nur die chronologische Reihenfolge der Eintragung in das Register; ein Zuwarten bei der Bear- 11

13 BT-Drucks. 17/3802, 26.

14 Der EGMR verfügte im Übrigen im Jahr 2011 über 47 Richter; vgl Meyer-Ladewig, EMRK, 3. Auflage, Art. 20 Rn 1.

15 Der Gesetzgeber hat denn auch in der Vergangenheit vielfach Maßnahmen zur Entlastung der BVerfG-Senate getroffen, aber niemals die Zahl der Spruchkörper erhöht, vgl Maunz/Schmidt/Bleibtreu/Klein/Bethge, § 2 Rn 1.

16 Maunz/Schmidt-Bleibtreu/Klein/Bethge, Vorbem. Rn 222 f; nach der vorzitierten Kommentierung hat der frühere BVerfG-Präsident Herzog dies drastisch mit den Worten zum Ausdruck gebracht: „Wir saufen ab."

17 Vgl Maunz/Schmidt-Bleibtreu/Klein/Bethge aaO, § 2 Rn 11.

beitung einzelner Verfahren zwecks Zusammenfassung geeigneter Parallelverfahren könne nötig sein, um einen Themenkomplex sinnvoll und umfassend beleuchten zu können.[18]

12 Dass die aufgezeigten Gesichtspunkte potenziell eine längere Verfahrensdauer als in einem „normalen" Verfahren der ordentlichen Gerichtsbarkeit rechtfertigen können, lässt sich nicht leugnen. Die Entscheidungen des Bundesverfassungsgerichts wirken oft nicht nur tatsächlich, sondern auch rechtlich über den Einzelfall hinaus; unter den Voraussetzungen des § 31 BVerfGG kommt ihnen sogar Gesetzeskraft zu. Bisweilen muss das BVerfG binnen Kürze über Fragen entscheiden, die die Grundlagen deutscher Staatlichkeit berühren – beispielsweise die Zulässigkeit der deutschen Beteiligung am Rettungsschirm ESM. Es versteht sich von selbst, dass derartige Entscheidungen die Ressourcen des Gerichts in besonderem Maße in Anspruch nehmen, und es dann zu Verzögerungen bei anderen, zurückgestellten Verfahren kommen kann.

13 Sofern in der Gesetzbegründung allerdings davon die Rede ist, grundsätzlich jedes verfassungsgerichtliche Verfahren erfordere eine besonders tiefgehende Prüfung,[19] handelt es sich nicht um eine allgemeingültige Aussage. Denn es gibt fraglos Verfahren, bei denen sich das BVerfG in „festen Bahnen" bewegt und den Fall anhand einer gefestigten Rechtsprechung schnell entscheiden kann. Insbesondere bedarf eine **Verfassungsbeschwerde,** die das BVerfG etwa nach § 93 c BVerfGG für offensichtlich begründet erklärt, nicht oder jedenfalls nicht immer einer „besonders tiefgehenden" Prüfung. Zuck weist zudem zu Recht darauf hin, dass die Masse der Verfassungsbeschwerden nicht von den Kammern erledigt wird und es nur selten zu einer Senatsentscheidung kommt; die Haupttätigkeit wird dabei tatsächlich von den wissenschaftlichen Mitarbeitern bewältigt.[20] Von daher kann man auch bezweifeln, ob die Regelung in § 97 b Abs. 1 BVerfGG, wonach eine Verzögerungsrüge im Unterschied zu den Verfahren vor den sonstigen Gerichtsbarkeit erst nach zwölf Monaten erhoben werden darf, sachlich gerechtfertigt ist. Wie noch zu zeigen sein wird, hat der EGMR im Einzelfall auch eineinhalb Jahre währende Verfassungsbeschwerdeverfahren für unangemessen erachtet (siehe unten Rn 19).

14 c) **Rechtsprechung des EGMR.** Der Gesetzgeber lehnt sich mit der in § 97 a BVerfGG statuierten besonderen Berücksichtigung der Rolle und der Aufgaben des BVerfG jedenfalls zum Teil an die Rechtsprechung des EGMR an. Wenn der EGMR die Verfahrensdauer beim BVerfG geprüft und beanstandet hat, stellt er regelmäßig klar, dass das BVerfG „**Hüter der Verfassung**" sei[21] und deshalb gehalten sein könne, anstelle der Eingangsreihenfolge die „Natur der Sache und ihre politische und soziale Bedeutung"[22] vorrangig zu berücksichtigen. Das deckt sich in der Sache mit den Gesichtspunkten, die auch die Bundesregierung in ihrer Gesetzesbegründung als maßgeblich erkannt hat.

18 BT-Drucks. 17/3802, 26.
19 BT-Drucks. 17/3802, 26.
20 Zuck, aaO, S. 267.
21 EGMR Entscheidung v. 5.10.2006, Az 75204/01, Tz 36.
22 AaO.; EGMR Entscheidung v. 15.2.2007, Az 19124/02, Tz 45.

Offenbar konzediert der EGMR auch, dass die sachlichen und personellen Kapazitäten des BVerfG bei Engpässen nicht ohne Weiteres aufgestockt werden können. So hat er eine Sonderbelastung des Bundesverfassungsgerichts durch die **deutsche Wiedervereinigung** bei der Beurteilung der Verfahrensdauer berücksichtigt und mit Blick darauf eine Verfahrensdauer von zB vier Jahren und acht Monaten[23] als verhältnismäßig angesehen. 15

Allerdings lässt der EGMR nicht **unbesehen** durch die Wiedervereinigung oder andere Sonderumstände hervorgerufene Verzögerungen durchgehen. Er betont vielmehr regelmäßig in solchen Konstellationen, dass die Vertragsstaaten der Konvention ihre Justizsysteme so organisieren müssten, dass Verfahren innerhalb angemessener Frist verhandelt werden können. Insbesondere prüft er im Detail, ob der von der Regierung angegebene Grund für die Verfahrensverzögerung tatsächlich besteht.[24] 16

Beispiel: In seiner Entscheidung vom 5.10.2006, Az 75240114, ging es um einen Antrag auf Entschädigung für eine angebliche Berufskrankheit; das Verfahren zog sich von der Widerspruchseinlegung bis zur Entscheidung des Bundessozialgerichts über insgesamt fünf Jahre hin. Im Juni 1996 legte der Beschwerdeführer Verfassungsbeschwerde ein, woraufhin das BVerfG im Dezember 1997 den Bundestag, den Bundesrat, das Bundessozialgericht sowie weitere Institutionen um eine schriftliche Stellungnahme zu der Verfassungsbeschwerde bat. Die letzte Stellungnahme ging im September 1998 ein. Im März 2001 lehnte es eine Kammer des BVerfG ab, die Beschwerde zur Entscheidung anzunehmen. Die **Verfahrensdauer** vor dem BVerfG betrug also fast **fünf Jahre**.

Die Bundesregierung verwies darauf, dass das BVerfG die Beschwerde anderen Behörden habe zur Kenntnis geben müssen. Das Bundesverfassungsgericht habe – auch im Kontext der deutschen Wiedervereinigung – über dringendere Verfahren von erheblicher politischer Bedeutung entscheiden müssen und von 1996 bis März 2001 etwa 11.000,00 Entscheidungen getroffen.

Der EGMR ließ diese Einwände nicht gelten. In seiner Urteilsbegründung erinnerte zunächst daran, dass die Vertragsstaaten der Konvention ihre Justizsysteme so organisieren müssten, dass ein Verfahren innerhalb angemessener Frist verhandelt werde. Dabei sei allerdings zu beachten, dass diese Verpflichtung nicht für ein Verfassungsgericht in der gleichen Weise ausgelegt werden könne wie für ein ordentliches Gericht; insbesondere müsse ein Verfassungsgericht bisweilen andere Umstände berücksichtigen als die chronologische Reihenfolge der Eintragung ins Register. Wenngleich die Regierung Stellungnahmen von Behörden hätte einholen dürfen, so hätte es nach Vorlage dieser Stellungnahmen im September 1998 mit seiner Entscheidung nicht bis zum März 2001 warten dürfen. Die Umstände der deutschen Wiedervereinigung könnten die Untätigkeit während dieses Zeitraums nicht rechtfertigen, da nur fünf der wesentlichen Entscheidungen zwischen September 1998 und März 2001 die Wiedervereinigung betroffen hätten.

23 EGMR Entscheidung v. 24.1.2002, Az 52447/99, EuGRZ 2002, 235.
24 EGMR Entscheidung v. 15.2.2007, Az 19124/02 Tz 46.

17 Ebenso wenig ließ der EGMR den „Wiedervereinigungseinwand" in seiner Entscheidung vom 15.2.2007, Az 19124/02 gelten. Hier hatte das Verfassungsbeschwerdeverfahren „nur" **dreieinhalb Jahre** gedauert. Der EGMR hielt der Bundesregierung entgegen, dass „nicht mehr" als zehn der fünfzig wichtigsten Entscheidungen zu vereinigungsrechtlichen Fragen ergangen seien, während die Bundesregierung sich gerade darauf berufen hatte, dass von den fünfzig wichtigen Entscheidungen, der der Erste Senat zwischen 1999 und 2002 getroffen hatten, zehn die Wiedervereinigung betrafen. Der EGMR stellte zudem klar, dass auch das BVerfG eine **Beschleunigungspflicht** trifft, wenn das Verfahren bereits vor Einlegung der Verfassungsbeschwerde lange gedauert hat.[25]

18 Der EGMR akzeptiert es auch nicht ohne Weiteres, wenn das BVerfG eine Verfassungsbeschwerde wegen einer bevorstehenden Gesetzesänderung liegen lässt.

Beispiel: In dem Verfahren Az 60354/00, das der EGMR am 24.2.2005 entschied, hatte sich der Beschwerdeführer im August 1993 gegen eine Entscheidung des OLG Frankfurt aM gewandt, mit der das alleinige Sorgerecht über das gemeinsame Kind seiner von ihm geschiedenen Ehefrau übertragen worden war. Das BVerfG leitete die Sache wiederum verschiedenen Verfassungsorganen und weiteren Organisationen zur Stellungnahme zu. Ende 1994 teilte das Justizministerium dem BVerfG, dass zu der aufgeworfenen Frage eine Reform des Kindschaftsrechts geplant sei, bei der die gemeinsame Sorge nach einer Scheidung ausdrücklich vorgesehen sei; Ende 1997 erkundigte sich das BVerfG telefonisch bei dem Beschwerdeführer, ob er seine Verfassungsbeschwerde im Hinblick auf die im Juli 1998 anstehende Gesetzesänderung für erledigt erklären wolle. Nachdem der Beschwerdeführer dies abgelehnt hatte, beschloss das BVerfG im Dezember 1999, die Sache nicht zur Entscheidung anzunehmen. Die Verfahrensdauer betrug also **sechs Jahre.**

Der EGMR beanstandete insbesondere, dass das BVerfG die Sache bis zum von September 1994 bis Dezember 1997 habe liegen lassen. Das BVerfG habe seine Entscheidung nicht bis zum Inkrafttreten der Kindschaftsrechtsreform ruhen lassen dürfen, zudem habe er nach der Mitteilung des Beschwerdeführers vom Juni 1998, dass er noch eine Entscheidung wünsche, mit dieser nicht bis Dezember 1999 warten dürfen.[26]

19 In **Kindschaftssachen** können bereits Verfassungsbeschwerdeverfahren von gut **anderthalb Jahren** unangemessen lang sein:

Beispiel: In dem der Entscheidung vom 10.2.2011 zugrunde liegenden Verfahren Az 1521/06 hatte der Beschwerdeführer im März 1999 einen Antrag auf begleiteten Umgang mit seinem Kind gestellt; das Oberlandesgericht schloss sein Umgangsrecht im November 2003 bis zum Jahr 2005 aus, u.a. deshalb,

25 In dem vom BVerfG entschiedenen Verfahren hatte eine Balletttänzerin auf Weitergewähr einer zu DDR-Zeiten gezahlten, nach der Wiedervereinigung aber gestrichenen Zuwendung geklagt. Das Verfahren hatte **sechs Jahre** gedauert, bevor es zum BVerfG gelangte.

26 Entscheidung vom 24.2.2005, Az 60534/00, Tz 31.

weil das Kind infolge der jahrelangen Blockadehaltung der Mutter den Wunsch nach Umgang mit dem Vater aufgegeben habe.[27] Die hiergegen im Dezember 2003 eingelegte Verfassungsbeschwerde nahm das BVerfG im Juli 2005 nicht zur Entscheidung an.

Der EGMR erachtete diese Verfahrensdauer für zu lang.[28]

Die Rechtsprechung des EGMR zu Verfassungsbeschwerdeverfahren lässt sich wie folgt zusammenfassen: 20

- Grundsätzlich gilt auch für BVerfG-Verfahren, dass der Staat sein Justizsystem so zu organisieren hat, dass Rechtsstreitigkeiten innerhalb angemessener Frist entschieden werden können.
- Dabei sind allerdings Sonderbelastungen aufgrund besonderer politischer Umstände – wie etwa bei der deutschen Wiedervereinigung – im Einzelfall geeignet, eine Verfahrensverlängerung zu rechtfertigen.
- Der EGMR prüft jedoch in jedem Einzelfall, ob sich aus der jeweiligen Situation tatsächlich eine Sonderbelastung ergeben hat.
- Verfassungsbeschwerdeverfahren können trotz der anerkannten Sonderrolle des Bundesverfassungsgerichts im Einzelfall schon bei einer Verfahrensdauer von weniger als zwei Jahren als unangemessen lang qualifiziert werden. Dies gilt etwa für besonders beschleunigungsbedürftige Kindschaftssachen.
- Das Bundesverfassungsgericht muss diejenigen Verfahren beschleunigt abwickeln, die bereits mit einer Überlänge zu ihm gelangt sind.
- Das BVerfG darf Verfassungsbeschwerden nicht mit Rücksicht auf einschlägige Gesetzesvorhaben unangemessen lange liegen lassen.

3. Schlussfolgerungen für künftige Beschwerdeverfahren. Die Entwicklung der Rechtsprechung des BVerfG zu den bei ihm selbst anfallenden Verzögerungsbeschwerden bleibt abzuwarten. Geht man von der bisherigen Rechtsprechung des EGMR aus, so lässt sich jedenfalls aus der besonderen Rolle des Bundesverfassungsgerichts als Staatsorgan nicht **pauschal** ein „Aufschlag" für die noch hinnehmbare Verfahrenslänge ableiten. Vielmehr bedarf es in jedem Einzelfall der Prüfung, ob tatsächlich eine durch die verfassungsrechtlichen und verfassungsgerichtliche Besonderheiten bedingte Verzögerung vorgelegen hat. Bei den Verfassungsbeschwerden, die bei den Kammern anhängig sind und in weitem Umfang von den wissenschaftlichen Mitarbeitern entscheidungsreif vorbereitet werden, dürfte dies tendenziell selten der Fall sein;[29] Liegezeiten von **sechs bis neun Jahren** lassen sich vor diesem Hintergrund sicher nicht 21

27 EGMR Entscheidung vom 10.02.2011, Az 1521/06 Tz. 38.

28 AaO. Tz. 66: „Der Gerichtshof stellt schließlich fest, dass das Bundesverfassungsgericht seine Entscheidung erst nach einem Jahr und sieben Monaten nach der Befassung durch den Beschwerdeführer getroffen hat, während das Verfahren vor den Familiengerichten bereits mehr als viereinhalb Jahre gedauert hatte."

29 Vgl Zuck aaO, S. 267: „Die Besonderheiten verfassungsgerichtlicher Rechtsprechung haben für die Senatsverfahren sicher ausschlaggebendes Gewicht. Für das Alltagsgeschäft der Kammerrechtsprechung darf dieser Korrekturmodus aber nicht überbewertet werden (...)."

rechtfertigen.[30] Eine Verfahrensdauer von bis zu **einem Jahr** dürfte in der Regel unbedenklich sein, im Einzelfall, insbesondere in sensiblen Fragestellungen des Kindschaftsrechts, kann man aber bereits bei einer Dauer von eineinhalb Jahren von einer unangemessenen Verfahrensdauer ausgehen. Bei entsprechender Verfahrensdauer und negativer Betroffenheit des Beschwerdeführers kann es also lohnen, das Verzögerungsbeschwerdeverfahren gemäß § 97 b BVerfGG einzuleiten.

B. Abs. 2

22 Die Entschädigungsregelung entspricht in der Sache § 198 Abs. 2 und Abs. 4 GVG, so dass auf die dortigen Ausführungen verwiesen werden kann.

§ 97 b BVerfGG

(1) Über Entschädigung und Wiedergutmachung wird auf Grund einer Beschwerde zum Bundesverfassungsgericht entschieden (Verzögerungsbeschwerde). Die Verzögerungsbeschwerde ist nur zulässig, wenn der Beschwerdeführer beim Bundesverfassungsgericht die Dauer des Verfahrens gerügt hat (Verzögerungsrüge). Die Verzögerungsrüge ist schriftlich und unter Darlegung der Umstände, die die Unangemessenheit der Verfahrensdauer begründen, einzulegen. Sie ist frühestens zwölf Monate nach Eingang des Verfahrens beim Bundesverfassungsgericht zulässig. Einer Bescheidung der Verzögerungsrüge bedarf es nicht.

(2) Die Verzögerungsbeschwerde kann frühestens sechs Monate nach Erheben einer Verzögerungsrüge erhoben werden; ist eine Entscheidung des Bundesverfassungsgerichts ergangen oder das Verfahren anderweitig erledigt worden, ist die Verzögerungsbeschwerde binnen drei Monaten zu erheben. Sie ist schriftlich einzulegen und gleichzeitig zu begründen. Bis zur rechtskräftigen Entscheidung über die Verzögerungsbeschwerde ist der Anspruch nicht übertragbar.

I. Allgemeines

1 Derzeit gehen jährlich nahezu 6.000 Verfassungsbeschwerden beim Bundesverfassungsgericht ein.[1] Das spiegelt seine besondere Belastung wider, zumal es

30 Vgl Zuck aaO.
1 www.bverfg.de.

auch mit weiteren Verfahren (zB Normenkontrollverfahren, Verfassungsstreit) befasst ist. Dabei wurden im Durchschnitt der Jahre 2003 bis 2011 innerhalb eines Jahres 68 % der Verfassungsbeschwerden erledigt; 88 % aller Verfassungsbeschwerden werden innerhalb von zwei Jahren entschieden, weitere 4 % binnen drei Jahren und 2% in mehr als vier Jahren.[2] 6 % der Verfassungsbeschwerden aus den Eingangsjahren 2003 bis 2011 sind anhängig geblieben.[3] Die mit der hervorgehobenen Stellung des Bundesverfassungsgerichts verbundenen besonderen Aufgaben setzen einer weitergehenden Verfahrensbeschleunigung durch organisatorische und verfahrensbezogene Maßnahmen Grenzen (siehe § 97 a BVerfGG Rn 6 ff).[4] Aufgabe des Bundesverfassungsgerichts ist es, grundsätzliche Verfassungsfragen zu entscheiden, die für das Staatsleben und die Allgemeinheit von Bedeutung sind, und – wo nötig – die Grundrechte des Einzelnen durchzusetzen.[5] Die Verfassungsrechtsprechung erfordert deshalb eine besonders tiefgehende, nicht vorrangig dem Zeitablauf unterworfene Prüfung und würde in ihrer Kontinuität durch eine Vergrößerung der Spruchkörper erschwert.[6] Den Besonderheiten von Verfahren und Organisation tragen auch in verfahrensrechtlicher Hinsicht die Sonderregelungen der §§ 97 b bis e BVerfGG für den Rechtsschutz bei überlangen Gerichtsverfahren Rechnung. §§ 198 ff GVG sind auf Verfahren vor dem Bundesverfassungsgericht nicht anwendbar.

Die Neuregelung führt einen neuen Rechtsbehelf, die sog. **Verzögerungsbeschwerde**, ein. Sie ermöglicht erstmals eine nationale gerichtliche Überprüfung von Verfahren vor dem Bundesverfassungsgericht – insofern stellt sie ein Novum dar.[7] Die Kontrolle bezieht sich nur auf die Dauer des Verfahrens vor dem Bundesverfassungsgericht und wird von ihm selbst vorgenommen. Auswirken wird sich dieser Rechtsbehelf vor allem auf den EGMR, den es weiter entlasten dürfte. 2

II. Verzögerungsbeschwerde

Aufgrund der **Verzögerungsbeschwerde** wird über Ansprüche auf Entschädigung und Wiedergutmachung auf andere Weise wegen der Verzögerung eines Verfahrens beim Bundesverfassungsgericht entschieden, **§ 97 b Abs. 1 S. 1 BVerfGG**. Die Verzögerungsbeschwerde dient der gerichtlichen Durchsetzung eines Anspruchs auf Wiedergutmachung nach § 97 a Abs. 1 BVerfGG. Damit tritt sie für Verfahren vor dem Bundesverfassungsgericht an die Stelle einer Klage nach § 198 Abs. 5 GVG.[8] 3

1. Beschwerdegegenstand. Sämtliche von Art. 93 GG erfasste Verfahren vor dem Bundesverfassungsgericht können mit der Verzögerungsbeschwerde auf 4

2 Jahresstatistik 2011, www.bverfg.de.
3 Jahresstatistik 2011, www.bverfg.de.
4 BT-Drucks. 17/3802, 26.
5 BVerfG 2. Senat 3. Kammer, Beschluss vom 18.7.2012 – 2 BvR 1243/12.
6 BT-Drucks. 17/3802, 26.
7 Benda/Klein/Klein, Verfassungsprozessrecht, Rn 1310.
8 BT-Drucks. 17/3802, 27.

ihre unangemessene Dauer überprüft werden.[9] Bezugspunkt ist dabei nicht – wie bei § 198 GVG – das Gesamtverfahren,[10] sondern **isoliert** das Verfahren vor dem Bundesverfassungsgericht.[11] Gegenstand der Verzögerungsbeschwerde ist also nur die Dauer des Verfahrens vor dem Bundesverfassungsgericht. Deshalb kann es zu einem Nebeneinander von einem Anspruch aus § 97 a Abs. 1 BVerfGG mit einem Anspruch aus § 198 Abs. 1 GVG hinsichtlich der weiteren Dauer des Verfahrens vor den Fachgerichten kommen.

5 **2. Verzögerungsrüge. a) Zweck.** Die Verzögerungsrüge führt dazu, dass eine Art Vorverfahren durchgeführt wird,[12] das allerdings für das Bundesverfassungsgericht zur Vermeidung weiterer Belastungen stark entformalisiert ist. Die Verzögerungsrüge hält den Spruchkörper im Ausgangsverfahren dazu an, der Rüge abzuhelfen und das Verfahren zu fördern. Hierfür gibt sie ihm mit der Wartefrist des § 97 b Abs. 2 S. 1 BVerfGG sechs Monate Zeit. Ihr **Zweck** liegt zum einen darin, das Ausgangsverfahren zu beschleunigen und damit (weiteren) Verletzungen des Rechts auf angemessene Verfahrensdauer vorzubeugen. Zum anderen bezweckt das Erfordernis einer Verzögerungsrüge, dass sich der Beteiligte nicht missbräuchlich auf die Position „Dulde und liquidiere" zurückziehen kann (siehe § 198 GVG Rn 102 f).[13]

6 **b) Rechtsnatur.** Die Verzögerungsrüge ist Prozesshandlung. Nach § 97 b Abs. 1 S. 2 BVerfGG ist die Einlegung der Verzögerungsrüge **Zulässigkeitsvoraussetzung** für die von der Beschwerdekammer zu prüfende Verzögerungsbeschwerde. Darin unterscheidet sich diese Verzögerungsrüge von derjenigen nach § 198 Abs. 3 GVG, die eine materiellrechtliche Anspruchsvoraussetzung darstellt. Entsteht ohne die Erhebung einer wirksamen Verzögerungsrüge nach § 198 Abs. 3 GVG kein Anspruch auf eine Entschädigung in Geld zum Ausgleich materieller und/oder immaterieller Nachteile, so kommt es bei Verfahren vor dem Bundesverfassungsgericht erst gar nicht zu einer inhaltlichen Prüfung der Verzögerungsbeschwerde. Die Ausgestaltung als Zulässigkeitsvoraussetzung soll also das gerichtsinterne, nur vor dem Bundesverfassungsgericht geführte Entschädigungsverfahren erleichtern.[14] Ob die Verzögerungsrüge frist- und formgerecht erhoben wurde, ist im Beschwerdeverfahren **von Amts wegen** zu prüfen.

7 **c) Form.** Die Verzögerungsrüge ist in demjenigen (Ausgangs-) Verfahren beim Bundesverfassungsgericht zu erheben, für dessen Dauer der Betroffene Wiedergutmachung begehrt. Sie ist vom Anspruchsgläubiger, dh dem Verfahrensbeteiligten oder dem Beteiligten in einem zur Herbeiführung einer Entscheidung des Bundesverfassungsgerichts ausgesetzten Verfahren (bzw durch dessen Vertreter), einzulegen. Wirksam wird die Verzögerungsrüge mit Zugang beim Bundesverfassungsgericht.

9 Erfasst sind auch die Tätigkeit der Kammern (§ 15 a BVerfGG), nicht aber die Verfahren im Allgemeinen Register (§§ 60 ff. GeschO-BVerfGG), vgl Zuck, NVwZ 2012, 265, 266.
10 BT-Drucks. 17/3802, 18.
11 Zuck, NVwZ 2012, 265, 267; Benda/Klein/Klein, Verfassungsprozessrecht, Rn 1297.
12 Benda/Klein/Klein, Verfassungsprozessrecht, Rn 1298.
13 BT-Drucks. 17/3802, 20.
14 BT-Drucks. 17/3802, 27.

Nach § 97 b Abs. 1 S. 3 BVerfGG bedarf die Verzögerungsrüge der **Schriftform.** Das Schriftformerfordernis trägt dem Umstand Rechnung, dass es beim Bundesverfassungsgericht nur selten zur mündlichen Verhandlung kommt, sondern fast alle Verfahren schriftlich geführt werden.[15] 8

Im Unterschied zur Verzögerungsrüge nach § 198 Abs. 3 GVG (s. § 198 GVG Rn 116) sind die Umstände, die die Unangemessenheit der Verfahrensdauer begründen, darzulegen. Diese **Darlegungslast** soll das Bundesverfassungsgericht vor formelhaft und routinemäßig eingelegten Verzögerungsrügen bewahren und die Belastungen durch das neue Entschädigungsverfahren eindämmen; sie ist den Betroffenen angesichts des außerordentlichen Charakters der Rechtsbehelfe (idR Verfassungsbeschwerden) auch zumutbar.[16] Der Betroffene muss also nicht nur zum Ausdruck bringen, dass er mit der Dauer des Verfahrens nicht einverstanden ist bzw Beschleunigung verlangt, sondern auch deutlich machen, dass die Rüge berechtigt erhoben wurde. 9

d) **Mindestfrist.** Frühester Termin für die Erhebung der Verzögerungsrüge ist nach § 97 b Abs. 1 S. 4 BVerfGG der Ablauf von **zwölf Monaten** nach Eingang des Verfahrens beim Bundesverfassungsgericht. Mit dieser konkreten **Mindestfrist** löst sich die Regelung für Verfahren vor dem Bundesverfassungsgericht von § 198 Abs. 3 S. 2 Hs 1 GVG, wonach auf die konkrete Möglichkeit einer Überlänge des Verfahrens bzw erstmals tatsächliche Anhaltspunkte für einen unangemessen späten Abschluss dieses Verfahrens abzustellen ist (s. § 198 GVG Rn 124 f). Die Mindestfrist soll den Besonderheiten des verfassungsgerichtlichen Verfahrens Rechnung tragen, insbesondere dem Umstand, dass die Verfahren mitunter abweichend von ihrer Eingangsreihenfolge zu bearbeiten sind.[17] Für die Gewährung von Akteneinsicht (§ 20 BVerfGG), das Verfahren auf Erstattung von Auslagen (§ 34 a BVerfGG) oder den einstweiligen Rechtsschutz (§ 32 BVerfGG) ist die Jahresfrist zu lang, wird idR aber auch nicht überschritten.[18] 10

Hinweis: Die Mindestfrist nach § 97 b Abs. 1 S. 4 BVerfGG bringt zum Ausdruck, dass eine Verfahrensdauer von einem Jahr nicht als unangemessen lang zu bewerten ist.[19]

Die Mindestfrist von zwölf Monaten soll dem befürchteten Missbrauch durch zu frühe Rügen entgegenwirken. Dagegen sieht die Sonderregelung des § 97 b BVerfGG im Unterschied zu § 198 Abs. 3 S. 2 Hs 2 GVG **keine Sperrfrist** gegen in kurzen Abständen wiederholte Rügen, die sog. „Kettenrügen“, vor. Eine Wiederholung der Verzögerungsrüge in demselben Verfahren ist zwar nicht notwendig; sie wird aber auch nicht ausgeschlossen und noch nicht einmal in zeitlichen Grenzen gehalten. Letztlich dürfte allein bzw schon der Respekt vor dem Bundesverfassungsgericht einen solchen Missbrauch verhindern. 11

15 BT-Drucks. 17/3802, 27.
16 BT-Drucks. 17/3802, 27.
17 BT-Drucks. 17/3802, 27.
18 Zuck, NVwZ 2012, 265, 269; kritisch für Verfahren des einstweiligen Rechtsschutzes auch Benda/Klein/Klein, Verfassungsprozessrecht, Rn 1299.
19 BT-Drucks. 17/3802, 27.

12 e) **Verspätung.** Einen **Endtermin,** bis zu dem die Verzögerungsrüge im laufenden Ausgangsverfahren zu erheben ist, und damit eine Rügefrist legt das Gesetz nicht fest. Da die Geduld eines Verfahrensbeteiligten nicht bestraft werden soll, ist es grds. unerheblich, wann die Rüge nach dem in § 97 b Abs. 1 S. 4 BVerfGG bestimmten Zeitpunkt, dh im Anschluss an den Ablauf von zwölf Monaten nach Verfahrenseingang, eingelegt wird. Die Rüge darf andererseits nicht so spät kommen, dass sie kaum mehr präventiv wirken kann und damit nicht mehr nur **Geduld, sondern schon Duldung** („Dulde und liquidiere") zum Ausdruck bringt (s. § 198 GVG Rn 136, 142). Eine solche bewusst verspätete Rüge ist zwar nicht unzulässig; allerdings fließt das „Dulde und liquidiere"-Verhalten in die Beurteilung ein, ob es sich um eine angemessene Verfahrensdauer handelt (§ 97 a Abs. 1 S. 2 BVerfGG) oder eine Feststellung der Überlange als Wiedergutmachung auf andere Weise genügt (§ 97 a Abs. 2 S. 2 BVerfGG); auch lässt sich deshalb nach § 97 a Abs. 2 S. 4 BVerfGG der volle Pauschalbetrag für die Entschädigung wegen immaterieller Nachteile verringern.

13 f) **Keine Bescheidung.** Ist die Verzögerungsrüge unbegründet, erübrigt sich jede Reaktion des Gerichts. Im Falle einer begründeten Rüge soll das Verfahren vorangetrieben werden. Diesem gesetzgeberischen Anliegen widerspräche eine Begründungspflicht, die das Gericht belastet und das Verfahren verzögert. Das Gericht braucht die Verzögerungsrüge nach § 97 b Abs. 1 S. 5 BVerfGG deshalb nicht zu bescheiden; es muss sich auch nicht dazu äußern. Dies gilt auch, wenn die Verzögerungsrüge verfrüht erhoben wurde.

14 3. **Beschwerdebefugnis.** Ein Beschwerdeführer ist beschwerdebefugt, wenn es nach seinem Vortrag zumindest **möglich** erscheint, dass er durch die überlange Dauer eines Verfahrens vor dem Bundesverfassungsgericht einen Nachteil erlitten hat.[20] Die Angemessenheit der Dauer (nur) des Verfahrens vor dem Bundesverfassungsgericht lässt sich nicht allgemein festlegen, sondern bestimmt sich nach den Umständen des Einzelfalls unter Berücksichtigung der Aufgaben und der Stellung des Bundesverfassungsgerichts als Verfassungsorgan und Hüter der Verfassung, § 97 a Abs. 1 S. 2 BVerfGG (siehe § 97 a BVerfGG Rn 5). Die in § 198 Abs. 1 S. 2 GVG genannten Kriterien der Schwierigkeit und Bedeutung des Verfahrens sowie des Verhaltens der Verfahrensbeteiligten und Dritter können sich in diesem verfassungsprozessualen Zusammenhang anders darstellen und zu gewichten sein, so dass der Gesetzgeber ausdrücklich auf ihre Aufzählung verzichtet.[21]

15 4. **Form.** Nach **§ 97 b Abs. 2 S. 2 BVerfGG** ist die Verzögerungsbeschwerde schriftlich einzulegen. Ferner bedarf sie nach dieser Vorschrift einer **Begründung.**

16 5. **Wartefrist.** Mitunter kann zwar bei noch bei laufendem Ausgangsverfahren über bereits feststellbare Nachteile infolge einer unangemessenen und unumkehrbaren Verzögerung entschieden werden. Nach **§ 97 b Abs. 2 S. 1 Hs 1 BVerfGG** lässt sich die Verzögerungsbeschwerde jedoch – wie nach § 198

20 Benda/Klein/Klein, Verfassungsprozessrecht, Rn 1295.
21 BT-Drucks. 17/3802, 26.

Abs. 5 S. 1 GVG die Entschädigungsklage – frühestens sechs Monate nach Einlegung der Verzögerungsrüge in zulässig Weise erheben. Zweck dieser **Wartefrist** ist es, die präventive Beschleunigungsfunktion der Verzögerungsrüge zur Geltung zu bringen (s. Rn 5). Der Spruchkörper soll – gemahnt durch die Rüge – genügend Zeit haben, das Verfahren zu fördern und in angemessener Zeit abzuschließen oder jedenfalls eine weitere Verzögerung zu vermeiden. Bei der Wartefrist handelt es sich um eine Zulässigkeitsvoraussetzung. Ist sie nicht erfüllt, ist die Verzögerungsbeschwerde als unzulässig zu verwerfen. Nach Ablauf der Wartefrist kann jedoch eine erneute Verzögerungsbeschwerde erhoben werden.

Allerdings entfällt der Zweck der Wartefrist, einen beschleunigten Abschluss des Verfahrens zu ermöglichen, wenn das Ausgangsverfahren mittlerweile abgeschlossen ist. Zwar besteht dann bei rechtzeitiger Erhebung der Verzögerungsrüge in der Regel auch kein Anlass für ein Wiedergutmachungsverlangen. Gleichwohl verbleibt für eine Verzögerungsbeschwerde auch dann Raum, wenn das Ausgangsverfahren binnen der Wartefrist abgeschlossen wird.[22] Hatte das Ausgangsverfahren schon vor Erhebung der Verzögerungsrüge oder auch danach bis zu seinem Abschluss eine Überlänge erreicht, kann die Verzögerungsbeschwerde eingelegt werden – dann allerdings ohne Einhaltung der Wartefrist, die ihren Zweck nicht mehr erfüllen kann. Müsste diese Mindestfrist auch in einem solchen Fall eingehalten werden, wäre sie bei einer Verfahrensbeendigung binnen drei Monaten erst nach der dreimonatige Ausschlussfrist nach § 97 b Abs. 2 S. 1 Hs 2 BVerfGG abgelaufen, die ab Erledigung des Verfahrens beginnt; dies hätte das sinnwidrige Ergebnis, dass eine Verzögerungsbeschwerde gar nicht eingelegt werden könnte. 17

Hinweis: § 97 b Abs. 2 S. 1 Hs 1 BVerfGG ist einschränkend dahin auszulegen, dass die Wartefrist **nur bei noch laufendem Ausgangsverfahren** zu wahren ist.

Die **Frist bestimmt** sich nach § 187 Abs. 1, § 188 Abs. 2 BGB. Zwischen der Erhebung der Verzögerungsrüge und der Einlegung der Verzögerungsbeschwerde müssen volle sechs Monate liegen. Für den Beginn der Frist ist der Eingang der Verzögerungsrüge als Ereignis iSd § 187 Abs. 1 BGB maßgebend. Die Frist beginnt damit am Folgetag 0.00 Uhr. Sie endet nach § 188 Abs. 2 BGB um 24.00 Uhr an demjenigen Tag des sechsten Monats, welcher durch seine Zahl dem Tage entspricht, an dem die Verzögerungsrüge dem Bundesverfassungsgericht zuging. 18

6. Ausschlussfrist. Nach **§ 97 b Abs. 2 S. 1 Hs 2 BVerfGG** muss die Verzögerungsbeschwerde spätestens drei Monate nach einer Entscheidung des Bundesverfassungsgerichts oder anderweitigen Erledigung des Ausgangsverfahrens erhoben werden. Mit dieser gegenüber der Sechsmonatsfrist des § 198 Abs. 5 S. 2 GVG verkürzten **Dreimonatsfrist** sollen nach einer inhaltlichen Entscheidung des Bundesverfassungsgerichts auch eventuelle Folgefragen über die Verfahrensdauer nicht nur im Interesse des Gerichts möglichst bald abgeschlossen werden, zumal die idR betroffene Verfassungsbeschwerde ohnehin einen au- 19

22 AA Benda/Klein/Klein, Verfassungsprozessrecht, Rn 1302.

ßerordentlichen und subsidiären Rechtsbehelf darstellt.[23] Auch soll aus fiskalischen Gründen alsbald ein Überblick über mögliche Entschädigungspflichten ermöglicht werden.

20 a) **Absoluter, materiellrechtlicher Ausschluss.** Die Frist des § 97 b Abs. 2 S. 1 Hs 2 BVerfGG ist eine **absolute Ausschlussfrist**. Der Beschwerdeführer muss den Anspruch aus § 97 a Abs. 1 S. 1 BVerfGG binnen drei Monaten gerichtlich geltend machen; danach bleibt er damit ohne Erfolg. Mit der Entscheidung für eine absolute Ausschlussfrist hat der Gesetzgeber zwischen der Einzelfallgerechtigkeit hinsichtlich eines Entschädigungsanspruchs einerseits und andererseits dem Interesse an einem endgültigen Abschluss eines bis zum Bundesverfassungsgericht geführten, idR ohnehin subsidiären Verfahrens sowie dem fiskalischen Interesse an einem baldigen Überblick über Entschädigungslasten abgewogen. Diese Rechtssicherheit soll spätestens drei Monate nach Erledigung des Ausgangsverfahrens eintreten.

Hinweis: Der Ablauf der dreimonatigen Beschwerdefrist aus § 97 b Abs. 2 S. 1 Hs 2 BVerfGG verschließt den Rechtsweg vollständig und endgültig.

21 Der Frist des § 97 b Abs. 2 S. 1 Hs 2 BVerfGG kommt eine **materiellrechtliche Ausschlusswirkung** zu. Mit Fristablauf erlischt nicht nur die prozessrechtliche Befugnis, das behauptete materielle Recht gerichtlich geltend zu machen, sondern der materiellrechtliche Anspruch selbst. Diese Einordnung entspricht der Art und dem Inhalt des Rechts, das nach Fristablauf ausgeschlossen sein soll, und dem Zweck der Ausschlussfrist (siehe auch § 198 GVG Rn 161 ff).[24]

- Inhaltlich geht es um die befristete Ausübung eines Entschädigungsanspruchs. Nach Fristablauf sollen der Anspruch aus § 97 a Abs. 1 S. 1 BVerfGG, nicht nur das Beschwerderecht nicht mehr geltend gemacht werden können. Die Frage, ob die Frist eingehalten wurde, betrifft die rechtzeitige Vornahme einer Handlung zur Erhaltung eines materiellrechtlichen Anspruchs nach materiellem Recht.[25] Der materiellrechtliche Anspruch auf Entschädigung erlischt, wenn die Partei ihn nicht binnen drei Monaten gerichtlich geltend macht. Im Falle der Fristversäumung ergeht eine Sach-, nicht nur eine Prozessentscheidung. Auch die Gesetzessystematik spricht dafür, dass es sich nicht um eine prozessuale Frist, sondern einen materiellrechtlichen Ausschluss handelt. So ist eine für prozessuale Fristen mögliche Wiedereinsetzung in den vorigen Stand für den Fall der Versäumung der Frist des § 97 b Abs. 2 S. 1 Hs 2 BVerfGG nicht vorgesehen.
- Dieses Verständnis entspricht auch dem Zweck der Ausschlussfrist, nach dem idR betroffenen außerordentlichen und letzten Rechtsbehelf der Verfassungsbeschwerde alsbald abschließende Rechtssicherheit und endgültige Klarheit über die Entschädigungspflichten zu erlangen. Diese als berechtigt anerkannten öffentlichen Interessen verlangen vom Beschwerdeführer ein

23 BT-Drucks. 17/3802, 27.

24 Vgl beispielsweise zu § 12 StrEG BGHZ 108, 14 Tz 15; ErfK/Koch § 61 b ArbGG Rn 2; zu § 246 Abs. 1 AktG BGH NJW 1998, 3344 Tz 11; zu § 46 Abs. 1 S. 2 Hs 1 WEG BGHZ 179, 230 Tz 8.

25 Vgl BVerfG NJW 2005, 814 Tz 16 zur Klagefrist des § 12 Abs. 3 VVG aF.

bestimmtes Verhalten und sehen für den Fall, dass er dem nicht entspricht, den Verfall des Entschädigungsanspruchs vor. Der Anspruch braucht auch nicht für eine erneute gerichtliche Geltendmachung fortzubestehen.

Hinweis: Die Versäumung der Beschwerdeausschlussfrist aus § 97 b Abs. 2 S. 1 Hs 2 BVerfGG lässt den Anspruch aus § 97 a Abs. 1 S. 1 BVerfGG entfallen, so dass die Verzögerungsbeschwerde als **unbegründet** zurückzuweisen ist.

b) **Fristwahrung.** Die **Fristdauer** beträgt drei Monate und ist damit kürzer als etwa die sechsmonatige Klagefrist des § 198 Abs. 5 S. 2 GVG oder die Frist des Art. 35 Abs. 1 EMRK. Die Verkürzung rechtfertigt sich unter dem Gesichtspunkt, dass es nicht nur um einen Überblick über Entschädigungslasten, sondern zugleich um den endgültigen Abschluss eines Verfahrens auch hinsichtlich seiner Folgefragen geht, das ohnehin – wie die zumeist betroffene Verfassungsbeschwerde – schon einen außerordentlichen Rechtsbehelf darstellt. Zudem gibt es im Entschädigungsrecht ähnlich kurze Fristen.[26] Die Frist beginnt nach § 187 Abs. 1 BGB um 0.00 Uhr am Tag nach der verfahrensbeendenden Entscheidung im Ausgangsverfahren oder einer anderen Erledigung dieses Verfahrens. Die Frist läuft nach § 188 Abs. 2 BGB um 24.00 Uhr an demjenigen Tag des sechsten Monats ab, welcher durch seine Zahl dem Tage entspricht, an dem das Verfahren rechtskräftig oder anderweit beendet wurde. 22

Die Ausschlussfrist des § 97 b Abs. 2 S. 1 Hs 2 BVerfGG dient u.a. dazu, das Verfahren auch in seiner Folgefrage über die Verfahrensdauer beschleunigt abzuwickeln. Der Beschwerdeführer soll die Entscheidung über einen geltend gemachten Entschädigungsanspruch auch nicht durch sukzessiven Vortrag unangemessen verzögern können. Neben der Schriftform der Einlegung bedarf deshalb die Verzögerungsbeschwerde nach § 97 b Abs. 2 S. 2 BVerfGG **gleichzeitig** einer **Begründung.** Die Ausschlussfrist des § 97 b Abs. 2 S. 1 Hs 2 BVerfGG gilt demnach auch für die erforderliche Begründung der Verzögerungsbeschwerde. Spätestens bis zum Ablauf der dreimonatigen Ausschlussfrist hat eine Begründung zu erfolgen, die den Substantiierungsanforderungen der §§ 92, 23 Abs. 1 S. 2 BVerfGG genügt. Nach Ablauf der Ausschlussfrist kommt ein Nachschieben von Gründen nicht in Betracht.[27] § 97 d Abs. 1 BVerfGG knüpft an den Eingang der Begründung an: Binnen eines Monats soll der Berichterstatter des beanstandeten Verfahrens eine dienstliche Stellungnahme zur Verfahrensdauer vorlegen. 23

Hinweis: Die Ausschlussfrist des § 97 b Abs. 2 S. 1 Hs 2 BVerfGG ist nur gewahrt, wenn die Verzögerungsbeschwerde binnen der Frist schriftlich eingelegt und begründet wird. Ein Nachschieben der Begründung nach Fristablauf scheidet aus.

---

26 Vgl die Dreimonatsfrist des § 13 Abs. 1 S. 2 StrEG oder die Zweimonatsfrist nach Art. 12 Abs. 1 des Gesetzes zum NATO-Truppenstatut 1961 (NTS-AG).

27 Benda/Klein/Klein, Verfassungsprozessrecht, Rn 1302. So war etwa auch zur Ausschlussfrist des § 12 StrEG anerkannt, dass der Antragsteller grundsätzlich gehalten ist, innerhalb der Frist Art und Umfang der Nachteile, für die er Entschädigung begehrt, unter Angabe von Beweismitteln konkret zu bezeichnen; BGHZ 108, 14 Tz 23.

24 Ist die Wartefrist zwar abgelaufen, die Ausschlussfrist aber noch gar nicht in Lauf gesetzt, kann mit der Begründung einer eingelegten Verzögerungsbeschwerde nicht bis zum Abschluss des beanstandeten Verfahrens und dem Ablauf der Ausschlussfrist zugewartet werden. Entscheidet sich der Beschwerdeführer für die Einlegung einer Verzögerungsbeschwerde, so hat er sie auch in angemessener Frist zu begründen. Maßgeblich ist die richterlich gesetzte Frist, auch wenn sich der Beschwerdeführer damit schlechter als bei laufender Ausschlussfrist des § 97 b Abs. 2 S. 1 Hs 2 BVerfGG stellt. Auch hier scheidet ein Nachschieben von Gründen aus. Die fristgebundene Begründung der Verzögerungsbeschwerde ist zumutbar, da bereits mindestens sechs Monate zuvor die Verzögerungsrüge zu begründen war, § 97 b Abs. 1 S. 3 BVerfGG.

25 Eine **Wiedereinsetzung** in den vorigen Stand ist bei Versäumung der Frist des § 97 b Abs. 2 S. 1 Hs 2 BVerfGG nicht möglich. Diese Frist stellt keine Notfrist oder andere in § 233 ZPO genannte Frist dar. Da es sich bei ihr um eine materiellrechtliche Ausschlussfrist handelt, kommt auch eine analoge Anwendung der Vorschriften über die Wiedereinsetzung in den vorigen Stand nicht in Betracht.[28] Die von Amts wegen zu beachtende Frist steht **nicht zur Disposition** des Beschwerdeführers und kann deshalb nicht verlängert werden. Möglich ist allerdings die entsprechende Anwendung der **Hemmungsgründe** aus §§ 206, 210, 211 BGB, obgleich die Ausschlussfrist des § 97 b Abs. 2 S. 1 Hs 2 BVerfGG keine Verjährungsfrist ist.[29] Die Frist beschränkt im Interesse des Fiskus an einem Überblick über die auf ihn zukommenden Entschädigungsansprüche die Möglichkeit für den Entschädigungsgläubiger, sein Recht gerichtlich geltend zu machen. Dann darf die Frist nicht gegen ihn laufen, wenn und solange er zur Durchsetzung seines Rechts unter den Voraussetzungen der §§ 206, 210, 211 BGB außer Stande ist.

III. Abtretungs-, Pfändungs- und Aufrechnungsverbot

26 Nach **§ 97 b Abs. 2 S. 3 BVerfGG** ist bis zur rechtkräftigen Entscheidung über die Verzögerungsbeschwerde die Übertragbarkeit des Entschädigungsanspruchs aus § 198 Abs. 1 S. 1 GVG ausgeschlossen. Das soll einen der Rechtspflege abträglichen Handel mit dem Anspruch verhindern. Die fehlende Übertragbarkeit eines Anspruchs wirkt einem finanziellen Interesse Dritter am Ergebnis des Ausgangs- und des Entschädigungsverfahrens entgegen. Auch bleibt der Anspruch vor Pfändungen geschützt, § 851 Abs. 1 ZPO. Den Berechtigten bewahrt das Abtretungsverbot davor, in Überschätzung der Höhe der Entschädigung gegen deren Abtretung überhöhte Kredite aufzunehmen.[30] Aus der Regelung folgt, dass mit Eintritt der Rechtskraft der Entschädigungsbeschlusses eine Übertragbarkeit und damit eine Pfändbarkeit nach § 851 Abs. 1 ZPO und Aufrechnung nach § 394 S. 1 BGB statthaft sind.

---

28 Vgl Zöller-Greger, ZPO, § 230 Rn 8.

29 BT-Drucks. 17/3802, 22; vgl zu § 12 StrEG BGHZ 79, 1 Tz 8; BAG DB 2012, 1388 Tz 32; aA noch BGHZ 33, 360 Tz 19.

30 Vgl zu § 13 Abs. 2 StrEG BT-Drucks. VI/460 S. 9 und BT-Prot. 6. Wahlperiode 84. Sitzung v. 9.12.1970 S. 4707 f; BGH NJW 1982, 2504 Tz 7; OLG Hamm NJW 1975, 2075; LG Stuttgart MDR 1980, 590.

§ 97 c BVerfGG

(1) Über die Verzögerungsbeschwerde entscheidet die Beschwerdekammer, in die das Plenum zwei Richter aus jedem Senat beruft. Die regelmäßige Amtszeit beträgt zwei Jahre.

(2) Für den Fall, dass der Berichterstatter des beanstandeten Verfahrens Mitglied der Beschwerdekammer ist, ist er von der Mitwirkung am Beschwerdeverfahren ausgeschlossen.

(3) Das Nähere, insbesondere die Bestimmung des Vorsitzes und die Gewährleistung eines kontinuierlichen Nachrückens für ausscheidende Kammermitglieder sowie die Vertretung in der Kammer, regelt die Geschäftsordnung.

Zuständig für die Entscheidung über die Verzögerungsbeschwerde ist das Bundesverfassungsgericht selbst. Angesichts seiner Stellung als Verfassungsorgan und Verfassungsgericht, das keiner gerichtlichen Kontrolle durch ein nationales Gericht unterliegt, kommt ein anderes Gericht, das über die Angemessenheit der Dauer eines Verfahrens beim Bundesverfassungsgericht entscheidet, nicht in Betracht.[1] Beim Bundesverfassungsgericht wird eine **Beschwerdekammer** für die Entscheidungen über Verzögerungsbeschwerden gebildet. Ihr gehören nicht wie nach § 15 a Abs. 1 S. 2 BVerfGG drei, sondern nach § 97 c Abs. 1 S. 1 BVerfGG vier Richter aus beiden Senaten an. Die senatsübergreifende Besetzung soll eine höhere Akzeptanz der Entscheidung im Vergleich zu einer Selbstkontrolle durch den betroffenen Senat gewährleisten.[2] Dass das Plenum jeweils zwei Richter aus jedem Senat in die Beschwerdekammer beruft, verhindert den Anschein einer Rangfolge der beiden Senate. Die regelmäßige Amtszeit von zwei Jahren sichert die Kontinuität der Rechtsprechung und eine gleichmäßige Auslastung aller in der Beschwerdekammer tätigen Richter.[3] 1

Ist ein Mitglied der Beschwerdekammer **Berichterstatter** des Ausgangsverfahrens, darf es nach § 97 b Abs. 2 BVerfGG nicht am Beschwerdeverfahren zu diesem beanstandeten Verfahren mitwirken. Im Umkehrschluss bedeutet dies, dass die anderen Richter, die dem das beanstandete Verfahren bearbeitenden Senat bzw der bearbeitenden Kammer angehören, nicht wegen dieser Zugehörigkeit an der Mitwirkung am Beschwerdeverfahren gehindert sind.[4] 2

Hinweis: Die Zugehörigkeit zu dem das Ausgangsverfahren bearbeitenden Senat bzw der Kammer begründet allein **keine Besorgnis der Befangenheit** nach § 19 BVerfGG für eine Mitwirkung am Beschwerdeverfahren in der Beschwerdekammer.

Nach § 97 c Abs. 3 S. 1 BVerfGG bestimmt die Geschäftsordnung das Nähere, insbesondere den Vorsitz und die Vertretung; sie gewährleistet auch ein kontinuierliches Nachrücken für ausscheidende Kammermitglieder. Hierzu kann für 3

1 BT-Drucks. 17/3802, 27.
2 BT-Drucks. 17/3802, 27.
3 BT-Drucks. 17/3802, 27.
4 BT-Drucks. 17/3802, 28.

die Erstbesetzung der Beschwerdekammer eine Amtszeit auch unter zwei Jahren festgelegt werden.[5]

§ 97 d BVerfGG

(1) Der Berichterstatter des beanstandeten Verfahrens soll binnen eines Monats nach Eingang der Begründung der Verzögerungsbeschwerde eine Stellungnahme vorlegen.

(2) Die Beschwerdekammer entscheidet mit Mehrheit. Bei Stimmengleichheit gilt die Verzögerungsbeschwerde als zurückgewiesen. Die Beschwerdekammer entscheidet ohne mündliche Verhandlung. Der Beschluss über die Verzögerungsbeschwerde bedarf keiner Begründung.

(3) Die Entscheidung ist unanfechtbar.

1 Die Sollregelung von § 97 d Abs. 1 BVerfGG sieht vor, dass der Berichterstatter des beanstandeten Verfahrens eine dienstliche **Stellungnahme** zur Verfahrensdauer binnen eines Monats nach Eingang der Begründung der Verzögerungsbeschwerde vorlegt. Allerdings kann eine solche Stellungnahme in offensichtlichen und eindeutigen Fällen unterbleiben.[1] Da nach § 97 b Abs. 2 S. 2 BVerfGG die Begründung der Verzögerungsbeschwerde spätestens bis zum Ablauf der Ausschlussfrist des § 97 b Abs. 2 S. 1 Hs 2 BVerfGG erfolgen muss, liegt der Beschwerdekammer eine für erforderlich erachtete dienstliche Stellungnahme des Berichterstatters des Ausgangsverfahrens zur Verfahrensdauer spätestens vier Monate nach Beendigung des beanstandeten Verfahrens vor. Eine Abschrift kann dem Beschwerdeführer zugestellt werden.[2]

2 Eine mündliche Verhandlung findet – abweichend von § 25 Abs. 1 BVerfGG – nicht statt; § 97 d Abs. 2 S. 3 BVerfGG. Sie erscheint weder geboten noch sinnvoll und würde zu einer weiteren Verfahrensverlängerung führen.[3]

3 Nach § 97 d Abs. 2 S. 1 BVerfGG gilt für Entscheidungen der mit vier Richtern besetzten Beschwerdekammer das **Mehrheitsprinzip**, wie es beim Bundesverfassungsgericht mit gerader Besetzung bewährter Tradition entspricht. Bei Stimmengleichheit lässt sich – wie bei § 15 Abs. 4 S. 3 BVerfGG – ein Verstoß nicht feststellen, so dass die Verzögerungsbeschwerde als zurückgewiesen gilt, § 97 d Abs. 2 S. 2 BVerfGG.

4 Die Entscheidung erfolgt durch Beschluss. Er bedarf nach § 97 d Abs. 2 S. 4 BVerfGG **keiner Begründung.** Diese Abweichung von der allgemeinen Begründungspflicht nach § 30 Abs. 1 S. 2 BVerfGG soll die mit der Einführung der Verzögerungsrüge verbundene Zusatzbelastung des Bundesverfassungsgerichts eindämmen.[4]

5 BT-Drucks. 17/3802, 28.
1 BT-Drucks. 17/3802, 28.
2 BT-Drucks. 17/3802, 28.
3 BT-Drucks. 17/3802, 28.
4 BT-Drucks. 17/3802, 28.

Der Beschluss ist **unanfechtbar,** § 97 d Abs. 3 BVerfGG. Ein anderes Gericht, das die Entscheidung des Bundesverfassungsgerichts angesichts seiner Stellung als Verfassungsorgan und Verfassungsgericht, das keiner gerichtlichen Kontrolle durch ein nationales Gericht unterliegt, überprüfen sollte, kommt nicht in Betracht. 5

§ 97 e BVerfGG

Die §§ 97 a bis 97 d gelten auch für Verfahren, die am 3. Dezember 2011 bereits anhängig waren, sowie für abgeschlossene Verfahren, deren Dauer am 3. Dezember 2011 Gegenstand einer Beschwerde beim Europäischen Gerichtshof für Menschenrechte ist oder noch werden kann. Für abgeschlossene Verfahren nach Satz 1 gilt § 97 b Absatz 1 Satz 2 bis 5 nicht; § 97 b Absatz 2 gilt mit der Maßgabe, dass die Verzögerungsbeschwerde sofort erhoben werden kann und spätestens am 3. März 2012 erhoben werden muss.

§ 97 e BVerfGG regelt die Anwendbarkeit von §§ 97 a bis 97 d BVerfGG auf 1 **Altverfahren.** Für Verfahren, die bei Inkrafttreten des ÜVerfBesG bereits beim Bundesverfassungsgericht anhängig waren, gelten §§ 97 a bis 97 d BVerfGG gleichermaßen wie für bereits abgeschlossene Fälle, wenn deren Dauer bei Inkrafttreten des Gesetzes bereits Gegenstand eines Verfahrens vor dem EGMR ist oder noch zum Gegenstand eines solchen Verfahrens gemacht werden kann. Letzteres ist nur der Fall, wenn der Verfahrensabschluss nicht länger als sechs Monate zurückliegt, weil die Beschwerdefrist des Art. 35 Abs. 1 EMRK sechs Monate beträgt. Die Einbeziehung dieser Altfälle soll weitere Verurteilungen der Bundesrepublik Deutschland verhindern und den EGMR entlasten.[1]

Für die erfassten abgeschlossenen Verfahren bedarf es nicht der nachträglichen 2 Erhebung einer Verzögerungsrüge, § 97 e S. 2 BVerfGG. Sie könnte die ihr zugedachte präventive Wirkung ohnehin nicht mehr erfüllen. Die Verzögerungsbeschwerde konnte deshalb ohne Einhaltung der sechsmonatigen Wartefrist des § 97 b Abs. 2 S. 1 Hs 1 BVerfGG sofort erhoben werden. Sie musste aber die dreimonatige Ausschlussfrist des § 97 b Abs. 2 S. 1 Hs 2 BVerfGG wahren. Für die bereits abgeschlossenen Fälle begann diese Frist zwar erst mit Inkrafttreten des Gesetzes, lief aber mittlerweile am 3. 3. 2012 aus.

1 BT-Drucks. 17/3802, 31.

Artikel 3 Änderung der Bundesnotarordnung

§ 96 Abs. 5 BNotO

(5) Auf den Rechtsschutz bei überlangen Gerichtsverfahren sind die Vorschriften des Siebzehnten Titels des Gerichtsverfassungsgesetzes anzuwenden. Die Vorschriften dieses Gesetzes, die die Besetzung des Oberlandesgerichts und des Bundesgerichtshofs in Disziplinarsachen gegen Notare regeln, sind nicht anzuwenden.

§ 111 h BNotO

Auf den Rechtsschutz bei überlangen Gerichtsverfahren sind die Vorschriften des Siebzehnten Titels des Gerichtsverfassungsgesetzes anzuwenden. Die Vorschriften dieses Gesetzes, die die Besetzung des Oberlandesgerichts und des Bundesgerichtshofs in verwaltungsrechtlichen Notarsachen regeln, sind nicht anzuwenden.

1 § 96 Abs. 5 BNotO bezieht sich auf das in den §§ 96 ff. BNotO geregelte Disziplinarverfahren gegen Notare, auf das die Vorschriften des Bundesdisziplinargesetzes, soweit in der BNotO nichts Abweichendes geregelt ist, entsprechende Anwendung finden (§ 96 Abs. 1 BNotO). Als Disziplinargerichte entscheiden gemäß § 99 BNotO in erster Instanz das Oberlandesgericht und im zweiten Rechtszug der Bundesgerichtshof. Dem OLG-Senat gehören dabei ein, dem BGH-Senat zwei Notare als Beisitzer an (§§ 101, 106 BNotO). Durch § 96 Abs. 5 BNotO wird klargestellt, dass auf diese Verfahren die Regelungen des GVG zum Schutz vor überlangen Verfahren Anwendung finden, der Betroffene also unter den dort geregelten Voraussetzungen Entschädigungsklage erheben kann. Hierüber entscheiden dann die **Entschädigungsgerichte in ihrer normalen Besetzung**, also nicht unter Beteiligung von Notaren als Beisitzern.

2 Eine entsprechende Regelung findet sich in § 111 h BNotO.[1] Sie gehört zu den im vierten Teil der BNotO enthaltenen Verfahrensvorschriften, die auf öffentlich-rechtliche Streitigkeiten – zB über Aufsichtsmaßnahmen der Notarkammer gegen ihre Mitglieder – Anwendung finden. Zuständig für diese Verfahren sind – wie bei der Anwaltschaft – nicht die Verwaltungsgerichte, sondern gemäß § 111 BNotO das Oberlandesgericht und der Bundesgerichtshof, und zwar gemäß § 111 Abs. 4 BNotO in der für Disziplinarsachen vorgeschriebenen Besetzung. § 111 h BNotO verweist auch für diese Verfahren auf die Anwendbarkeit der GVG-Regelungen zum Schutz vor überlangen Gerichtsverfahren und stellt klar, dass die Entschädigungsgerichte in ihrer normalen Besetzung – also ohne Notare als Beisitzer – entscheiden.

1 In dem ursprünglichen Gesetzesentwurf war nur die Einführung des § 111 h BNotO vorgesehen. Erst auf Vorschlag des Rechtsausschusses wurde mit § 96 Abs. 5 BNotO eine entsprechende Regelung für das in den §§ 96 ff BNotO geregelte Disziplinarverfahren für Notare eingeführt, vgl BT-Drucks. 17/7217, 10.

Artikel 4 Änderung der Bundesrechtsanwaltsordnung

§ 57 Abs. 3 BRAO

(3) Gegen die Androhung und gegen die Festsetzung des Zwangsgeldes kann der Rechtsanwalt innerhalb eines Monats nach der Zustellung die Entscheidung des Anwaltsgerichtshofes beantragen. Der Antrag ist bei dem Vorstand der Rechtsanwaltskammer schriftlich einzureichen. Erachtet der Vorstand den Antrag für begründet, so hat er ihm abzuhelfen; andernfalls ist der Antrag unverzüglich dem Anwaltsgerichtshof vorzulegen. Zuständig ist der Anwaltsgerichtshof bei dem Oberlandesgericht, in dessen Bezirk die Rechtsanwaltskammer ihren Sitz hat. Im Übrigen sind die Bestimmungen der Strafprozessordnung über die Beschwerde entsprechend anzuwenden. Die Gegenerklärung (§ 308 Abs. 1 der Strafprozessordnung) wird vom Vorstand der Rechtsanwaltskammer abgegeben. Die Staatsanwaltschaft ist an dem Verfahren nicht beteiligt. Der Beschluss des Anwaltsgerichtshofes kann nicht angefochten werden. **§ 116 Abs. 2 gilt entsprechend.**

§ 74 a Abs. 7 BRAO

(7) § 116 Abs. 2 gilt entsprechend.

§ 112 g BRAO

Auf den Rechtsschutz bei überlangen Gerichtsverfahren sind die Vorschriften des Siebzehnten Titels des Gerichtsverfassungsgesetzes anzuwenden. Die Vorschriften dieses Gesetzes, die die Besetzung des Senats für Anwaltssachen bei dem Bundesgerichtshof regeln, sind nicht anzuwenden.

§ 116 BRAO

(1) Für das anwaltsgerichtliche Verfahren gelten die nachstehenden Vorschriften. Ergänzend sind das Gerichtsverfassungsgesetz und die Strafprozessordnung sinngemäß anzuwenden.

(2) Auf den Rechtsschutz bei überlangen Gerichtsverfahren sind die Vorschriften des Siebzehnten Titels des Gerichtsverfassungsgesetzes anzuwenden. Die Vorschriften dieses Gesetzes, die die Besetzung des Senats für Anwaltssachen beim Bundesgerichtshof regeln, sind nicht anzuwenden.

Die Änderungen der BRAO stellen klar, dass die GVG-Regelungen zum Schutz vor überlangen Verfahren auch für alle in der BRAO geregelten gerichtlichen Verfahren gelten; für das Zwangsgeldverfahren gemäß § 57 BRAO, das Rügeverfahren gemäß §§ 74, 74 a BRAO, die anwaltsrechtlichen Verwaltungssachen gemäß §§ 112 a ff BRAO und die anwaltsgerichtliche Ahndung von Pflichtverletzungen gemäß §§ 113 ff BRAO. Die Anwendbarkeit des 1

ÜVerfBesG auf das Zwangsgeldverfahren und das Rügeverfahren wurde dabei erst nachträglich auf Empfehlung des Bundestagsrechtsausschusses in den Gesetzentwurf aufgenommen.[1]

2 Für sämtliche Verfahren wird entweder direkt durch § 116 Abs. 2 BRAO und § 112 g BRAO oder durch Verweis auf § 116 Abs. 2 BRAO klargestellt, dass bei einer Entschädigungsklage wegen eines überlangen Verfahrens der Bundesgerichtshof in der für Zivilverfahren vorgesehen Besetzung entscheidet, nicht aber in der Besetzung des Senats für Anwaltssachen gemäß § 106 BRAO, der gemäß § 106 Abs. 2 BRAO aus dem Präsidenten des BGH, zwei weiteren BGH-Richtern und zwei Rechtsanwälten als Beisitzern besteht. Auf der Ebene der Oberlandesgerichte bedarf es einer entsprechenden Klarstellung nicht, weil die Verweisung auf das GVG eine Zuständigkeit des Anwaltsgerichtshofs von vornherein ausschließt.[2] In dem ursprünglichen Entwurf war die jetzt Gesetz gewordene Klarstellung noch nicht enthalten; der Bundesrat hatte sogar um eine ausdrückliche Zuweisung der Entschädigungsklagen an die Anwaltsgerichte bzw Anwaltsgerichtshöfe ersucht.[3] Der Rechtsausschuss wies jedoch darauf hin, dass eine Zuweisung an die ordentliche Gerichte erforderlich sei, weil im Hinblick auf die zahlenmäßig geringe personelle Besetzung der Anwaltsgerichtsbarkeit nur so organisatorische Schwierigkeiten bei der Besetzung der entscheidenden Spruchkörper vermieden werden könnten.[4]

1 BT-Drucks. 17/7217, 28.
2 BT-Drucks. 17/7217, 29.
3 BT-Drucks. 17/3802, 38.
4 BT-Drucks. 17/7217, 29.

Artikel 5 Änderung der Zivilprozessordnung

§ 41 Ausschluss von der Ausübung des Richteramtes

Ein Richter ist von der Ausübung des Richteramtes kraft Gesetzes ausgeschlossen:

...

7. in Sachen wegen überlanger Gerichtsverfahren, wenn er in dem beanstandeten Verfahren in einem Rechtszug mitgewirkt hat, auf dessen Dauer der Entschädigungsanspruch gestützt wird;

...

§ 41 Nr. 7 ZPO bestimmt für Prozesse, in denen ein Entschädigungsanspruch aus § 198 Abs. 1 GVG wegen eines überlangen Gerichtsverfahrens verfolgt wird, einen Grund zum Ausschluss von der Ausübung des Richteramtes. Hat der Richter an dem beanstandeten Ausgangsverfahren in einem Rechtszug mitgewirkt und hat (auch) die Dauer dieses Rechtszugs nach dem Klagevorbringen zu einer unangemessenen Dauer des Verfahrens geführt, worauf der Entschädigungsanspruch aus § 198 Abs. 1 GVG gestützt wird, so muss sich der Richter von dem Entschädigungsprozess (§ 198 Abs. 5 GVG) fernhalten. Eine solche **Vorbefassung** schließt den Richter kraft Gesetzes zur Wahrung der richterlichen Unbefangenheit aus. Dies trägt dem sich aus Art. 101 Abs. 1 S. 2 GG ergebenden Gebot, Neutralität und Distanz des Richters abzusichern, Rechnung – insbesondere bei der nach § 198 Abs. 1 GVG erforderlichen Bewertung, ob das Ausgangsverfahren eine unangemessene Dauer aufweist. 1

Die Regelung ist in **allen Gerichtsbarkeiten** anwendbar, § 41 Nr. 7 iVm §§ 46 Abs. 2 S. 1, 80 Abs. 2 S. 1 ArbGG, § 54 Abs. 1 VwGO, § 60 Abs. 1 SGG und § 51 Abs. 1 S. 1 FGO. 2

Die Vorschrift gilt nicht nur für überlange Gerichtsverfahren, sondern auch, wenn der Richter an einem **strafrechtlichen Ermittlungsverfahren** mitgewirkt hat, auf dessen Dauer der Entschädigungsanspruch (auch) gestützt wird. 3

Artikel 6 Änderung des Arbeitsgerichtsgesetzes

§ 9 ArbGG Allgemeine Verfahrensvorschriften und Rechtsschutz bei überlangen Gerichtsverfahren

(1) Das Verfahren ist in allen Rechtszügen zu beschleunigen.

(2) Die Vorschriften des Gerichtsverfassungsgesetzes über Zustellungs- und Vollstreckungsbeamte, über die Aufrechterhaltung der Ordnung in der Sitzung, über die Gerichtssprache, über die Wahrnehmung richterlicher Geschäfte durch Referendare und über Beratung und Abstimmung gelten in allen Rechtszügen entsprechend. Die Vorschriften des Siebzehnten Titels des Gerichtsverfassungsgesetzes sind mit der Maßgabe entsprechend anzuwenden, dass an die Stelle des Oberlandesgerichts das Landesarbeitsgericht, an die Stelle des Bundesgerichtshofs das Bundesarbeitsgericht und an die Stelle der Zivilprozessordnung das Arbeitsgerichtsgesetz tritt.

(3) Die Vorschriften über die Wahrnehmung der Geschäfte bei den ordentlichen Gerichten durch Rechtspfleger gelten in allen Rechtszügen entsprechend. Als Rechtspfleger können nur Beamte bestellt werden, die die Rechtspflegerprüfung oder die Prüfung für den gehobenen Dienst bei der Arbeitsgerichtsbarkeit bestanden haben.

(4) Zeugen und Sachverständige erhalten eine Entschädigung oder Vergütung nach dem Justizvergütungs- und -entschädigungsgesetz.

(5) Alle mit einem befristeten Rechtsmittel anfechtbaren Entscheidungen enthalten die Belehrung über das Rechtsmittel. Soweit ein Rechtsmittel nicht gegeben ist, ist eine entsprechende Belehrung zu erteilen. Die Frist für ein Rechtsmittel beginnt nur, wenn die Partei oder der Beteiligte über das Rechtsmittel und das Gericht, bei dem das Rechtsmittel einzulegen ist, die Anschrift des Gerichts und die einzuhaltende Frist und Form schriftlich belehrt worden ist. Ist die Belehrung unterblieben oder unrichtig erteilt, so ist die Einlegung des Rechtsmittels nur innerhalb eines Jahres seit Zustellung der Entscheidung zulässig, außer wenn die Einlegung vor Ablauf der Jahresfrist infolge höherer Gewalt unmöglich war oder eine Belehrung dahin erfolgt ist, dass ein Rechtsmittel nicht gegeben sei; § 234 Abs. 1, 2 und § 236 Abs. 2 der Zivilprozessordnung gelten für den Fall höherer Gewalt entsprechend.

I. Verfahrensdauer

1 **1. Arbeitsgerichte.** Im Jahr 2011 betrug die Durchschnittsdauer der vor den Arbeitsgerichten erledigten 357.304 Urteilsverfahren aller Verfahrensgegen-

stände 3,1 Monate; 2,8 % der Verfahren dauerten länger als zwölf Monate.[1] Von den durch streitiges Urteil entschiedenen Verfahren dauerten 8,4 % länger als zwölf Monate. Die Durchschnittsdauer der durch streitiges Urteil entschiedenen Bestandsstreitigkeiten (§ 61 a ArbGG) betrug 6,3 Monate; 7,2 % (3.822 Verfahren) dauerten länger als zwölf Monate. 8,2 % der isolierten Zahlungsklagen waren nicht binnen Jahresfrist durch Urteil entschieden. Von den 11.414 erledigten Beschlussverfahren überschritten 5,1 % die Grenze eines Jahres. Zu Beginn des Jahres 2011 waren in Urteilsverfahren 119.298 Klagen unerledigt, am Jahresende waren es 117.659. Unerledigte Beschlusssachen gab es zu Jahresbeginn 2011 4.656, zu Jahresende 4.264.

2. Landesarbeitsgerichte. Von den vor den Landesarbeitsgerichten im Jahr 2 2011 in durchschnittlich 6,1 Monaten erledigten 17.597 Berufungsverfahren wiesen 8,5 % eine über einjährige Verfahrensdauer auf. Die nach § 64 Abs. 8 ArbGG vorrangig zu erledigenden Berufungen in Bestandsstreitigkeiten wurden zu 93,6 % binnen eines Jahres beendet, 570 blieben offen. Bei isolierten Zahlungsklagen betrug die Verfahrensdauer in der Rechtsmittelinstanz durchschnittlich 6,3 Monate; 9,2 % dauerten länger als ein Jahr. Am längsten benötigten die 611 Verfahren zur tariflichen Eingruppierung: Bei einer Durchschnittsdauer von 7,3 Monaten überstiegen 13,4 % die Grenze eines Jahres. 1.352 Beschwerdeverfahren in Beschlusssachen haben die Landesarbeitsgerichte im Jahr 2011 in durchschnittlich 5,1 Monaten erledigt; 6,5 % dauerten in der Rechtsmittelinstanz länger als ein Jahr. Bei 101 Beschwerdeverfahren nach §§ 87, 98 Abs. 2 ArbGG betrug die Verfahrensdauer in der Rechtsmittelinstanz über ein Jahr. Die Anzahl der unerledigten Berufungen wurde von 10.749 zu Jahresbeginn auf 10.393 am Jahresende abgebaut.

3. Bundesarbeitsgericht. Von den 518 durch streitiges Urteil im Jahr 2011 er- 3 ledigten Revisionen betrug die Verfahrensdauer bei 95 Revisionen 6-12 Monate, bei 381 Revisionen mehr als ein Jahr bis zu zwei Jahren und bei 42 Revisionen über zwei Jahre. Zehn Rechtsbeschwerden wurden in Jahresfrist durch Beschluss erledigt, 53 Rechtsbeschwerden binnen zwei Jahren. Erledigt wurden ferner 1.808 Nichtzulassungsbeschwerden und 59 Revisionsbeschwerden.

II. Verweisung

Das GVG und damit auch die Vorschriften des Siebzehnten Titels zum Rechts- 4 schutz bei überlangen Gerichtsverfahren und strafrechtlichen Ermittlungsverfahren (§§ 198 ff GVG) finden nach § 2 EGGVG auf die ordentliche Gerichtsbarkeit und deren Ausübung Anwendung. Für die Gerichtsbarkeit in Arbeitssachen fehlt es an einer allgemeinen Verweisung auf das GVG im ArbGG. § 9 Abs. 2 S. 1 ArbGG verweist nur auf die Vorschriften des GVG über Zustellungs- und Vollstreckungsbeamte, über die Aufrechterhaltung der Ordnung in der Sitzung, über die Gerichtssprache, über die Wahrnehmung richterlicher

1 Die Daten sind der Fachserie 10 Reihe 2.8 des Statistischen Bundesamtes entnommen (https://www.destatis.de/DE/Publikationen/Thematisch/Rechtspflege/GerichtePersonal/Arbeitsgerichte). Sie beziehen sich auf das Jahr 2011. Kritisch zur Bewertung solcher Verfahrensdauern bei den Arbeitsgerichten und Landesarbeitsgerichten als überlang Tiedemann, ArbRB 2011, 382.

Geschäfte durch Referendare und über Beratung und Abstimmung. Diese spezielle Verweisung wird nunmehr ergänzt durch die **Verweisung nach § 9 Abs. 2 S. 2 ArbGG** auf die Regelung zum Rechtsschutz bei überlanger Verfahrensdauer im GVG (**§§ 198 bis 201 GVG**), der auch die Arbeitsgerichtsbarkeit umfassen soll.[2] § 9 Abs. 2 S. 2 ArbGG verweist auf

- § 198 GVG, so dass die materiellen Anspruchsvoraussetzungen und Rechtsfolgen des Entschädigungsanspruchs auch für die Verfahren vor den Gerichten für Arbeitssachen gelten (s. § 198 Abs. 1 GVG Rn 5 ff).
- § 199 GVG; dies erübrigt sich jedoch, weil § 199 GVG als Ausgangsverfahren ein strafrechtliches Ermittlungsverfahren bzw Strafverfahren voraussetzt.
- § 200 GVG und die dort festgelegte Passivlegitimation (s. § 200 GVG Rn 1).
- § 201 GVG, wobei für den Entschädigungsprozess die Besonderheiten der Arbeitsgerichtsbarkeit zu berücksichtigen sind (s. Rn 11 ff).

III. Arbeitsgerichtliches Ausgangsverfahren

5 Aus der Verweisung von § 9 Abs. 2 S. 2 ArbGG auf § 198 Abs. 3 GVG folgt, dass auch im arbeitsgerichtlichen Ausgangsverfahren die Obliegenheit zur Erhebung einer **Verzögerungsrüge** als materiellrechtliche Anspruchsvoraussetzung eines Geldentschädigungsanspruchs besteht (s. § 198 GVG Rn 104). Wird keine wirksame Verzögerungsrüge eingelegt, entsteht kein Anspruch auf eine Entschädigung in Geld zum Ausgleich materieller und/oder immaterieller Nachteile. Die Verzögerungsrüge kann erhoben werden, sobald die konkrete Möglichkeit einer Überlänge des Arbeitsgerichtsprozesses besteht (s. § 198 GVG Rn 124 ff). Bei der Auslegung, ob eine Verzögerungsrüge nicht zu früh erhoben wurde, ist zugunsten eines anwaltlich nicht vertretenen Verfahrensbeteiligten ein „großzügiger Maßstab" anzulegen.[3] Die Verzögerungsrüge darf andererseits nicht so spät eingelegt werden, dass damit nicht nur Geduld, sondern bereits eine Duldung zum Ausdruck kommt (s. § 198 GVG Rn 135 ff, 142 ff). Die Verzögerungsrüge bedarf außerhalb der mündlichen Verhandlung der Schriftform (s. § 198 GVG Rn 111).

Hinweis: Besteht für das Ausgangsverfahren vor dem Arbeitsgericht nach § 11 Abs. 1 S. 1 ArbGG **kein** Vertretungs**zwang**, gilt dies auch für die Erhebung der Verzögerungsrüge.[4] Beim LAG und BAG gilt hingegen Vertretungszwang nach § 11 Abs. 4 ArbGG auch für die Einlegung der Verzögerungsrüge.

6 Nach § 9 Abs. 2 S. 2 ArbGG iVm § 198 GVG Abs. 1 S. 1 GVG wird angemessen entschädigt, wer infolge **unangemessener Dauer** eines Arbeitsgerichtsprozesses als Verfahrensbeteiligter einen Nachteil erleidet. Auch im Arbeitsgerichtsprozess ist die Angemessenheit der Verfahrensdauer – nach der Rechtsprechung des EGMR wie nach § 198 Abs. 1 S. 2 GVG – in Anbetracht der

2 BT-Drucks. 17/3802, 28.
3 Vgl zum großzügigen Maßstab BAG NJW 1982, 1174 Tz 16.
4 BT-Drucks. 17/3802, 20.

besonderen Umstände der Rechtssache sowie unter Berücksichtigung der Komplexität des Falles, des Verhaltens der Verfahrensbeteiligten und Dritter sowie der Bedeutung des Rechtsstreits für den Beschwerdeführer zu beurteilen (s. ausführlich § 198 GVG Rn 41 ff).[5]

Beispiel: Eine unangemessene Verfahrensdauer hat der EGMR darin gesehen, dass ein Verfahren beim LAG etwa zwei Jahre und zwei Monate anhängig war. Dabei wurde eine gewisse Verzögerung hingenommen, da das LAG den Ausgang eines vor dem BAG anhängigen richtungsweisenden Verfahrens abwartete. Die Entscheidung des LAG wurde dem Anwalt der Beschwerdeführerin jedoch erst fast sieben Monate nach der Leitentscheidung des BAG zugestellt, was sich angesichts der bereits bestehenden Verfahrensdauer als überlang erwies.[6]

Der **Beschleunigungsgrundsatz** nach § 9 Abs. 1 ArbGG ist von allen Gerichten 7
für Arbeitssachen zu beachten. Er fließt in die Beurteilung der Angemessenheit der Verfahrensdauer ein[7]. Zu berücksichtigen sind auch die Besonderheiten von arbeitsrechtlichen Bestandsschutzstreitigkeiten, denen die Beschleunigungsvorschriften in §§ 61 a, 64 Abs. 8 ArbGG Rechnung tragen. Auch die im Arbeitsgerichtsgesetz vorgegebenen Fristen für das Absetzen der Urteile dienen dem Ziel der Beschleunigung des Verfahrens (§§ 69 Abs. 1 S. 2, 60 Abs. 4 S. 2 bis 4 ArbGG).[8]

IV. Arbeitsgerichtlicher Entschädigungsprozess

1. Warte- und Klagefrist. Die arbeitsgerichtliche Entschädigungsklage ist ent- 8
sprechend § 198 Abs. 5 S. 1, 2 GVG iVm § 9 Abs. 2 S. 2 ArbGG im Falle eines laufenden Ausgangsverfahrens erst nach der sechsmonatigen Wartefrist, im Falle einer Beendigung des Ausgangsverfahrens vor Ablauf der sechsmonatigen Klagefrist zu erheben (s. § 198 GVG Rn 148 ff). Maßgeblicher Zeitpunkt für die Einhaltung der Warte- und Klagefrist ist die Erhebung der Klage. Die Klage soll nach §§ 12 a, 12 Abs. 1 GKG zugestellt werden, sobald der Vorschuss gezahlt ist. Nach **§ 11 S. 2 GKG** sind in Verfahren wegen überlanger Gerichtsverfahren (§ 9 Abs. 2 S. 2 ArbGG) vor Gerichten für Arbeitssachen die Vorschriften über **Vorschuss** und Vorauszahlung anwendbar. Allerdings ist die Gebühr noch gar nicht fällig, weil §§ 6 Abs. 3, 9 Abs. 2 GKG nicht geändert wurden, so dass es sich um einen echten Vorschuss handelt.[9]

Hinweis: Nach §§ 12 a, 12 Abs. 1 GK ist für ein erstinstanzliches Entschädigungsverfahren ein Vorschuss

- beim LAG in Höhe von einer 4,0 Gebühr (Nr. 8212 GKG-KV),
- beim BAG in Höhe von einer 5,0 Gebühr (Nr. 8214 GKG-KV)

zu entrichten.

5 EGMR v. 15.2.2007 – 19124/02, NJ 2007, 406 Rn 40.
6 EGMR v. 15.2.2007 – 19124/02, NJ 2007, 406 Rn 44.
7 Germelmann, JbArbR 49, 41, 46; Lansnicker/Schwirtzek, NJW 2001, 1969, 1972.
8 BVerfG NJW 2001, 2161 Tz 20.
9 Schneider RVGreport 2012, 82, 86.

9 Die Entschädigungsklage ist als unzulässig abzuweisen, wenn bei ihrer Erhebung während des noch in derselben Instanz laufenden Ausgangsverfahrens die **Wartefrist** von sechs Monaten nach Erhebung der Verzögerungsrüge entsprechend § 198 Abs. 5 S. 2 GVG iVm § 9 Abs. 2 S. 2 ArbGG nicht eingehalten ist (s. § 198 GVG Rn 149 ff). Dies gilt jedoch wegen des Präventivzwecks der Verzögerungsrüge nur, wenn das Ausgangsverfahren noch in einer Instanz, auf deren Dauer das Entschädigungsverlangen gestützt wird, läuft.[10]

10 Die Entschädigungsklage ist als unbegründet abzuweisen, wenn bei ihrer Erhebung die **Klageausschlussfrist** von sechs Monaten nach Eintritt der Rechtskraft der Entscheidung oder nach anderweitiger Erledigung des Ausgangsverfahrens entsprechend § 198 Abs. 5 S. 2 GVG iVm § 9 Abs. 2 S. 2 ArbGG abgelaufen ist; dies verschließt den Rechtsweg vollständig und endgültig (s. § 198 GVG Rn 159).

11 **2. Besonderheiten.** Durch die Verweisung in § 9 Abs. 2 S. 2 ArbGG gelten für die Ausgangsverfahren und die Entschädigungsklagen vor den Gerichten für Arbeitssachen §§ 198 bis 201 GVG entsprechend mit der **Maßgabe**, dass

- an die Stelle des Oberlandesgerichts das Landesarbeitsgericht,
- an die Stelle des Bundesgerichtshofs das Bundesarbeitsgericht und
- an die Stelle der Zivilprozessordnung das Arbeitsgerichtsgesetz

tritt.

Hinweis: Die Maßgaben, unter denen § 9 Abs. 2 S. 2 ArbGG auf §§ 198 bis 201 GVG verweist, betreffen vor allem **§ 201 GVG** (s. § 201 GVG Rn 13).

12 a) **Zuständigkeit.** Der Regelungsansatz des § 201 Abs. 1 GVG, dass über Verfahrensverzögerungen auf Länderebene die Oberlandesgerichte, über Verfahrensverzögerungen auf Bundesebene der Bundesgerichtshof entscheiden, wird durch die entsprechende Anwendbarkeit nach § 9 Abs. 2 S. 2 ArbGG auf die Gerichte in Arbeitssachen übertragen.[11] Hat ein Gericht des Landes (Arbeitsgericht, Landesarbeitsgericht) ein Verfahren aus seinem Bereich verzögert, ist in erster Instanz entsprechend § 201 Abs. 1 GVG das Landesarbeitsgericht für die Verhandlung und Entscheidung über die Entschädigungsklage gegen das Land **sachlich zuständig.** Bei der Verzögerung eines Verfahrens auf Bundesebene ist für die Klage auf Entschädigung gegen den Bund das Bundesarbeitsgericht zuständig.

13 Nach der „Gerichtszweiglösung" (s. § 201 GVG Rn 1) sind auch die Gerichte für **Arbeitssachen** – wie die übrigen Gerichtsbarkeiten – nur für Verfahren aus ihrem Bereich zuständig, da sie in ihrem Bereich die „Angemessenheit" der Verfahrensdauer selbst am besten beurteilen können.[12]

14 Entsprechend § 201 Abs. 1 S. 3 GVG bestimmt § 201 Abs. 1 S. 1, 2 GVG eine **ausschließliche** Zuständigkeit – sowohl sachlich als auch örtlich. Damit kann die Zuständigkeit eines anderen Gerichts nicht durch Parteivereinbarung be-

10 Enger auf den Abschluss des Verfahrens abstellend Schenke NVwZ 2012, 257, 263.
11 BT-Drucks. 17/3802, 25.
12 BT-Drucks. 17/3802, 16, 25; Steinbeiß-Winkelmann ZRP 2010, 205, 208.

gründet werden. Da sich die Streitgegenstände von Entschädigungsanspruch aus § 198 GVG und Amtshaftungsanspruch nach § 839 BGB iVm Art. 34 GG nicht decken, dürfen weder Landgericht noch Landesarbeitsgericht bzw Bundesarbeitsgericht – auch nicht entsprechend § 17 Abs. 2 S. 1 GVG – über beide Ansprüche entscheiden.[13] Ist das Verfahren sowohl bei einem Gericht eines Landes als auch auf Bundesebene verzögert worden, haften die Rechtsträger Land und Bund nach ihrem jeweiligen Anteil an der Verfahrensdauer als Teilschuldner. Damit geht die Zuständigkeit von Landes- bzw Bundesarbeitsgericht für die Entscheidung über den jeweiligen Anteil einher. Zwei Entschädigungsverfahren vor zwei unterschiedlichen Gerichten sind nicht erforderlich. Der Entschädigungsgläubiger kann als Kläger einen Antrag auf Bestimmung der Zuständigkeit entsprechend § 36 Nr. 3 ZPO stellen (zur Anteilslösung s. § 201 Rn 6).

Für die Klage auf Entschädigung gegen ein Land ist nach § 201 Abs. 1 S. 1 GVG das Landesarbeitsgericht, in dessen Bezirk das streitgegenständliche Ausgangsverfahren aus dem Bereich der Arbeitsgerichtsbarkeit durchgeführt wurde, **örtlich zuständig**. Damit sind alle Landesarbeitsgerichte für Entschädigungsklagen in ihrem jeweiligen Geschäftsbereich und damit im Gleichlauf mit der Zuständigkeit für die Berufung gegen die Urteile bzw Beschwerden gegen die Beschlüsse des jeweiligen Gerichts zuständig.[14] 15

Verklagt der Kläger mehrere Bundesländer – zB weil der Ausgangsrechtsstreit länderübergreifend abgegeben wurde – hat er die Wahl, welches der zuständigen Landesarbeitsgerichte er anruft.[15] Jedes Land haftet entsprechend § 200 GVG aber nur für diejenigen Verzögerungen, die seine Gerichte verursacht haben (s. § 201 GVG Rn 9).[16] 16

b) Verfahren. Nach § 201 Abs. 2 S. 1 GVG sind die Vorschriften der ZPO über das Verfahren vor den Landgerichten im ersten Rechtszug entsprechend anwendbar. Allerdings sind bei der nach § 9 Abs. 2 S. 2 ArbGG gebotenen entsprechenden Anwendung von § 201 Abs. 2 GVG in der Arbeitsgerichtsbarkeit die **Besonderheiten** der dort geltenden Regelungen zu berücksichtigen.[17] Dementsprechend enthält § 9 Abs. 2 S. 2 ArbGG für die Verweisung die Maßgabe, dass an die Stelle der Zivilprozessordnung das **Arbeitsgerichtsgesetz** tritt.[18] Zu übernehmen ist dabei der Grundgedanke von § 201 Abs. 2 S. 1 GVG, dass die Regelungen zum Verfahren im ersten Rechtszug anwendbar sind, obgleich das Verfahren vor dem Landesarbeitsgericht bzw Bundesarbeitsgericht stattfindet. Für das Entschädigungsverfahren gelten deshalb die für das Urteilsverfahren des ersten Rechtszugs maßgebenden Vorschriften der **§§ 46 ff. ArbGG**, beispielsweise 17

13 Althammer/Schäuble NJW 2012, 1, 6; Zimmermann, FamRZ 2011, 1905.
14 Also auch die LAG Nürnberg, München, Hamm, Düsseldorf, Köln.
15 Vgl BT Drucks. 17/3802, 25.
16 Zimmermann FamRZ 2011, 1905, 1910.
17 BT-Drucks. 17/3802, 25.
18 Die Klarstellung erfolgte aufgrund der Beschlussempfehlung des Rechtsausschusses, BT-Drucks. 17/7217, 40.

- persönliches Erscheinen der Parteien, § 51 ArbGG,
- Öffentlichkeit, § 52 ArbGG,
- Befugnisse des Vorsitzenden, § 53 Abs. 1 ArbGG,
- Güteverfahren, § 54 ArbGG,
- Vorbereitung der streitigen Verhandlung, § 56 ArbGG,
- Verhandlung, § 57 ArbGG,
- Beweisaufnahme, § 58 ArbGG oder
- Versäumnisverfahren, § 59 ArbGG.

18 Darüber hinaus gelten auch solche allgemeinen Vorschriften aus dem Ersten Teil des ArbGG, denen die Besonderheiten des Entschädigungsverfahrens nicht entgegenstehen, zB:

- Parteifähigkeit, § 10 ArbGG, oder
- Prozesskostenhilfe, § 11 a Abs. 3 ArbGG iVm §§ 114 ff ZPO.

Hinweis: Auch in Entschädigungsprozessen gilt vor dem Landesarbeitsgericht und dem Bundesarbeitsgericht nach § 11 Abs. 4 ArbGG **Vertretungszwang.**

19 Die Sonderregeln der §§ 46 ff. ArbGG werden über die Verweisung in § 46 Abs. 2 S. 1 ArbGG ergänzt durch die Vorschriften der ZPO über das Verfahren bei den Amtsgerichten, §§ 495 bis 510 b ZPO. Über § 46 Abs. 2 S. 1 ArbGG iVm § 495 ZPO finden auch die Vorschriften der ZPO bei einem erstinstanzlichen Zivilprozess vor dem Landgericht, v.a. §§ 253 bis 494 a ZPO, Anwendung. Darüber hinaus gelten auch die allgemeinen Vorschriften der **ZPO**, soweit ihnen die Besonderheiten des ArbGG nicht entgegenstehen.

Hinweise:

- Nach §§ 9 Abs. 2 S. 2, 46 Abs. 2 S. 1 ArbGG iVm **§ 41 Nr. 7 ZPO** sind diejenigen Richter, die am Ausgangsverfahren in einem Rechtszug mitgewirkt haben, auf dessen Dauer der Entschädigungsanspruch gestützt wird, von der Mitwirkung am Entschädigungsverfahren ausgeschlossen.
- Ein unbezifferter Antrag, durch den die Bemessung der Entschädigung für immaterielle Nachteile in das Ermessen des Gerichts gestellt wird, ist grundsätzlich nach §§ 9 Abs. 2 S. 2, 46 Abs. 2 S. 1 ArbGG iVm §§ 253 Abs. 2 Nr. 2, 495 ZPO zulässig, wenn die tatsächlichen Grundlagen und die Größenordnung des geltend gemachten Betrages so genau wie möglich angeben werden.[19]

20 **Keine Anwendung** finden nach § 46 Abs. 2 S. 2 ArbGG zB die Vorschriften

- über den frühen ersten Termin zur mündlichen Verhandlung und das schriftliche Vorverfahren (§§ 275 bis 277 ZPO), weil §§ 54, 56 ArbGG Sonderreglungen zur Verfahrensbeschleunigung darstellen,
- über die Entscheidung ohne mündliche Verhandlung (§ 128 Abs. 2 ZPO) wegen des Mündlichkeitsgrundsatzes und

19 Vgl BGHZ 132, 341 Tz 33.

- über die Verlegung von Terminen in der Zeit vom 1. Juli bis 31. August (§ 227 Abs. 3 Satz 1 ZPO).
- § 127 Abs. 2 ZPO findet nur mit der Maßgabe Anwendung, dass die sofortige Beschwerde bei Bestandsschutzstreitigkeiten unabhängig von dem Streitwert zulässig ist.

Das Entschädigungsgericht darf nach dem Dispositionsgrundsatz nicht über einen Anspruch entscheiden, der nicht Gegenstand des Rechtsstreits ist, § 308 Abs. 1 ZPO.[20] 21

Beispiel: Kein Verstoß gegen § 308 ZPO liegt allerdings vor, wenn der Leistungsantrag auf Entschädigung in Geld mangels Verzögerungsrüge unbegründet ist und das Entschädigungsgericht auch ohne ausdrückliche hilfsweise Geltendmachung durch den Kläger nach § 9 Abs. 2 S. 2 ArbGG iVm § 198 Abs. 4 S. 2 GVG feststellt, dass die Verfahrensdauer unangemessen war (s. § 201 GVG Rn 14).

Wie im arbeitsgerichtlichen Verfahren gilt auch im Entschädigungsverfahren 22
vor dem Landesarbeitsgericht und Bundesarbeitsgericht der Beibringungsgrundsatz (§ 46 Abs. 2 ArbGG iVm §§ 128, 138, 286 ZPO). Danach darf das Gericht seiner Entscheidung nur die Tatsachen zugrunde legen, die von den Parteien vorgetragen worden sind. So trägt der Entschädigungskläger die **Darlegungs- und Beweislast** dafür (s. § 201 GVG Rn 15 ff),

- dass er eine Verzögerungsrüge, die den Voraussetzungen des § 198 Abs. 3 GVG genügt, im Ausgangsverfahren erhoben hat (s. § 198 GVG Rn 147) und
- dass Tatsachen vorliegen, die eine unangemessene Dauer des Ausgangsverfahrens begründen.[21]
- Sodann obliegt dem beklagten Land bzw Bund die sekundäre Darlegungslast, sich konkret zu den in den Bereich der Justiz fallenden, dem Einblick des Entschädigungsgläubigers entzogenen Umständen zu äußern.[22]
- Die Beklagtenseite hat ggf darzulegen, dass der Entschädigungsgläubiger keinen immateriellen Schaden erlitten, der nicht über eine Wiedergutmachung auf andere Weise ausgeglichen werden kann, das Verfahren keine besondere Bedeutung für ihn hatte oder er durch ein bestimmtes Verhalten erheblich zur Verzögerung beigetragen hat.[23]

Ist das Ausgangsverfahren noch nicht rechtskräftig beendet, gibt **§ 201 Abs. 3** 23
S. 1 GVG dem Entschädigungsgericht eine eigenständige Möglichkeit, das Verfahren **auszusetzen.** Voraussetzung ist, dass die noch ausstehende Dauer des Ausgangsverfahrens die Entscheidung über die Entschädigung beeinflussen kann. Von der Möglichkeit einer Aussetzung hat das Entschädigungsgericht nach pflichtgemäßem **Ermessen** Gebrauch zu machen.[24] Dabei sind u.a.

20 BAG Urteil vom 7.8.2012 – 9 AZR 189/11 Tz 8.
21 BT-Drucks. 17/3802, 25.
22 BT-Drucks. 17/3802, 25; vgl allgemein BAG MDR 2012, 857 Tz 17.
23 BT-Drucks. 17/3802, 20.
24 BT-Drucks. 17/3802, 25; BVerfG NJW-RR 2007, 721 Tz 18.

- das Beschleunigungsgebot aus § 9 Abs. 1 ArbGG (§ 61 a Abs. 1 ArbGG),
- die voraussichtlich noch ausstehende Dauer des Ausgangsverfahrens,
- deren Auswirkung auf den geltend gemachten Entschädigungsanspruch,
- die wirtschaftliche Situation des Entschädigungsklägers zu berücksichtigen.

Hinweis: Mit der Beendigung des Ausgangsverfahrens läuft die Verjährungsfrist – auch ohne Kenntnis des Entschädigungsgläubigers – weiter, wenn der Entschädigungsprozess im Hinblick auf das laufende Ausgangsverfahren ausgesetzt worden war (s. § 201 GVG Rn 24).

24 § 201 Abs. 2 S. 2 GVG schließt eine Entscheidung durch den Einzelrichter aus, weil es der qualitätssichernden Wirkung des Kollegialspruchkörpers wegen der besonderen Schwierigkeit der Entschädigungssachen in besonderem Maße bedarf.[25] Dies gilt für den konsentierten Einzelrichter,[26] nicht aber für die Alleinentscheidung durch den Vorsitzenden nach § 55 Abs. 1, 2 ArbGG iVm § 9 Abs. 2 S. 2 ArbGG, § 201 Abs. 2 S. 1 GVG.

25 Für ein erstinstanzliches Entschädigungsverfahren beim LAG oder BAG schließt § 12 a Abs. 1 S. 1 ArbGG eine Kostenerstattung aus.[27]

25 BT-Drucks. 17/3802, 25.
26 BT-Drucks. 17/3802, 25.
27 Kritisch Schneider RVGreport 2012, 82, 86, da der soziale Schutzzweck hier nicht greift, wenn die Beklagtenseite unterliegt.

Artikel 7 Änderung des Sozialgerichtsgesetzes

§ 31 SGG

(1) Bei den Landessozialgerichten werden Senate für Angelegenheiten der Sozialversicherung, der Arbeitsförderung einschließlich der übrigen Aufgaben der Bundesagentur für Arbeit, für Angelegenheiten der Grundsicherung für Arbeitsuchende, für Angelegenheiten der Sozialhilfe und des Asylbewerberleistungsgesetzes sowie für Angelegenheiten des sozialen Entschädigungsrechts und des Schwerbehindertenrechts gebildet. Für Angelegenheiten der Knappschaftsversicherung einschließlich der Unfallversicherung für den Bergbau sowie für Verfahren wegen eines überlangen Gerichtsverfahrens (§ 202 Satz 2) kann jeweils ein eigener Senat gebildet werden.

(2) Für die Angelegenheiten des Vertragsarztrechts und für Antragsverfahren nach § 55 a ist ein eigener Senat zu bilden.

(3) Die beteiligten Länder können die Ausdehnung des Bezirks eines Senats auf das Gebiet oder auf Gebietsteile mehrerer Länder vereinbaren.

§ 31 Abs. 1 S. 2 SGG erlaubt bei den Landessozialgerichten die Bildung eigener Senate für Entschädigungsverfahren. Sofern die Gerichte hierfür keine **Spezialsenate** einrichten, ist durch die interne Geschäftsverteilung zu gewährleisten, dass nicht derselbe Senat, der für das Ausgangsverfahren zuständig war, über den Entschädigungsanspruch entscheidet.[1] 1

Auch beim BSG können aufgrund der Verweisung in § 40 S. 1 SGG auf § 31 Abs. 1 SGG eigene Senate für Verfahren in Entschädigungssachen wegen unangemessener Dauer von Gerichtsverfahren gebildet werden. Durch die Verweisung lässt sich auch ein Spezialsenat für Angelegenheiten der Knappschaftsversicherung einschließlich der Unfallversicherung für den Bergbau bilden, so dass § 40 S. 3 SGG aF gestrichen werden konnte. 2

§ 33 SGG

(1) Jeder Senat wird in der Besetzung mit einem Vorsitzenden, zwei weiteren Berufsrichtern und zwei ehrenamtlichen Richtern tätig. § 12 Abs. 1 Satz 2, Abs. 2 bis 5 gilt entsprechend.

(2) In Senaten, die in Verfahren wegen eines überlangen Gerichtsverfahrens (§ 202 Satz 2) entscheiden, wirken die für Angelegenheiten der Sozialversicherung berufenen ehrenamtlichen Richter mit.

§ 33 Abs. 2 SGG sieht die Mitwirkung von **ehrenamtlichen Richtern** aus den für die Angelegenheiten der Sozialversicherung zuständigen Kreisen in Entschädigungsverfahren nach § 202 S. 2 GVG iVm § 198 GVG beim Landessozialgericht vor. Die Angelegenheiten der Sozialversicherung bilden den Kernbereich der Sozialgerichtsbarkeit. Über Kenntnisse von Strukturen und Abläufen 1

1 Beschlussempfehlung des Rechtsausschusses, BT-Drucks. 17/7217, 41.

in diesem Bereich, die für die Beurteilung der Angemessenheit der Verfahrensdauer von Bedeutung sind, verfügen ehrenamtliche Richter aus dem Kreis der Versicherten, die häufig Arbeitnehmer sind, und aus dem Kreis der Arbeitgeber in besonderem Maße.[1]

2 Für die Mitwirkung nach § 33 Abs. 2 SGG sind bei den Landessozialgerichten die Regelungen für die Besetzung der Kammern für Angelegenheiten der Sozialversicherung anzuwenden, § 35 SGG iVm §§ 13 ff SGG. Auch beim BSG gelten in den Senaten für Angelegenheiten der Sozialversicherung die Regelungen nach § 46 Abs. 1 SGG über die Vorschlagslisten für ehrenamtliche Richter.[2]

§ 183 SGG

Das Verfahren vor den Gerichten der Sozialgerichtsbarkeit ist für Versicherte, Leistungsempfänger einschließlich Hinterbliebenenleistungsempfänger, behinderte Menschen oder deren Sonderrechtsnachfolger nach § 56 des Ersten Buches Sozialgesetzbuch kostenfrei, soweit sie in dieser jeweiligen Eigenschaft als Kläger oder Beklagte beteiligt sind. Nimmt ein sonstiger Rechtsnachfolger das Verfahren auf, bleibt das Verfahren in dem Rechtszug kostenfrei. Den in Satz 1 und 2 genannten Personen steht gleich, wer im Falle des Obsiegens zu diesen Personen gehören würde. Leistungsempfängern nach Satz 1 stehen Antragsteller nach § 55 a Absatz 2 Satz 1 zweite Alternative gleich. § 93 Satz 3, § 109 Abs. 1 Satz 2, § 120 Abs. 2 Satz 1 und § 192 bleiben unberührt. Die Kostenfreiheit nach dieser Vorschrift gilt nicht in einem Verfahren wegen eines überlangen Gerichtsverfahrens (§ 202 Satz 2).

1 In den Entschädigungsverfahren nach dem SGG wegen überlanger Dauer von Sozialgerichtsprozessen sollen in jedem Fall die üblichen Gebühren erhoben werden.[1] § 183 S. 6 SGG nimmt Verfahren wegen eines überlangen Gerichtsverfahrens von der Kostenfreiheit aus. Dies gilt trotz des engen Zusammenhangs mit dem Ausgangsverfahren auch für den Fall, dass letzteres nach §§ 183, 197 a SGG kostenfrei war (zum Vorschuss s. § 197 a SGG Rn 2).

§ 197 a SGG

(1) Gehört in einem Rechtszug weder der Kläger noch der Beklagte zu den in § 183 genannten Personen oder handelt es sich um ein Verfahren wegen eines überlangen Gerichtsverfahrens (§ 202 Satz 2), werden Kosten nach den Vorschriften des Gerichtskostengesetzes erhoben; die §§ 184 bis 195 finden keine Anwendung; die §§ 154 bis 162 der Verwaltungsgerichtsordnung sind entsprechend anzuwenden. Wird die Klage zurückgenommen, findet § 161 Abs. 2 der Verwaltungsgerichtsordnung keine Anwendung.

1 Beschlussempfehlung des Rechtsausschusses, BT-Drucks. 17/7217, 41.
2 Beschlussempfehlung des Rechtsausschusses, BT-Drucks. 17/7217, 41.
1 BT-Drucks. 17/3802, 29.

(2) Dem Beigeladenen werden die Kosten außer in den Fällen des § 154 Abs. 3 der Verwaltungsgerichtsordnung auch auferlegt, soweit er verurteilt wird (§ 75 Abs. 5). Ist eine der in § 183 genannten Personen beigeladen, können dieser Kosten nur unter den Voraussetzungen von § 192 auferlegt werden. Aufwendungen des Beigeladenen werden unter den Voraussetzungen des § 191 vergütet; sie gehören nicht zu den Gerichtskosten.

(3) Die Absätze 1 und 2 gelten auch für Träger der Sozialhilfe, soweit sie an Erstattungsstreitigkeiten mit anderen Trägern beteiligt sind.

§ 197 a Abs. 1 S. 1 SGG begründet eine allgemeine Kostenpflicht für Verfahren wegen eines überlangen Gerichtsverfahrens in der Sozialgerichtsbarkeit. Dies gilt auch für den Fall, dass das Ausgangsverfahren nach §§ 183, 197 SGG kostenfrei war, obgleich es mit dem Entschädigungsverfahren in engem Zusammenhang steht.[1] 1

Für die Zustellung der Entschädigungsklage ist beim LSG und BSG nach § 197 a Abs. 1 S. 1 SGG iVm §§ 12 a, 12 Abs. 1 GKG in erstinstanzlichen Verfahren wegen überlanger Gerichtsverfahren ein Vorschuss zu entrichten.[2] Im Revisionsverfahren vor dem BSG gilt eine 5,0 Gebühr (Nr. 7130 GKG-KV), ggfs. ermäßigt auf eine 1,0 Gebühr (Nr. 7131 GKG-KV) bzw. eine 3,0 Gebühr (Nr. 7132 GKG-KV). 2

Hinweis:

Der Vorschuss in erstinstanzlichen Entschädigungsverfahren beträgt

- beim LSG eine 4,0 Gebühr (Nr. 7112 GKG-KV),
- beim BSG eine 5,0 Gebühr (Nr. 7114 GKG-KV).

§ 202 SGG

Soweit dieses Gesetz keine Bestimmungen über das Verfahren enthält, sind das Gerichtsverfassungsgesetz und die Zivilprozessordnung einschließlich § 278 Absatz 5 und § 278 a entsprechend anzuwenden, wenn die grundsätzlichen Unterschiede der beiden Verfahrensarten dies nicht ausschließen. Die Vorschriften des Siebzehnten Titels des Gerichtsverfassungsgesetzes sind mit der Maßgabe entsprechend anzuwenden, dass an die Stelle des Oberlandesgerichts das Landessozialgericht, an die Stelle des Bundesgerichtshofs das Bundessozialgericht und an die Stelle der Zivilprozessordnung das Sozialgerichtsgesetz tritt.

1 Kritisch Söhngen NZS 2012, 493, 498.
2 Kritisch Söhngen NZS 2012, 493, 498.

I. Verfahrensdauer

1 **1. Sozialgerichte.** Im Jahr 2011 erledigten die Sozialgerichte 413.118 Klageverfahren.[1] Die Durchschnittsdauer betrug 14 Monate. 82 % der Klageverfahren wurden binnen zwei Jahren abgeschlossen; 6,1 % dauerten länger als drei Jahre. Die Durchschnittsdauer der 41.462 durch Urteil erledigten Verfahren betrug 23,5 Monate. 17,2 % dieser Verfahren wiesen eine Dauer von mehr als drei Jahren auf. Dabei wichen die Bundesländer stark voneinander ab – von 61,7 % bis 95,6 % der Verfahren waren nach drei Jahren abgeschlossen. 23.397 Verfahren wurden durch Gerichtsbescheid in einer Durchschnittsdauer von 17,7 Monaten erledigt; 9,6 % dieser Verfahren dauerten länger als drei Jahre. Die erledigten 46.117 Verfahren zur Gewährung von vorläufigem Rechtsschutz kamen auf eine Durchschnittsdauer von 1,2 Monaten; 1,6 % dauerten länger als sechs Monate.

2 **2. Landessozialgerichte.** Im Jahr 2011 haben die Landessozialgerichte 26.327 Berufungsverfahren in durchschnittlich 16,4 Monaten erledigt. Davon wurden 90,3 % binnen drei Jahren abgeschlossen. Ab Eingang in der ersten Instanz betrug die Durchschnittsdauer 42,9 Monate. Länger als fünf Jahre dauerten 19,1 %. Durch Urteil wurden 7.278 Verfahren erledigt. Die Durchschnittsdauer betrug hierbei 21,4 Monate; 16,1 % dauerten länger als drei Jahre in der Rechtsmittelinstanz. Im Durchschnitt dauerten diese Verfahren ab Eingang der ersten Instanz fast vier Jahre; 26,4 % überschritten die Grenze von fünf Jahren. 228 Verfahren zur Gewährung von vorläufigem Rechtsschutz wurden im Jahr 2011 in der Rechtsmittelinstanz vor den Landessozialgerichten erledigt. Die Durchschnittsdauer betrug 3,2 Monate; 11,8 % dauerten länger als sechs Monate. Ferner wurden 16.306 Beschwerdeverfahren in einer Durchschnittsdauer von 4,3 Monaten erledigt. Länger als zwei Jahre dauerten 2,1 %.

3 **3. Bundessozialgericht.** Das Bundessozialgericht hat im Jahr 2011 608 Revisionen erledigt, davon 422 in weniger als einem Jahr. 14 Revisionen dauerten länger als zwei Jahre. Ferner wurden 2.005 Nichtzulassungsbeschwerden erledigt.

II. Anwendbarkeit von § 198 GVG

4 Für die Sozialgerichtsbarkeit ermöglicht § 202 S. 1 SGG die entsprechende Anwendung der Vorschriften des GVG und der ZPO nur für das Verfahren und nur ergänzend, wenn die grundsätzlichen Unterschiede der beiden Verfahrensarten dies nicht ausschließen. Die Regelung zum Rechtsschutz bei überlangen Gerichtsverfahren geht jedoch über eine Verfahrensregelung hinaus und soll auch die Sozialgerichtsbarkeit umfassen.[2] Deshalb enthält nunmehr **§ 202 S. 2 SGG** eine Verweisung auf §§ 198 bis 201 GVG. Die Verweisung auf § 199

1 Die Daten sind der Fachserie 10 Reihe 2.7 des Statistischen Bundesamtes entnommen (https://www.destatis.de/DE/Publikationen/Thematisch/Rechtspflege/GerichtePersonal/Sozialgerichte)Sie beziehen sich auf das Jahr 2011.

2 BT-Drucks. 17/3802, 29.

GVG läuft allerdings leer, weil § 199 GVG ein strafrechtliches Ermittlungsverfahren bzw Strafverfahren als Ausgangsverfahren voraussetzt.

1. Rügeobliegenheit. Entsprechend § 198 Abs. 3 GVG ist im sozialgerichtlichen Ausgangsverfahren eine wirksame **Verzögerungsrüge** zu erheben, damit ein Anspruch auf Geldentschädigung entsteht (s. § 198 GVG Rn 104). Andernfalls entfällt eine Entschädigung in Geld zum Ausgleich materieller und/oder immaterieller Nachteile. Die Verzögerungsrüge bedarf außerhalb der mündlichen Verhandlung der **Schriftform** (s. § 198 GVG Rn 111). Von dem Erfordernis der Unterschrift des Klägers oder seines Vertreters kann jedoch abgesehen werden, da entsprechend § 92 Abs. 1 S. 2 SGG keine strengeren Anforderungen als an die Klageschrift zu stellen sind. 5

Hinweis: Die Verzögerungsrüge kann im Ausgangsverfahren vor dem Sozialgericht und Landessozialgericht auch durch den Beteiligten selbst eingelegt werden, vgl § 73 Abs. 1 SGG. Nur vor dem BSG gilt der **Vertretungszwang** nach § 73 Abs. 4 SGG; er erfasst auch die Verzögerungsrüge.[3]

Die Verzögerungsrüge darf nicht zu früh und sollte nicht zu spät im Ausgangsverfahren erhoben werden. Sie kann eingelegt werden, sobald die konkrete Möglichkeit einer Überlänge des Sozialgerichtsprozesses besteht, also erstmals tatsächliche Anhaltspunkte für einen unangemessen späten Abschluss des Sozialgerichtsprozesses vorliegen (s. § 198 GVG Rn 124 ff). Das ist der Fall, wenn objektive Umstände bei vernünftiger Betrachtungsweise auf eine Verzögerung hindeuten, etwa 6

- das Gericht über einen gewissen Zeitraum nicht nach §§ 106, 106 a SGB tätig wird, oder
- im Falle von längeren Vertretungszeiten,
- Überlastungsanzeigen,
- Richterwechsel oder
- unbeantworteten Sachstandsanfragen.[4]

Zugunsten eines anwaltlich nicht vertretenen Verfahrensbeteiligten ist ein „großzügiger Maßstab" bei der Auslegung anzulegen, ob eine Verzögerungsrüge termingerecht erhoben wurde.[5] Die Verzögerungsrüge darf allerdings auch nicht so spät eingelegt werden, dass darin nicht nur Geduld, sondern bereits eine Duldung zum Ausdruck kommt (s. § 198 GVG Rn 136, 142 ff).

2. Unangemessene Verfahrensdauer. Im Jahr 2010 betrafen sechs der 23 Verurteilungen der Bundesrepublik Deutschland durch den EGMR Verfahren der Sozialgerichtsbarkeit.[6] Zukünftig soll dem der Rechtschutz gegen überlange Gerichtsverfahren entgegenwirken. Nach § 202 S. 2 SGG iVm § 198 GVG 7

3 BT-Drucks. 17/3802, 20.
4 Söhngen NZS 2012, 493, 497.
5 Vgl zum großzügigen Maßstab BAG NJW 1982, 1174 Tz 16.
6 Bericht über die Rechtsprechung des EGMR und die Umsetzung seiner Urteile in Verfahren gegen die Bundesrepublik Deutschland im Jahr 2010; www.bmj.de „Recht/Öffentliches Recht/Beauftragter für Menschenrechtsfragen/Wichtige Urteile des EGMR", zitiert nach Söhngen NZS 2012, 493 Fn 2.

Abs. 1 S. 1 GVG wird angemessen entschädigt, wer als Verfahrensbeteiligter eines Sozialgerichtsprozesses infolge **unangemessener Verfahrensdauer** einen Nachteil erleidet (s. ausführlich § 198 GVG Rn 5).Bei der Bestimmung der Angemessenheit der Verfahrensdauer kommt der Rechtsprechung des EGMR besondere Bedeutung zu.[7] Der EGMR stellt auf die besonderen Umstände des Einzelfalls ab und berücksichtigt dabei insbesondere die Schwierigkeit des Falls, das Verhalten des Beschwerdeführers und der zuständigen Gerichte sowie die Bedeutung der Rechtssache für den Beschwerdeführer. Eine absolute Zeitgrenze ergibt sich aus Art. 6 Abs. 1 EMRK nicht; sogar eine langjährige Verfahrensdauer führt nicht zwangsläufig zu einem Konventionsverstoß. Die Gerichte haben sich allerdings mit zunehmender Dauer nachhaltig um eine Beschleunigung des Verfahrens zu bemühen.[8] Die hohe Verfahrensbelastung der Sozialgerichtsbarkeit erster Instanz ist für sich genommen kein Grund, der eine längere Verfahrensdauer rechtfertigt.[9]

Beispiel: Eine Gesamtverfahrensdauer von ca. sieben Jahren und sieben Monaten (vier gerichtliche Instanzen einschließlich des – im Rahmen von § 198 GVG nicht zu berücksichtigenden – Verwaltungsverfahrens) ist bei einem als sehr komplex einzustufenden Sachverhalt (Feststellungsverfahren einer Berufskrankheit mit Exposition toxischer Substanzen am Arbeitsplatz eines verstorbenen Versicherten) noch als angemessen iSd Art. 6 Abs. 1 MRK anzusehen.[10]

Hinweis: Das BSG geht davon aus, dass eine generelle Grenze, bei deren Überschreiten ein Konventionsverstoß zu vermuten ist, gemessen an den feststellbaren "üblichen" Fristen, innerhalb deren erfahrungsgemäß eine den gesetzlichen und verfassungsrechtlichen Anforderungen genügende Entscheidung ergehen kann, bei **drei Jahren** je Gerichtsinstanz liegt, dh sowohl für das Klage- als auch das Berufungsverfahren.[11]

8 In die Berechnung des maßgeblichen Zeitraums ist – im Unterschied zur Verfahrensweise des EGMR –[12] das **Widerspruchsverfahren** nicht einzubeziehen.[13] Wird über einen Widerspruch ohne zureichenden Grund in angemessener Frist sachlich nicht entschieden, eröffnet bereits § 88 SGG die Möglichkeit, ohne Vorverfahren unmittelbar Klage zu erheben. Auf eine Verzögerung im Vorverfahren ist deshalb mit dieser Untätigkeitsklage zu reagieren, so dass es einer Entschädigungsregelung nicht bedarf.[14] Die Untätigkeitsklage bietet bereits einen innerstaatlichen Rechtsbehelf iSv Art. 13 EMRK, mit dem sich ein Betroffener gegen Gefährdungen und Verletzungen seines Rechts auf angemessene Verfahrensdauer wehren kann. Sie unterliegt ihrerseits den Anforderungen von Art. 6 Abs. 1 S. 1 EMRK, so dass konventionsrechtlich keine Rechtsschutzlü-

---

7 Vgl EGMR v. 29.5.2012 – 53126/07 Tz 39; Schenke NVwZ 2012, 257, 259.
8 BVerfG ZIP 2012, 177 Tz 7.
9 BVerfG NZS 2011, 384 Tz 14.
10 EGMR v. 22.1.2008 – 10763/05 Tz 49.
11 BSG Urteil vom 13.12.2005 – SozR 4-1500 § 160 a Nr. 11. Wenner, SozSich 2012, 32, 33, Söhngen NZS 2012, 493, 494.
12 EGMR v. 30.6.2011 – 11811/10 Tz 21.
13 BT-Drucks. 17/3802, 17.
14 BT-Drucks. 17/3802, 17.

cke besteht.[15] § 198 Abs. 1, Abs. 6 Nr. 1 GVG stellt folgerichtig nur auf ein Gerichtsverfahren ab.

III. Besonderheiten nach § 201 GVG

Durch die Verweisung in § 202 S. 2 SGG gelten für die Ausgangsverfahren und die Entschädigungsklagen in der Sozialgerichtsbarkeit §§ 198 bis 201 GVG entsprechend mit der **Maßgabe**, dass 9

- an die Stelle des Oberlandesgerichts das Landessozialgericht,
- an die Stelle des Bundesgerichtshofs das Bundessozialgericht und
- an die Stelle der Zivilprozessordnung das Sozialgerichtsgesetz

treten.

Hinweis: Diese Maßgaben betreffen vor allem **§ 201 GVG** (s. § 201 GVG Rn 13).

1. Zuständigkeit. Damit über die Angemessenheit der Verfahrensdauer sachkundig geurteilt werden kann, ist die Sozialgerichtsbarkeit nach der „Gerichtszweiglösung“ (s. § 201 GVG Rn 1) für Entschädigungsverfahren zuständig, denen Ausgangsverfahren aus ihrem Bereich zugrundeliegen.[16] § 202 S. 2 SGG überträgt den Regelungsansatz des § 201 Abs. 1 GVG, dass über Verfahrensverzögerungen auf Länderebene die Oberlandesgerichte, über Verfahrensverzögerungen auf Bundesebene der Bundesgerichtshof entscheiden, auf die Sozialgerichtsbarkeit.[17] Hat ein Gericht des Landes (Sozialgericht, Landessozialgericht) ein Verfahren aus seinem Bereich verzögert, ist in erster Instanz entsprechend § 201 Abs. 1 GVG das Landessozialgericht für die Verhandlung und Entscheidung über die Entschädigungsklage gegen das Land **sachlich zuständig.** Bei der Verzögerung eines Verfahrens auf Bundesebene ist für die Klage auf Entschädigung gegen den Bund das Bundessozialgericht zuständig. 10

Für die Klage auf Entschädigung gegen ein Land ist nach § 201 Abs. 1 S. 1 GVG das Landessozialgericht, in dessen Bezirk das streitgegenständliche Ausgangsverfahren aus dem Bereich der Sozialgerichtsbarkeit durchgeführt wurde, **örtlich zuständig.** Damit sind alle Landessozialgerichte für Entschädigungsklagen in ihrem jeweiligen Geschäftsbereich und im Gleichlauf mit der Zuständigkeit für die Berufung gegen die Urteile bzw Beschwerden gegen die Beschlüsse des jeweiligen Gerichts zuständig. 11

Entsprechend § 201 Abs. 1 S. 3 GVG bestimmt § 201 Abs. 1 S. 1, 2 GVG eine **ausschließliche** sachliche und örtliche Zuständigkeit. Die Parteien können deshalb nicht wirksam die Zuständigkeit eines anderen Gerichts vereinbaren. Ist das Verfahren sowohl bei einem Gericht eines Landes als auch auf Bundesebene verzögert worden, sind Landessozial- bzw Bundessozialgericht für die Entscheidung über den jeweiligen Anteil zuständig (zur Anteilslösung s. § 201 GVG Rn 6). 12

---

15 OVG Berlin-Brandenburg Urteil vom 27.3.2012 – OVG 3 A 1.12 Tz 25.
16 BT-Drucks. 17/3802, 16, 25; Steinbeiß-Winkelmann ZRP 2010, 205, 208.
17 BT-Drucks. 17/3802, 25.

13 **2. Warte- und Klagefrist.** Läuft das Ausgangsverfahren noch in der Instanz, für deren Dauer Entschädigung begehrt wird, ist die sozialgerichtliche Entschädigungsklage entsprechend § 198 Abs. 5 S. 1, 2 GVG iVm § 202 S. 2 SGG erst nach der sechsmonatigen Wartefrist zulässig. Ist das Ausgangsverfahren beendet, ist die Klage vor Ablauf der sechsmonatigen Klagefrist zu erheben (s. § 198 GVG Rn 158 ff). Maßgeblicher Zeitpunkt für die Einhaltung der Warte- und Klagefrist ist die Erhebung der Klage. Die Zustellung der Klage an den Beklagten gehört nicht zur Klagerhebung, § 94 SGG. Zum Vorschuss siehe § 197 a SGG Rn 2.

14 Die Entschädigungsklage ist als unzulässig abzuweisen, wenn bei ihrer Erhebung die **Wartefrist** von sechs Monaten nach Einlegung der Verzögerungsrüge entsprechend § 198 Abs. 5 S. 2 GVG iVm § 202 S. 2 SGG nicht eingehalten ist (s. § 198 GVG Rn 149 ff). Dies gilt jedoch wegen des Präventivzwecks der Verzögerungsrüge nur, wenn das Ausgangsverfahren noch in einer Instanz, auf deren Dauer das Entschädigungsverlangen gestützt wird, läuft.[18]

Hinweis: Vor allem bei vorläufigen Rechtsschutzverfahren ist zu berücksichtigen, dass im Falle ihres Abschlusses die Wartefrist des § 198 Abs. 5 S. 1 GVG nicht eingehalten werden muss.[19]

15 Der Ablauf der **Klageausschlussfrist** entsprechend § 198 Abs. 5 S. 2 GVG iVm § 202 S. 2 SGG sechs Monate nach Eintritt der Rechtskraft der Entscheidung oder nach anderweitiger Erledigung des Ausgangsverfahrensdies verschließt den Rechtsweg vollständig und endgültig (s. § 198 GVG Rn 158 ff). Eine Wiedereinsetzung scheidet aus.[20] Die Entschädigungsklage ist als unbegründet abzuweisen, wenn bei ihrer Erhebung die Klageausschlussfrist versäumt ist.[21]

16 **3. Verfahren.** Nach § 201 Abs. 2 S. 1 GVG sind die Vorschriften der ZPO über das Verfahren vor den Landgerichten im ersten Rechtszug entsprechend anwendbar. Allerdings sind bei der nach § 202 S. 2 SGG gebotenen entsprechenden Anwendung von § 201 Abs. 2 GVG in der Sozialgerichtsbarkeit die **Besonderheiten** der dort geltenden Regelungen zu berücksichtigen.[22] Dementsprechend enthält § 202 S. 2 SGG für die Verweisung die Maßgabe, dass an die Stelle der Zivilprozessordnung das Sozialgerichtsgesetz tritt. Zu übertragen ist dabei der Grundgedanke von § 201 Abs. 2 S. 1 GVG über die Anwendbarkeit der Regelungen zum Verfahren im **ersten Rechtszug**, obgleich das Verfahren vor dem Landessozialgericht bzw Bundessozialgericht stattfindet. Es gelten deshalb die für den ersten Rechtszug maßgebenden Vorschriften der **§§ 87 ff SGG** entsprechend.

Beispiel: Ein unbezifferter Antrag, durch den die Bemessung der Entschädigung für immaterielle Nachteile in das Ermessen des Gerichts gestellt wird, ist grundsätzlich nach § 92 Abs. 1 SGG zulässig, wenn die Schätzungsgrundlagen

18 Enger auf den Abschluss des Verfahrens abstellend Schenke NVwZ 2012, 257, 263.
19 Schenke NVwZ 2012, 257, 263.
20 Schenke NVwZ 2012, 257, 263.
21 Schenke NVwZ 2012, 257, 263.
22 BT-Drucks. 17/3802, 25.

und die Größenordnung des geltend gemachten Betrages so genau wie möglich angeben werden.[23]

Darüber hinaus sind auch diejenigen Verfahrensvorschriften des SGG anwendbar, denen die Besonderheiten des Entschädigungsverfahrens nicht entgegenstehen, zB: 17

- Nach § 60 Abs. 1 SGG iVm § 41 Nr. 7 ZPO ist ein Richter, der am Ausgangsverfahren in einem Rechtszug mitgewirkt hat, auf dessen Dauer der Entschädigungsanspruch gestützt wird, von der Mitwirkung am Entschädigungsverfahren ausgeschlossen.
- Auch in Entschädigungsprozessen gilt vor dem Bundessozialgericht nach § 73 Abs. 4 SGG Vertretungszwang.
- Die Bewilligung von **Prozesskostenhilfe** richtet sich nach § 73 a Abs. 1 SGG iVm §§ 114 ff ZPO.
- Das Entschädigungsgericht entscheidet nach § 123 SGG über die vom Kläger erhobenen Ansprüche, ohne an die Fassung der Anträge gebunden zu sein. Ist der Leistungsantrag auf Entschädigung in Geld mangels Verzögerungsrüge unbegründet, kann das Gericht gemessen am Prozessziel nach § 202 S. 2 SGG iVm § 198 Abs. 4 S. 2 GVG feststellen, dass die Verfahrensdauer unangemessen war (s. § 201 GVG Rn 14).

Keine Anwendung finden zum Zweck der Verfahrensbeschleunigung zB 18

- die Vorschriften über den frühen ersten Termin zur mündlichen Verhandlung und das schriftliche Vorverfahren (§§ 275 bis 277 ZPO), weil § 104 SGG eine Sonderreglung darstellt,
- § 227 Abs. 3 Satz 1 ZPO über die Verlegung von Terminen in der Zeit vom 1. Juli bis 31. August, § 110 Abs. 3 SGG.
- Wie im sozialgerichtlichen Ausgangsverfahren gilt auch im Entschädigungsverfahren nicht der Beibringungsgrundsatz (§§ 128, 138, 286 ZPO); vielmehr ist der Sachverhalt von Amts wegen zu erforschen, § 103 SGG.

§ 201 Abs. 3 S. 1 GVG schafft einen eigenständigen Aussetzungstatbestand. 19
Voraussetzung für eine Aussetzung ist danach, dass die noch anstehende Dauer des Ausgangsverfahrens die Entscheidung über die Entschädigung beeinflussen kann. Von der Möglichkeit einer Aussetzung hat das Entschädigungsgericht nach pflichtgemäßem **Ermessen** Gebrauch zu machen.[24]

Beispiel: Unklar war in einem Verfahren beim SG Berlin, ob die Sozial- oder Arbeitsgerichte für Streitigkeiten der geltend gemachten Art zuständig sind. Das SG Berlin sah bis zum Ausgang des vor dem BSG anhängigen Leitverfahrens von einer Entscheidung in dem Verfahren der Beschwerdeführerin ab. Der EGMR hielt die Dauer des Verfahrens vor dem SG Berlin, die etwa zwei Jahre betrug, aus Gründen der Prozessökonomie für angemessen.[25]

23 Vgl BGHZ 132, 341 Tz 33.
24 BT-Drucks. 17/3802, 25; BVerfG NJW-RR 2007, 721 Tz 18.
25 EGMR v. 15.2.2007 – 19124/02, NJ 2007, 406 Rn 43.

Hinweis: Ist der Entschädigungsprozess im Hinblick auf das laufende Ausgangsverfahren ausgesetzt worden, läuft mit der Beendigung des Ausgangsverfahrens die Verjährungsfrist – auch ohne Kenntnis des Entschädigungsgläubigers – weiter (s. § 201 GVG Rn 23 f).

20 § 201 Abs. 2 S. 2 GVG schließt eine Entscheidung durch den Einzelrichter aus, um sich die qualitätssichernde Wirkung des Kollegialspruchkörpers für die besondere Schwierigkeit der Entschädigungssachen zunutze zu machen.[26] Wegen dieser Schwierigkeit kommt eine Entscheidung durch **Gerichtsbescheid** nach § 105 Abs. 1 SGG idR nicht in Betracht.[27] § 31 SGG und § 33 Abs. 2 SGG regeln die Bildung eigener Senate und die Besetzung der Spruchkörper bei den Landessozialgerichten, über § 40 S. 1 SGG auch beim BSG (s. § 31 SGG Rn 1 f, § 33 SGG Rn 1 f).

Wird ein Verstoß gegen das Recht auf ein zügiges Verfahren als Verfahrensmangel iSv § 160 Abs. 2 Nr. SGG gerügt, genügt es nicht, auf Beginn und Ende des Verfahrens hinzuweisen. Vielmehr muss der Kläger auch aufzeigen, dass weder rechtliche noch tatsächliche Schwierigkeiten des Verfahrens und damit verbundene Ermittlungen noch sein Verhalten noch eine besondere Bedeutung der Rechtssache zu der Verzögerung geführt haben.[28]

21 Auch für den Fall, dass das Ausgangsverfahren nach §§ 183, 197 SGG kostenfrei war, besteht für das damit in engem Zusammenhang stehende Entschädigungsverfahren eine allgemeine Kostenpflicht, § 197 a SGG.[29] Abweichend von §§ 154 f VwGO ermöglicht **§ 201 Abs. 4 GVG** eine **Kostenentscheidung** nach billigem Ermessen, wenn ein Anspruch auf Geldentschädigung nicht oder nicht in der geltend gemachten Höhe besteht, aber eine unangemessene Verfahrensdauer festgestellt wird. Das Leistungsbegehren des Klägers lässt sich dann ohne Änderung der Klage in einen darin enthaltenen Antrag auf Feststellung umdeuten, wobei dieser Antrag nicht – auch nicht nur hilfsweise – gestellt werden muss, § 198 Abs. 4 S. 2 GVG.[30] So kann die Kostenentscheidung im Wege billigen Ermessens zugunsten des Klägers berücksichtigen, wenn ein Begehren nach Geldentschädigung (nur) an der fehlenden Verzögerungsrüge scheitert, aber eine überlange Verfahrensdauer festzustellen ist.

26 BT-Drucks. 17/3802, 25.
27 BT-Drucks. 17/3802, 25;.
28 BSG v. 25.6.2012 – B 2 U 102/12 B Tz 2.
29 Kritisch Söhngen NZS 2012, 493, 498.
30 Vgl BGH NJW 1984, 2295 Tz 15 f.

Artikel 8 Änderung der Verwaltungsgerichtsordnung

§ 173 VwGO

Soweit dieses Gesetz keine Bestimmungen über das Verfahren enthält, sind das Gerichtsverfassungsgesetz und die Zivilprozessordnung einschließlich § 278 Absatz 5 und § 278 a entsprechend anzuwenden, wenn die grundsätzlichen Unterschiede der beiden Verfahrensarten dies nicht ausschließen. Die Vorschriften des Siebzehnten Titels des Gerichtsverfassungsgesetzes sind mit der Maßgabe entsprechend anzuwenden, dass an die Stelle des Oberlandesgerichts das Oberverwaltungsgericht, an die Stelle des Bundesgerichtshofs das Bundesverwaltungsgericht und an die Stelle der Zivilprozessordnung die Verwaltungsgerichtsordnung tritt. Gericht im Sinne des § 1062 der Zivilprozessordnung ist das zuständige Verwaltungsgericht, Gericht im Sinne des § 1065 der Zivilprozessordnung das zuständige Oberverwaltungsgericht.

I. Verfahrensdauer

1 **1. Verwaltungsgerichte.** Vor den Verwaltungsgerichten betrug im Jahr 2011 die Durchschnittsdauer der erledigten 124.204 Hauptverfahren 10,8 Monate, der 34.155 durch Urteil beendeten Hauptverfahren 13,9 Monate.[1] Allerdings ergeben sich erhebliche Unterschiede für die Bundesländer; so belief sich die kürzeste durchschnittliche Verfahrensdauer auf 5,1 Monate, die längste auf 24,5 Monate. 46,3 % der durch Urteil beendeten Hauptverfahren dauern im Bundesdurchschnitt länger als zwölf Monate, davon 9,9 % länger als zwei Jahre, 4,8 % länger als drei Jahre. In manchen Bundesländern dauert mehr als jedes zehnte durch Urteil beendete Hauptverfahren länger als drei Jahre. 31.953 Verfahren des vorläufigen Rechtsschutzes wurden im Bundesdurchschnitt in 1,8 Monaten abgeschlossen, davon benötigten 3,8 % zwischen sechs und zwölf Monate und 0,9 % mehr als ein Jahr. Der geringste durchschnittliche Länderwert (0,8 Monate) liegt bei weniger als einem Viertel des höchsten Länderwerts (3,5 Monate).

2 **2. Oberverwaltungsgerichte.** Bei den Oberverwaltungsgerichten betrug im Jahr 2011 die Durchschnittsdauer der 899 erledigten erstinstanzlichen Hauptsacheverfahren 15,8 Monate. 53,3 % dieser Verfahren dauerten länger als zwölf Monate, 20,8 % länger als zwei Jahre. In der Rechtsmittelinstanz erledigten die Oberverwaltungsgerichte 16.242 Verfahren in durchschnittlich 9,6 Monaten. 30,3 % dauerten länger als zwölf Monate, 9,5 % länger als zwei

1 Die Daten sind der Fachserie 10 Reihe 2.4 des Statistischen Bundesamtes entnommen (https://www.destatis.de/DE/Publikationen/Thematisch/Rechtspflege/GerichtePersonal/Verwaltungsgerichte). Sie beziehen sich auf das Jahr 2011.

Jahre. Bei den 1.470 durch Urteil beendeten Verfahren betrug die durchschnittliche Verfahrensdauer in der Rechtsmittelinstanz 16 Monate; 21,2 % der Verfahren dauerten in zweiter Instanz länger als zwei Jahre. Ab Eingang der ersten Instanz dauerten die Verfahren durchschnittlich 42,9 Monate, mehr als fünf Jahre dauerten 18,8 %. In fünf Bundesländern benötigte ca. jedes dritte Verfahren mehr als fünf Jahre ab Klageerhebung bis zum Abschluss.[2]

3 **3. Bundesverwaltungsgericht.** Im Jahr 2011 hat das Bundesverwaltungsgericht 802 Nichtzulassungsbeschwerden durch Beschluss erledigt, davon 98,4 % binnen Jahresfrist, die restlichen 1,6 % binnen 18 Monaten. Von den 236 durch Urteil beendeten Revisionen wurden 98,7 % binnen zwei Jahren ab Eingang der Revisionsschrift erledigt, die restlichen 1,3 % binnen drei Jahren.

II. Verweisung in § 173 S. 2 VwGO

4 Die VwGO verweist für die Verwaltungsgerichtsbarkeit nicht allgemein auf das GVG. § 173 S. 1 VwGO ermöglicht die entsprechende Anwendung der Vorschriften des GVG und der ZPO nur für das Verfahren und nur ergänzend, wenn die grundsätzlichen Unterschiede der beiden Verfahrensarten dies nicht ausschließen. Die Regelung zum Rechtsschutz bei überlangen Gerichtsverfahren geht jedoch über eine Verfahrensregelung hinaus und soll auch die Verwaltungsgerichtsbarkeit umfassen.[3] Deshalb enthält nunmehr **§ 173 S. 2 VwGO** eine Verweisung auf §§ 198 bis 201 GVG. Über eine Verweisung auf § 173 S. 2 VwGO wird zB auch das gerichtliche Disziplinarverfahren erfasst (zu Bundesrecht s. zB Art. 20 Rn 1).[4] Die Verweisung von § 173 S. 2 VwGO auf § 199 GVG ist allerdings ohne Anwendungsbereich, weil § 199 GVG als Ausgangsverfahren ein strafrechtliches Ermittlungsverfahren bzw Strafverfahren voraussetzt.

5 **1. Verzögerungsrüge.** Materiellrechtliche Anspruchsvoraussetzung eines Geldentschädigungsanspruchs ist, dass entsprechend § 198 Abs. 3 GVG im verwaltungsgerichtlichen Ausgangsverfahren eine wirksame **Verzögerungsrüge** erhoben wurde (s. § 198 GVG Rn 104). Ist das nicht der Fall, entsteht kein Anspruch auf eine Entschädigung in Geld zum Ausgleich materieller und/oder immaterieller Nachteile. Die Verzögerungsrüge bedarf außerhalb der mündlichen Verhandlung der **Schriftform** (s. § 198 GVG Rn 111).

Hinweis: Der **Vertretungszwang** nach § 67 Abs. 4 VwGO vor dem OVG und BVerwG (außer im Prozesskostenhilfeverfahren) erstreckt sich auch auf die Verzögerungsrüge. Dagegen kann die Verzögerungsrüge im Ausgangsverfahren vor dem Verwaltungsgericht auch durch den Beteiligten selbst eingelegt werden, vgl § 67 Abs. 1 VwGO.[5]

Beispiel: Die Entschädigungsklage ist unzulässig, wenn der Kläger nicht ordnungsgemäß vertreten ist. Der Vertretungszwang nach § 67 Abs. 4 VwGO gilt

---

2 Dies ist nach der Rechtsprechung des EGMR idR zu lang, auch wenn der EGMR das Widerspruchsverfahren einbezieht, vgl EGMR v. 30.6.2011 – 11811/10 Tz 30.
3 BT-Drucks. 17/3802, 29.
4 BVerwG Beschluss vom 1.6.2012 - 2 B 123/11 Tz 12.
5 Schenke NVwZ 2012, 257, 263; BT-Drucks. 17/3802, 20.

auch für solche Entschädigungsklagen, denen ein Flurbereinigungsrechtsstreit zugrunde liegt. § 140 S. 3 FlurbG, der die Anwendung des § 67 Abs. 4 VwGO ausschließt, gilt nach § 138 Abs. 1 S. 2 FlurbG nur für das Verfahren des Flurbereinigungsgerichts. Für den Entschädigungsprozess ist das Oberverwaltungsgericht aber nicht aufgrund von Flurbereinigungsrecht zuständig, sondern nach § 173 S. 2 VwGO.[6]

Sobald erstmals tatsächliche Anhaltspunkte für einen unangemessen späten Abschluss des Verwaltungsgerichtsprozesses bestehen, kann die Verzögerungsrüge erhoben werden (s. § 198 GVG Rn 124 ff). Andererseits darf sie nicht so spät eingelegt werden, dass darin nicht nur Geduld, sondern bereits eine Duldung zum Ausdruck kommt (s. § 198 GVG Rn 136 f, 142 ff). 6

2. Überlänge. Nach § 173 S. 2 VwGO iVm § 198 GVG Abs. 1 S. 1 GVG wird angemessen entschädigt, wer infolge **unangemessener Dauer** eines Verwaltungsgerichtsprozesses als Verfahrensbeteiligter einen Nachteil erleidet (s. ausführlich § 198 GVG Rn 5 ff). Bei der Bestimmung der Angemessenheit der Verfahrensdauer kommt im Rahmen der völkerrechtskonformen Auslegung von § 198 GVG der Rechtsprechung des EGMR besondere Bedeutung zu.[7] Danach ist die Angemessenheit der Verfahrensdauer nach den Umständen der Rechtssache sowie unter Berücksichtigung folgender Kriterien zu beurteilen: die Komplexität des Falles, das Verhalten des Beschwerdeführers und der zuständigen Gerichte sowie die Bedeutung des Rechtsstreits für den Beschwerdeführer.[8] 7

Beispiele:

- Ein verwaltungsgerichtliches Verfahren, das die Errichtung eines Wohnhauses betrifft und etwas über zwei Jahre andauert, kann sich als noch nicht unangemessen lang darstellen. Dabei ist zu berücksichtigen, ob sich die Verfahrensdauer noch im Rahmen des **Üblichen** bewegt und bei dem Verwaltungsgericht zahlreiche ältere Verfahren anhängig sind. Eine unangemessen lange Dauer kann allerdings bei Vorliegen besonderer Umstände angenommen werden, die auch die Hinnahme einer ansonsten üblichen Verfahrensdauer unmöglich machen würden und im Einzelfall bei der Bearbeitung eine Abweichung von der Reihenfolge des Eingangs gebieten.[9]
- Der Beschwerdeführer war Bezirksschornsteinfeger in Berlin. Gegen die wiederholte Neueinteilung seines Kehrbezirks erhob er am 4.2.1993 und am 24.1.1997 Klage vor dem VG. Als er am 1.4.1999 mit Erreichen der Altersgrenze in den Ruhestand trat, beantragte er die Feststellung, dass die Neueinteilungen rechtswidrig gewesen seien. Das VG wies beide Klagen mit Urteilen vom 13.11.2000 ab. Die Anträge auf Zulassung der Berufung wies das OVG mit Beschlüssen vom 7. und 22. April 2004 zurück. Die

6 OVG Mecklenburg-Vorpommern Gerichtsbescheid vom 6.9.2012 – 2 K 5/12, Tz 13.
7 Vgl EGMR v. 29.5.2012 – 53126/07, ArbuR 2012, 363 Tz 39; Schenke NVwZ 2012, 257, 259.
8 EGMR v. 16.7.2009 – 8453/04, NVwZ 2010, 1015 Tz 49.
9 BVerfG NVwZ 2004, 471 Tz 4; zur – nicht unproblematischen - Ausrichtung an der für vergleichbare Verfahren üblichen Bearbeitungszeit Schenke NVwZ 2012, 257, 258.

Verfahrensdauer von elf Jahren und zwei Monaten und fast sieben Jahren und drei Monaten für jeweils zwei Rechtszüge war auch unter der starken Belastung des VG Berlin in den Jahren nach der Wiedervereinigung unangemessen. In diese Beurteilung war einzubeziehen, dass das Verfahren, nachdem der Beschwerdeführer in den Ruhestand getreten war, nicht mehr dieselbe Komplexität wie vorher aufwies.[10]

8 Die Rechtsprechung schwankt bei einfach gelagerten Rechtsstreitigkeiten zwischen einer Verfahrenslaufzeit von etwa einem Jahr[11] und zwei Jahren pro Instanz[12] als noch angemessener Verfahrensdauer. Die Gerichte haben sich allerdings mit zunehmender Dauer nachhaltig um eine Beschleunigung des Verfahrens zu bemühen.[13] Zu berücksichtigen ist auch die **Verfahrensart.** So ist für Verfahren des vorläufigen Rechtsschutzes und der Prozesskostenhilfe eine deutlich geringere Verfahrensdauer angemessen, zumal bei ihnen nur eine summarische Überprüfung stattfindet.[14]

Hinweis: Eine unangemessene Dauer eines Prozesskostenhilfeverfahrens ist **bei einer seit Antragstellung verstrichenen** Zeit von bis zu sechs Monaten in aller Regel noch nicht gegeben, wenn sich das VG trotz Eintritt der Entscheidungsreife zunächst älteren anhängigen Verfahren zuwendet.[15]

9 Das **Widerspruchsverfahren** bleibt bei der Bewertung, ob eine unangemessene Verfahrensdauer vorliegt, unberücksichtigt (s. § 198 GVG Rn 187).[16] § 198 Abs. 1, Abs. 6 Nr. 1 GVG stellt nur auf ein Gerichtsverfahren ab. Zwar berücksichtigt der EGMR die Dauer des Widerspruchsverfahrens.[17] Wird jedoch über einen Widerspruch ohne zureichenden Grund in angemessener Frist sachlich nicht entschieden, eröffnet bereits § 75 VwGO die Möglichkeit, ohne Vorverfahren unmittelbar Klage zu erheben. Auf eine Verzögerung im Vorverfahren ist deshalb mit dieser Untätigkeitsklage zu reagieren, so dass es einer Entschädigungsregelung nicht bedarf.[18] Die Untätigkeitsklage bietet schon iSv Art. 13 EMRK einen innerstaatlichen Rechtsbehelf, mit dem sich ein Betroffener gegen Gefährdungen und Verletzungen seines Rechts auf angemessene Verfahrensdauer wehren kann. Sie unterliegt ihrerseits den Anforderungen von Art. 6 Abs. 1 S. 1 EMRK, so dass konventionsrechtlich keine Rechtsschutzlücke besteht.[19]

Auch ist Artikel 6 Abs. 1 EMRK auf Verfahren, die im Wesentlichen die Bewertung von Kenntnissen und Erfahrung in schulischen Prüfungen oder Hochschulprüfungen betreffen, nicht anwendbar.[20]

10 EGMR v. 29.9.2011 – 854/07 Tz 29, 41 f; BVerfGK 8, 169.
11 EGMR v. 26.11.2009 – 13591/05, Tz 126; OVG Sachsen-Anhalt Urteil vom 25.7.2012 – 7 KE 1/11, Tz 57.
12 OVG Berlin-Brandenburg Urteil vom 27.3.2012 – OVG 3 A 1.12 Tz 51.
13 BVerfG ZIP 2012, 177 Tz 7.
14 Kopp/Schenke, VwGO, 18. Aufl. 2012, § 173 Rn 14.
15 OVG NRW NWVBl 2011, 109 Tz 13.
16 BT-Drucks. 17/3802, 17.
17 EGMR v. 30.6.2011 – 11811/10 Tz 21.
18 BT-Drucks. 17/3802, 17.
19 OVG Berlin-Brandenburg Urteil vom 27.3.2012 – OVG 3 A 1.12 Tz 25.
20 EGMR v. 11.1.2007 – 20027/02, EuGRZ 2007, 420 Tz 54.

3. Warte- und Klagefrist. Die verwaltungsgerichtliche Entschädigungsklage ist entsprechend § 198 Abs. 5 S. 1, 2 GVG iVm § 173 S. 2 VwGO im Falle eines laufenden Ausgangsverfahrens erst nach der sechsmonatigen Wartefrist, im Falle einer Beendigung des Ausgangsverfahrens vor Ablauf der sechsmonatigen Klagefrist zu erheben (s. § 198 GVG Rn 148 ff). Maßgeblicher Zeitpunkt für die Einhaltung der Warte- und Klagefrist ist die Erhebung der Klage, § 81 Abs. 1 S. 1 VwGO, also der Eingang der Klageschrift bei Gericht. Die Zustellung der Klage an den Beklagten gehört nicht zur Klagerhebung. Für die Zustellung ist beim OVG und BVerwG nach §§ 12 a, 12 Abs. 1 GKG in erstinstanzlichen Verfahren wegen überlanger Gerichtsverfahren ein Vorschuss zu entrichten. 10

Hinweis:

Dieser Vorschuss beträgt

- beim OVG eine 4,0 Gebühr (Nr. 5112 GKG-KV),
- beim BVerwG eine 5,0 Gebühr (Nr. 5114 GKG-KV).

Die Entschädigungsklage ist als unzulässig abzuweisen, wenn bei ihrer Erhebung die **Wartefrist** von sechs Monaten nach Einlegung der Verzögerungsrüge entsprechend § 198 Abs. 5 S. 2 GVG iVm § 173 S. 2 VwGO nicht eingehalten ist (s. § 198 GVG Rn 149 ff). Dies gilt jedoch wegen des Präventivzwecks der Verzögerungsrüge nur, wenn das Ausgangsverfahren noch in einer Instanz, auf deren Dauer das Entschädigungsverlangen gestützt wird, läuft.[21] 11

Hinweis: Vor allem bei vorläufigen Rechtsschutzverfahren ist zu berücksichtigen, dass im Falle ihres Abschlusses die Wartefrist des § 198 Abs. 5 S. 1 GVG nicht eingehalten werden muss.[22]

Der Ablauf der **Klageausschlussfrist** entsprechend § 198 Abs. 5 S. 2 GVG iVm § 173 S. 2 VwGO sechs Monate nach Eintritt der Rechtskraft der Entscheidung oder nach anderweitiger Erledigung des Ausgangsverfahrensdies verschließt den Rechtsweg vollständig und endgültig (s. § 198 GVG Rn 159). Eine Wiedereinsetzung nach § 60 VwGO scheidet aus.[23] Die Entschädigungsklage ist als unbegründet abzuweisen, wenn bei ihrer Erhebung die Klageausschlussfrist versäumt ist.[24] 12

III. Maßgaben der Verweisung

Durch die Verweisung in § 173 S. 2 VwGO gelten für die Ausgangsverfahren und die Entschädigungsklagen in der Verwaltungsgerichtsbarkeit **§§ 198 bis 201 GVG entsprechend** mit der **Maßgabe**, dass 13

- an die Stelle des Oberlandesgerichts das Oberverwaltungsgericht (Verwaltungsgerichtshof),

21 Enger auf den Abschluss des Verfahrens abstellend Schenke NVwZ 2012, 257, 263.
22 Schenke NVwZ 2012, 257, 263.
23 Schenke NVwZ 2012, 257, 263.
24 Schenke NVwZ 2012, 257, 263.

- an die Stelle des Bundesgerichtshofs das Bundesverwaltungsgericht und
- an die Stelle der Zivilprozessordnung die Verwaltungsgerichtsordnung

tritt.

Hinweis: Diese Maßgaben betreffen vor allem § 201 GVG (s. § 201 GVG Rn 13).

14 **1. Zuständigkeit.** Die Verwaltungsgerichtsbarkeit ist für Entschädigungsverfahren zuständig, denen Ausgangsverfahren aus ihrem Bereich zugrundeliegen. Das gewährleistet, dass über die Angemessenheit der Verfahrensdauer sachkundig geurteilt wird.[25] § 173 S. 2 VwGO überträgt den Regelungsansatz des § 201 Abs. 1 GVG, dass über Verfahrensverzögerungen auf Länderebene die Oberlandesgerichte, über Verfahrensverzögerungen auf Bundesebene der Bundesgerichtshof entscheiden, auf die Verwaltungsgerichtsbarkeit.[26] Hat ein Gericht des Landes (Verwaltungsgericht, Oberverwaltungsgericht bzw Verwaltungsgerichtshof) ein Verfahren aus seinem Bereich verzögert, ist in erster Instanz entsprechend § 201 Abs. 1 GVG das Oberverwaltungsgericht bzw der Verwaltungsgerichtshof für die Verhandlung und Entscheidung über die Entschädigungsklage gegen das Land **sachlich zuständig.** Bei der Verzögerung eines Verfahrens auf Bundesebene ist für die Klage auf Entschädigung gegen den Bund das Bundesverwaltungsgericht zuständig.

15 Entsprechend § 201 Abs. 1 S. 3 GVG bestimmt § 201 Abs. 1 S. 1, 2 GVG eine **ausschließliche** sachliche und örtliche Zuständigkeit. Die Zuständigkeit eines anderen Gerichts kann deshalb nicht durch Parteivereinbarung begründet werden. Ist das Verfahren sowohl bei einem Gericht eines Landes als auch auf Bundesebene verzögert worden, haften die Rechtsträger Land und Bund nach ihrem jeweiligen Anteil an der Verfahrensdauer als Teilschuldner. Damit geht die Zuständigkeit von Oberverwaltungs- bzw Bundesverwaltungsgericht für die Entscheidung über den jeweiligen Anteil einher. Zwei Entschädigungsverfahren vor zwei unterschiedlichen Gerichten sind nicht erforderlich. Der Entschädigungsgläubiger kann als Kläger einen Antrag auf Bestimmung der Zuständigkeit entsprechend § 36 Nr. 3 ZPO stellen (zur Anteilslösung s. § 201 Rn 6).

16 Da sich die Streitgegenstände von Entschädigungsanspruch aus § 198 GVG und Amtshaftungsanspruch nach § 839 BGB iVm Art. 34 GG nicht decken, dürfen weder Landgericht noch Oberverwaltungsgericht bzw Bundesverwaltungsgericht – auch nicht entsprechend § 17 Abs. 2 S. 1 GVG – über beide Ansprüche entscheiden, selbst wenn sie sich gegen denselben Beklagten richten.[27]

17 Für die Klage auf Entschädigung gegen ein Land ist nach § 201 Abs. 1 S. 1 GVG das Oberverwaltungsgericht, in dessen Bezirk das streitgegenständliche Ausgangsverfahren aus dem Bereich der Verwaltungsgerichtsbarkeit durchgeführt wurde, **örtlich zuständig.** Damit sind alle Oberverwaltungsgerichte für

---

25 BT-Drucks. 17/3802, 16, 25; Steinbeiß-Winkelmann ZRP 2010, 205, 208.
26 BT-Drucks. 17/3802, 25.
27 Schenke, NVwZ 2012, 257, 263; Althammer/Schäuble NJW 2012, 1, 6; Zimmermann, FamRZ 2011, 1905.

Entschädigungsklagen in ihrem jeweiligen Geschäftsbereich und im Gleichlauf mit der Zuständigkeit für die Berufung gegen die Urteile bzw Beschwerden gegen die Beschlüsse des jeweiligen Gerichts zuständig.

2. Verfahren. Bei der nach § 173 S. 2 VwGO gebotenen entsprechenden Anwendung von § 201 Abs. 2 GVG in der Verwaltungsgerichtsbarkeit sind die **Besonderheiten** der dort geltenden Regelungen zu berücksichtigen.[28] Dementsprechend enthält § 173 S. 2 VwGO für die Verweisung die Maßgabe, dass an die Stelle der Zivilprozessordnung die Verwaltungsgerichtsordnung tritt.[29] Zu übertragen ist dabei der Grundgedanke von § 201 Abs. 2 S. 1 GVG, dass die Regelungen zum Verfahren im **ersten Rechtszug** anwendbar sind, obgleich das Verfahren vor dem Oberverwaltungsgericht bzw Bundesverwaltungsgericht stattfindet. Es gelten deshalb die für den ersten Rechtszug maßgebenden Vorschriften der **§§ 81 bis 106 VwGO** entsprechend. 18

Hinweise:

- Ein unbezifferter Antrag, durch den die Bemessung der Entschädigung für immaterielle Nachteile in das Ermessen des Gerichts gestellt wird, ist grundsätzlich nach § 81 Abs. 1 S. 2 VwGO zulässig, wenn die Schätzungsgrundlagen und die Größenordnung des geltend gemachten Betrages so genau wie möglich angeben werden.[30]
- Das Entschädigungsgericht darf nach dem Dispositionsgrundsatz nicht über einen Anspruch entscheiden, der nicht Gegenstand des Rechtsstreits ist, § 88 VwGO. Das ist nicht der Fall, wenn das Entschädigungsgericht auch ohne ausdrückliche hilfsweise Geltendmachung durch den Kläger nach § 173 S. 2 VwGO iVm § 198 Abs. 4 S. 2 GVG feststellt, dass die Verfahrensdauer unangemessen war, falls der Leistungsantrag auf Entschädigung in Geld mangels Verzögerungsrüge unbegründet ist (s. § 201 GVG Rn 14).

Darüber hinaus sind auch diejenigen Verfahrensvorschriften der VwGO anwendbar, denen die Besonderheiten des Entschädigungsverfahrens nicht entgegenstehen, zB: 19

- Nach § 54 Abs. 1 VwGO iVm § 41 Nr. 7 ZPO ist ein Richter, der am Ausgangsverfahren in einem Rechtszug mitgewirkt hat, auf dessen Dauer der Entschädigungsanspruch gestützt wird, von der Mitwirkung am Entschädigungsverfahren ausgeschlossen.
- Auch in Entschädigungsprozessen gilt vor dem Oberverwaltungsgericht und dem Bundesverwaltungsgericht nach § 67 Abs. 4 VwGO **Vertretungszwang.**
- Die Bewilligung von **Prozesskostenhilfe** richtet sich nach § 166 VwGO iVm §§ 114 ff ZPO.

---

28 BT-Drucks. 17/3802, 25; Kopp/Schenke, VwGO, 18. Aufl. 2012, § 173 Rn 1.
29 Die Klarstellung erfolgte aufgrund der Beschlussempfehlung des Rechtsausschusses, BT-Drucks. 17/7217, 40.
30 Vgl BGHZ 132, 341 Tz 33.

20 **Keine Anwendung** finden zB

- § 216 Abs. 2 ZPO, da der Amtsermittlungsgrundsatz eine unverzügliche Terminierung nicht stets zulässt,[31]
- die Vorschriften über den frühen ersten Termin zur mündlichen Verhandlung und das schriftliche Vorverfahren (§§ 275 bis 277 ZPO), weil § 87 b VwGO eine Sonderreglung darstellt,
- § 227 Abs. 3 Satz 1 ZPO über die Verlegung von Terminen in der Zeit vom 1. Juli bis 31. August, § 102 Abs. 4 VwGO.
- Wie im verwaltungsgerichtlichen Ausgangsverfahren gilt auch im Entschädigungsverfahren nicht der Beibringungsgrundsatz (§§ 128, 138, 286 ZPO), sondern der Untersuchungsgrundsatz des § 86 Abs. 1 VwGO.

21 Eine gesonderte Möglichkeit zur Aussetzung des Entschädigungsverfahrens sieht **§ 201 Abs. 3 S. 1 GVG** vor. Voraussetzung ist, dass die noch anstehende Dauer des Ausgangsverfahrens die Entscheidung über die Entschädigung beeinflussen kann. Von der Möglichkeit einer Aussetzung hat das Entschädigungsgericht nach pflichtgemäßem **Ermessen** Gebrauch zu machen.[32] Dabei sind u.a. zu berücksichtigen

- die voraussichtlich noch bevorstehende Dauer des Ausgangsverfahrens,
- deren Auswirkung auf den geltend gemachten Entschädigungsanspruch,
- die wirtschaftliche Situation des Entschädigungsklägers.

Hinweis: Ist der Entschädigungsprozess im Hinblick auf das laufende Ausgangsverfahren ausgesetzt worden, läuft mit der Beendigung des Ausgangsverfahrens die Verjährungsfrist – auch ohne Kenntnis des Entschädigungsgläubigers – weiter (s. § 201 GVG Rn 23 f).

22 Eine Entscheidung durch **Gerichtsbescheid** nach § 84 Abs. 1 S. 1 VwGO kommt wegen der besonderen Schwierigkeit der Entschädigungssachen idR nicht in Betracht.[33] Deshalb schließt § 201 Abs. 2 S. 2 GVG auch eine Entscheidung durch den (konsentierten) **Einzelrichter** aus, um sich die qualitätssichernde Wirkung des Kollegialspruchkörpers zunutze zu machen.[34] Dies lässt eine Entscheidung des Vorsitzenden oder Berichterstatters im vorbereitenden Verfahren nach § 87 a Abs. 1 VwGO unberührt, weil es bei diesen Nebenentscheidungen zB über die Aussetzung des Verfahrens nicht um Sachentscheidungen geht.[35]

23 Abweichend von §§ 154 f VwGO ermöglicht **§ 201 Abs. 4 GVG** eine **Kostenentscheidung** nach billigem Ermessen, wenn ein Anspruch auf Geldentschädigung nicht oder nicht in der geltend gemachten Höhe besteht, aber eine unangemessene Verfahrensdauer festgestellt wird. Das Leistungsbegehren des Klägers lässt sich dann ohne Änderung der Klage in einen darin enthaltenen An-

---

31 Kopp/Schenke, VwGO, 18. Aufl. 2012, § 102 Rn 1; Scheidler LKV 2012, 260; VGH München BayVBl 1978, 212.
32 BT-Drucks. 17/3802, 25; BVerfG NJW-RR 2007, 721 Tz 18.
33 BT-Drucks. 17/3802, 25;.
34 BT-Drucks. 17/3802, 25.
35 Beschlussempfehlung des Rechtsausschusses, BT-Drucks. 17/7217, 39.

trag auf Feststellung umdeuten, wobei dieser Antrag nicht – auch nicht nur hilfsweise – gestellt werden muss, § 198 Abs. 4 S. 2 GVG.[36] So kann die Kostenentscheidung im Wege billigen Ermessens zugunsten des Klägers berücksichtigen, wenn ein Begehren nach Geldentschädigung (nur) an der fehlenden Verzögerungsrüge scheitert, aber eine überlange Verfahrensdauer festzustellen ist, §§ 198 Abs. 4 S. 3 Hs 2, 201 Abs. 4 GVG.

36 Vgl BGH NJW 1984, 2295 Tz 15 f.

Artikel 9 Änderung der Finanzgerichtsordnung

§ 155 FGO

Soweit dieses Gesetz keine Bestimmungen über das Verfahren enthält, sind das Gerichtsverfassungsgesetz und, soweit die grundsätzlichen Unterschiede der beiden Verfahrensarten es nicht ausschließen, die Zivilprozessordnung einschließlich § 278 Absatz 5 und § 278 a sinngemäß anzuwenden. Die Vorschriften des Siebzehnten Titels des Gerichtsverfassungsgesetzes sind mit der Maßgabe entsprechend anzuwenden, dass an die Stelle des Oberlandesgerichts und des Bundesgerichtshofs der Bundesfinanzhof und an die Stelle der Zivilprozessordnung die Finanzgerichtsordnung tritt; die Vorschriften über das Verfahren im ersten Rechtszug sind entsprechend anzuwenden.

I. Verfahrensdauer

1 **1. Finanzgerichte.** Die Finanzgerichte haben im Jahr 2011 insgesamt 43.746 Klageverfahren in durchschnittlich 16,8 Monaten erledigt.[1] Binnen zwei Jahren waren 73,2 % abgeschlossen, nach fünf Jahren noch 2 % anhängig. 8.451 Verfahren wurden durch Urteil oder Gerichtsbescheid in durchschnittlich zwei Jahren beendet; nach einem Jahr waren noch 70,7 %, nach zwei Jahren noch 53,7 % nach drei Jahren noch 23 % und nach vier Jahren noch 8,9 % offen. Die regionalen Unterschiede sind beträchtlich; so schwankt der Erledigungsanteil nach einem Jahr zwischen 10,7 % und 59,2 %. Die 7.574 erledigten Verfahren zur Gewährung von vorläufigem Rechtsschutz wurden mit einer Durchschnittsdauer von 3,8 Monaten beendet. Nach sechs Monaten waren 81,5 % und nach einem Jahr 95,2 % abgeschlossen. Durch einen Beschluss über die Aussetzung oder einstweilige Anordnung wurden 3.081 Eilverfahren in durchschnittlich 4,7 Monaten abgeschlossen, bei 74,7 % binnen sechs Monaten.

2 **2. Bundesfinanzhof.** Von den im Jahr 2011 mit Sachentscheidung erledigten 571 Revisionen wurden 39,1 % binnen eines Jahres abgeschlossen, nach drei Jahren waren noch 7,9 % offen. Bei den Revisionen ohne Sachentscheidung waren nach zwei Jahren 91 % erledigt. Von den 1.692 Nichtzulassungsbeschwerden wurden im ersten Jahr ab Eingang beim BFH 88,1 % entschieden; nach zwei Jahren waren nur noch 0,3 % offen.

1 Die Daten sind der Fachserie 10 Reihe 2.5 des Statistischen Bundesamtes entnommen (https://www.destatis.de/DE/Publikationen/Thematisch/Rechtspflege/GerichtePersonal/Finanzgerichte). Sie beziehen sich auf das Jahr 2011.

II. Ausgangsverfahren

3 Ein finanzgerichtliches Ausgangsverfahren kann idR nicht an Art. 6 Abs. 1 EMRK gemessen werden. Art. 6 Abs. 1 EMRK gilt nur für gerichtliche Verfahren über zivilrechtliche Ansprüche oder strafrechtliche Anklagen. Im Bereich des Steuerrechts, das zum hoheitlichen Kernbereich zählt und deshalb öffentlich-rechtlicher Natur ist, scheidet eine Anwendung dieser Vorschrift grds. aus.[2]

Hinweis: Allerdings ist Art. 6 Abs. 1 EMRK in Kindergeldsachen nach dem Einkommensteuergesetz anwendbar.[3]

4 Für die Finanzgerichtsbarkeit gilt demnach zwar grds. nicht Art. 6 Abs. 1 EMRK, wohl aber das Gebot wirksamen Rechtsschutzes aus Art. 19 Abs. 4 GG. Die Regelung zum Rechtsschutz bei überlangen Gerichtsverfahren soll deshalb auch Finanzgerichtsprozesse umfassen.[4] § 155 S. 1 FGO ermöglicht zwar schon die entsprechende Anwendung der Vorschriften des GVG und der ZPO, allerdings nur für das Verfahren und nur ergänzend, wenn die grundsätzlichen Unterschiede der beiden Verfahrensarten dies nicht ausschließen. Die Vorschriften zum Rechtsschutz bei überlangen Gerichtsverfahren gehen indes über eine Verfahrensregelung hinaus, so dass nunmehr **§ 155 S. 2 FGO** eine Verweisung auf §§ 198 bis 201 GVG enthält. Die Verweisung von § 155 S. 2 FGO auf § 199 GVG läuft jedoch leer, weil § 199 GVG als Ausgangsverfahren ein strafrechtliches Ermittlungsverfahren bzw Strafverfahren voraussetzt.

5 **1. Verzögerungsrüge.** Aus der Verweisung von § 155 S. 2 FGO auf § 198 Abs. 3 GVG folgt, dass auch im finanzgerichtlichen Ausgangsverfahren die Obliegenheit zur Erhebung einer **Verzögerungsrüge** als materiellrechtliche Anspruchsvoraussetzung eines Geldentschädigungsanspruchs besteht (s. § 198 GVG Rn 104). Wird keine wirksame Verzögerungsrüge eingelegt, entsteht kein Anspruch auf eine Entschädigung in Geld zum Ausgleich materieller und/oder immaterieller Nachteile. Die Verzögerungsrüge bedarf außerhalb der mündlichen Verhandlung der Schriftform (s. § 198 GVG Rn 111).

Hinweis: Der **Vertretungszwang** nach § 62 Abs. 4 FGO vor dem BFH erstreckt sich auch auf die Verzögerungsrüge (außer in einem Prozesskostenhilfeverfahren). Dagegen kann die Verzögerungsrüge im Ausgangsverfahren vor dem Finanzgericht auch durch den Beteiligten selbst eingelegt werden, vgl § 62 Abs. 1 FGO.[5]

6 Es ist (auch) im Finanzgerichtsprozess schwierig, den richtigen Zeitpunkt für die Erhebung der Verzögerungsrüge zu bestimmen.[6] Sobald erstmals tatsächliche Anhaltspunkte für einen unangemessen späten Abschluss des Finanzge-

2 EGMR vom 12.7.2001- 44759/98 Ferrazzini/Italien, NJW 2002, 3453; BFHE 236, 69 Tz 20.
3 EGMR vom 1.4.2010 – 12852/08 Tz 32.
4 BT-Drucks. 17/3802, 29; Steinbeiß-Winkelmann, ZP 2010, 205, 206; Böcker, DStR 2011, 2173.
5 BT-Drucks. 17/3802, 20.
6 Böcker, DStR 2011, 2173, 2176.

richtsprozesses bestehen, kann die Verzögerungsrüge erhoben werden (s. § 198 GVG Rn 124 ff).Wird sie zu früh eingelegt, kann sie einen Anspruch auf Geldentschädigung nicht begründen. Gleichwohl bleibt auch im Falle einer verfrühten Rüge eine Wiedergutmachung auf andere Weise, insbesondere durch die Feststellung einer Unangemessenheit der Verfahrensdauer, nach § 198 Abs. 4 S. 3 Hs 2 GVG möglich.[7] § 201 Abs. 4 GVG eröffnet für einen solchen Fall eine angemessene Kostenentscheidung.[8] Die Verzögerungsrüge darf andererseits nicht so spät eingelegt werden, dass darin nicht nur Geduld, sondern bereits eine Duldung zum Ausdruck kommt (s. § 198 GVG Rn 142 ff).

7 **2. Unangemessene Verfahrensdauer.** Nach § 155 S. 2 FGO iVm § 198 GVG Abs. 1 S. 1 GVG wird angemessen entschädigt, wer infolge **unangemessener Dauer** eines Finanzgerichtsprozesses als Verfahrensbeteiligter einen Nachteil erleidet (s. ausführlich § 198 Abs. 1 GVG Rn 5 ff). Für die Bestimmung der Angemessenheit der Verfahrensdauer kann bei der Auslegung von § 198 GVG die Rechtsprechung des EGMR herangezogen werden.[9] Um einen einheitlichen Rechtsschutzstandard zu gewährleisten, gilt dies über Art. 19 Abs. 4 GG auch bei finanzgerichtlichen Verfahren.[10] Nach dem EGMR ist auch beim Finanzgericht die Angemessenheit der Verfahrensdauer unter Berücksichtigung der Umstände der Rechtssache sowie folgender Kriterien zu beurteilen: Komplexität der Rechtssache, Verhalten des Beschwerdeführers sowie der zuständigen Behörden (hier Gerichte) und Bedeutung des Rechtsstreits für den Beschwerdeführer.[11] Die Rechtsprechung des EGMR schwankt generell bei der Bewertung als noch angemessene Verfahrensdauer zwischen einer Verfahrenslaufzeit von etwa einem Jahr[12] bis zu zwei Jahren pro Instanz.[13] Eine Laufzeit von weniger als einem Jahr ist für ein finanzgerichtliches Verfahren, das nicht ein Eilverfahren ist, nicht unangemessen lang iSv § 198 Abs. 1 GVG.[14]

8 Der BFH hat darauf abgestellt, dass ein Verstoß gegen das Gebot wirksamen Rechtsschutzes nach Art. 19 Abs. 4 GG wegen überlanger Verfahrensdauer nur dann vorliegt, wenn die Verfahrensdauer des FG auf Umständen beruht, die der Finanzverwaltung oder dem FG angelastet werden können und die Dauer des Verfahrens als unverständlich und nicht gerechtfertigt erscheinen lassen. Außerdem können sich Schwierigkeiten, die durch eine überlange Verfahrensdauer bei der Sachaufklärung bedingt sind, nur dann zugunsten eines Klägers auswirken, wenn er selbst zur Prozessbeschleunigung beigetragen oder auf diese gedrungen hat.[15] Sind allerdings unverschuldete Verzögerungen nachvoll-

7 BT-Drucks. 17/3802, 22.
8 BT-Drucks. 17/3802, 26.
9 Vgl EGMR v. 29.5.2012 – 53126/07 Tz 39.
10 Böcker, DStR 2011, 2173, 2174.
11 EGMR vom 1.4.2010 – 12852/08 Tz 34.
12 EGMR v. 26.11.2009 – 13591/05, Tz 126; Böcker, DStR 2011, 2173, 2175 mwN.
13 Nach Frowein/Peukert, EMRK, 3. Aufl. 2009, Art. 6 Rn 249 mwN, sind Verfahrensdauern, die geteilt durch die Anzahl der Instanzen Werte von 1 ½ bis 2 Jahre ergeben, idR nicht zu beanstanden. Ähnlich Meyer-Ladewig, EMRK, 3. Aufl. 2011, Art. 6 Rn 15, der meint, dass zwei Jahre pro Instanz der Lösung näher kämen.
14 BFH Beschluss vom 26.7.2012 - X S 18/12 (PKH) Tz 3; Mack/Wollweber, Stgb 2012, 7.
15 BFH/NV 2009, 1472 Tz 8.

ziehbar und nicht anzulasten, ergibt sich im Hinblick auf die Rechtsprechung des EGMR durchaus Anpassungspotential.

§ 198 Abs. 1, Abs. 6 Nr. 1 GVG stellt auf ein Gerichtsverfahren ab, so dass das beim Finanzamt geführte Verwaltungsverfahren bei der Bewertung, ob eine unangemessene Verfahrensdauer vorliegt, unberücksichtigt bleibt.[16] Auf eine Verzögerung im Verwaltungsverfahren kann mit dem Untätigkeitseinspruch (§ 347 Abs. 1 S. 2 AO) und der Untätigkeitsklage (§ 46 FGO) reagiert werden, so dass es einer Entschädigungsregelung nicht bedarf.[17] 9

3. Materieller Schaden. Für die Bemessung des Entschädigungsanspruchs kommen bei Steuerstreitigkeiten vor allem **Zinsschäden** (zB Kreditzinsen, Aussetzungszinsen infolge von Verfahrensverzögerungen) in Betracht.[18] Zu berücksichtigen sind allerdings nach den Grundsätzen der Vorteilsausgleichung Zinsvorteile, die sich aus §§ 233 ff AO zur Vollverzinsung ergeben.[19] Auch der Vorteil aus einer anderen Anlage des Geldes ist anzurechnen.[20] 10

III. Entschädigungsverfahren

Durch die Verweisung in § 155 S. 2 FGO gelten für die Ausgangsverfahren und die Entschädigungsklagen in der Finanzgerichtsbarkeit **§§ 198 bis 201 GVG entsprechend** mit der **Maßgabe**, dass 11

- an die Stelle des Oberlandesgerichts und des Bundesgerichtshofs der Bundesfinanzhof und
- an die Stelle der Zivilprozessordnung die Finanzgerichtsordnung

treten.

Hinweis: Diese Maßgaben betreffen vor allem § 201 GVG (s. § 201 GVG Rn 13).

1. Zuständigkeit. Finanzgerichtliche Ausgangsverfahren unterfallen auch im Entschädigungsverfahren der Zuständigkeit der Finanzgerichtsbarkeit. Dies gewährleistet, dass über die Angemessenheit der Verfahrensdauer sachkundig geurteilt wird.[21] § 155 S. 2 FGO überträgt aber nicht – wie vom Bundesrat vorgeschlagen -[22] den Regelungsansatz des § 201 Abs. 1 GVG, dass über Verfahrensverzögerungen auf Länderebene die Oberlandesgerichte, über Verfahrensverzögerungen auf Bundesebene der Bundesgerichtshof entscheiden, auf die Finanzgerichtsbarkeit. Vielmehr weist § 155 S. 2 FGO – dem gemeinsamen Votum der Präsidenten der Finanzgerichte und des Bundesfinanzhofs entsprechend -[23] die Entschädigungsverfahren ausschließlich dem Bundesfinanzhof zu. Hat ein Finanzgericht ein Verfahren verzögert, ist für die Klage auf Entschädigung gegen das Land der Bundesfinanzhof folglich ebenso **sachlich zuständig** 12

16 BT-Drucks. 17/3802, 17; BFH Beschluss vom 26.7.2012 - X S 18/12 (PKH) Tz 4.
17 BT-Drucks. 17/3802, 17.
18 Böcker, DStR 2011, 2173, 2177.
19 BT-Drucks. 17/3802, 19.
20 Böcker, DStR 2011, 2173, 2177.
21 BT-Drucks. 17/3802, 16, 25; Steinbeiß-Winkelmann ZRP 2010, 205, 208.
22 BT-Drucks. 17/3802, 38 f.
23 BT-Drucks. 17/3802, 43.

wie für die Entschädigungsklage gegen den Bund bei der Verzögerung eines Verfahrens auf Bundesebene.

13 **2. Warte- und Klagefrist.** Die Entschädigungsklage ist als unzulässig abzuweisen, wenn bei ihrer Erhebung die **Wartefrist** von sechs Monaten nach Einlegung der Verzögerungsrüge entsprechend § 198 Abs. 5 S. 2 GVG iVm § 155 S. 2 FGO nicht eingehalten ist (s. § 198 GVG Rn 149 ff). Dies gilt jedoch wegen des Präventivzwecks der Verzögerungsrüge nur, wenn das Ausgangsverfahren noch in einer Instanz, auf deren Dauer das Entschädigungsverlangen gestützt wird, läuft.[24]

Hinweis: Vor allem bei vorläufigen Rechtsschutzverfahren ist zu berücksichtigen, dass im Falle ihres Abschlusses die Wartefrist des § 198 Abs. 5 S. 1 GVG nicht eingehalten werden muss.[25]

14 Der Ablauf der **Klageausschlussfrist** entsprechend § 198 Abs. 5 S. 2 GVG iVm § 155 S. 2 FGO sechs Monate nach Eintritt der Rechtskraft der Entscheidung oder nach anderweitiger Erledigung des Ausgangsverfahrensdies verschließt den Rechtsweg vollständig und endgültig (s. § 198 GVG Rn 158 ff). Eine Wiedereinsetzung nach § 56 FGO scheidet aus. Die Entschädigungsklage ist als unbegründet abzuweisen, wenn bei ihrer Erhebung die Klageausschlussfrist versäumt ist.[26]

15 Maßgeblicher Zeitpunkt für die Einhaltung der Warte- und Klagefrist ist die Erhebung der Klage, § 64 Abs. 1 FGO, also der Eingang der Klageschrift bei Gericht oder die Niederschrift beim Urkundsbeamten der Geschäftsstelle. Die Zustellung der Klage an den Beklagten gehört nicht zur Klagerhebung. Für die Zustellung ist beim BFH nach §§ 12 a, 12 Abs. 1 GKG in Verfahren wegen überlanger Gerichtsverfahren ein Vorschuss zu entrichten.

Hinweis: Dieser **Vorschuss** beträgt beim BFH eine 5,0 Gebühr (Nr. 6112 GKG-KV).

16 **3. Verfahren.** Bei der nach § 155 S. 2 FGO gebotenen entsprechenden Anwendung von § 201 Abs. 2 GVG in der Finanzgerichtsbarkeit sind die **Besonderheiten** der dort geltenden Regelungen zu berücksichtigen.[27] Dementsprechend enthält § 155 S. 2 FGO für die Verweisung die Maßgabe, dass an die Stelle der Zivilprozessordnung die Finanzgerichtsordnung tritt.[28] Nach § 155 S. 2 Hs 2 FGO sind die Regelungen zum Verfahren im **ersten Rechtszug** entsprechend anwendbar. Dies entspricht dem Grundgedanken von § 201 Abs. 2 S. 1 GVG. Es gelten deshalb die für den ersten Rechtszug maßgebenden Vorschriften der **§§ 63 ff FGO.**

17 Darüber hinaus sind auch diejenigen Verfahrensvorschriften der FGO anwendbar, denen die Besonderheiten des Entschädigungsverfahrens nicht entgegenstehen, zB:

---

24 Enger auf den Abschluss des Verfahrens abstellend Schenke NVwZ 2012, 257, 263.
25 Schenke NVwZ 2012, 257, 263.
26 Schenke NVwZ 2012, 257, 263.
27 BT-Drucks. 17/3802, 25; Kopp/Schenke, VwGO, 18. Aufl. 2012, § 173 Rn 1.
28 Die Klarstellung erfolgte aufgrund der Beschlussempfehlung des Rechtsausschusses, BT-Drucks. 17/7217, 40.

- Nach § 51 Abs. 1 S. 1 FGO iVm § 41 Nr. 7 ZPO ist ein Richter, der am Ausgangsverfahren in einem Rechtszug mitgewirkt hat, auf dessen Dauer der Entschädigungsanspruch gestützt wird, von der Mitwirkung am Entschädigungsverfahren ausgeschlossen.
- Auch in Entschädigungsprozessen (außer für Prozesskostenhilfe) gilt vor dem BFH nach § 62 Abs. 4 FGO **Vertretungszwang.**
- Die Bewilligung von **Prozesskostenhilfe** richtet sich nach § 142 Abs. 1 FGO iVm §§ 114 ff ZPO.
- Das Entschädigungsgericht entscheidet nach § 96 S. 2 FGO über die vom Kläger erhobenen Ansprüche, ohne an die Fassung der Anträge gebunden zu sein. Ist der Leistungsantrag auf Entschädigung in Geld mangels Verzögerungsrüge unbegründet, kann das Gericht deshalb nach § 202 S. 2 SGG iVm § 198 Abs. 4 S. 2 GVG feststellen, dass die Verfahrensdauer unangemessen war (s. § 201 GVG Rn 14).

Keine Anwendung finden zB 18

- § 227 Abs. 3 Satz 1 ZPO über die Verlegung von Terminen in der Zeit vom 1. Juli bis 31. August, § 91 Abs. 4 FGO.
- Wie im finanzgerichtlichen Ausgangsverfahren gilt auch **im Entschädigungsverfahren nicht** der Beibringungsgrundsatz (§§ 128, 138, 286 ZPO), sondern der Untersuchungsgrundsatz des § 76 Abs. 1 S. 1 FGO.

Eine gesonderte Möglichkeit zur Aussetzung des Entschädigungsverfahrens 19 sieht **§ 201 Abs. 3 S. 1 GVG** vor. Voraussetzung ist, dass die noch anstehende Dauer des Ausgangsverfahrens die Entscheidung über die Entschädigung beeinflussen kann. Von der Möglichkeit einer Aussetzung hat das Entschädigungsgericht nach pflichtgemäßem **Ermessen** Gebrauch zu machen.[29]

§ 201 Abs. 4 GVG ermöglicht eine **Kostenentscheidung** nach billigem Ermes- 20 sen, wenn ein Anspruch auf Geldentschädigung nicht (zB mangels Verzögerungsrüge) oder nicht in der geltend gemachten Höhe besteht, aber eine unangemessene Verfahrensdauer festgestellt wird. Das Leistungsbegehren des Klägers lässt sich dann in einen darin enthaltenen Antrag auf Feststellung umdeuten, § 198 Abs. 4 S. 2 GVG.[30]

Der **Streitwert** darf nach § 52 Abs. 4 GKG auch unter 1.000.- EUR angenom- 21 men werden. Diese Ausnahme von dem ansonsten geltenden Mindeststreitwert soll eine einheitliche Gebührenbemessung in den Verfahren wegen überlanger Gerichtsverfahren erreichen.[31]

29 BT-Drucks. 17/3802, 25; BVerfG NJW-RR 2007, 721 Tz 18.
30 Vgl BGH NJW 1984, 2295 Tz 15 f.
31 BT-Drucks. 17/3802, 29.

Artikel 10 Änderung des Gerichtskostengesetzes

§ 11 GKG Verfahren nach dem Arbeitsgerichtsgesetz

In Verfahren vor den Gerichten für Arbeitssachen sind die Vorschriften dieses Abschnitts nicht anzuwenden; dies gilt für die Zwangsvollstreckung in Arbeitssachen auch dann, wenn das Amtsgericht Vollstreckungsgericht ist. Satz 1 gilt nicht in Verfahren wegen überlanger Gerichtsverfahren (§ 9 Absatz 2 Satz 2 des Arbeitsgerichtsgesetzes).

1 Nach der Spezialregelung des § 11 S. 1 GKG wäre ein Entschädigungsprozess in der **Arbeitsgerichtsbarkeit** nicht vorschusspflichtig. Die Vorschriften über die Abhängigmachung von der vorherigen Kostenzahlung in Verfahren wegen überlanger Gerichtsverfahren sollen aber in allen Gerichtsbarkeiten Anwendung finden.[1] **§ 11 S. 2 GKG** bestimmt deshalb, dass in Verfahren wegen überlanger Gerichtsverfahren (§ 9 Abs. 2 S. 2 ArbGG) vor Gerichten für Arbeitssachen (LAG, BAG) die Vorschriften über **Vorschuss** und Vorauszahlung anwendbar sind. Nach §§ 12 a, 12 Abs. 1 GK ist ein Vorschuss beim LAG in Höhe von 4 Gebühren Nr. 8212 GKG-KV, beim BAG in Höhe von 5 Gebühren (Nr. 8214 GKG-KV) zu entrichten (s. § 12 a GKG Rn 1 f).

§ 12 a GKG Verfahren wegen überlanger Gerichtsverfahren und strafrechtlicher Ermittlungsverfahren

In Verfahren wegen überlanger Gerichtsverfahren und strafrechtlicher Ermittlungsverfahren ist § 12 Absatz 1 entsprechend anzuwenden.

1 Die Neuregelung des § 12 a GKG verweist auf § 12 Abs. 1 GKG, damit die Regelung über die Vorauszahlung auf alle Entschädigungsverfahren wegen überlanger Gerichtsverfahren in allen Gerichtsbarkeiten Anwendung findet.[1] Diese Anwendung der Sollvorschrift des § 12 Abs. 1 GKG dient dazu, das Kostenrisiko der Staatskasse zu verringern. Zur Sicherung des Kosteneingangs sieht § 12 Abs. 1 GKG die Zurückstellung insbesondere der Klagezustellung bis zur Entrichtung der Gebühr vor. Die Erhebung des Kostenvorschusses ordnet der Kostenbeamte selbstständig an; allerdings ist der Eingang zunächst dem Richter vorzulegen, wenn sich daraus ergibt, dass die Erledigung der Sache ohne Vorauszahlung angestrebt wird, § 22 Abs. 2 S. 2 KostVfg.

Hinweis: Das Gericht hat die drohende Klageausschlussfrist des § 198 Abs. 5 S. 2 GVG zu berücksichtigen, wenn nach § 14 GKG eine Ausnahme von der Vorauszahlungspflicht vorliegt (zB Prozesskostenhilfe, Zahlungsschwierigkeit, Verzögerungsgefahr).[2]

---

1 BT-Drucks. 17/3802, 29.

1 BT-Drucks. 17/3802, 29.

2 Vgl Hartmann, Kostengesetze, 42. Aufl. 2012, § 12 GKG Rn 6.

Der Kläger darf jedoch nicht einfach davon ausgehen, das Gericht werde die Klage ohne vorherige Einzahlung der Gerichtskosten zustellen.[3]

Auf die Regelung zum Rechtsschutz gegen überlange Gerichtsverfahren wird in zahlreichen Verfahrensordnungen verwiesen: § 173 VwGO, § 202 SGG, § 155 FGO, § 9 Abs. 2 ArbGG, § 99 Abs. 1 PatG, § 82 Abs. 1 MarkenG, § 91 Wehrdisziplinarordnung, § 23 a Abs. 2 Wehrbeschwerdeordnung, §§ 112 c Abs. 1, 116 BRAO, §§ 94 b, 98 Patentanwaltsordnung, §§ 73 Nr. 1, 75 Abs. 4 S. 1 GWB, §§ 85 Nr. 1, 87 Abs. 4 S. 1 EnWG, § 22 Nr. 1 EG-Verbraucherschutz-Durchsetzungsgesetz, § 63 Abs. 1 Deutsches Richtergesetz, § 3 BDG, § 36 SortenSchG, § 21 Abs. 1 GebrMG, § 11 Abs. 1 Halbleiterschutzgesetz, § 46 OWiG, § 153 StBerG und §§ 96, 111 b BNotO. In Gerichtsverfahren wegen überlanger Verfahrensdauer nach diesen Gesetzen soll die Entschädigungsklage erst nach Entrichtung der Gebühr für das Verfahren im Allgemeinen zugestellt werden. Die Verfahrensgebühr ergibt sich aus dem Kostenverzeichnis. 2

§ 52 GKG Verfahren vor Gerichten der Verwaltungs-, Finanz- und Sozialgerichtsbarkeit

(4) In Verfahren vor den Gerichten der Finanzgerichtsbarkeit mit Ausnahme der Verfahren nach § 155 Satz 2 und 3 der Finanzgerichtsordnung darf der Streitwert nicht unter 1 000 Euro, in Verfahren vor den Gerichten der Sozialgerichtsbarkeit und bei Rechtsstreitigkeiten nach dem Krankenhausfinanzierungsgesetz nicht über 2 500 000 Euro und in Verfahren vor den Gerichten der Verwaltungsgerichtsbarkeit über Ansprüche nach dem Vermögensgesetz nicht über 500 000 Euro angenommen werden.

In Entschädigungsverfahren nach § 155 S. 2 FGO vor dem BFH wegen überlanger Dauer von Finanzgerichtsverfahren beim FG oder BFH darf der **Streitwert** nach § 52 Abs. 4 GKG auch unter den ansonsten geltenden Mindestwert von 1.000.- EUR angenommen werden. Diese Ausnahme soll eine einheitliche Gebührenbemessung in den Verfahren wegen überlanger Gerichtsverfahren erreichen.[1] 1

Änderung der Anlage 1 zu § 3 Abs. 2 GKG (Kostenverzeichnis)

Die für Verfahren wegen überlanger Gerichtsverfahren und strafrechtlicher Ermittlungsverfahren zu erhebenden Kosten ergeben sich aus dem Kostenverzeichnis in der amtlichen Anlage 1 zu § 3 Abs. 2 GKG. Danach fallen die im Klageverfahren üblichen Gebühren an. Allerdings gelten für Verfahren wegen 1

3 Vgl BGH NJW 2003, 2830 Tz 21; Hartmann, Kostengesetze, 42. Aufl. 2012, § 12 GKG Rn 9.

1 BT-Drucks. 17/3802, 29.

überlanger Gerichtsverfahren höhere **Gebührensätze** als im ersten Rechtszug üblich, da für die Entschädigungsverfahren Obergerichte bzw oberste Bundesgerichte zuständig sind. Soweit erstinstanzlich die Obergerichte zuständig sind, entstehen Gebührensätze wie im Berufungsverfahren. Ist erstinstanzlich ein oberstes Bundesgericht zuständig, gelten die Gebührensätze wie für die Revision.

2 Im Kostenverzeichnis wurden wegen der (höheren) Gebührensätze für die **erstinstanzliche** Zuständigkeit von Obergerichten und obersten Bundesgerichten **besondere Regelungen** aufgenommen. Nur für die **Verwaltungsgerichtsbarkeit** war dies nicht erforderlich, weil GKG-KV Teil 5 Hauptabschnitt 1 bereits Regelungen für erstinstanzliche Verfahren vor dem OVG bzw VGH (Nr. 5112 GKG-KV: 4,0; Nr. 5113 GKG-KV: 2,0) und dem BVerwG (Nr. 5114 GKG-KV: 5,0; Nr. 5115 GKG-KV: 3,0) enthält.[1] Im Revisionsverfahren vor dem BVerwG gilt eine 5,0 Gebühr (Nr. 5130 GKG-KV), ggfs. ermäßigt auf eine 1,0 Gebühr (Nr. 5131 GKG-KV) bzw eine 3,0 Gebühr (Nr. 5132 GKG-KV).

I. Ordentliche Gerichtsbarkeit

3 Für Teil 1 „Zivilrechtliche Verfahren vor den ordentlichen Gerichten" wurde Abschnitt 1 „Erster Rechtszug" des Hauptabschnitts 2 „Prozessverfahren" in drei Unterabschnitte aufgeteilt. Die bislang geltenden Regelungen des Abschnitts zum ersten Rechtszug wurden unter der Überschrift „Verfahren vor dem Amts- oder Landgericht" zu Unterabschnitt 1. In dem neuen Unterabschnitt 2 folgen die erstinstanzlichen Verfahren vor dem Oberlandesgericht, in Unterabschnitt 3 die erstinstanzlichen Verfahren vor dem Bundesgerichtshof. Nach Nr. 1211 GKG-KV wurden folgende Unterabschnitte 2 und 3 eingefügt:

Nr.	Gebührentatbestand	Gebühr o. Satz der Gebühr
	Unterabschnitt 2 Verfahren vor dem Oberlandesgericht	
1212	Verfahren im Allgemeinen	4,0
1213	Beendigung des gesamten Verfahrens durch 1. Zurücknahme der Klage a) vor dem Schluss der mündlichen Verhandlung, b) in den Fällen des § 128 Abs. 2 ZPO vor dem Zeitpunkt, der dem Schluss der mündlichen Verhandlung entspricht, oder c) im Fall des § 331 Abs. 3 ZPO vor Ablauf des Tages, an dem das Urteil der Geschäftsstelle übermittelt wird, wenn keine Entscheidung nach § 269 Abs. 3 Satz 3 ZPO über die Kosten ergeht oder die Entscheidung einer zuvor mitgeteilten Einigung der Parteien über die Kostentragung oder der Kostenübernahmeerklärung einer Partei folgt,	2,0

1 BT-Drucks. 17/3802, 29.

Nr.	Gebührentatbestand	Gebühr o. Satz der Gebühr
	2. Anerkenntnisurteil, Verzichtsurteil oder Urteil, das nach § 313 a Abs. 2 ZPO keinen Tatbestand und keine Entscheidungsgründe enthält, 3. gerichtlichen Vergleich oder 4. Erledigungserklärungen nach § 91 a ZPO, wenn keine Entscheidung über die Kosten ergeht oder die Entscheidung einer zuvor mitgeteilten Einigung der Parteien über die Kostentragung oder der Kostenübernahmeerklärung einer Partei folgt, es sei denn, dass bereits ein anderes als eines der in Nummer 2 genannten Urteile vorausgegangen ist: Die Gebühr 1212 ermäßigt sich auf .... Die Gebühr ermäßigt sich auch, wenn mehrere Ermäßigungstatbestände erfüllt sind.	
	Unterabschnitt 3 Verfahren vor dem Bundesgerichtshof	
1214	Verfahren im Allgemeinen	5,0
1215	Beendigung des gesamten Verfahrens durch 1. Zurücknahme der Klage a) vor dem Schluss der mündlichen Verhandlung, b) in den Fällen des § 128 Abs. 2 ZPO vor dem Zeitpunkt, der dem Schluss der mündlichen Verhandlung entspricht, oder c) im Fall des § 331 Abs. 3 ZPO vor Ablauf des Tages, an dem das Urteil der Geschäftsstelle übermittelt wird, wenn keine Entscheidung nach § 269 Abs. 3 Satz 3 ZPO über die Kosten ergeht oder die Entscheidung einer zuvor mitgeteilten Einigung der Parteien über die Kostentragung oder der Kostenübernahmeerklärung einer Partei folgt, 2. Anerkenntnisurteil, Verzichtsurteil oder Urteil, das nach § 313 a Abs. 2 ZPO keinen Tatbestand und keine Entscheidungsgründe enthält, 3. gerichtlichen Vergleich oder 4. Erledigungserklärungen nach § 91 a ZPO, wenn keine Entscheidung über die Kosten ergeht oder die Entscheidung einer zuvor mitgeteilten Einigung der Parteien über die Kostentragung oder der Kostenübernahmeerklärung einer Partei folgt, es sei denn, dass bereits ein anderes als eines der in Nummer 2 genannten Urteile vorausgegangen ist: Die Gebühr 1214 ermäßigt sich auf	3,0
	Die Gebühr ermäßigt sich auch, wenn mehrere Ermäßigungstatbestände erfüllt sind.	

4 In **erstinstanzlichen** Verfahren wegen überlanger Gerichtsverfahren beträgt die Verfahrensgebühr

- beim OLG eine 4,0 Gebühr (Nr. 1212 GKG-KV),
- beim BGH eine 5,0 Gebühr (Nr. 1214 GKG-KV).

Bei einer bestimmten Beendigung des gesamten Verfahrens ermäßigt sich die Verfahrensgebühr nach KV-Nr. 1212 beim OLG nach KV-Nr. 1213 (2,0), die Verfahrensgebühr KV-Nr. 1214 beim BGH nach KV-Nr. 1215 (3,0). Die Regelungen entsprechen KV-Nr. 1210, 1211.[2]

5 Im **Revisionsverfahren** vor dem BGH gilt eine 5,0 Gebühr (Nr. 1230 GKG-KV), ggfs. ermäßigt auf eine 1,0 Gebühr (Nr. 1231 GKG-KV) bzw eine 3,0 Gebühr (Nr. 1232 GKG-KV).

6 Die Kostenregelung für ein Verfahren im ersten Rechtszug vor dem Oberlandesgericht erfasst auch Verfahren wegen Ansprüchen nach **§ 16 Abs. 4 UrhWahrnG** auf Abschluss oder Änderung eines Gesamtvertrages, eines Vertrages nach § 14 Abs. 1 Nr. 2 UrhWahrnG und Streitfälle nach § 14 Abs. 1 Nr. 1 Buchstabe b UrhWahrnG. Auch diese erstinstanzlichen Verfahren vor dem OLG werden nun wie Berufungsverfahren abgerechnet, was der Systematik im RVG (Nr. 3300 Nr. 1 VV-RVG) entspricht.[3]

II. Finanzgerichtsbarkeit

7 Da für Entschädigungsverfahren wegen überlanger Gerichtsverfahren im Bereich der Finanzgerichtsbarkeit nicht die Finanzgerichte, sondern ausschließlich der BFH zuständig sind, wurde in Teil 6 „Verfahren vor den Gerichten der Finanzgerichtsbarkeit“ im Abschnitt 1 „Erster Rechtszug“ des Hauptabschnitts 1 “Prozessverfahren“ der Unterabschnitt 2 „Verfahren vor dem Bundesfinanzhof“ nach Nr. 6111 GKG-KV eingefügt.

Nr.	Gebührentatbestand	Gebühr oder Satz der Gebühr nach § 34 GKG
	Unterabschnitt 2 Verfahren vor dem Bundesfinanzhof	
6112	Verfahren im Allgemeinen	5,0

2 Hartmann, Kostengesetze, 42. Aufl. 2012, KV 1212-1215 Rn 1.
3 BT-Drucks. 17/3802, 29.

Nr.	Gebührentatbestand	Gebühr oder Satz der Gebühr nach § 34 GKG
6113	Beendigung des gesamten Verfahrens durch 1. Zurücknahme der Klage a) vor dem Schluss der mündlichen Verhandlung oder, b) wenn eine solche nicht stattfindet, vor Ablauf des Tages, an dem das Urteil oder der Gerichtsbescheid der Geschäftsstelle übermittelt wird, oder 2. Beschluss in den Fällen des § 138 FGO, es sei denn, dass bereits ein Urteil oder ein Gerichtsbescheid vorausgegangen ist: Die Gebühr 6112 ermäßigt sich auf	3,0
	Die Gebühr ermäßigt sich auch, wenn mehrere Ermäßigungstatbestände erfüllt sind.	

8 In erstinstanzlichen Verfahren wegen überlanger Gerichtsverfahren beträgt die Verfahrensgebühr beim BFH eine 5,0 Gebühr (Nr. 6112 GKG-KV). Die Verfahrensgebühr nach KV-Nr. 6112 ermäßigt sich nach KV-Nr. 6113 bei einer bestimmten Beendigung des gesamten Verfahrens auf 3,0. Die Regelungen entsprechen KV-Nr. 1210, 1211.[4] Im Revisionsverfahren vor dem BFH gilt eine 5,0 Gebühr (Nr. 6120 GKG-KV), ggfs. ermäßigt auf eine 1,0 Gebühr (Nr. 6121 GKG-KV) bzw eine 3,0 Gebühr (Nr. 6122 GKG-KV).

III. Sozialgerichtsbarkeit

9 Für Teil 7 „Verfahren vor den Gerichten der Sozialgerichtsbarkeit“ wurde Abschnitt 1 „Erster Rechtszug“ des Hauptabschnitts 1 „Prozessverfahren“ in drei Unterabschnitte aufgeteilt. Die bislang geltenden Regelungen des Abschnitts zum ersten Rechtszug wurden unter der Überschrift „Verfahren vor dem Sozialgericht“ zu Unterabschnitt 1. In dem neuen Unterabschnitt 2 folgen die erstinstanzlichen Verfahren vor dem Landessozialgericht, in Unterabschnitt 3 die erstinstanzlichen Verfahren vor dem Bundessozialgericht.[5] Nach Nr. 7111 GKG-KV wurden folgende Unterabschnitte 2 und 3 eingefügt:

4 Hartmann, Kostengesetze, 42. Aufl. 2012, KV 6112-6113 Rn 1.
5 BT-Drucks. 17/3802, 29.

Nr.	Gebührentatbestand	Gebühr oder Satz der Gebühr nach § 34 GKG
	Unterabschnitt 2 Verfahren vor dem Landessozialgericht	
7112	Verfahren im Allgemeinen	4,0
7113	Beendigung des gesamten Verfahrens durch 1. Zurücknahme der Klage a) vor dem Schluss der mündlichen Verhandlung oder, b) wenn eine solche nicht stattfindet, vor Ablauf des Tages, an dem das Urteil oder der Gerichtsbescheid der Geschäftsstelle übermittelt wird, 2. Anerkenntnisurteil, 3. gerichtlichen Vergleich oder angenommenes Anerkenntnis oder 4. Erledigungserklärungen nach § 197 a Abs. 1 Satz 1 SGG iVm § 161 Abs. 2 VwGO, wenn keine Entscheidung über die Kosten ergeht oder die Entscheidung einer zuvor mitgeteilten Einigung der Beteiligten über die Kostentragung oder der Kostenübernahmeerklärung eines Beteiligten folgt, es sei denn, dass bereits ein Urteil oder ein Gerichtsbescheid vorausgegangen ist: Die Gebühr 7112 ermäßigt sich auf .... Die Gebühr ermäßigt sich auch, wenn mehrere Ermäßigungstatbestände erfüllt sind.	2,0
	Unterabschnitt 3 Verfahren vor dem Bundessozialgericht	
7114	Verfahren im Allgemeinen ...	5,0
7115	Beendigung des gesamten Verfahrens durch 1. Zurücknahme der Klage a) vor dem Schluss der mündlichen Verhandlung oder, b) wenn eine solche nicht stattfindet, vor Ablauf des Tages, an dem das Urteil oder der Gerichtsbescheid der Geschäftsstelle übermittelt wird, 2. Anerkenntnisurteil, 3. gerichtlichen Vergleich oder angenommenes Anerkenntnis oder 4. Erledigungserklärungen nach § 197 a Abs. 1 Satz 1 SGG iVm § 161 Abs. 2 VwGO, wenn keine Entscheidung über die Kosten ergeht oder die Entscheidung einer zuvor mitgeteilten Einigung der Beteiligten über die Kostentragung oder der Kostenübernahmeerklärung eines Beteiligten folgt, es sei denn, dass bereits ein Urteil oder ein Gerichtsbescheid vorausgegangen ist: Die Gebühr 7114 ermäßigt sich auf ...	

Nr.	Gebührentatbestand	Gebühr oder Satz der Gebühr nach § 34 GKG
	Die Gebühr ermäßigt sich auch, wenn mehrere Ermäßigungstatbestände erfüllt sind.	3,0

In erstinstanzlichen Verfahren wegen überlanger Gerichtsverfahren beträgt die Verfahrensgebühr 10

- beim LSG eine 4,0 Gebühr (Nr. 7112 GKG-KV),
- beim BSG eine 5,0 Gebühr (Nr. 7114 GKG-KV).

Bei einer bestimmten Beendigung des gesamten Verfahrens ermäßigt sich die Verfahrensgebühr nach KV-Nr. 7112 beim LSG nach KV-Nr. 7113 (2,0), die Verfahrensgebühr KV-Nr. 7114 beim BSG nach KV-Nr. 7115 (3,0). Die Regelungen entsprechen KV-Nr. 1210, 1211.[6] Im Revisionsverfahren vor dem BSG gilt eine 5,0 Gebühr (Nr. 7130 GKG-KV), ggfs. ermäßigt auf eine 1,0 Gebühr (Nr. 7131 GKG-KV) bzw eine 3,0 Gebühr (Nr. 7132 GKG-KV).

IV. Arbeitsgerichtsbarkeit

Für die Arbeitsgerichtsbarkeit werden durch die Einfügung besonderer Gebührentatbestände für Verfahren wegen eines überlangen Gerichtsverfahrens in Teil 8 Hauptabschnitt 2 im Abschnitt 1 „Erster Rechtszug" nach KV-Nr. 8211 lediglich die für alle Gerichtsbarkeiten geltenden Gebührensätze übernommen.[7] 11

Nr.	Gebührentatbestand	Gebühr oder Satz der Gebühr nach § 34 GKG
8212	Verfahren wegen eines überlangen Gerichtsverfahrens (§ 9 Abs. 2 Satz 2 des Arbeitsgerichtsgesetzes) vor dem Landesarbeitsgericht: Die Gebühr 8210 beträgt	4,0
8213	Verfahren wegen eines überlangen Gerichtsverfahrens (§ 9 Abs. 2 Satz 2 des Arbeitsgerichtsgesetzes) vor dem Landesarbeitsgericht: Die Gebühr 8211 beträgt	2,0

6 Hartmann, Kostengesetze, 42. Aufl. 2012, KV 7112-7115 Rn 1.
7 BT-Drucks. 17/3802, 29.

Nr.	Gebührentatbestand	Gebühr oder Satz der Gebühr nach § 34 GKG
8214	Verfahren wegen eines überlangen Gerichtsverfahrens (§ 9 Abs. 2 Satz 2 des Arbeitsgerichtsgesetzes) vor dem Bundesarbeitsgericht:	
	Die Gebühr 8210 beträgt	5,0
8215	Verfahren wegen eines überlangen Gerichtsverfahrens (§ 9 Abs. 2 Satz 2 des Arbeitsgerichtsgesetzes) vor dem Bundesarbeitsgericht:	
	Die Gebühr 8211 beträgt	3,0

12 Die Vorschriften KV-Nr. 8212 bis 8215 werden in Abschnitt 3 „Revision" ergänzt durch KV-Nr. 8233 bis 8235 für das Rechtsmittelverfahren gegen Entscheidungen der Landesarbeitsgerichte zu Arbeitsgerichtsverfahren wegen überlanger Verfahrensdauer.

Nr.	Gebührentatbestand	Gebühr oder Satz der Gebühr nach § 34 GKG
8233	Verfahren wegen eines überlangen Gerichtsverfahrens (§ 9 Abs. 2 Satz 2 des Arbeitsgerichtsgesetzes):	
	Die Gebühr 8230 beträgt	5,0
8234	Verfahren wegen eines überlangen Gerichtsverfahrens (§ 9 Abs. 2 Satz 2 des Arbeitsgerichtsgesetzes):	
	Die Gebühr 8231 beträgt	1,0
8235	Verfahren wegen eines überlangen Gerichtsverfahrens (§ 9 Abs. 2 Satz 2 des Arbeitsgerichtsgesetzes):	
	Die Gebühr 8232 beträgt	3,0

Artikel 11 Änderung des Rechtsanwaltsvergütungsgesetzes

§ 3 RVG Gebühren in sozialrechtlichen Angelegenheiten

(1) In Verfahren vor den Gerichten der Sozialgerichtsbarkeit, in denen das Gerichtskostengesetz nicht anzuwenden ist, entstehen Betragsrahmengebühren. In sonstigen Verfahren werden die Gebühren nach dem Gegenstandswert berechnet, wenn der Auftraggeber nicht zu den in § 183 des Sozialgerichtsgesetzes genannten Personen gehört. In Verfahren wegen überlanger Gerichtsverfahren (§ 202 Satz 2 des Sozialgerichtsgesetzes) werden die Gebühren nach dem Gegenstandswert berechnet.

(2) Absatz 1 gilt entsprechend für eine Tätigkeit außerhalb eines gerichtlichen Verfahrens.

In Entschädigungsverfahren beim LSG oder BSG wegen überlanger Dauer von 1
Sozialgerichtsverfahren richtet sich die Vergütung des Rechtsanwalts nach dem Gegenstandswert, § 3 Abs. 1 S. 3 RVG. Dies gilt nach § 3 Abs. 2 RVG auch für das außergerichtliche Verfahren. Es entstehen also **wertabhängige** Gebühren, keine Rahmenbetragsgebühren.[1] Die Berechnung nach dem Gegenstandswert trägt dem Umstand Rechnung, dass § 183 S. 6 SGG Verfahren wegen eines überlangen Gerichtsverfahrens von der Kostenfreiheit ausnimmt, weil in diesen Entschädigungsverfahren nach dem SGG wegen überlanger Dauer von Sozialgerichtsprozessen in jedem Fall die üblichen Gebühren erhoben werden sollen.[2]

Anlage 1 Vergütungsverzeichnis Abschnitt 3 Gebühren für besondere Verfahren

Unterabschnitt 1
Besondere erstinstanzliche Verfahren

Vorbemerkung 3.3.1:
Die Terminsgebühr bestimmt sich nach Abschnitt 1.

1 Schneider, AGS 2012, 53.
2 BT-Drucks. 17/3802, 29; Gerold/Schmidt-Mayer, RVG, 20. Aufl. 2012, § 3 Rn 159.

3300	**Verfahrensgebühr** 1. für das Verfahren vor dem Oberlandesgericht nach § 16 Abs. 4 des Urheberrechtswahrnehmungsgesetzes, 2. für das erstinstanzliche Verfahren vor dem Bundesverwaltungsgericht und dem Oberverwaltungsgericht (Verwaltungsgerichtshof) und ... 3. für das Verfahren bei überlangen Gerichtsverfahren und strafrechtlichen Ermittlungsverfahren vor den Oberlandesgerichten, den Landessozialgerichten, den Oberverwaltungsgerichten, den Landesarbeitsgerichten oder einem obersten Gerichtshof des Bundes	1,6
3301	**Vorzeitige Beendigung des Auftrags:** **Die Gebühr 3300 beträgt** .... **Die Anmerkung zu Nummer 3201 gilt entsprechend.**	1,0

1 In den Entschädigungsverfahren wegen überlangen Gerichtsverfahren und strafrechtlichen Ermittlungsverfahren werden die anwaltlichen Gebühren nach dem **Gegenstandswert** der anwaltlichen Tätigkeit berechnet, § 2 Abs. 1 RVG. Dies gilt nach § 3 Abs. 1 S. 3 RVG auch in sozialgerichtlichen Verfahren.

2 Für die **außergerichtliche** Tätigkeit fällt eine Geschäftsgebühr nach Nr. 2300 VV an. Hinzukommen kann eine Einigungsgebühr nach Nr. 1000 VV, mangels Verwaltungsakts aber nicht eine Erledigungsgebühr nach Nr. 1002 VV.[1]

3 Für **erstinstanzliche** Entschädigungsverfahren wegen überlangen Gerichtsverfahren und strafrechtlichen Ermittlungsverfahren wurde der Anwendungsbereich der – gegenüber Nr. 3100 ff VV vorrangigen – [2] Sonderregelung in Nr. 3300 VV um Nr. 3 erweitert. Nr. 3300 VV erfasst die Entschädigungsprozesse in allen Gerichtsbarkeiten, auch der Finanzgerichtsbarkeit,[3] da für die erstinstanzlichen Entschädigungsverfahren in dieser Fachgerichtsbarkeit durchweg der BFH als oberster Gerichtshof zuständig ist. Die besondere Bedeutung und Ausgestaltung der Entschädigungsverfahren rechtfertigt für Rechtsanwälte eine Gebührenbemessung anhand des höheren Gebührensatzes, wie er bereits für Verfahren nach § 16 Abs. 4 UrhWahrnG gilt.[4] Die **Verfahrensgebühr** beträgt 1,6 nach Nr. 3300 VV, bei vorzeitiger Beendigung des Auftrags noch 1,0 nach Nr. 3301 VV. Unerheblich für die Höhe des Gebührensatzes ist, ob das Entschädigungsverfahren bei einem Ober- oder Bundesgericht anhängig ist.[5] Vertritt der Anwalt mehrere Kläger, die denselben Entschädigungsanspruch geltend machen, erhöht sich die Verfahrensgebühr um 0,3 für jeden weiteren Auftraggeber, Nr. 1008 VV.[6]

1 Schneider RVGreport 2012, 82, 83.
2 Hartmann, Kostengesetze, 42. Aufl. 2012, VV 3300 Rn 1.
3 AA Schneider, AGS 2012, 53; Schneider RVGreport 2012, 82, 83.
4 BT-Drucks. 17/3802, 29; Schneider RVGreport 2012, 82, 83.
5 Schneider, AGS 2012, 53.
6 Schneider, AGS 2012, 53, 54.

Die Verfahrensgebühr **entsteht** nach Vorbem. 3 Abs. 2 VV mit dem Betreiben des Geschäfts durch den Rechtsanwalt als Verfahrensbevollmächtigten. Dies ist idR mit der Entgegennahme der Information nach Erteilung des Auftrags der Fall.[7] Der Auftrag muss auf eine Tätigkeit in einem Entschädigungsverfahren gerichtet sein; andernfalls gelten Nrn. 2300 ff VV für die außergerichtliche Vertretung.[8] 4

Hinweis: Ist dem Rechtsanwalt ein unbedingter Auftrag für ein Entschädigungsverfahren nach § 198 Abs. 5 GVG erteilt, entsteht die Verfahrensgebühr zB schon mit Einlegung der Verzögerungsrüge im Ausgangsverfahren.

Da die eine **Anrechnung** regelnde Vorbemerkung 3 Abs. 4 VV dem Teil 3 des VV insgesamt vorangestellt ist, bezieht sie sich auf sämtliche Gebühren des Teils 3 des VV.[9] Sie gilt deshalb auch für die Verfahrensgebühr Nr. 3300 VV. Eine außergerichtliche Geschäftsgebühr ist folglich hälftig, höchstens zu 0,75 auf die Verfahrensgebühr anzurechnen.[10] 5

Die **Terminsgebühr** bestimmt sich gemäß der Vorbemerkung 3.3.1. nach dem 1. Abschnitt, dh nach Nr. 3104 VV (1,2 Terminsgebühr) oder Nr. 3105 VV (verminderte Terminsgebühr 0,5). Eine Terminsgebühr kann nach Vorbem. 3 Abs. 3 Alt. 3 VV auch durch die Mitwirkung an einem Besprechungstermin, der auf die Vermeidung oder Erledigung des Verfahrens gerichtet ist, auch ohne Beteiligung des Gerichts entstehen – allerdings nicht für Besprechungen mit dem Auftraggeber.[11] Nach Nr. 1003 VV (nicht Nr. 1004 VV) bestimmt sich die **Einigungsgebühr** (1,0), da es sich um ein erstinstanzliches Verfahren handelt.[12] 6

Hinweis: Lediglich für die Verfahrensgebühr ist ein höherer Gebührensatz vorgesehen.[13]

Für das **Revisionsverfahren** gelten keine gesonderten Reglungen. Vielmehr beläuft sich die Verfahrensgebühr nach Nr. 3206 VV auf 1,6 (evtl ermäßigt nach Nr. 3207 VV auf 1,1). Vor dem BGH erhöht sich die Verfahrensgebühr für den beim BGH zugelassenen Rechtsanwalt auf 2,3 (Nr. 3208 VV) bzw 1,8 (Nr. 3209 VV). Die Terminsgebühr beträgt 1,5 (Nr. 3210 VV) bzw 0,8 (Nr. 3211 VV). Die Einigungsgebühr beläuft sich auf 1,3 (Nr. 1004 VV). Für das Verfahren über die Nichtzulassungsbeschwerde verdient der Rechtsanwalt eine 1,6 Verfahrensgebühr (Nr. 3506 VV, ggfs. ermäßigt auf 1,1 bei vorzeitiger Beendigung des Auftrags, Nr. 3507 VV), beim BGH gelten für den beim BGH zugelassenen Rechtsanwalt Nr. 3508 VV (2,3) bzw 3509 (1,8). 7

7 Gerold/Schmidt-Müller-Rabe, RVG, 20. Aufl. 2012, Vorb. 3 VV Rn 26; Hartmann, Kostengesetze, 42. Aufl. 2012, VV 3100 Rn 13.
8 Schneider, AGS 2012, 53.
9 BGH Beschluss vom 17.4.2012 – XI ZB 22/11 Tz 5.
10 Schneider RVGreport 2012, 82, 83.
11 Schneider RVGreport 2012, 82, 84.
12 Gerold/Schmidt-Müller-Rabe, RVG, 20. Aufl. 2012, VV 3300, 3301 Rn 6.
13 Gerold/Schmidt-Müller-Rabe, RVG, 20. Aufl. 2012, VV 3300, 3301 Rn 6.

Artikel 12 Änderung des EG-Verbraucherschutzdurchsetzungsgesetzes

§ 22 Verbraucherschutzdurchsetzungsgesetz

Im Verfahren vor dem Beschwerdegericht gelten ergänzend, soweit nichts anderes bestimmt ist,

1. **die Vorschriften der §§ 169 bis 197 des Gerichtsverfassungsgesetzes über Öffentlichkeit und Sitzungspolizei, Gerichtssprache, Beratung und Abstimmung;**
2. **die Vorschriften der Zivilprozessordnung, insbesondere über Ausschließung und Ablehnung eines Richters, über Prozessbevollmächtigte und Beistände, über die Zustellung von Amts wegen, über Ladungen, Termine und Fristen, über die Anordnung des persönlichen Erscheinens der Parteien, über die Verbindung mehrerer Prozesse, über die Erledigung des Zeugen- und Sachverständigenbeweises sowie über die sonstigen Arten des Beweisverfahrens, über die Wiedereinsetzung in den vorigen Stand gegen die Versäumung einer Frist, entsprechend.**

Die Vorschriften des Siebzehnten Titels des Gerichtsverfassungsgesetzes sind entsprechend anzuwenden.

1 Nach § 13 Abs. 1 EG-Verbraucherschutzdurchsetzungsgesetz (VSchDG) ist u.a. gegen Entscheidungen der zuständigen Behörde zur Feststellung, Beseitigung oder Verhütung innergemeinschaftlicher Verstöße gegen Gesetze zum Schutz der Verbraucherinteressen die Beschwerde zum Landgericht statthaft. Für das Beschwerdeverfahren gegen solche Verwaltungsmaßnahmen gelten nach § 22 Nr. 1 VSchDG die Vorschriften der §§ 169 bis 197 GVG über Öffentlichkeit und Sitzungspolizei, Gerichtssprache, Beratung und Abstimmung. Art. 11 ÜVerfBesG erstreckt den Rechtsschutz bei überlangem Gerichtsverfahren auf solche Beschwerdeverfahren, indem nunmehr § 22 S. 2 VSchDG auf §§ 198 bis 201 GVG verweist.

Artikel 13 Änderung des Patentgesetzes

§ 128 b Patentgesetz

Die Vorschriften des Siebzehnten Titels des Gerichtsverfassungsgesetzes sind auf Verfahren vor dem Patentgericht und dem Bundesgerichtshof entsprechend anzuwenden.

§ 99 Abs. 1 PatG verweist, soweit das PatG keine Bestimmungen über das Ver- 1
fahren vor dem Patentgericht enthält, auf das GVG, wenn die Besonderheiten des Verfahrens vor dem Patentgericht dies nicht ausschließen. Dies gilt nach dem 5. Abschnitt nur für das Bundespatentgericht. Die Regelungen zum Rechtsschutz bei überlangem Gerichtsverfahren sollen neben dem Verfahren vor dem Bundespatentgericht auch Verfahren vor dem Bundesgerichtshof umfassen.[1] Zudem geht das ÜVerfBesG über eine Verfahrensregelung hinaus und soll mit seinem materiellrechtlichen Gehalt für Verfahren vor beiden Bundesgerichten gelten. Die neue Vorschrift des § 128 b PatG verweist deshalb auf die Regelungen zum Rechtsschutz bei überlanger Verfahrensdauer in §§ 198 bis 201 GVG.

1 BT-Drucks. 17/3802, 30.

Artikel 14 Änderung des Gebrauchsmustergesetzes

§ 21 Gebrauchsmustergesetz

(1) Die Vorschriften des Patentgesetzes über die Erstattung von Gutachten (§ 29 Abs. 1 und 2), über die Wiedereinsetzung in den vorigen Stand (§ 123), über die Weiterbehandlung der Anmeldung (§ 123 a), über die Wahrheitspflicht im Verfahren (§ 124), über die elektronische Verfahrensführung (§ 125 a), über die Amtssprache (§ 126), über Zustellungen (§ 127), über die Rechtshilfe der Gerichte (§ 128), über die Entschädigung von Zeugen und die Vergütung von Sachverständigen (§ 128 a) und über den Rechtsschutz bei überlangen Gerichtsverfahren (§ 128 b) sind auch für Gebrauchsmustersachen anzuwenden.

(2) Die Vorschriften des Patentgesetzes über die Bewilligung von Verfahrenskostenhilfe (§§ 129 bis 138) sind in Gebrauchsmustersachen entsprechend anzuwenden, § 135 Abs. 3 mit der Maßgabe, dass dem nach § 133 beigeordneten Vertreter ein Beschwerderecht zusteht.

1 Die Verweisung in § 21 Gebrauchsmustergesetz auf einzelne Vorschriften aus dem Patentgesetz wurde um einen Verweis auf § 128 b PatG ergänzt, der seinerseits einen Verweis auf die Regelung zum Rechtsschutz bei überlanger Verfahrensdauer in §§ 198 bis 201 GVG enthält. Das ÜVerfBesG soll mit seinem verfahrensrechtlichen und materiellrechtlichen Gehalt in Gebrauchsmustersachen gelten.

Artikel 15 Änderung des Markengesetzes

§ 96 a MarkenG Rechtsschutz bei überlangen Gerichtsverfahren

Die Vorschriften des Siebzehnten Titels des Gerichtsverfassungsgesetzes sind auf Verfahren vor dem Patentgericht und dem Bundesgerichtshof entsprechend anzuwenden

Nach § 82 Abs. 1 MarkenG sind, soweit das MarkenG keine Bestimmungen über das Verfahren vor dem Patentgericht enthält, das GVG und die ZPO entsprechend anzuwenden, wenn die Besonderheiten des Verfahrens vor dem Patentgericht dies nicht ausschließen. Diese Verweisung findet nur für das Bundespatentgericht Anwendung. Der Rechtsschutz bei überlangem Gerichtsverfahren soll neben Verfahren vor dem Bundespatentgericht auch Verfahren vor dem Bundesgerichtshof umfassen; ferner geht das ÜVerfBesG über eine Verfahrensregelung hinaus.[1] Die neu eingefügte Vorschrift des § 96 a MarkenG verweist deshalb auf die Regelung zum Rechtsschutz bei überlanger Verfahrensdauer in §§ 198 bis 201 GVG. 1

1 BT-Drucks. 17/3802, 30.

Artikel 16 Änderung der Patentanwaltsordnung

§ 94 f PAO

Auf den Rechtsschutz bei überlangen Gerichtsverfahren sind die Vorschriften des Siebzehnten Titel des Gerichtsverfassungsgesetzes anzuwenden. Die Vorschriften dieses Gesetzes, die die Besetzung des Senats für Patentanwaltssachen bei dem Oberlandesgericht und bei dem Bundesgerichtshof regeln, sind nicht anzuwenden.

§ 98 Abs. 2 PAO

(2) Auf den Rechtsschutz bei überlangen Gerichtsverfahren sind die Vorschriften des Siebzehnten Titel des Gerichtsverfassungsgesetzes anzuwenden. Die Vorschriften dieses Gesetzes, die die Besetzung des Senats für Patentanwaltssachen bei dem Oberlandesgericht und bei dem Bundesgerichtshof regeln, sind nicht anzuwenden.

1 Gemäß § 94 b PAO gelten für die in §§ 94 a ff geregelten gerichtlichen Verfahren in Patentanwaltssachen die Vorschriften der VwGO entsprechend. Da der Verweis nur die Verfahrensvorschriften der VwGO erfasst, erstreckt er sich nicht auf die in § 173 VwGO angeordnete Geltung der §§ 198 bis 201 GVG, die über eine bloße Verfahrensregelung hinausgehen. Aus diesem Grunde ordnet § 94 f PAO für verwaltungsrechtliche Patentsachen ausdrücklich die Geltung der §§ 198 bis 201 GVG an.[1] Eine entsprechende Regelung enthält § 98 Abs. 2 PAO für das berufsgerichtliche Verfahren.

2 Auf Betreiben des BT-Rechtsausschusses wurde in beide Vorschriften ein zweiter Satz mit der Klarstellung eingefügt, dass die Oberladungsgerichte und der Bundesgerichtshof in der für Zivilverfahren vorgesehenen Besetzung entscheiden,[2] also nicht die Senate für Patentanwaltssachen bei den Oberlandesgerichten (§ 86 PAO) und beim Bundesgerichtshof (§ 90 PAO) unter Beteiligung von jeweils zwei Patentanwälten.

1 BT-Drucks. 17/3802, 30.
2 BT-Drucks. 17/7217, 30.

Artikel 17 Änderung des Halbleiterschutzgesetzes

§ 11 HalblSchG Anwendung von Vorschriften des Patentgesetzes und des Gebrauchsmustergesetzes

(1) Die Vorschriften des Patentgesetzes über die Erstattung von Gutachten (§ 29 Abs. 1 und 2), über die Wiedereinsetzung in den vorigen Stand (§ 123), über die Weiterbehandlung der Anmeldung (§ 123 a), über die Wahrheitspflicht im Verfahren (§ 124), über die elektronische Verfahrensführung (§ 125 a), über die Amtssprache (§ 126), über Zustellungen (§ 127), über die Rechtshilfe der Gerichte (§ 128) und über den Rechtsschutz bei überlangen Gerichtsverfahren (§ 128 b) sind auch für Topographieschutzsachen anzuwenden.

(2) Die Vorschriften des Gebrauchsmustergesetzes über die Bewilligung von Verfahrenskostenhilfe (§ 21 Abs. 2), über die Übertragung und die Lizenz (§ 22), über die Streitwertherabsetzung (§ 26), über die Gebrauchsmusterstreitsachen (§ 27), über die Inlandsvertretung (§ 28), über die Ermächtigungen zum Erlass von Rechtsverordnungen (§ 29) und über die Schutzberühmung (§ 30) sind entsprechend anzuwenden.

Der Rechtsschutz bei überlangem Gerichtsverfahren soll auch Topographieschutzsachen umfassen.[1] Deshalb wurde der Verweis in § 11 Abs. 1 Halbleiterschutzgesetz auf bestimmte Vorschriften des Patentgesetzes ergänzt um einen Verweis auf § 128 b PatG, der seinerseits auf die Regelung zum Rechtsschutz bei überlanger Verfahrensdauer nach §§ 198 bis 201 GVG verweist. 1

1 BT-Drucks. 17/3802, 30.

Artikel 18 Änderung des Geschmacksmustergesetzes

§ 23 GeschmMG Verfahrensvorschriften, Beschwerde und Rechtsbeschwerde

(1) Das Deutsche Patent- und Markenamt entscheidet im Verfahren nach diesem Gesetz durch ein rechtskundiges Mitglied im Sinne des § 26 Abs. 2 Satz 2 des Patentgesetzes. Für die Ausschließung und Ablehnung dieses Mitglieds des Deutschen Patent- und Markenamts gelten die §§ 41 bis 44, 45 Abs. 2 Satz 2 und die §§ 47 bis 49 der Zivilprozessordnung über die Ausschließung und Ablehnung der Gerichtspersonen entsprechend. Über das Ablehnungsgesuch entscheidet, soweit es einer Entscheidung bedarf, ein anderes rechtskundiges Mitglied des Deutschen Patent- und Markenamts, das der Präsident des Deutschen Patent- und Markenamts allgemein für Entscheidungen dieser Art bestimmt hat. § 123 Abs. 1 bis 5 und 7 und die §§ 124, 126 bis 128 a des Patentgesetzes finden entsprechende Anwendung.

(2) Gegen die Beschlüsse des Deutschen Patent- und Markenamts im Verfahren nach diesem Gesetz findet die Beschwerde an das Bundespatentgericht statt. Über die Beschwerde entscheidet ein Beschwerdesenat des Bundespatentgerichts in der Besetzung mit drei rechtskundigen Mitgliedern. Die §§ 69, 73 Abs. 2 bis 4, § 74 Abs. 1, § 75 Abs. 1, die §§ 76 bis 80 und 86 bis 99, 123 Abs. 1 bis 5 und 7 und die §§ 124, 126 bis 128 b des Patentgesetzes finden entsprechende Anwendung.

(3) Gegen die Beschlüsse des Beschwerdesenats über eine Beschwerde nach Absatz 2 findet die Rechtsbeschwerde an den Bundesgerichtshof statt, wenn der Beschwerdesenat die Rechtsbeschwerde zugelassen hat. § 100 Abs. 2 und 3, die §§ 101 bis 109, 123 Abs. 1 bis 5 und 7 sowie die §§ 124 und 128 b des Patentgesetzes finden entsprechende Anwendung.

1 In Geschmacksmustersachen gilt durch den neu aufgenommenen Verweis auf § 128 b PatG für das Verfahren vor dem Bundespatentgericht nach Abs. 2 und vor dem Bundesgerichtshof nach Abs. 3 die Regelung zum Rechtsschutz bei überlanger Verfahrensdauer nach §§ 198 bis 201 GVG.

2 Für Geschmackmusterverfahren vor dem Deutschen Patent- und Markenamt und dem Bundespatentgericht gilt nunmehr durch Verweisung in Abs. 1 und Abs. 2 auch § 128 a PatG. Danach erhalten Zeugen eine Entschädigung und Sachverständige eine Vergütung nach dem Justizvergütungs- und -entschädigungsgesetz (JVEG). Diese Verweisung – wie auch durch § 21 Abs. 1 GebrMG – war bislang versehentlich unterblieben.[1] In Abs. 3, der das Verfahren vor dem Bundesgerichtshof regelt, bedarf es keiner Verweisung auf § 128 a PatG, weil die Vorschriften des JVEG vor dem Bundesgerichtshof unmittelbar anwendbar sind.

1 BT-Drucks. 17/3802, 30.

Artikel 19 Änderung der Wehrbeschwerdeordnung

§ 23 a Ergänzende Vorschriften

(1) Zur Ergänzung der Vorschriften dieses Gesetzes gelten die Vorschriften der Wehrdisziplinarordnung, insbesondere über Akteneinsicht, Befangenheit der für die Entscheidung zuständigen Disziplinarvorgesetzten, Bindung an tatsächliche Feststellungen anderer Entscheidungen, Entschädigung von Zeugen und Sachverständigen und Wiederaufnahme entsprechend.

(2) In den gerichtlichen Antragsverfahren sowie in den Verfahren nach den §§ 22 a und 22 b sind darüber hinaus die Vorschriften der Verwaltungsgerichtsordnung sowie des Gerichtsverfassungsgesetzes entsprechend anzuwenden, soweit nicht die Eigenart des Beschwerdeverfahrens entgegensteht. Die Vorschriften des Siebzehnten Titels des Gerichtsverfassungsgesetzes sind mit der Maßgabe entsprechend anzuwenden, dass an die Stelle des Bundesgerichtshofs die Wehrdienstsenate beim Bundesverwaltungsgericht treten und an die Stelle der Zivilprozessordnung die Verwaltungsgerichtsordnung tritt.

(3) Für die Rüge der Verletzung des Anspruchs auf rechtliches Gehör gilt § 152 a der Verwaltungsgerichtsordnung entsprechend.

§ 23 a Abs. 2 WBO verweist für das gerichtliche Antragsverfahren (§ 17 WBO), die Rechtsbeschwerde (§ 22 a WBO) und die Nichtzulassungsbeschwerde (§ 22 b WBO) auf die Vorschriften des GVG. Auch diese Verfahren sollen vor Überlänge durch §§ 198 ff GVG geschützt sein. Die Vorschrift wurde dementsprechend durch die Verweisung nach § 23 a Abs. 2 S. 2 Hs 1 WBO angepasst.[1] 1

§ 23 a Abs. 2 S. 2 Hs 2 WBO stellt die gerichtliche Zuständigkeit für Entschädigungsverfahren nach §§ 198 ff GVG bei gerichtlichen Verfahren nach der Wehrbeschwerdeordnung als Ausgangsverfahren klar. Verzögerungen dieser Gerichtsverfahren finden auf Bundesebene statt, so dass entsprechend § 201 Abs. 1 S. 2 GVG und der Maßgabe des § 23 a Abs. 2 S. 2 Hs 2 WBO die Wehrdienstsenate beim BVerwG zuständig sind. Dies entspricht dem gesetzgeberischen Grundgedanken, dass die Entscheidung über Entschädigungsansprüche bei der betroffenen Gerichtsbarkeit liegen soll.[2] Im Entschädigungsprozess ist verfahrensrechtlich die VwGO anzuwenden (s. Art. 8 Rn 18 ff). 2

1 BT-Drucks. 17/3802, 30.
2 Beschlussempfehlung des Rechtsausschusses, BT-Drucks. 17/7217, 42; BT-Drucks. 17/3802, 39.

Artikel 20 Änderung der Wehrdisziplinarordnung

§ 91 WDO Ergänzende Vorschriften

(1) Zur Ergänzung der Vorschriften dieses Gesetzes über das gerichtliche Disziplinarverfahren sind die Vorschriften des Gerichtsverfassungsgesetzes, insbesondere über Sitzungspolizei, Gerichtssprache, Beratung und Abstimmung, und die Vorschriften der Strafprozessordnung sowie § 55 a der Verwaltungsgerichtsordnung anzuwenden, soweit nicht die Eigenart des gerichtlichen Disziplinarverfahrens entgegensteht. An die Stelle der in diesen Gesetzen genannten Fristen von einer Woche tritt jeweils eine Frist von zwei Wochen. Die Vorschriften des Siebzehnten Titels des Gerichtsverfassungsgesetzes sind mit der Maßgabe entsprechend anzuwenden, dass an die Stelle des Bundesgerichtshofs die Wehrdienstsenate beim Bundesverwaltungsgericht treten und an die Stelle der Zivilprozessordnung die Verwaltungsgerichtsordnung tritt; auf das Verfahren des Wehrdisziplinaranwalts vor Vorlage der Anschuldigungsschrift beim Truppendienstgericht sind sie jedoch nicht anzuwenden.

(2) Die Wehrdienstgerichte entscheiden mit einfacher Stimmenmehrheit.

1 Für das gerichtliche Disziplinarverfahren nach der WDO gelten nach § 91 Abs. 1 S. 1 WDO ergänzend die Vorschriften des GVG, soweit nicht die Eigenart des gerichtlichen Disziplinarverfahrens entgegensteht. Das gerichtliche Disziplinarverfahren nach der WDO soll keine unangemessene Dauer annehmen, zumal in Disziplinarsachen generell der Beschleunigungsgrundsatz gilt. Dazu dient die Verweisung in § 91 Abs. 1 S. 3 Hs 1 WDO auf §§ 198 ff GVG.[1]

2 § 91 Abs. 1 S. 3 Hs 1 WDO stellt die gerichtliche Zuständigkeit für Entschädigungsverfahren nach §§ 198 ff GVG bei gerichtlichen Disziplinarverfahren nach der WDO als Ausgangsverfahren klar. Verzögerungen dieser Gerichtsverfahren finden auf Bundesebene statt, so dass entsprechend § 201 Abs. 1 S. 2 GVG und der Maßgabe des § 91 Abs. 1 S. 3 Hs 1 WDO die Wehrdienstsenate beim BVerwG zuständig sind. Dies trägt dem gesetzgeberischen Grundgedanken Rechnung, dass die Entscheidung über Entschädigungsansprüche bei der betroffenen Gerichtsbarkeit liegen soll.[2] Im Entschädigungsprozess ist verfahrensrechtlich die VwGO anzuwenden (s. Art. 8 Rn 18 ff).

1 BT-Drucks. 17/3802, 30.
2 Beschlussempfehlung des Rechtsausschusses, BT-Drucks. 17/7217, 42; BT-Drucks. 17/3802, 39.

Artikel 21 Änderung des Gesetzes gegen Wettbewerbsbeschränkungen

§ 73 GWB Geltung von Vorschriften des GVG und der ZPO

Für Verfahren vor dem Beschwerdegericht gelten, soweit nichts anderes bestimmt ist, entsprechend

1. **die Vorschriften der §§ 169 bis 201 des Gerichtsverfassungsgesetzes über Öffentlichkeit, Sitzungspolizei, Gerichtssprache, Beratung und Abstimmung sowie über den Rechtsschutz bei überlangen Gerichtsverfahren;**
2. **die Vorschriften der Zivilprozessordnung über Ausschließung und Ablehnung eines Richters, über Prozessbevollmächtigte und Beistände, über die Zustellung von Amts wegen, über Ladungen, Termine und Fristen, über die Anordnung des persönlichen Erscheinens der Parteien, über die Verbindung mehrerer Prozesse, über die Erledigung des Zeugen- und Sachverständigenbeweises sowie über die sonstigen Arten des Beweisverfahrens, über die Wiedereinsetzung in den vorigen Stand gegen die Versäumung einer Frist.**

Gegen Verfügungen der Kartellbehörde ist nach § 63 Abs. 1 S. 1 GWB die **Beschwerde** statthaft. Nach § 63 Abs. 4 GWB entscheidet über die Beschwerde das zuständige Oberlandesgericht. Für das Beschwerdeverfahren verweist § 73 Nr. 1 GWB auf einzelne Regelungen des GVG. Das gerichtliche Beschwerdeverfahren soll darüber hinaus auch den GVG-Vorschriften zu überlangen Gerichtsverfahren unterfallen. § 73 Nr. 1 GWB verweist deshalb auf §§ 198 ff GVG. 1

Nach § 74 Abs. 1 GWB findet gegen Beschlüsse der Oberlandesgerichte über Beschwerden gegen Verfügungen der Kartellbehörde die **Rechtsbeschwerde** an den Bundesgerichtshof statt, wenn das Oberlandesgericht die Rechtsbeschwerde zugelassen hat. § 76 Abs. 5 S. 1 GWB verweist für die Rechtsbeschwerde auf § 73 GWB und unterstellt sie damit den Regelungen zum Rechtsschutz bei überlangen Gerichtsverfahren, §§ 198 ff GVG. 2

Gegen Entscheidungen der Vergabekammer ist nach § 116 Abs. 1 S. 1 GWB die **sofortige Beschwerde** zulässig, über die ausschließlich das für den Sitz der Vergabekammer zuständige Oberlandesgericht entscheidet. § 120 Abs. 2 GWB verweist für das Beschwerdeverfahren auf § 73 GWB, so dass es den Regelungen zum Rechtsschutz bei überlangen Gerichtsverfahren unterfällt, §§ 198 ff GVG. Zum Zweck der Beschleunigung des Verfahrens wird § 227 Abs. 3 Satz 1 ZPO über die Verlegung von Terminen in der Zeit vom 1. Juli bis 31. August von der Verweisung auf § 73 Nr. 2 GWB ausgenommen. 3

§ 75 GWB Nichtzulassungsbeschwerde

(1) Die Nichtzulassung der Rechtsbeschwerde kann selbständig durch Nichtzulassungsbeschwerde angefochten werden.

(2) Über die Nichtzulassungsbeschwerde entscheidet der Bundesgerichtshof durch Beschluss, der zu begründen ist. Der Beschluss kann ohne mündliche Verhandlung ergehen.

(3) Die Nichtzulassungsbeschwerde ist binnen einer Frist von einem Monat schriftlich bei dem Oberlandesgericht einzulegen. Die Frist beginnt mit der Zustellung der angefochtenen Entscheidung.

(4) Für die Nichtzulassungsbeschwerde gelten § 64 Abs. 1 und 2, § 66 Abs. 3, 4 Nr. 1 und Abs. 5, §§ 67, 68, 72 und 73 Nr. 2 dieses Gesetzes sowie die §§ 192 bis 201 des Gerichtsverfassungsgesetzes über die Beratung und Abstimmung sowie über den Rechtsschutz bei überlangen Gerichtsverfahren entsprechend. Für den Erlass einstweiliger Anordnungen ist das Beschwerdegericht zuständig.

(5) Wird die Rechtsbeschwerde nicht zugelassen, so wird die Entscheidung des Oberlandesgerichts mit der Zustellung des Beschlusses des Bundesgerichtshofs rechtskräftig. Wird die Rechtsbeschwerde zugelassen, so beginnt mit der Zustellung des Beschlusses des Bundesgerichtshofs der Lauf der Beschwerdefrist.

1 Die Nichtzulassung der Rechtsbeschwerde kann selbstständig durch **Nichtzulassungsbeschwerde** angefochten werden, § 75 Abs. 1 GWB. Für die Nichtzulassungsbeschwerde verweist § 75 Abs. 4 S. 1 GWB auf die Vorschriften der §§ 192 bis 197 GVG über die Beratung und Abstimmung und unterstellt das Verfahren darüber hinaus den Regelungen der §§ 198 ff GVG zum Rechtsschutz bei überlangen Gerichtsverfahren.

§ 85 EnWG Geltung von Vorschriften des Gerichtsverfassungsgesetzes und der Zivilprozessordnung

Für Verfahren vor dem Beschwerdegericht gelten, soweit nicht anderes bestimmt ist, entsprechend

1. die Vorschriften der §§ 169 bis 201 des Gerichtsverfassungsgesetzes über Öffentlichkeit, Sitzungspolizei, Gerichtssprache, Beratung und Abstimmung sowie über den Rechtsschutz bei überlangen Gerichtsverfahren;
2. die Vorschriften der Zivilprozessordnung über Ausschließung und Ablehnung eines Richters, über Prozessbevollmächtigte und Beistände, über die Zustellung von Amts wegen, über Ladungen, Termine und Fristen, über die Anordnung des persönlichen Erscheinens der Parteien, über die Verbindung mehrerer Prozesse, über die Erledigung des Zeugen- und Sachverständigenbeweises sowie über die sonstigen Arten des Beweisverfahrens, über die Wiedereinsetzung in den vorigen Stand gegen die Versäumung einer Frist.

Nach § 75 Abs. 1 S. 1 EnWG ist gegen Entscheidungen der Regulierungsbehörde die **Beschwerde** statthaft. Über sie entscheidet das Oberlandesgericht, das nach § 75 Abs. 4 EnWG zuständig ist. Für das Beschwerdeverfahren verweist § 85 Nr. 1 EnWG auf einzelne Regelungen des GVG. Der Rechtsschutz bei überlangen Gerichtsverfahren soll auch dieses gerichtliche Beschwerdeverfahren erfassen. § 85 Nr. 1 EnWG verweist deshalb auf §§ 198 ff GVG. 1

Gegen die in der Hauptsache erlassenen Beschlüsse der Oberlandesgerichte über Beschwerden gegen Entscheidungen der Regulierungsbehörde findet nach § 86 Abs. 1 EnWG die **Rechtsbeschwerde** an den Bundesgerichtshof statt, wenn das Oberlandesgericht die Rechtsbeschwerde zugelassen hat. § 88 Abs. 5 EnWG verweist für die Rechtsbeschwerde auf § 85 EnWG und unterstellt auch sie damit den Regelungen zum Rechtsschutz bei überlangen Gerichtsverfahren, §§ 198 ff GVG. 2

§ 87 EnWG Nichtzulassungsbeschwerde

(1) Die Nichtzulassung der Rechtsbeschwerde kann selbstständig durch Nichtzulassungsbeschwerde angefochten werden.

(2) Über die Nichtzulassungsbeschwerde entscheidet der Bundesgerichtshof durch Beschluss, der zu begründen ist. Der Beschluss kann ohne mündliche Verhandlung ergehen.

(3) Die Nichtzulassungsbeschwerde ist binnen einer Frist von einem Monat schriftlich bei dem Oberlandesgericht einzulegen. Die Frist beginnt mit der Zustellung der angefochtenen Entscheidung.

(4) Für die Nichtzulassungsbeschwerde gelten die §§ 77, 78 Abs. 3, 4 Nr. 1 und Abs. 5, §§ 79, 80, 84 und 85 Nr. 2 dieses Gesetzes sowie die §§ 192

bis 201 des Gerichtsverfassungsgesetzes über die Beratung und Abstimmung sowie über den Rechtsschutz bei überlangen Gerichtsverfahren entsprechend. Für den Erlass einstweiliger Anordnungen ist das Beschwerdegericht zuständig.

(5) Wird die Rechtsbeschwerde nicht zugelassen, so wird die Entscheidung des Oberlandesgerichts mit der Zustellung des Beschlusses des Bundesgerichtshofs rechtskräftig. Wird die Rechtsbeschwerde zugelassen, so beginnt mit der Zustellung des Beschlusses des Bundesgerichtshofs der Lauf der Beschwerdefrist.

1 Die Nichtzulassung der Rechtsbeschwerde kann selbstständig durch **Nichtzulassungsbeschwerde** angefochten werden, § 87 Abs. 1 EnWG. Für die Nichtzulassungsbeschwerde verweist § 87 Abs. 4 S. 1 EnWG auf die Vorschriften der §§ 192 bis 197 GVG über die Beratung und Abstimmung und unterstellt das Verfahren darüber hinaus den Regelungen der §§ 198 ff GVG zum Rechtsschutz bei überlangen Gerichtsverfahren.

Artikel 23 ÜVerfBesG Übergangsvorschrift

Dieses Gesetz gilt auch für Verfahren, die bei seinem Inkrafttreten bereits anhängig waren, sowie für abgeschlossene Verfahren, deren Dauer bei seinem Inkrafttreten Gegenstand von anhängigen Beschwerden beim Europäischen Gerichtshof für Menschenrechte ist oder noch werden kann. Für anhängige Verfahren, die bei seinem Inkrafttreten schon verzögert sind, gilt § 198 Absatz 3 des Gerichtsverfassungsgesetzes mit der Maßgabe, dass die Verzögerungsrüge unverzüglich nach Inkrafttreten erhoben werden muss. In diesem Fall wahrt die Verzögerungsrüge einen Anspruch nach § 198 des Gerichtsverfassungsgesetzes auch für den vorausgehenden Zeitraum. Ist bei einem anhängigen Verfahren die Verzögerung in einer schon abgeschlossenen Instanz erfolgt, bedarf es keiner Verzögerungsrüge. Auf abgeschlossene Verfahren gemäß Satz 1 ist § 198 Absatz 3 und 5 des Gerichtsverfassungsgesetzes nicht anzuwenden. Die Klage zur Durchsetzung eines Anspruchs nach § 198 Absatz 1 des Gerichtsverfassungsgesetzes kann bei abgeschlossenen Verfahren sofort erhoben werden und muss spätestens am 3. Juni 2012 erhoben werden.

Die Übergangsregelung bestimmt, dass der zeitliche Geltungsbereich der Neu- 1
reglung nicht auf Verfahren beschränkt ist, die nach ihrem Inkrafttreten anhängig werden. Zu unterscheiden sind folgende **Altfälle:**

1. Abgeschlossene Verfahren, deren Dauer am 3.12.2011 Gegenstand von anhängigen Beschwerden beim Europäischen Gerichtshof für Menschenrechte war,[1]
2. abgeschlossene Verfahren, deren Dauer am 3.12.2011 noch Gegenstand von anhängigen Beschwerden beim Europäischen Gerichtshof für Menschenrechte werden konnte,
3. anhängige Verfahren, bei denen am 3.12.2011 eine Verzögerung in einer schon abgeschlossenen Instanz vorlag,
4. anhängige Verfahren, die am 3.12.2011 in einer noch nicht abgeschlossenen Instanz schon verzögert waren,
5. Verfahren, die am 3.12.2011 bereits anhängig und noch nicht verzögert waren.

Vor dem Inkrafttreten des Gesetzes bereits **abgeschlossene** Verfahren erfasst 2
die Neuregelung grds. nicht. Nur wenn sie am 3.12.2011 nach dem innerstaatlichen Abschluss wegen ihrer Verfahrensdauer zu einer anhängigen Beschwerde vor dem EGMR geführt haben oder noch führen konnten (obige Fälle 1. und 2.), erstreckt sich der nunmehr vorhandene Rechtsschutz bei überlangen Gerichtsverfahren auf sie, Art. 23 S. 1 ÜVerfBesG. Dies soll weitere Verurteilungen der Bundesrepublik Deutschland verhindern und den EGMR entlasten.[2] Zu einer Beschwerde vor dem EGMR konnten am 3.12.2011 nur solche

1 Der Einbeziehung auch solcher Fälle, die zur Unzulässigkeit der EGMR-Beschwerde führen kann, misst der EGMR besondere Bedeutung bei, EGMR v. 29.5.2012 – 53126/07 Tz 43.

2 BT-Drucks. 17/3802, 31.

Verfahren führen, deren innerstaatlicher Abschluss nicht länger als sechs Monate zurücklag, weil die Beschwerdefrist des Art. 35 Abs. 1 EMRK sechs Monate beträgt.[3] Braucht sich der EGMR mit einer Beschwerde nicht (mehr) zu befassen, weil sie verfristet ist bzw wäre, so gilt das ÜVerfBesG für diese abgeschlossen Verfahren nicht.[4] Gleiches gilt, falls das Verfahren vor dem EGMR am 3.12.2011 nicht mehr anhängig war.[5]

3 In den von einer Beschwerde zum EGMR betroffenen abgeschlossenen Verfahren war nach Art. 23 S. 5 ÜVerfBesG nicht nachträglich eine Verzögerungsrüge iSv § 198 Abs. 3 GVG einzulegen, weil ihr Erfordernis bis zum Abschluss dieser Verfahren noch nicht galt und eine Verzögerungsrüge ohnehin nicht mehr präventiv wirken konnte. Da die Verfahren bereits beendet waren und eine Verzögerungsrüge nicht erfolgte, musste auch nach Art. 23 S. 5 ÜVerfBesG die Wartefrist des § 198 Abs. 5 S. 1 GVG nicht eingehalten werden. Vielmehr konnte nach Art. 23 S. 6 ÜVerfBesG die Klage zur Durchsetzung eines Anspruchs aus § 198 Abs. 1 GVG sofort erhoben werden. Die Klagefrist des § 198 Abs. 5 S. 2 GVG gilt nach Art. 23 S. 5 ÜVerfBesG für solche Fälle ebenfalls nicht. Nach Art. 23 S. 6 ÜVerfBesG war die Klage bis zum 3.6.2012 zu erheben; die sechsmonatige Klagefrist begann also erst mit Inkrafttreten des Gesetzes, lief aber mittlerweise aus. So wurde eine einheitliche Überlegungsfrist von sechs Monaten sichergestellt.[6]

4 Art. 23 S. 2 und 3 ÜVerfBesG passt die Verzögerungsrüge den am 3.12.2011 **anhängigen** Verfahren an. Lag bei ihnen am 3.12.2011 eine Verzögerung in einer schon abgeschlossenen Instanz vor, konnte eine Verzögerungsrüge ihre präventive Funktion nicht mehr entfalten und war deshalb nicht erforderlich, Art. 23 S. 3 ÜVerfBesG. Dies gilt jedoch nur, soweit sich die Verzögerung auf die Dauer dieser abgeschlossenen Instanz erstreckte. Bezog sie sich hingegen (auch) auf einen am 3.12.2011 noch nicht abgeschlossenen Rechtszug, war die Verzögerungsrüge unverzüglich, dh ohne schuldhaftes Zögern, nach dem 3.12.2011 zu erheben. Falls dies geschah, wahrte die Rüge den Anspruch aus § 198 GVG in vollem Umfang auch für den vorausgehenden Zeitraum, dh so, als ob bereits zu dem nach § 198 Abs. 3 S. 2 GVG bestimmten Zeitpunkt gerügt worden wäre.[7]

3 OLG Karlsruhe Beschluss vom 2.8.2012 – 23 SchH 5/12 EntV, 23 SchH 5/12, Tz 3.
4 Sächsisches LAG Beschluss vom 7.6.2012 – 1 Oa 2/12, Tz 7.
5 OLG Celle Beschluss vom 9.5.2012 – 23 SchH 6/12 Tz 7.
6 Beschlussempfehlung und Bericht des Rechtsausschusses BT-Drucks. 17/7217, S. 42.
7 BT-Drucks. 17/3802, 31.

Artikel 24 ÜVerfBesG Inkrafttreten

Dieses Gesetz tritt am Tag nach der Verkündung in Kraft.

Gesetz über den Rechtsschutz bei überlangen Gerichtsverfahren und strafrechtlichen Ermittlungsverfahren vom 24. November 2011wurde im Bundesgesetzblatt am 2. Dezember 2011 (BGBl 2011 Teil I Nr. 60, 2302) verkündet. Es trat nach Art. 24 am 3. Dezember 2011 in Kraft. 1

Anhang: Anwaltsmuster

1 ▶ **Muster: Verzögerungsrüge an ein Zivilgericht**

Landgericht ...

Az ...

In dem Rechtsstreit ...

erhebe ich hiermit namens und in Vollmacht des Klägers

Verzögerungsrüge

gemäß § 198 Abs. 3 GVG.

Zur Erläuterung weise ich darauf hin, dass das Verfahren mittlerweile 7 Monate rechtshängig ist und bislang noch kein Termin zur mündlichen Verhandlung bestimmt wurde. Wegen zahlreicher streitiger Schadenspositionen wird die Kammer aller Voraussicht nach Zeugen- und Sachverständigenbeweis erheben müssen. Da dies wiederum geraume Zeit in Anspruch nehmen wird, besteht Anlass zu der Besorgnis, dass das Verfahren nicht innerhalb angemessener Frist abgeschlossen werden kann.

Der Kläger benötigt den eingeklagten Betrag, um demnächst fällig werdenden Verbindlichkeiten nachkommen zu können. Ohne einen entsprechenden Liquiditätszufluss wird er möglicherweise gezwungen sein, Insolvenzantrag zu stellen.

Beglaubigte und einfache Abschrift anbei

...

Rechtsanwalt ◀

2 ▶ **Muster: Verzögerungsrüge an eine Staatsanwaltschaft in einer Wirtschaftsstrafsache**

Staatsanwaltschaft ...

Az. ...

Sehr geehrter Herr Staatsanwalt ...,

in dem Ermittlungsverfahren gegen meinen Mandanten erhebe ich hiermit gemäß § 199 Abs. 2 iVm § 198 Abs. 3 GVG

Verzögerungsrüge,

da die Ermittlungen offenkundig bereits seit vier Monaten abgeschlossen sind, ohne dass bislang eine abschließende Verfügung der Staatsanwaltschaft ergangen wäre.

Wie Sie wissen, ist mein Mandant weiterhin unternehmerisch tätig. Das Ermittlungsverfahren hat im Kundenkreis bereits erhebliche Irritationen hervorgerufen und zu dem Absprung einzelner Kunden geführt. Dauert es noch länger an, muss mein Mandant mit einem vollständigen Wegbrechen der Kundschaft rechnen, mit der Folge, dass er dann zu einer Geschäftsaufgabe genötigt wäre.

...

Rechtsanwalt ◀

3 ▶ **Muster: Entschädigungsklage an das Oberlandesgericht**

(mit unterstellter Anwendbarkeit des ÜVerfBesG)

Oberlandesgericht ...

Klage

des ...

– Klägers –

gegen

das Land ..., vertreten durch (siehe § 198 GVG Rn 170) ...

– Beklagten –

wegen: Entschädigung gemäß § 198 Abs. 1, 3 GVG

vorl. Streitwert: ...

Namens und in Vollmacht des Klägers erheben wir Klage. Im Termin zur mündlichen Verhandlung werden wir beantragen,

> den Beklagten zu verurteilen, an den Kläger € ... nebst Zinsen in Höhe von fünf Prozentpunkten über dem jeweiligen Basiszinssatz zu zahlen.

Begründung:

Der Kläger nimmt den Beklagten gemäß § 198 Abs. 1, 3 GVG auf Entschädigung in Anspruch. Die Gerichte des Beklagten (im Folgenden zur Abgrenzung vom Beklagten des Ausgangsverfahrens nur: Entschädigungsbeklagter) haben über einen Anspruch des Klägers nicht innerhalb angemessener Zeit entschieden, so dass diesem materielle und immaterielle Nachteile entstanden sind.

Im Einzelnen:

I.

Der Kläger erhob im März 2005 vor dem Landgericht ... Klage in einer Bausache und begehrte die Zahlung restlichen Werklohns in Höhe von € .... Der Beklagte in diesem Verfahren (im Folgenden nur: Beklagter) berief sich im Wesentlichen darauf, dass der Anspruch mangels Abnahme noch nicht fällig sei und ihm wegen zahlreicher Mängel die Klageforderung übersteigende Schadensersatzansprüche zustünden; mit diesen rechne er auf.

Beweis: Beiziehung der Gerichtsakte

Die Kammer ordnete zunächst das schriftliche Vorverfahren gemäß § 276 ZPO an. Die innerhalb des Vorverfahrens gefertigten Schriftsätze lagen Ende April 2005 vor; das Gericht ließ die Akte jedoch – trotz mehrfacher Nachfrage – liegen und setzte erst mit Verfügung vom 30. August den 15. Januar 2006 als Termin zur mündlichen Verhandlung fest.

Beweis: wie vor.

Obwohl der Vortrag zu den behaupteten Mängeln streitig und damit beweisbedürftig war, traf die Kammer keine vorbereitenden Maßnahmen nach § 273 ZPO. Der Kläger erhob deshalb mit Schriftsatz vom 15.10.2005 die Verzögerungsrüge gemäß § 198 Abs. 3 GVG und wies darauf hin, dass der gewerblich tätige Beklagte finanzschwach sei und er bei einer weiteren Verzögerung des Verfahrens am Ende leer ausgehen könne.

Beweis: wie vor.

Im Termin zur mündlichen Verhandlung unternahm die Kammer zunächst den Versuch, eine gütliche Einigung herbeizuführen. Da dies zu keinem Ergebnis führte, beraumte sie schließlich für den 15.2.2006 einen Verkündungstermin an. An dem genannten Tag verkündete sie einen Beweisbeschluss, wonach der Sachverständige ... die behaupteten Mängel begutachten sollte. Dieser erhielt die Gerichtsakten indes erst zwei Monate später, am 20.4.2006, mit der Aufforderung übermittelt, das Gutachten binnen sechs Monaten vorzulegen. Der Sachverständige konnte den vorgesehenen Abgabetermin jedoch nicht halten. Die Kammer erkundigte sich jeweils am 15.1.2007 und 20.2.2007 nach der Fertigstellung des Gutachtens, ohne dass der Sachverständige hierauf reagiert hätte. Erst Mitte April 2007 legte er das Gutachten vor.

Beweis: wie vor.

Die Kammer ließ das Gutachten zunächst liegen und leitete es erst am 30.6.2007 den Parteien zu. Nach Eingang von deren Stellungnahmen bestimmte es für den 17.9.2007 einen weiteren Verhandlungstermin und lud den Sachverständigen zur Anhörung. Aufgrund der Äußerungen des Sachverständigen beantragte der Beklagte eine erneute Schriftsatzfrist bis zum 30.10.2007, die ihm die Kammer auch bewilligte und noch zweimal – jeweils ohne Zustimmung des Klägers – bis zum 15.12.2006 verlängerte.

Beweis: wie vor.

Den zunächst für den 15.11.2006 anberaumten Termin hob die Kammer zweimal „aus dienstlichen Gründen" auf. Schließlich verkündete sie am 15.2.2007 ein Urteil, durch das der Beklagte weitgehend antragsgemäß verurteilt wurde.

Beweis: wie vor.

Der unterlegene Beklagte legte daraufhin am 15.3.2007 Berufung ein und begründete diese nach einmaliger Fristverlängerung mit Schriftsatz vom 30.5.2007. Nach Eingang der Berufungserwiderung ließ der Senat die Sache wiederum liegen, was den Kläger zu einer weiteren Verzögerungsrüge veranlasste.

Beweis: wie vor.

Schließlich wies der Senat mit Verfügung vom 5.2.2008 die Parteien darauf hin, dass er die Berufung gemäß § 522 ZPO zurückweisen wolle. Innerhalb der Frist, die der Senat den Parteien zur Stellungnahme auf die Verfügung gesetzt hatte, wurde über das Vermögen des Beklagten das Insolvenzverfahren eröffnet, so dass das Streitverfahren gemäß § 240 ZPO unterbrochen wurde. Der Kläger einigte sich schließlich mit dem Insolvenzverwalter dahin, dass die erstinstanzlich zugesprochene Forderung zur Insolvenztabelle festgestellt wird. In dem Insolvenzverfahren wird es jedoch nicht zu einer Quotenausschüttung kommen.

Beweis: Zeugnis des Insolvenzverwalters

II.

Aufgrund des vorgeschilderten Sachverhaltes muss der Beklagte den Kläger nach § 198 Abs. 1 Satz 1 GVG angemessen entschädigen. Denn dem Kläger sind infolge unangemessener Dauer des vor den Gerichten des Beklagten anhängigen Rechtsstreits sowohl materielle als auch immaterielle Nachteile entstanden.

Das Verfahren vor dem Landgericht und dem Oberlandesgericht war unangemessen lang iSv § 198 Abs. 1 GVG. Es dauerte – bei einem durchschnittlichen tatsächlichen und rechtlichen Schwierigkeitsgrad – in zwei Instanzen insgesamt drei Jahre. Die Verfahrenslänge ist maßgeblich darauf zurückzuführen, dass die Gerichte die Sache nicht zügig bearbeitet haben. Das Landgericht hat die Sache nach Eingang der Schriftsätze und auch des Sachverständigen zu lange liegen lassen, ebenso hat es zu weiträumig terminiert. Zur Verzögerung hat ferner beigetragen, dass es den Sachverständigen nicht energisch genug zur Erstellung des Gutachtens angehalten und diesem nach Verstreichen der ersten Frist keine weiteren Fristen gesetzt, geschweige denn ein Ordnungsgeld angedroht hat. Wegen dieser zögerlichen Bearbeitung ist es beim Landgericht zu einer Verfahrensverzögerung von mindestens einem Jahr gekommen. Eine weitere, mindestens halbjährige Verzögerung ist dadurch eingetreten, dass das OLG nach dem Eingang der Schriftsätze nicht in angemessener Zeit terminiert bzw die Durchführung des Verfahrens nach § 522 ZPO angekündigt hat.

Der Kläger hat die nach § 198 Abs. 3 GVG erforderlichen Verzögerungsrügen erhoben. Zu den jeweiligen Rügezeitpunkten bestand auch Anlass zu der Besorgnis, dass das Verfahren nicht in angemessener Zeit abgeschlossen würde; die Sachbehandlung ließ – insbesondere durch das mehrmonatige „Liegenlassen" der Akte – bereits auf eine zu zögerliche Verfahrensabwicklung und damit den möglichen Eintritt einer Überlänge schließen.

Infolgedessen muss der Entschädigungsbeklagte den Kläger für die diesem entstandenen materiellen und immateriellen Nachteile entschädigen. Der dem Kläger entstandene materielle Nachteil besteht in dem wirtschaftlichen Verlust der Forderung, die er gegen den Beklagten des Ausgangsverfahrens insolvenzbedingt nicht mehr beitreiben kann. Wäre das Verfahren innerhalb angemessener Frist, maximal innerhalb von zwei Jahren, beendet worden, so hätte der Kläger seine Forderung gegen den Beklagten noch durchsetzen können. Wie sich aus dem Insolvenzeröffnungsgutachten des vorläufigen Insolvenzverwalters ergibt, ist der Beklagte erst Anfang 2007 infolge eines großvolumigen Forderungsausfalls zahlungsunfähig geworden.

Beweis: 1. Beiziehung der Insolvenzakte, Amtsgericht Az
2. Zeugnis des Insolvenzverwalters

Daneben hat der Kläger infolge der langen Verfahrensdauer einen immateriellen Nachteil erlitten. Das Verfahren gegen den Beklagten war für ihn mit einer erheblichen nervlichen Belastung verbunden, weil er zum einen den eingeklagten großvolumigen Betrag dringend zur Tilgung eigener Verbindlichkeiten benötigte und zum anderen die schwache wirtschaftliche Lage der anderen Verfahrenspartei kannte und deshalb beständig in der Sorge lebte, diese nicht mehr rechtzeitig durchsetzen zu können. Vor diesem Hintergrund steht dem Kläger mindestens die Regelentschädigung gemäß § 198 Abs. 2 Satz 3 GVG zu, die sich bei einer anderthalbjährigen Verfahrensverzögerung auf € 1.800,00 beläuft.

Schließlich schuldet der Beklagte Prozesszinsen gemäß § 291, 286 BGB.

...

Rechtsanwalt ◀

4 ▶ **Muster: Entschädigungsklage zum Oberverwaltungsgericht**

(mit unterstellter Anwendbarkeit des ÜVerfBesG)

Klage

des ...

– Klägers –

gegen

das Land ..., vertreten durch ...

– Beklagten –

wegen: Entschädigung gemäß § 198 Abs. 1, 3 GVG iVm § 173 VwGO

vorl. Streitwert: ca. € 4.600,00

Namens und in Vollmacht des Klägers erheben wir Klage. Im Termin zur mündlichen Verhandlung werden wir beantragen,

> den Beklagten zu verurteilen, an den Kläger € 4.600,00 nebst Zinsen in Höhe von fünf Prozentpunkten über dem jeweiligen Basiszinssatz seit Klageerhebung zu zahlen.

Begründung:

Der Kläger nimmt den Beklagten gemäß § 198 Abs. 1, 3 GVG auf Entschädigung in Anspruch. Die Gerichte des Beklagten (im Folgenden zur Abgrenzung von dem Beklagten des Ausgangsverfahrens nur: Entschädigungsbeklagter) haben über einen Anspruch des Klägers nicht innerhalb angemessener Zeit entschieden, so dass diesem immaterielle Nachteile entstanden sind.

Im Einzelnen:

I.

Der Kläger erhob am 25. Mai 2007 Anfechtungsklage zum Verwaltungsgericht ... und begehrte die Beseitigung einer Verfügung, mit der ihm das Landratsamt ... die Beseitigung einer auf seinem Grundstück errichteten Garage aufgegeben hatte. Zur Begründung hatte sich das Landratsamt auf eine Verletzung der Abstandsflächenvorschriften der Landesbauordnung berufen und geltend gemacht, dass die Garage wegen ihrer Abmessung nicht unter das in der Landesbauordnung geregelte sog. Garagenprivileg falle.

Beweis: Beiziehung der erstinstanzlichen Akte

Der Kläger begründete seine Klage mit Schriftsatz vom 20. Juli 2007, der beklagte Landkreis erwiderte hierauf nach mehrfach verlängerter Frist mit Schriftsatz vom 15. September 2007.

Die Kammer ließ die Akte längere Zeit liegen, woraufhin der Kläger unter dem 02. Juni 2008 Verzögerungsrüge erhob. Mit Verfügung vom 2. Dezember 2008 setzte die Kammer einen Termin für eine Ortsbesichtigung fest, die am 15. Februar 2009 durchgeführt wurde. An dieser nahm auch der mit dem Kläger verfeindete Nachbar, Herr ..., teil. Im Rahmen einer gemeinsamen Erörterung wies der Vorsitzende darauf hin, dass die Garage zu hoch sei und daher nicht mehr unter das Garagenprivileg falle. Er schlage jedoch eine Vergleichslösung vor, bei der der Nachbar die Abstandsflächen auf sein Grundstück übernehme und ihm der Kläger hierfür einen Ausgleichsbetrag zahle. Der Nachbar lehnte dies jedoch ab; in der Folgezeit ließ der Nachbar keine Gelegenheit aus, um dem Kläger hämevoll vorzuhalten, dass er nun ja wohl seine Garage abreißen müsse.

Beweis: Zeugnis der Ehefrau des Klägers

Mehr als zwei Jahre nach der Ortsbesichtigung, am 20. Mai 2011 verkündete die Kammer ein der Klage stattgebendes Urteil; abweichend von ihrer im Ortstermin geäußerten Auffassung ging sie nunmehr – aufgrund eines anderen Berechnungsansatzes – davon aus, dass die Abmessungen der Garage sich noch innerhalb der durch das Garagenprivileg vorgegebenen Grenzen bewegen.

Beweis: Beiziehung der erstinstanzlichen Akte

II.

Die Klage ist zulässig und begründet.

Der Kläger hat innerhalb der Ausschlussfrist des § 198 Abs. 5 GVG iVm § 173 Satz 2 VwGO und damit rechtzeitig Klage erhoben. In der Sache steht ihm gegen den Beklagten ein Anspruch auf angemessene Entschädigung nach § 198 Abs. 1 Satz 1 GVG zu. Denn ihm sind infolge unangemessener Dauer des vor dem Verwaltungsgericht ... des Beklagten anhängigen Rechtsstreits zumindest immaterielle Nachteile entstanden.

Das Verfahren vor dem Verwaltungsgericht wies nur einen rechtlich und tatsächlich unterdurchschnittlichen Schwierigkeitsgrad auf. Es betraf eine öffentlich-rechtliche Bausache, die im Wesentlichen durch eine Ermittlung der Garagenabmessungen und deren Subsumtion unter die einschlägigen Abstandsflächenvorschriften und die Regelungen zum Garagenprivileg geklärt werden konnte. Gleichwohl dauerte das Verfahren von der Klageeinreichung bis zum Abschluss mit dem erstinstanzlichen Urteil drei Jahre und zehn Monate. Es war damit mindestens zwei Jahre und zehn Monate zu lang, da es innerhalb eines Jahres hätte erledigt werden können. Die Kammer hat die Sache nach Eingang der Klage und Klageerwiderung liegen lassen und erst beinahe eineinhalb Jahre später einen Ortstermin bestimmt. Auch das zweijährige Zuwarten nach der Ortsbesichtigung bis zur Entscheidung war in keiner Weise sachlich gerechtfertigt. Soweit für den Kläger ersichtlich, hat es in der Kammer auch keinen plötzlichen Personalengpass gegeben, der die Verfahrensüberlänge erklären könnte. Die Kammerbesetzung ist jedenfalls während der gesamten Verfahrensdauer – von dem Wechsel eines Beisitzers abgesehen – unverändert geblieben.

Der Kläger hat die nach § 198 Abs. 3 GVG iVm § 173 S. 2 VwGO erforderliche Verzögerungsrüge erhoben. Im Zeitpunkt der Rüge bestand auch Anlass zu der Besorgnis, dass das Verfahren nicht in angemessener Zeit abgeschlossen würde, da die Kammer die Akte bereits ein dreiviertel Jahr liegen gelassen hatte. Das ließ auf eine zu zögerliche Verfahrensabwicklung und damit den möglichen Eintritt einer Überlänge schließen.

Der Kläger hat infolge der langen Verfahrensdauer zumindest einen immateriellen Nachteil iSv § 198 Abs. 2 GVG erlitten. Das Verfahren gegen den Beklagten war für ihn mit einer erheblichen nervlichen Belastung verbunden, weil er die ganze Zeit im Ungewissen darüber war, ob die Garage abgerissen werden musste. Er hatte sie in mühevoller Eigenleistung selbst errichtet, so dass ihn in besonderem Maße die quälende

Ungewissheit umtrieb, ob „sein Werk“ Bestand haben würde. Auch unter Berücksichtigung der ihn immer wieder treffenden Häme des Nachbarn hat der Kläger unter der Verfahrensdauer in besonderem Maße gelitten. Vor diesem Hintergrund steht dem Kläger mindestens die Regelentschädigung des § 198 Abs. 2 Satz 3 GVG zu, woraus sich bei einer Verfahrensverzögerung von 3 Jahren und 10 Monaten ein Gesamtbetrag von € 4.600,00 errechnet.

Schließlich schuldet der Beklagte Prozesszinsen gemäß § 291, 286 BGB.

...

Rechtsanwalt ◀

Stichwortverzeichnis

Fette Zahlen verweisen auf §§/Artikel, magere auf Randnummern.

FSC
www.fsc.org
MIX
Papier | Fördert gute Waldnutzung
FSC® C083411

Kolibri 360 GmbH
Ferdinand-Jühlke-Straße 7
99095 Erfurt, Deutschland
produktsicherheit@kolibri360.de